述 作 集
——报刊发表文章选编

关玉国 著

中原出版传媒集团
大地传媒

大象出版社

作者简介

关玉国，男，生于1959年3月，大学毕业，高级政工师。河南省桐柏县人。曾任桐柏县毛集镇党委书记，唐河县人民政府副县长，社旗县县委常委、宣传部部长、组织部部长，邓州市委副书记，南阳市扶贫开发办公室主任、党组书记。现任南阳日报社党委书记、总编辑。中华孔子学会会员，中国报业协会理事，河南省作家协会会员，河南报业协会副会长，南阳师范学院特聘教授，南阳华夏箴言文化研究会会长，南阳读书协会会长，南阳楹联文化研究会副会长。

自1997年走上县处级领导岗位以来，坚持以勤于学习、乐于思考、善于总结、敢于自省、勇于创新为人生座右铭，利用闲暇，持之以恒地潜心研究修身为政箴言、人生感悟和领导科学。累计积累写作资料1000万字以上，收集整理和总结古今修身为政四句箴、三言两句箴及人生感言一万余则，在国家、省、市级报刊发表文章300余篇，有60多篇分别荣获好新闻、优秀论文和社科成果奖。编写读书学习、理想信念、民本思想、执政为民、求真务实、清正廉洁、节制能力、领导形象、党风建设、公文写作等讲义15份。创办了华夏箴言文化研究会、南阳读书协会、华夏箴言网和《文化精萃》杂志。

出版《述作集——古今修身为政之见》《理论与实践之探索》《人生箴言录》《古今修身为政四句箴》《潮头观澜——南阳日报新闻评论作品集萃之一》《忠诚担当——南阳日报新闻评论作品集萃之二》等专著6部，其中《述作集——古今修身为政之见》《古今修身为政四句箴》《潮头观澜——南阳日报新闻评论作品集萃之一》分别荣获南阳市优秀社科成果奖。

目录

一、以史为鉴篇

谈老子"十不"圣人之道 …… 3

孔子修身"四忧" …… 6

"四自"精神与孔子律己思想 …… 9

吕不韦反对教条主义 …… 11

唐太宗为政之喻 …… 13

武承谟的四副赴任箴联 …… 19

林则徐之《观操守》 …… 21

刚毅的"明远"之见 …… 23

古人居官"三字"箴 …… 25

古人以物作铭四则 …… 31

古人用人之忌 …… 33

古人忧民之情 …… 35

交友"四要四不要" …… 37

古人为政清廉典范 …… 39

由寓言"毛与皮"想到的 …… 43

戒骄切记"四不自" …… 45

古代官署民本箴联 …… 47

知足知不足,有为有弗为 …… 55

二、学习心得篇

领导干部要谨防"四小"	59
漂浮之风不可长	62
共产党员要有远大理想	63
毛泽东论工作方法	64
中外名人的人生公式	68
人才成长力戒"四浮"	70
外国名人的成功秘诀	72
惜时贵在"今日"	74
做人当如钟	76
爱岗敬业需"四心"	78
"十书"建言	80
毛泽东为民之喻	83
毛泽东为什么未赴法国勤工俭学	85
读书经典四字歌	88
读书谨防误入歧途	89
浅谈党的实事求是思想路线的确立	91
发人深省者莫过于箴言	94
读书可养生益寿	100
孔子本纪歌	103
谈城市精神	104
为民重在"四心"	105

三、工作体会篇

领导干部"三讲"整改应做到"六要"	109

调查研究贵在"四得"	112
宣传思想干部素质修养"六要"	116
宣传思想工作十要十戒	120
充分发挥组织部门职能，大力推进社会主义新农村建设	128
实施人才战略"十要"	133
要善听老干部之言	135
任用人才"四不可"	138
关键在于落实	140
唯有读书可明志　最是书香能致远	142
全市新闻人精神一次集体展示	144
做到"五个必须"　实现"三个满意"	145
开放成就"南阳日报现象"	146
牢牢把握"五个十"　激扬时代主旋律	
——对地市报宣传报道几个问题的思考	150
全国农运会报道亮点多效果好	163
坚持"四个三"　深化"走转改"	169
让空话远离新闻	178
宣传典型是党报的永恒主题	180
抓落实关键在于"实"	185
五位一体爱南阳	189
好新闻是"走"出来的	190
大美南阳之灵魂	197

四、读书方法篇

王充"摘与写"读书法	201
梁章钜"精熟一部书"读书法	202

曾国藩"专一"读书法	203
林语堂"品"字读书法	205
唐弢"攻破一卷"读书法	206
高尔基"横下一条心"读书法	208
韩愈"提与钩"读书法	210
陆九渊"平与和"读书法	211
秦牧"牛嚼""鲸吞"读书法	212
巴金"静坐回忆"读书法	213
顾炎武"三读结合"法	215
叶圣陶层层深入"三读"法	216
钱歌川"三书主义"读书法	217
牟世金"三个比喻"读书法	218
夏承焘"三点体会"读书法	220
茅盾"反复三遍"读书法	222
徐特立读书法	224
章衣萍"三个把握"读书法	225
爱因斯坦"总分合"读书法	226
华罗庚"三点"读书法	227
冯友兰"四其"读书法	228
郭沫若"四为"读书法	230
胡适"四个结合"读书法	232
刘海粟"四字"读书法	234
顾颉刚"四有"读书法	236
王力"四要整体"读书法	237
苏轼"八面受敌"读书法	239
陶行知"八个顾问"读书法	241

古今名人读书四法　　242

五、社科课题篇

　　孔子修身为政之见（一）　　247
　　孔子修身为政之见（二）　　255
　　古代民本思想的起源、形成与总结　　266
　　古代民本思想的具体特点　　280
　　中国共产党执政为民的根本体现　　290
　　领导干部如何树立良好形象　　302
　　中国共产党作风建设的伟大里程碑　　314

六、名人轶事篇

　　杰出史学家——范晔　　327
　　刘秀"乐此不疲"光武中兴　　329
　　饺子与医圣张仲景有关　　331
　　张打油发明打油诗　　333
　　范仲淹趣闻轶事　　335
　　苏东坡的养生术　　340
　　"一代文宗"元好问　　346
　　毛泽东最爱读史书　　350
　　名人读书趣闻（一）　　352
　　名人读书趣闻（二）　　354
　　赵朴初宽心养生　　356
　　中外名人苦读健忘趣闻（一）　　357
　　中外名人苦读健忘趣闻（二）　　360
　　古今中外文坛趣闻轶事　　363

文人拆字趣闻四则　　370

七、知识天地篇

　　中国古代的"图书馆"　　375
　　我国医学常见知识探源　　377
　　中国传统节日饮食习俗探源　　385
　　旅游、导游与旅游业的由来　　390
　　"一"字成语之最　　392
　　字里人生　　393
　　成语之最　　395
　　趣味造句　　396
　　追星族的"造句"　　397
　　汉字的低碳生活　　398
　　低调的高境界　　400
　　食说人生哲理　　401
　　文字趣话　　402
　　记者和记者节的由来　　404

八、哲思箴言篇

　　人生·读书·修养（一）　　409
　　人生·读书·修养（二）　　411
　　修身箴言·养性篇　　413
　　修身箴言·读书篇　　414
　　修身箴言·意志篇　　415
　　修身箴言·廉洁篇　　416
　　修身箴言·务实篇　　417

修身箴言·团结篇	418
修身箴言·批评篇	419
戒骄四句箴	420
干部吃亏歌	422
工作感言"八个四"	423
人生之最	424
司马光的《我箴》与《他箴》	426
为人处世三十忌	429
作风建设四句箴	430
国外名人箴言录	432
哲思箴言	434
人生三句箴(一)	436
人生三句箴(二)	437
人生三句箴(三)	438
人生三句箴(四)	439
人生三句箴(五)	440
人生三句箴(六)	441
人生三句箴(七)	442
人生三句箴(八)	443
人生三句箴(九)	444
人生三句箴(十)	445
人生三句箴(十一)	446
人生三句箴(十二)	447
人生三句箴(十三)	448
人生三句箴(十四)	449
人生三句箴(十五)	450

人生三句箴（十六）	451
人生三句箴（十七）	452
人生三句箴（十八）	453
人生三句箴（十九）	454
人生三句箴（二十）	455
人生三句箴（二十一）	456
人生三句箴（二十二）	457
人生三文化（一）	458
人生三文化（二）	459
四季读书歌	460
修身处世"四个一"（一）	461
修身处世"四个一"（二）	462
修身处世"四个一"（三）	463
学会养心（一）	464
学会养心（二）	466
名人读书"三字诀"	468
古今读书两句箴（一）	470
古今读书两句箴（二）	473
读书感言（一）	475
读书感言（二）	477
读书感言（三）	479
读书感言（四）	481
读书感言（五）	483
读书感言（六）	485
读书感言（七）	487
读书感言（八）	489

读书感言（九）	491
读书感言（十）	492
读书感言（十一）	493
读书感言（十二）	495
读书感言（十三）	496
读书感言（十四）	498
读书感言（十五）	499
读书感言（十六）	500
读书感言（十七）	501
读书感言（十八）	502

一、以史为鉴篇

《道德经》所讲之道，乃指人类的自然观和世界观，一定要顺应宇宙的客观条件，合乎自然规律；所言之德，是要求人类的人生观和社会观，必须顺其自然，合乎社会规律。顾名思义，《道德经》就是人类所遵循的道德规范，只要以此为准则，人人都可成为圣人。

谈老子"十不"圣人之道

※ 《南阳日报》2012年5月11日

《道德经》所讲之道，乃指人类的自然观和世界观，一定要顺应宇宙的客观条件，合乎自然规律；所言之德，是要求人类的人生观和社会观，必须顺其自然，合乎社会规律。顾名思义，《道德经》就是人类所遵循的道德规范，只要以此为准则，人人都可成为圣人。而圣人要有为有不为，因此在《道德经》中，出现次数最多的一个词是"圣人"，使用频率最高的一个字是"不"，而二者连用又最为常见。概括起来可归纳为圣人"十不"之道，很耐人寻味和值得借鉴。

一曰不争。"不争"一词在《道德经》中先后出现四次。在最后一章即第八十一章的最后两句指出："天之道，利而不害；圣人之道，为而不争。"意思是说大自然的规律，利益万物而无伤害；圣哲之人的大法则，有所作为而不争夺。"夫唯不争，故天下莫能与之争。""以其不争，故天下莫能与之争。"老子把"不争"作为"天下式"，告诫人们"曲则全，枉则直；洼则盈，敝则新；少则得，多则惑"。"古之所谓曲则全者，岂虚言哉？诚全而归之。"如何做到"不争"呢？"上善若水。"就是做一个有水之性的上善之人。因为"水善利万物，而不争；处众人之所恶，故几于道"。水似大道，在于温顺谦恭，自然而然，毫不强求。"居善地，心善渊，与善仁，言善信，政善治，事善能，动善时。""夫唯不争，故无尤。"做人欲无怨无尤，就应像水那样居处善于择地，心胸善于静渊，交友善于仁爱，言谈善于守信，为政善于理治，处事善于尽能，行动善于趁时。

二曰不积。圣人应以"既以为人己愈有,既以与人己愈多"为准则,要是自己富有充裕,就要多帮助和赠予他人,积德不积财,有德以教愚,有财以予贫,既以为人施设德化己愈有德,既以财帛布施与人而财益多。这就好比日月之光,无有尽时也。

三曰不病。圣人无强知之病。"知不知,上。不知知,病。夫唯病病,是以不病。圣人不病,以其病病,是以不病。"这段话译过来是说,知道而不以为知道为上,不知道却以为知道是病。只有把毛病当毛病,才会没有毛病。圣人贤者没有毛病,正因为他讨厌毛病,所以他才没有毛病。

四曰不居功。"生而不有,为而不恃,功成而弗居。夫唯弗居,是以不去。"圣人为何"不有""不恃""弗居"呢?因为他们清楚地认识到"天下皆知美之为美,斯恶矣;皆知善之为善,斯不善矣。"圣人不仅要做到不居功,还应"不辞",就是我们今天所说的少说多干,以身作则。"圣人处无为之事,行不言之教,万物作焉而不辞。"

五曰不为大。不自以为伟大,"圣人终不为大,故能成其大。"犹如大道,"大道泛兮,其可左右!万物恃之以生而不辞,功成不名有。衣养万物而不为主,常无欲,可名于小;万物归焉而不知主,可名为大。"这里的"不辞""不名有""不知主",都属于不自以为大的意思,正是由于这些不自以为大,才能成就自己的伟大。这正如老子所言:"不自见故明,不自是故彰,不自伐故有功,不自矜故长。"

六曰不为目。不追逐声色娱目。老子说:"五色令人目盲,五音令人耳聋,五味令人口爽,驰骋畋猎令人心发狂……"面对形形色色的诱惑,作为有德之人,应"去甚""去奢""去泰","为腹"而"不为目",即为填饱肚子而不去追求眼福,守五性、去六情、节志气、养神明,去彼目之妄视,取此腹之养性。

七曰不伤人。"治大国,若烹小鲜。以道莅天下,其鬼不神;非其鬼不神,其神不伤人;非其神不伤人,圣人亦不伤人。夫两不相伤,故德交归焉。"此段出自《道德经》第六十章，意为烹一条小鲜鱼，只能囫囵煎制，不能随意翻动，否则就会一团糟。治理国家也是同样道理，严防政令苛繁、朝令夕改，否则百姓整天受到干扰，自然无法正常生存，国家也由此混乱。圣人用大道来治理天下，百姓无所干扰，心理平衡，经济发展，天下太平，这便是理想的社会。

八曰不责于人。"是以圣人执左契，而不责于人。"责，在这里意为索求、苛责。这句话的意思是说，有道德的君王只是掌管符契条约就行，其他的事情顺应民之自然，不去索求苛责于人，这就是所谓的"有德司契"。老子不主张报怨以德，因为"和大怨，必有余怨"。因此，有德之人一开始就不去寻找他人的过失和仇怨，自然不会结下怨仇，也就谈不上以德报怨了。

九曰不欲见贤。"是以圣人为而不恃，功成而不处，其不欲见贤。"圣人为什么不欲使人知己之贤、匿功不居荣呢？因为他们深谙"天之道"即大自然的规律。大自然的规律犹如张弓射箭，弦位高了就往下压，弦位低了就往上举，拉得过满就放松一些，拉得不满就补充一些，这就是"天之道，损有余而补不足"。谁能居有余之位，自省爵禄，以奉天下不足者乎？唯有道之君能行也。

十曰不贵难得之货。圣智者决不像凡夫俗子那样，老想着发财致富，总想着功名利禄。"难得之货令人行妨"，所以那些难得的财货名利在他们的眼里犹如敝屣尘土。他们的欲望就是没有欲望，不被尘世任何诱饵所迷惑。如何"欲不欲，不贵难得之货呢"？要做到慎小、慎微、慎始，因为"合抱之木，生于毫末；九层之台，起于累土；千里之行，始于足下"。因此，圣人"慎终如始，则无败事"。

孔子修身"四忧"

※ 中直党建网 2010年4月21日

孔子既是一个伟大的政治家、思想家，同时又是一个多愁善感的凡人。翻开《论语》《孔子家语》等有关记载孔子言论之书，"忧""患""病"等字眼触目皆是。尤其是他的修身之"忧"，在2500多年后的今天，仍有一定的警示作用和现实意义。他的"不患无位，患所以立""不患莫己知，求为可知也""不患人之不己知，患其不能也""君子病无能焉，不病人之不己知也""君子病没世而名不称焉"等至理名言，成为一代又一代有志之士的修身座右铭。综观孔子修身之"忧"，主要表现在以下四个方面：

一曰"德之不修"。德乃人的品行操守及仁慈宽厚之道德，人生在世，不能不修养优秀品德。在此，孔子将德作为人的修身之本，"本立而道生"。"为政以德，譬如北辰居其所而众星共之"。怎样修德呢？孔子认为："主忠信，徙义，崇德也。""先事后得，非崇德欤？""苟志于仁矣，无恶也。""君子去仁，恶乎成名？"由此可见，修德主要在于仁、义、忠、信。他还认为：修德要力戒"道听而途说""色厉而内荏"，做无是非观念的"乡愿"，这些都是"德之弃也""德之贼也"，"其犹穿窬之盗也欤"。修德还必须持之以恒，做到"无终食之间违仁，造次必于是，颠沛必于是"。也就是说修德即使是一顿饭的时间也不能违背，在匆忙紧迫的情况下如此，在颠沛流离时也应该如此。修德是上等功夫，难怪孔子叹道："知德者鲜矣。"

二曰"学之不讲"。孔子曰学习有"三患"："未之闻，患闻；既得闻之，患弗得学；既得学之，患弗能行。"闻、学、行是孔子讲学习的三个环节,"闻"是前提,"学"是关键,"行"是目的。作为一个人,不学,"无以立""无以言","犹正墙面而立也欤"。孔子强调修身以仁、知、信、直、勇、刚,但"好仁不好学,其蔽也愚;好知不好学,其蔽也荡;好信不好学,其蔽也贼;好直不好学,其蔽也绞;好勇不好学,其蔽也乱;好刚不好学,其蔽也狂"。因此,"终而有大名,以显闻四方,流声后裔者,岂非学之效也"?学要从小做起,"少而不学,长无能也"。孔子从"十有五而志于学",才有"三十而立",才有"不惑""知天命""耳顺""从心所欲,不逾矩"。学还要惜时、时习、博学、有兴趣,"逝者如斯夫,不舍昼夜","学如不及,犹恐失之","行有余力,则以学文","学而时习之","博学于文","敏以求之","默而识之,学而不厌","发愤忘食,乐而忘忧,不知老之将至云尔","吾尝终日不食,终夜不寝,以思,无益,不如学也"。孔子还讲,"后生可畏",但"四十、五十而无闻焉,斯亦不足畏也已","年四十而见恶者,其终也已"。

三曰"闻义不能徙"。"义者,宜也。"一个人应该做什么,不应该做什么,应以"义"为准则,借"义"而行。孔子的学生子路曾请教他:"君子尚勇乎?"孔子回答道:"君子以义为上……见义不为,无勇也……君子有勇而无义为乱,小人有勇而无义为盗"。君子要"喻于义","义以为质","行义以达其道",不仅做事、"使民"要以符合"义"为根本,而且说话也应如此:"群居终日,言不及义,好行小惠,难矣哉!"孔子还经常将"义"与"利"连在一起,认为"君子忧道不忧贫","见利思义","敬其事而后其食"。他曾把"不义而富且贵"比作天上浮云,乐于"饭蔬食,饮水,曲肱而枕之"。"富与贵是人之所欲也,不以其道得之,不处也;贫与贱是人之所恶也,不以其道得之,不去也。"听其言而观其行,孔子如是说,也如是做。他曾多次回答齐景公问政,景公十分高兴,表示愿意将廪丘城邑划给孔子作为封地,孔子因其主张未被齐景公采纳而坚辞不受,"君子当功受赏。今吾言于齐君,君未之有行,而赐吾邑,其不知丘亦甚矣"。

四曰"不善不能改"。"过而不改,是谓过矣。"作为一个严于律己、道德高尚之人,要"过则勿惮改","见贤思齐焉,见不贤而内自省也","见善如不及,见不善如探汤"。孔子认为一个人要不犯或少犯错误,就要严于自我约束,"以约失之者鲜矣"。在他看来,能认识到自己的过错,而又能从内心对自己进行反省自责的人确实罕见,"吾未见能见其过而内心自讼者也"。在他的2000多学生、72贤徒之中,能知过改过、"不贰过"的只有颜回一人。鲁哀公曾问孔子:"弟子孰为好学?"孔子答曰:"有颜回者好学,不迁怒,不贰过,不幸短命死矣。今也则之,未闻好学者也。"这里的"好学"不单指学问,而且指修身之学。"不贰过"乃修身之"好学"也。如果有过而不改,正像孔子严厉批评白天睡觉不学习的宰予时所说:"朽木不可雕也,粪土之墙不可圬也。"

"四自"精神与孔子律己思想

※ 《现代领导》2001年第9期

两千五百多年前,在集中反映孔子政治主张的《论语》一书中有关律己的思想极为丰富,至今对深刻领会和躬身实践"四自"精神仍具有极为重要的现实意义。

自重,就是自尊、自爱,通过自己的一言一行、一举一动来自觉地保持和维护做人及领导者应具有的尊严、威信和人格。自重,对于孔子来讲,突出反映在人的言、行、貌三个方面。孔子主张"言思忠、事思敬、貌思恭",他把言语谨慎作为人的重要品德之一,要求做到"讷于言""慎于言""言寡尤""先行其言而后从之",反对言过其行、言不及义、道听途说,认为"巧言乱德","古者言之不出,耻躬之不逮也"。孔子还认为在听其言的同时还要观其行,要"慎于行""敏于行""行寡悔""行笃敬""行之以忠",真正做到言语忠诚真实,行为"敬事而信",容貌举止恭敬端庄。

自省,就是自我反思,自我认识,自我批评,自我完善。人有过失并不可怕,可怕的是没有反省的习惯、勇气和智慧。自省应通过闻、知、思、改四个环节,敢于自讼和改过,勇于"剖肤"和"见骨",乐于闻过和改正。在孔子看来,自省的前提是"闻",关键是"讼",目的是"改"。至于怎么闻过,子曰:"见贤思齐焉,见不贤而内自省也","三人行,必有吾师焉。择其善者而从之,其不善者而改之","见不善如探汤","躬自厚而薄责于人",等等。与此同时,"见其过而内自讼""内省不疚",做到"过则勿惮改""不贰过"。

自警，就是警悟、警诫、警告、警醒，做到警钟长鸣，防微杜渐，"不以恶小而为之"，慎防千里之堤溃于蝼蚁之穴。自警，就是要时常提醒自己，在名利面前不贪占，面对各种诱惑，顶得住，堂堂正正做人，清清白白从政。孔子十分崇尚节俭，认为"奢则不孙，俭则固。与其不孙也，宁固"，即奢侈就显得倨傲，俭朴就显得寒碜，与其倨傲，宁可寒碜。

自励，就是自我勉励、自我鞭策、自我加压、自强不息，时刻以坚定的理想信念、旺盛的革命斗志、饱满的政治热情、顽强的进取精神，去实现人生之理想，创造人生之辉煌。孔子从"十有五而志于学"到"三十而立"，直至"七十而从心所欲，不逾矩"，一生顽强执着，不懈追求，在道德、学问、律己、为民、从政等方面留下了宝贵的精神财富。

自重、自省、自警、自励，是互相联系、互相影响、互为促进的统一整体，既是古人修身立德、从政为官思想的集中体现，更是现代领导干部加强自身修养、严格自我约束的基本要求。古往今来，事实证明："四自"，一言以贯之，重在自觉，贵在持恒。因此，我们各级领导干部必须靠躬身实践"四自"精神，努力谱写自己"仰不愧于党，俯不怍于民，问心而无悔"的辉煌人生。

吕不韦反对教条主义

※ 《现代领导》2003年第1期

战国末期，相国吕不韦受秦王政之命，主持编写了《吕氏春秋》。书中《察今》一篇运用形象比喻和富于哲理的寓言故事，深刻论述了古今时代不同，法令制度也应不同，反对以教条主义沿用先王之法。

为什么"不法先王之法"呢？吕不韦认为不是古代法令制度不好，只是因为时过境迁，"为其不可得而法"。古代圣王的法令制度，经过了漫长的年代而传了下来，每个朝代均有增补和删减，怎么能够机械地照抄照搬呢？即使是没有更改的方面，也不可随意仿效。这就是我们今天所说的，要汲取精华，去其糟粕。

在吕不韦看来，"凡先王之法，有要于时也"。这是说凡是古代圣王的法令制度，是根据当时需要而制定的。时代不能与法令制度一起存在，所以法令制度即使现在还保存着，还是不能完全效仿。因此，"故释先王之成法，而法其所以为法"。"先王之所以为法者，何也？先王之所以为法者，人也，而己亦人也。故察己则可以知人，察今则可以知古。"古时和现在，道理是一样的；别人和自己，要求是相同的。明白事理的人，"贵以近知远，以今知古，以所见知所不见"。他还采取以物喻理的方法，印证"以今知古"之道理。"故审堂下之阴，而知日月之行，阴阳之变；见瓶水之冰，而知天下之寒，鱼鳖之藏也；尝一脔肉，而知一镬之味，一鼎之调。"

吕不韦还引用了三则寓言故事，进一步阐述了拘泥于古法之危害。第一则是说楚国要袭击宋国，派人先在河水中作标记，因降雨导致水位上涨，楚军却仍然依标而渡，这就是他们失败的原因。第二则是讲楚国有一渡江之人，他的剑从船上掉进了水中，他急忙用刀在船上刻个记号说："是吾剑之所从坠。"船停了，他从刻了记号的地方跳到水里去找剑，"舟已行矣，而剑不行，求剑若此，不亦惑乎？"第三则引用的是有个在江边经过的人，看见有人正拉着一个婴儿，欲投入江水之中，婴儿啼哭。过路人问其缘故，那人答曰："此其父善游。"这个婴儿的父亲虽擅长游泳，而小孩难道就一定会游泳吗？对此，吕不韦无不感叹：以楚军渡河之法治国，"岂不悲哉"？以刻舟求剑之方治国，"岂不难哉"？以婴儿游泳之理任物，"亦必悖矣"。

吕不韦从中得出结论："故治国无法则乱，守法而不变则悖。世易时移，变法宜矣。"这就好比医生治病，由于病情千变万化，用药也应随之千变万化。若病情变而用药不变，本来可以长寿者，而变成了短命之人。因此"凡举事必循法以动，变法者因时而化"。古往今来所有君王，他们的法令制度都不相同，不是一定要有所不同，而是"时势宜也"。所以说，好剑只要求它能削铁如泥，不见得一定是传世的名剑；好马只要求它能日行千里，不一定非要是古代之名骥。

学习借鉴吕不韦《察今》治国之道，对我们今天弘扬与时俱进的时代精神，坚持因时制宜的原则，力戒按图索骥、生搬硬套，反对教条主义，仍有一定的历史价值和现实意义。

唐太宗为政之喻

※ 《南阳日报》2011年3月2日

唐太宗李世民是我国历史上政绩卓著的开明皇帝，他谦虚谨慎，亲臣爱民，广揽贤才，从善如流，缔造了中国历史上屈指可数的"贞观之治"的太平盛世。他在安邦定国的谋略中，善于以物明理，借喻言志，以大量生动形象、寓意深刻的比喻，构成了独特的领导艺术，为后人留下了宝贵的精神财富。

学习之喻。唐太宗深谙"玉不琢不成器，人不学不知道"之道理，认为弘扬风气引导习俗，没有什么超过文化，宣示政教训诲人民，没有什么好过学校；具有吴竹的材质，不借助尾羽也不成好箭；天资聪慧的人，没有学习的积累也不能成为人才。他曾对中书令岑文本说："人虽然具有上天赋予的品性资质，还必须广泛加以学习才能取得成就，也就好比蜃体内虽然含有水，一定要等到有月光时才喷射出水来；木材虽然本身具备燃烧的因素，一定要等到燧的钻动才能发出火来；人虽然本身具有灵性，一定要等到学有所成后才能发现美好的品质。所以，苏秦用锥刺大腿来发奋学习，董仲舒放下帷幕来专心攻读。"因此，他非常重视教育，执政后不久就设立了"弘文馆"，并号召全国建明堂、立辟雍，博览百家，精研六艺。

民本之喻。"为君之道，必先存百姓"，"治天下者以人为本"，这是唐太宗发自内心的感悟。贞观初年，他曾发出这样的疾呼："若损百姓以奉其身，犹割股以啖腹，腹饱而身毙。"意为喜奢侈、重赋税好比馋嘴的人吃自己的肉，肉吃光了必死无疑。他治国的一条重要原则是顺民，认为推行仁政好比"饮食资身，恒令腹饱，乃可存其性命"。树林茂密，鸟就会前来栖息；水面宽阔，鱼就会来回游动；仁义积聚，百姓自然就会归顺。他以乘船的道理教导太子李治："船好比人君，水好比百姓。水能载舟，亦能覆舟。你将为人主，对此怎能不感到畏惧呢？"他还借鉴诸葛亮治蜀十年不赦的经验，十分注重伸张正义，维护人民利益，不使小人得幸而君子遭殃。凡是让害草随便生长的地方，庄稼一定受到伤害；施恩惠于不法之徒，就等于伤害好人。《贞观政要》曾有这样的记载：贞观二年，发生蝗灾，危及庄稼，唐太宗以吞食蝗虫的举动希望把灾难转移到自己身上，以维护老百姓利益，充分表现出怜民爱民、民贵君轻的思想。

正己之喻。唐太宗非常重视正上梁、作表率，以使天下仿效。他执政后不久就指出："君，源也；臣，流也。浊其源而求其流之清，不可得也。"他强调要使人们"不言而化"，"莫若先正其身"，君子对下行使教化，好像风吹草伏，上面的人没有节俭习惯，下面的人就会贪图放荡；君王不约束自己，要禁止百姓犯错误，就好像厌恶火焰燃烧，却加柴希望灭火；恨池水浑浊，却搅起浪花盼望水清，这是不可能办到的。他常用三面镜子对照自己，这就是"以铜为鉴，可以正衣冠；以古为鉴，可以知兴替；以人为鉴，可以明得失"。他通过"君犹器也，人犹水也，方圆在于器，不在于水"这句古谚，引用尧、舜以仁治理天下而民风淳厚，桀、纣以暴虐统治天下而民风浇薄的事实，说明下面所行的，都是上面所喜欢的。他还把自己所喜欢的尧、舜治国之道和周公、孔子礼乐之教比作鸟有翅膀才能飞翔，鱼在水中才能生长，如失去必然一死。这正是标志正、影子直，盘圆水圆、盂方水方之道理所在。

用人之喻。唐太宗用人智慧的突出特点就是广揽贤才，人尽其用，"引天下英雄尽入彀中"。他清醒地认识到，船只航行在大海，必须要靠船桨的功效；大雁翱翔在云霄，必须凭借翅膀的作用；帝王统治国家，一定要借助匡正辅佐之臣的辅助。早在协助其父唐高祖建立唐朝的争战中，他以"杀主留马"为喻，从起义军中挖掘人才培养自己的党羽，并招降纳叛，网罗了一批国家栋梁。像魏徵、尉迟敬德、罗士信、秦叔宝、程咬金、戴胄等文臣武将，都好比千里马一样，他们的主公李密、王世充、刘武周等被杀后，这些千里马式的人才一一被李世民委以重任。同时，他在用人上还非常注意对官吏的观察、挑选和使用，根据其各自的才能，授予适当的官职，如果选官不得其人，好比是在地上画饼，虽是饼的样子，但不能充饥。因此，要做到"用人如器，各取所长"，这就好比巧匠使用木材，直的做车辕，弯的做轮子，长的做栋梁，短的做斗拱，不论曲直长短，各尽其用。贤明君王用人也根据同样道理，聪明的人用他的智慧，愚笨的人用他的力气，勇猛的人用他的威武，怯懦的人用他的谨慎，无论智愚勇怯，各种人才并用。所以好的工匠没有弃之不用的木材，贤明的君王没有弃之不用的人才。他还告诫太子："函牛之鼎，不可处以烹鸡；捕鼠之狸，不可使以搏兽。一钧之器不能容以江汉之流，百担之车不可满以斗筲之粟。何则？大非小之量，轻非重之宜。"这正是取人不求备，贵在用其长。

纳谏之喻。唐太宗之所以被称为一代开明君王，这是与他广开言路、虚心纳谏分不开的。他善于通过对现实生活的细心观察和切身体验，以物作喻，留下了许多令人津津乐道的故事。一为耳目。贞观六年，唐太宗对侍臣说："看古之帝王，有兴有衰，犹朝之有暮，皆为蔽其耳目，不知时政得失，忠正者不言，邪谄者日进，既不见过，所以至于灭亡。朕既在九重，不能尽见天下事，故布之卿等，以为朕之耳目。"他还提醒太子："决不可耳目闭塞自己毫无知觉，以为德超三皇，才过五帝，至于身亡国灭。岂不悲哉！此拒谏之恶也。"二为良工。魏徵于贞观七年接替王珪担任侍中，并加封郑国公。不久因病请求解除职务。唐太宗劝道："公独不见金之在矿，何足贵哉？良冶锻而为器，便为人所宝。朕方自比于金，以卿为良工。虽有疾，未为衰老，岂得便尔耶？"魏徵于是不再要求辞官。次年，他再次肯定魏徵之功劳："玉虽有美质，在于石间，不值良工琢磨，与瓦砾不别。若遇良工，即为万代之宝。朕虽无美质，为公所切磋，劳公约朕以仁义，弘朕以道德，使朕功业至此，公亦足为良工尔。"三为药石。唐太宗曾把治国比作养病，"病人觉愈，弥须将护，若有触犯，必至殒命。治国亦然，天下稍安，尤须兢慎，若便骄逸，必至丧败"。贞观十七年，太子右庶子高季上疏，陈述治国得失，唐太宗特地赐给他一剂钟乳药，对他说："卿进药石之言，故以药石相报。"他还在《帝范》一文中写道："逆耳之辞难受，顺心之说易从。彼难受者，药石之苦喉也；此易从者，鸩毒之甘口也。明王纳谏，病犹苦而能消；暗主从谀，命因甘而致殒。可不诫哉！可不诫哉！"四为墨绳。唐太宗非常注重对太子的培养，特别是太子李承乾因腐化堕落被废为庶人后，更使他加强对新立太子李治的教诲。只要每遇一物，他总要以事喻理，加以诱导。有一次外游，在一棵弯曲的大树下休息，唐太宗问李治："你知道这棵弯树有什么道理可讲吗？"李治如实回答："不知道。"唐太宗告诉他："这棵树虽然弯曲得很厉害，如果木匠用墨绳打上直线，就可以加工成直材。作为人君，有时也会犯错误，只要虚心听取别人的意见和规劝，就会成为贤明的圣君。"这就是常说的"木从绳则直，人从谏则圣"。五为镜子。早在唐朝初年，唐太宗就曾对王公大臣们讲："人欲自照，必须明镜；主欲知过，必藉忠臣。主若自贤，臣不匡正，欲不危败，岂可得乎？"他还把君主过错喻为眼前睫毛自己无法看见，"何则？饰其容者，皆解窥于明镜；修其德者，不知访于哲人，讵自庸愚，何迷之甚"。难怪，当一生给他劝谏二百多次的魏徵病逝后，他"亲临恸哭"，亲手撰写碑文。每当想到魏徵，他就动情地对大臣们说："夫以铜为镜，可以正衣冠；以古为镜，可以知兴替；以人为镜，可以明得失。朕常保此三镜，以防己过。今魏徵殂逝，遂亡一镜矣！"为此，他再次劝告大臣们："自斯已后，各悉乃诚。若有是非，直言无隐。"

倡廉之喻。唐太宗不仅以身作则、"俭以养性"，驭臣更是严管厚爱、循循善诱。他说："我终日努力，不敢怠慢，非但忧怜百姓，亦欲使卿等长守富贵。"唐太宗是我国历史上少见的开明皇帝，在缔造"贞观之治"的宏伟大业中，善于以史为鉴，以喻明理，在反腐倡廉上的一些思想很能给人以教益。据《贞观政要》记载：贞观初年，唐太宗对侍臣们说："人拥有明珠，没人不觉得贵重，如果用来打鸟雀，岂不是太可惜了吗？何况人的性命比明珠还要贵重，见到金银财帛就不畏法网，马上接受，这就是不爱惜生命。明珠是身外之物，尚且不能用来打鸟雀，何况更加贵重的性命，竟然就拿去换财物呢？"于是，他谆谆告诫大臣们不要贪心不足。他说："古人说'鸟栖于林，犹恐其不高，复巢于木末；鱼藏于水，犹恐其不深，复穴于窟下。然而为人所获者，皆由贪饵故也'。如今人臣身居高位，享食厚禄，应该遵循公正清廉的原则，就会没有灾害，而长久地享有富贵。古人说'祸福无门，唯人所召'，身陷祸害中的人，都是因为贪图财利，与那些鱼和鸟又有什么不同呢？你们应以它们为借鉴。"同时，他认为贪财的人并不明白如何爱财，比如朝廷内外五品以上的官员，俸禄优厚，一年的收入，数目本来就多。如果收受他人的财物贿赂，一旦被揭露出来，俸禄官阶就会被剥夺，这是窥小的收入而失去大的利益。他还以鲁国相国公孙仪嗜鱼不受鱼为例，阐明不受鱼是为了守官位，保俸禄，以便长期能有鱼吃。唐太宗还引用古人"贤者多财损其志，愚者多财生其过"之名言，要大臣们引以为戒。他在分析贪财的危害及后果时说道："如果徇私舞弊，贪污财物，不只是败坏国法，损害百姓，纵然事情没有被揭露出来，心中难道不会常常恐惧吗？恐惧多了，也有因此致死的，使子孙后代时时怀有羞愧可耻之心呢！你们应该好好地思考这些话。"

公正之喻。唐太宗竭力倡导公平待人、公正执法，先后下令制定了《贞观律》和《唐律疏议》。贞观十六年，他对大理卿孙伏伽说："制作铠甲的人希望铠甲坚固，是怕人会受伤，制作箭的人希望箭锋利，是怕人不会受伤。这是为什么呢？因为各人职责不同，希望能称职罢了。我常常询问法官判处刑罚的轻重，他们每每声称法网比以前的朝代宽大。但我仍然担心主持判案的官员，以杀人取利、伤害他人来使自己飞黄腾达、沽名钓誉，我如今所忧虑的，正在这里啊！应该严加禁止，务必使判刑宽大公平。"有鉴于此，即便是原秦王府的功臣高甑生因罪流放，面对有人上书讲情，唐太宗也坚决不予赦免，严肃地说："他过去在秦王府确实有功，不应该忘记。但是治理国家，遵守法度，行事必须一致，今天如果赦免了他，就会打开侥幸免于刑罚的门径。"贞观年间的"不可以私而失信""天下无冤狱"的司法状况，可由此窥见一斑。

治国之喻。唐太宗常以"草创与守成孰难"为题同大臣们商讨，并深有感触地说："草创之难已成往事，而守成之难，我当与诸位一起慎重对待。"贞观初年，他曾对重臣萧　说："我从小就爱好弓箭，自以为能周知其中奥妙。近年来得到十几张好弓，拿给弓匠看，匠人说'用材并不好'，我问其中缘故，匠人答道：'木材中心不正，就会使纹理歪斜，弓虽然强劲有力，但射出的箭却不正，所以这些不是好弓。'我才领悟到其中的道理。我用弓箭平定四方，所用弓箭可谓多矣，却还不明白弓的奥妙之处，何况我拥有天下的时间还不长，明白的治国道理当然不如我对弓箭的了解，对弓箭的认识尚且失之正确，更何况治国的道理呢？"在安邦定国的实践中，他还把治国比作栽树、建房、养病等，说明树根不动摇、树叶才会茂盛，房屋"营构既成，勿数改易"，养病需要调理、防止触动病根而犯病致死，强调治国之道在于清正、顺民、谨慎。

综上诸多为政之喻，可谓唐太宗励精图治的一个生动缩影，它既是"贞观之治"的主要内容，也是后来为政者引以仿效的重要领导艺术之一，至今仍具有可资借鉴的现实意义。

武承谟的四副赴任箴联

※ 《领导科学报》2007年2月7日

清康熙进士武承谟,曾任江苏无锡县令。他于接任前一日,亲自撰写了四副对联,就任的当天便分别张贴在署衙内影壁、头门、仪门和大堂两侧,既用来自警自励,又作"安民告示"之用。四副对联分别为:

视民如伤,锡邑苍生皆我子;
修己以敬,东林前辈是吾师。

罔违道,罔拂民,真正公平,心斯无诈;
不容情,不受贿,招摇撞骗,法所必严。

工堪比官,斧斤利刃,随手携来,因材而用;
医可喻政,硝磺猛剂,有时投下,看病何如?

人人论功名,功有实功,名有实名,存一点掩耳盗铃之私心,终为无益;
官官称父母,父必真父,母必真母,做几件悬羊卖狗的假事,总不相干。

四副对联,寥寥数语,陈述了武承谟居官必须清正廉洁、以民为本、刚正不阿、执法如山、因材施用、对症下药、功名唯实的真知灼见,从品质、职责、方法、作风等方面道出了居官者必备的素质,即使今天,我们有些为政者也难以达到如此之境界。据史载,对联贴出之后,"四乡人皆聚观","时先声所夺,平日绅衿之出入县庭者(走后门行贿的地方缙绅和读书人),皆悚息危慎，有避至他省者"。由此可见，其轰动效应和震慑作用非同一般。在武承谟任县令期间，正如其联所云，兴文教，修水利，救灾黎，确实办了一些对人民有益的事情。

林则徐之《观操守》

※ 《现代领导》2006年第7期

　　林则徐在清嘉庆、道光年间居官40载。自嘉庆十六年考取进士直至委任为巡抚、总督、钦差大臣，他始终严于律己、正直清廉、精明强干。林则徐一生擅长联赋，常悬于公堂而自箴，其《观操守》所体现的文学造诣及修身功夫足可窥见一斑。

　　《观操守》全文短短63字："观操守在利害时，观精力在饥疲时，观度量在喜怒时，观存养在纷华时，观镇定在震惊时。防欲如挽逆水之舟，才歇力便下流；从善如缘无枝之木，才住脚便下坠。"我们从中可以发现，作者并非无诗词联赋之长，而如此表达恰恰反映出林则徐不受传统文体之羁绊及变革思想之超前。文体的突破仅是一个方面，内容的词约意丰则更值得我们再三品味。作为一个人才，存身如何规诫自己，居官如何观察他人，林则徐把操守、精力、度量、存养、镇定等一连串的抽象概念放在利害、饥疲、喜怒、纷华、震惊这些特定的时刻及环境，进行相应的自我警醒及观察别人。每当面对得失时，操守就会受到挑战，看其是否能做到见利思义，毋苟小利；处于饥寒交迫、贫困潦倒之时，生活难以维系，精神疲惫不堪，看其是否能保持坚定顽强的意志和不折不挠的毅力；处于盛喜与愤怒之时，气度受到外来的突然冲击，看其是否能安危如故，深藏不露；若是一旦功成名就，面对鲜花、掌声、赞誉声的纷华氛围，看其是否会忘乎所以，得意忘形；顷刻间受到意外震惊，打破往常的安宁，看其是否能做到遇惊不变，泰然处之。通过这"五观"，正如一副对联所云："疾风知劲草，板荡识忠臣。"

《观操守》后两句采取并列对仗体式，围绕"防欲"与"从善"，以物作比，生动形象、寓意深刻地指出：防欲犹如"挽逆水之舟"，一篙不可放缓；从善好比"缘无枝之木"，必须着紧用力，旨在警示人们纵欲、从恶之易，防欲、从善之难。充分揭示出决定因素在人不在物之道理：只有发挥人的主观能动性，才能在改造客观世界的同时实现自我完善。

刚毅的"明远"之见

※ 《现代领导》2002年第12期

据《论语》记载：子张曾就"明、远"请教孔子，孔子答曰："浸润之谮，肤受之诉，不行焉，可谓明也已矣。浸润之谮，肤受之诉，不行焉，可谓远也已矣。"如何做到浸润之谮和肤受之诉不行呢？清朝刚毅作了具体的分析和精辟解答。

刚毅历任清朝光绪年间按察使、布政使、巡抚、尚书、军机大臣，就治国和臣道有许多陈疏和见地。尤其是他在《居官镜》中尖锐地揭露了吏治中存在的谄谀、中伤等弊端，并提出了一系列相应的改革措施。如对浸润之谮、肤受之诉（用今天的话说就是间接的谗言诬陷、直接的诽谤诬告），他从四个方面提出了真知灼见：一曰唯在不受。他认为"大凡谮诉之辈，多无信实之言，利于中伤，惯于播弄"，唯一的办法就在于不去理睬他们罢了。二曰反思自我。如果有人来告诉你说某人在下边对你有无礼或中伤的言语，你必须查清告诉你这话的人是出于忠诚，还是别有用心，"窃记我语，复以播扬于人耶？如某人果有恶言，亦当反而寻思我之是耶，非耶。如我之非，何惧人言；我之是矣，其言何害？"三曰秉公持己。身为大臣，只能秉公修身以自勉，使人无瑕可指，这才不愧是纯洁正直的气节。谚语说："御寒莫若重裘，止谤莫若自修。"四曰涣然自释。如遇无故诽谤之人，皆因此类人是彻头彻尾的糊涂之人，本属可怜可笑之辈，又何必去与他们分辩争论呢？"但事不审理，易动声色，皆由血脉之偏，肝气之病，每至不能容忍。自知是病，则胸中涣然自释矣。"

"明远"乃精明远见。在刚毅看来，做"明远"之人，就是对各种谗言、诬陷、诽谤，既识得破，又想得开。一方面在态度上要坚定不受、涣然自释，另一方面在持己自勉上要反躬自省、加强修养、自尽其性、自完其心，这些对于今人来说是很不容易做到又非常必要的。

古人居官"三字"箴

※ 《党的生活》2003年第5期；《现代领导》2006年第6期；《南阳日报》2011年10月12日

历史上凡有所作为的帝王和官员，大都比较注重自身修养和用人之道，他们往往通过立言为箴的办法，规诫约束自己，教育启迪他人。这里摘举几例"三字"箴，以供今日为政者鉴之。

马融：明、平、清

东汉经学家马融，曾任校书郎、议郎、南郡太守等职，从挚恂学。他认为："在官惟明，莅事惟平，立身惟清。清则无欲，平则不曲，明能正俗，三者备矣，然后可以理人。"

在马融看来，身居官位首要的是明晰世情，做到办事明白而不聩；处理各种事宜关键在于公平合理，做到客观公正而不徇私枉法；安身立命主要是清白廉洁，做到洁身自好而不贪污受贿。做到了清廉自爱就不会贪婪多欲，公平正直就不会曲意阿从，办事明白果断就能匡正习俗而取信于民。如果为政者能做到这三点，可以称得上是一位好官，那么就可以管理好民众，治理好属地。

张安世：钱、权、亲

为什么当官？当官干什么？自古以来，为官者对这两个问题有不同的回答。有的是"千里来做官，为的吃和穿"，"升官发财"，"光宗耀祖"，"衣锦还乡"等。与此形成鲜明对照、能流芳百代的是那些秉公办事、廉洁从政的官员，他们当官是为老百姓办事，是为国家效力，使民富国强、国泰民安。这类清官、好官自古就有。汉宣帝元康年间的元老重臣张安世，为官讲究"三不为"。

一曰"不为钱"。张安世感到自己与儿子同被封侯，待遇过高，便向汉宣帝恳求辞去俸禄。汉宣帝十分感动，私下却让大司农所属都内衙门为其存钱数百万。

二曰"不为权"。张安世官居大司马、车骑将军、光禄勋、卫将军兼任尚书事，参与朝廷决策，是真正有权管官的官。一次，他向朝廷推荐过的一个人向他道谢，他非常生气地说："为国家举荐贤能，怎可私下相酬谢？"一位有功的郎官求张安世说情，张安世说道："你的功劳大皇上是知道的，我们做大臣的，怎能自己说长道短、去掺和！"坚决拒绝请托。

三曰"不为亲"。张安世见自己一家人地位尊显，内心深感不安，便请求将独生儿子张延涛调离京城，并一再要求降低过继儿孙的爵位和享有的赋税户数。后来，宣帝怜恤张安世年老体弱，缺少照顾，才又在张安世去世前一年将其儿子调回朝廷任职。

为官者能达到张安世这种境界，心存百姓和国家，则百姓幸甚，国家幸甚，其本人也定会受人尊敬，流芳后世。

吕本中：清、慎、勤

南宋官员吕本中，在所著《官箴》篇中，开宗明义地指出："当官之法，唯有三事：曰清、曰慎、曰勤。"对此，他有着一番深刻的阐释。

吕本中说："清、慎、勤三字，乃居官之真修。不清，则我取一也，下取百焉；我取十也，下取千焉。我以之适口，民以之浚血。我以之华体，民以之剥肤。我以之纳交游，民以之鬻妻子。我以之遗子孙，民以之损田庐。我以之恣歌舞，民以之啼饥寒。伤哉！以此思清，清其有不至乎？不慎，则一出令之误也，而跖盗之弊生。一听言之误也，而雍蔽之奸作。一用人之误也，而狐鼠之妖兴。一役使之误也，而劳怨之声起。一听断之误也，而劝惩之道塞。一重辟之误也,而冤孽之报随。悲夫!经此思慎,慎其有不至乎?不勤,则一人之逸,百人之劳。我之欲寝也,日得无有立而待命者乎?我之欲休也,日得无有而望归者乎?案牍之留也,日得无有藉以为奸者乎?狱讼之积也,日得无有久系冻饿者乎?嗟嗟!以此思勤,勤其有不至乎?"

吕本中从修身为政、居官为民的角度,运用官民之利害因果之联系的对比手法,深刻地阐释了居官为什么要清、慎、勤。在他看来,只有当官的清廉,百姓才得安宁。如当官的奢求美味、华美身体、广交纳友、传赠子孙、恣情歌舞,则百姓必受其害而被榨取血汗、剥及皮肤,被迫鬻妻卖儿、损田卖屋、饥寒啼泣。为官如不审慎,误发一道命令、误听一句言语、误用一个人、误派一名差役、误断一次狱案,都会使盗贼滋生,奸佞发作,狐鼠之辈兴妖作乱,悲恨之声四起,劝善惩恶之道梗阻,冤仇罪孽报应相随。当官如不勤奋,必因一人之贪逸而导致百人之劳顿。因此,想安睡,要想一想还有没有立在一旁等待命令的人;想歇息一下,要想一想还有没有踮起脚尖盼望回归的人;公文案卷滞留了,要想一想会不会有借此机会行奸的人;狱讼案件积累了,要想一想会不会有因此久困监牢而忍冻挨饿的人。

世代更替,境况迥异。但不论是古代居官修身,还是当今执政为民,做到清、慎、勤都是不可或缺的必备条件,理当将此置之座右而一日三省。

徐九思:勤、俭、忍

明嘉靖年间,有一位可与海瑞相提并论的清廉惠民官员徐九思,也就是被后人搬上戏剧舞台的徐九经。徐九思于嘉靖十五年任职南京应天府句容知县,在任期间,以"勤、俭、忍"为座右铭,常言"俭则不费,勤则不隳,忍则不争"。他为官刚正不阿,励精图治,节俭裕民,留下了许多脍炙人口的佳话。

勤:勤于公务。为防司空见惯的胥吏审狱徇私现象,"每受讼牒,必命其人为亲识偕往"。让当事人当庭相对,审理前自己先行调查,判决时即以"所言相同处断",遇到"所述不同",即当面对质。他还通过整顿吏风,将一名窃藏公款、偷盗官印的县吏执于堂前，面对全体官员进行公审，亲"讼其状"，直"摘其奸"，并果断地"坐之法"，使佐吏得到了儆戒，都知道了"不得擅揽词讼及求索民钱"，"胥吏于是人人慴恐于法，不敢有所舞(弊)"。为力防胥吏下乡害民，他一改过去由胥吏全权经办征税催赋事务为自己直接参与处理，先了解乡民贫富、道里远近、赋役轻重，然后分配徭役时，对贫弱者"必以资其受顾而役"，将过去赋税无定额状况改为经审核后"著划于一册，以示各赋区"，"虽至稚童不受惑也"。对在审核中查实的县内豪强隐占的赋额，改赋由原主承担，不再另加于百姓。以往支解赋粮，是"官吏视贡礼决定取得，资重不相当久矣"。徐九思又将此改为亲自主持抽签，避免了重役全由无钱送礼的贫民承担。

俭：节俭裕民。徐九思为官首先自奉清廉，厉行节俭。他曾于居室中堂挂一幅青菜图，旁书"民不可有此色，士不可无此味"。他以此鞭策自己，"生平不嗜肉，惟啖菜"。在句容，徐九思节俭裕民事迹颇多。当地粮簿上本有一笔供地方开支的例金，他对此分文不取，且本着惠民之心，毅然将这笔例金革除。这与当时肆虐官场的贪奢之风形成了鲜明的对照。在嘉靖年间，"民间困苦日甚一日"的主要原因，"第一是官吏贪污，其次过客骚扰。过客之费，不减贪吏"。当时地方官多以招待过路官员作为自己投机钻营的一个主要渠道，滥用公款大肆宴请，重礼接送。如此庞大的费用开支，自是百姓不堪忍受的负担。徐九思顶风反其道而行之。一次上面府中属员到句容，横行索贿未能得逞，这些人就借酒装疯，在县衙谩骂，咆哮公堂。徐九思毫不退让，将他们缚而笞之，从而使路过句容的士大夫"安公(九思)之质俭，弗过望也"。平时县内摊派徭役，他尽量为民节俭而减之，有时达到了"役三减"的程度。另外，他还坚持以身作则，带领吏卒种园圃、养畜禽、修道路，大大降低了公费开支，有效地减轻了百姓税赋。

忍：忍则不争。徐九思面对趋炎附势的官场弊端，做到不争名，不图利，守廉安贫，不忍心为己而与当时官场的奔竞之流同流合污。正是由于他耐得住清贫，忍得住名利，不计较得失，才敢于同豪强侵害百姓利益的行为作坚决的斗争。如遇灾年，照旧例救济粮全以平价出售，其值上交。徐九思认为：灾年中真正有难的灾民早已无钱，平价之粮对于他们犹如市价，而有钱的豪民富户却乘机抢购囤积。针对于此，徐九思依据实情进行改革，在县内将上司拨下的救济粮，小部分以市价出售，用以归还上司，其余之粮，他亲自监督施粥于县衙之前，使有钱者无空可钻，无钱者却能真正受惠于救济。他还在灾年一改过去用法宽和的态度，对拒贷积谷以投机倒卖者、乘灾抢劫者予以严厉惩处，一捕入狱就绳之以法。故人称徐九思治县"御豪猾则特严"，"不尽法不止也"，使"豪猾敛迹不敢肆逆"。由于徐九思的不争名利，不计得失，在句容知县任上一干就是九年，深受百姓拥戴，在他被调入京的当年，句容民众自发为其建生祠四五座。

雍正：公、忠、能

雍正接见通过殿试的进士们，就"如何做官"为题，当场举了三个人的实例，归结为三个字，以为做官的楷模。

张廷玉的"公"。雍正表彰其"公"，是说他在其弟张廷璐"科场舞弊案"中，公私分明，与众官员"力保"其弟（八王爷操纵）不同，体谅帝王心思，秉公处理，大义灭亲，"力参"其弟，维护朝廷威严和科场公道。最后，雍正处决了张廷璐，"科场舞弊案"风波得以平息。张廷玉因其"公"备受雍正器重，供职军机处。

李福的"忠"。雍正表彰其"忠"，是说他在"科场舞弊案"中，忠诚于朝廷，忠诚于皇命，忠诚于自己的职责，讲政治、讲原则、顾大局、重责任，不与主监考大臣张廷璐同流合污，而是发现问题、反映问题、解决问题，维护朝廷威严和科场公道，确保为国家选拔有真才实学的人才。李福因其"忠"备受雍正器重，接替诺敏出任山西巡抚。

田文静的"能"。雍正表彰其"能"，是说他在查处山西巡抚诺敏"欺世盗名"追缴欠款假政绩案中,从不能下手处下手,乔装打扮,明察暗访,一举揪出了诺敏这个假典型。此前山西巡抚诺敏为迎合雍正皇帝初登大宝急于政绩的心理,大搞投机,为表现其在山西的政绩和三晋官员上下沆瀣一气,声称在短短的三个月内将亏欠十年的税银补缴完毕,造假账欺骗雍正,骗得雍正皇帝亲赐"天下第一巡抚"牌匾。真相大白后,雍正处决了诺敏。田文静因其"能"备受雍正器重,擢升为河南巡抚。

雍正皇帝说,他用人就用"公、忠、能"之人,这样的人要大大提拔重用,表明了朝廷的用人导向和评价人才的标准。我们现在选拔任用领导干部,虽说与雍正的用人目的有着本质的不同,但是对于那些一心为党、为国家、为人民服务的"公臣"们,那些对党、国家和人民忠诚的"忠臣"们,那些为党、为国家、为人民效力的"能臣"们,还是应该大力褒奖和宣传,鼓励他们好而思进,励精图治,为党、为国家、为人民再立新功。

牛运震:俭、简、检

牛运震为清雍正十一年进士,他在任甘肃秦安知县期间经常与友人书谈他的为官三字诀:"为县官有三字:一曰俭,薄于自奉,量入为出,此不亏帑不婪赃之本也;一曰简,令繁则民难遵,体亢则下难近,一切反之,毋若碎,毋拘执,毋受陋规,毋信俗讳,仪可从简简之,案牍可存存之,当无日不与百姓相见,而询其苦乐,惟可一切使民,虽峰世笑我以黄老,吾不易也;一曰检,天有理,人有情,吏部有处分,上司有考课。豪强在国将吾伺,奸吏在衙将吾欺。入一钱乙诸简,期勿纳贿;施一杖榜诸册,期勿滥刑。今日居室,吾仓库不畏后任;明日还乡,吾心迹可白友朋。"

做到俭、简、检三字就是好官,俭而不贪能行善政,简而不繁就不扰民,检而不纵就能约束自己的言行。正是以这三个字为座右铭,牛运震成为众口皆碑的清官。据《清史稿·循吏·牛运震传》记载:他居官8年,县治民安,社会风气良好。

古人以物作铭四则

※ 《学习时报》141期；《老人春秋》2005年第9期；《现代领导》2006年第8期

箴铭是古代常见的用以规诫自己或劝告他人的修身方法，通过立言、借物、寓意、镂刻等形式，以达到自立、自警、自省、自励和以申鉴戒、启迪社会之目的。现采撷物铭四则，旨在让当今领导干部加强自身修养，引以为鉴。

盘　铭

据《大学》记载：汤之盘铭曰："苟日新，日日新，又日新。"这是说商汤将箴言刻在盥洗的铜盘盆上，告诫自己要坚持经常进行精神上的洗礼，品德上的修炼，不断弃旧图新。正像三国魏经学家王肃所注："常自洁净其身，沐浴于德行也。"

金　铭

金人，乃铜铸的人像。周王室中建祖后稷之庙，庙堂右阶之前有一金人，三缄其口，而铭其背曰："古之慎言人也。戒之者，无多言，多言多数……"此段铭文，明确告诫人们："口是何伤？祸之门也。""诚能慎之，福之根也。"提醒世人要言行谨慎，以防刚强自愎，要像《诗》中说的那样："战战兢兢，如临深渊，如履薄冰。"

器　铭

《孔子家语》中曾有这样一段记载：孔子观于鲁桓公之庙，有欹器焉。夫子问于守庙者，曰："此谓何器？"对曰："此盖为宥坐之器。虚则欹，中则正，满则覆。明君以为至诚，故常置于坐侧。"顾谓弟子曰："试注水焉。"乃注之水，中则正，满则覆。夫子喟然叹曰："呜呼！夫物恶有满而不覆哉？"宥坐之器也为欹器。器注满则覆，空则倾斜，不多不少则正，是开明君王引以为戒的座右铭，通过它时时告诫自己要戒满防覆。具体到行动上，如何防止倾覆呢？孔子观欹器后有感道："聪明睿智，守之以愚；功被天下，守之以让；勇力振世，守之以怯；富有四海，守之以谦。以所谓损之又损之道也。"

砚　铭

北宋文学家苏东坡严于教子，曾以砚作铭赠予长子苏迈，乃为《迈砚铭》。铭文曰："以此进道常若渴，以此求进常若惊，以此治财常思予，以此书狱常思生。"其意为：用此砚读书学习应当经常如饥似渴，用此砚追求品行应当经常自警自励，用此砚料理财政应当经常想到乐善好施，用此砚判决法案应当经常记着珍惜生命。寥寥数语，从立身、进德、理财、书狱四个方面，提示了修身为政之准则，真可谓词约意丰、言近旨远，实在耐人寻味，给人启迪。

古人用人之忌

※《现代领导》2002年第2期；《党政周刊》2002年第11—12期

"政在选臣"、"劳于求人"是古代明君贤臣的主要治国之策。他们不仅就如何识人、选人、用人留下了丰富的宝贵遗产，而且对知人察贤、选贤任能之忌也提出了诸多真知灼见，至今仍有一定的警示作用。

三不祥。齐景公一次外出打猎，上山碰见老虎，下沼泽遇见长蛇。回宫后便问晏子："殆所谓之不祥也？"晏子回答道："国有三不祥，是不与焉。夫有贤而不知，一不祥；知而不用，二不祥；用而不任，三不祥也。所谓不祥，乃若此者也。"在这里，晏子明确回答国家三不祥是"贤而不知""知而不用""用而不任"，至于碰见老虎、遇见长蛇均不在不祥之列。

五害。具有远大抱负的齐桓公，在登上君王宝座后，询问管仲"何如而害霸"，管仲对曰："不知贤，害霸；知而不用，害霸；用而不任，害霸；任而不信，害霸；信而复使小人参之，害霸。"齐桓公谨听管仲之谏，放权任用管仲进行改革，使国力富强，成为春秋时期第一个霸主。

五阻。据《说苑·君道》记载：齐桓公本以为"举贤士而用之"，就可以使"布衣屈奇之士踵门而求见"，结果并非如此。他就此询问宁戚，宁戚回答说："是君察之不明，举之不显；而用之疑，官之卑，禄之薄也。且夫国之所以不得士者，有五阻焉：主不好士，谄谀在旁，一阻也；言便事者，未尝见用，二阻也；壅塞掩蔽，必因近习，然后见察，三阻也；讯狱诘穷其辞，以法过之，四阻也；执事适欲，擅国权命，五阻也。去此五阻，则豪俊并兴，贤智来处；五阻不去，则上蔽吏民之情，下塞贤士之路。"桓公听后深受感动，表示

"吾将着夫五阻以为戒本也"。

七缪。三国时期，刘劭在《人物志·七缪》篇中指出，为政者观察人才优劣容易在七个方面出现纰缪，即"一曰，察誉，有偏颇之缪；二曰，接物，有爱恶之惑；三曰，度心，有大小之误；四曰，品质，有早晚之疑；五曰，变类，有同体之嫌；六曰，论材，有申压之诡；七曰，观奇，有二尤之失"。因此，他提醒为政者察人识贤，不仅要看一时，还要看长远；不仅听众人之言，还要独自冷静观察；不仅要看其表面，还要观其行为；不仅要看怎样对己，还要看何以对人。只有全面、审慎地进行观察，才能比较准确地把握一个人。

十难。东汉末史学家荀悦主张"有言者用""动则考行"，曾著有《申鉴》五篇。他在《申鉴》中指出任用贤能有十难："一曰不知，二曰不进，三曰不任，四曰不终，五曰以小怨弃大德，六曰以小过黜大功，七曰以小失掩大美，八曰以讦奸伤忠正，九曰以邪说乱正度，十曰以谗嫉度贤能。"他认为"十难不除，则贤臣不用，用臣不贤，则国非其国也"。

古人忧民之情

※ 《现代领导》2004年第8期

一、触景生情

唐代诗人李绅曾因触犯权贵而下狱，他通过长期对农民劳苦耕作情景的观察，作过一首《悯农》诗："春种一粒粟，秋收万颗子。四海无闲田，农夫犹饿死。"此诗充分表达了作者对剥削阶级的无情鞭笞和对农民"犹饿死"的无限同情。被称为"扬州八怪"之一的诗人、画家郑板桥，在知县任上，因助农民胜诉及办理赈济得罪豪绅而被罢官。他一生擅长画竹，曾以竹来抒发自己的怜民之情："衙斋卧听萧萧竹，疑是民间疾苦声；些小吾曹州县吏，一枝一叶总关情。"这正像刘向在《说苑·政理》中写的那样："闻其饥饿为之哀，见其劳苦为之悲。"

二、借物抒情

唐朝大文学家白居易，早年家境贫寒，对人民疾苦有较多的接触和了解，因此，对老百姓生活颇为关心，就是新添置一件衣服也会想到老百姓之困苦。他曾作有两首借物抒情诗：一首是《新制绫袄成感而有咏》，诗中这样写道："百姓多寒无可救，一身独暖亦何情。""心中为念农桑苦，耳里如闻饥冻声。"另一首是《新制布裘》："安得万里裘，盖裹周四垠；稳暖皆如我，天下无寒人。"这种"与世忧乐"的"君子之志"充分流露了作者"不忧一家寒，所忧四海饥"的恫瘝在抱心情。

三、以喻达情

儒家代表人之一的亚圣孟子,曾把"庖有肥肉、厩有肥马""民有饥色、野有饿莩"比为"率兽而食人"。他的这一思想,在缔造"贞观之治"的唐太宗李世民身上得以体现。李世民深谙"为君之道,必先存百姓"之理,常以"亡隋为戒",认为"夫欲盛则费广,费广则赋重,赋重则民仇,民仇则国危,国危则君丧矣"。早在贞观初年,他就告诫众侍臣:"若损百姓以奉其身,犹割股以啖腹,腹饱而身毙。"历史上众多有正义感的文人墨客,也无不利用手中巨笔,借喻达情。唐代文学家刘禹锡把"人之瘼"视为"如瘭疽在身",使自己"不忘决去"。被誉为"唐宋八大家"之一的苏辙,在《上皇帝书》中直呼:"去民之患,如除心之疾。"东汉哲学家荀悦在《申鉴》中,以"足寒伤心,民寒伤国"之喻,劝诫为政者:"下有忧民,则上不尽乐;下有饥民,则上不备膳;下有寒士,则上不具服。徒跣而垂旒,非礼也。"

四、言志寄情

虽无力改朝换代,但有心恩泽于民。唐代大诗人杜甫,在许多诗中敢于大胆揭露当时社会矛盾,对统治者罪恶进行了深刻批判,而对穷人则寄予了深切同情。他在《茅屋为秋风所破歌》中写道:"安得广厦千万间,大庇天下寒士俱欢颜,风雨不动安如山!呜呼!何时眼前突兀见此屋,吾庐独破受冻死亦足。"南宋文学家文天祥,也曾作过类似此诗的《五月十七日夜大雨歌》:"但愿天下人,家家足稻粱。我命浑小事,我死庸何伤。"这种为民而死在所不辞的思想境界,在封建社会里真可谓难能可贵。他们无愧为明代庄元臣所言"君子"之称:"君子之君子也,一人死而万人寿,一人痛而万人愈,一人忧而万人乐,一人劳而万人逸。"

交友"四要四不要"

※《现代领导》2006年第4期

为人处世既是一门学问,也是人才成长的一项重要活动。如何做到与人相交既团结又讲原则,这是一个很难把握的问题。早在2500多年前,著名教育家孔子就曾提出交友"四要四不要"的思想,至今对人们仍有裨益。

一要周而不比,不要比而不周。就是说要普遍团结人,而不能只与少数人亲近;不能因与少数人亲近而不普遍团结人。一个人活动范围和精力都是有限的,经常接触到的只能是一小部分人,但不能因经常接触而过于亲近,也不能因接触少或未接触就离心离德。做到周而不比,就是做人要知是非,处世讲原则。

二是和而不同,不要同而不和。孔子用来区别君子与小人的标准是"和"与"同"。君子和谐相处却不盲目苟同,小人盲目苟同却不能和谐相处。与人相交要和而不同,就是要保持自己的个性,坚持自己的意见,心和而不随意苟同,不随波逐流、人云亦云、投其所好,这既是一个人应有的品质,也是维护自身人格尊严的前提条件。

三是矜而不争,不要党而不群。君子庄重自尊而不与人争强斗胜,团结大多数而不结党营私。庄重自尊,不失色、失言、失行于人;与人为善,不争强好胜、不争你高我低。这是"矜而不争"。海纳百川,团结共事,不搞小宗派,不结党营私,这是"群而不党"。

四要泰而不骄,不要骄而不泰。"泰"即泰然处之。"不骄"即不自见、不自是、不自伐、不自矜。孔子说:"君子坦荡荡,小人常戚戚","三人行,必有吾师焉","虽有国士之力,而不能自举其身"。孔子还以庙中欹器为戒,谆谆告诫弟子们"夫物恶有满而不覆哉"之道。如何做到满而不覆或泰而不骄呢?正确的方法是:"满而不盈,实而如虚,过之如不及","聪明睿智,守之以愚;功被天下,守之以让;勇力振世,守之以怯;富有四海,守之以谦。此所谓损之又损之道也"。

古人为政清廉典范

※ 《南阳日报》2010年11月24日

清廉乃不受不污,清正廉洁。在"官场多龌龊、为官多不廉"的封建社会里,"出淤泥而不染"的为政清廉者也并非没有。他们把清廉视作为官的操守、修养和品格,守身如玉,一芥不取,传为千古美谈,实乃今日学习之典范。

一、不畏人知畏己知。慎独被古人看作第一自强之道、第一寻乐之方、守身之先务。《礼记·中庸》云:"莫见乎隐,莫显乎微,故君子慎其独也。"郑玄注:"慎独者,慎其闲居之所为也。"慎独的关键在于正心、诚意、寡欲、克己,不搞"暗箱操作",不持侥幸心理,不论私居独处之时,还是在心曲隐微之地,都能做到"暗室不欺"、内省不疚。在慎独方面,载入史册的要数明朝李汰和清朝叶存仁。李汰因文章出众受到朝廷重用。有一年,他去福建主持秋闱考试,考试前一天夜里,有一名书生推门而进,从怀里掏出一百两白银放在案桌上。李汰厉声问道:"你这是干什么?"书生倾吐苦衷:"李大人,这非本人意愿。穷人家孩子读书不易,中举人更难,听人传说,科场中不走这条路,再好的学问也行不通。"李汰联想到以往考生行贿通路子、国家选才不当的弊端,便斩钉截铁地对书生说:"这一回由我主持考试,金钱是打不开通路的,你把银子收起来,回去把心思用在考试上吧。"第二天,在考场的门上,高悬着一块大匾,上面题诗一首:"义利源头识颇真,真金难换腐儒心。莫言暮夜无知者,怕塞乾坤有鬼神。"清朝雍正年间的叶存仁,先后在浙江、安徽、河南等地任教官,历时三十多载,毫无苟取。有一次离任时,僚属相送,船却迟迟不发，待到月明星高时，方见划来一叶小舟，原来是送馈赠的。叶当即题诗婉拒："月白风清夜半时，扁舟相送故迟迟。感君情重还君赠，不畏人知畏己知。"表现出了钱财难移其志、慎独鬼伏神钦的高尚情操。

二、见利思义拒贿赂。"义即宜也"，"行而宜之为义"。凡古代为政清廉者，他们以义为本，以不受为廉，视"名节重泰山，利欲轻鸿毛"。在思想上能清醒认识到："罪莫大于欲，祸莫大于不知足，咎莫大于欲得"，"唯淡可以从俭，唯俭可以养廉"；在行为上善于以小见大，"临利不离义和廉"，"苟非吾之所有，虽一毫而莫取"。据史载，战国时期鲁国相国公孙仪特别喜欢吃鱼，人们争着送鱼给他，但均被拒之门外。他的弟子们劝他说："你既然喜欢吃鱼，就该收下人们送来的鱼，为什么不接受呢？"公孙仪深刻地分析道："正因为我喜欢吃鱼，才不肯接受鱼，如果接受了别人的鱼，到时候就要迁就别人。迁就别人，就是徇私枉法。徇私枉法，就难免被罢官。如果我的相国职务没有了，这些人也一定不会再给我送鱼了。到那时我又没薪俸自己买鱼，还能再吃到鱼吗？"以不贪为宝的宋国子罕，面对送来的价值连城的璞玉却不动心。送礼者称璞玉是块宝物，而子罕却直言相告："你把玉石看成宝贝，我却把不接受你的玉石这种品德当作宝贝，还是让我们各有其宝吧。"嗜鱼不受鱼，以不贪为宝，真可谓是"清节者不纳不义之谷帛焉"。

三、无功不受赐和封。儒家思想的开创者孔子认为：为政者在利和禄上要"先事后得""敬其事而后其食""仁者先难而后获"，视不合义理的富足和高贵如天上的浮云一般。孔子的得意门生曾参，因不愿出来做官而漫游四方，身着旧絮袍，手脚长满了老茧，有时一连断炊几天，十年没有添置新衣。鲁哀公称赞他是一位贤者，于是想给他一块封地。曾参辞谢不受，说："我听说接受别人恩惠的人，对施惠者常常产生敬畏感；施惠给别人的人，常常傲视他人。"为了不受人傲视或不敬畏别人，曾参终于没有接受封地。明朝初年，王琦曾出任过御史，山西、四川等地提学佥士。为官三十多年，告退后回到家乡钱塘，在生活难以为继的困境中，他多次拒绝别人送来的东西，皇帝得知这一情况后，降旨表彰并赐给他一百两银子。这时，虽然他已几天没吃东西，病卧在床上，仍吃力地说了句"臣坚辞不受"，便在饥寒交迫中死去，显示出了一种"宁可忍饥而死，不可苟利而生"的名节和骨气。

四、官到能贫乃是清。清贫乃淡泊、俭朴、寡欲、知足，"视金子如粪土"。清代学者戴远山曾撰过一副对联："诗堪如画方为妙，官到能贫乃是清。"能贫就是安于贫穷，以艰苦朴素、勤俭节约为荣，以铺张浪费、奢侈挥霍为耻，不为金钱所惑，不为物欲所动。北魏三朝元老长孙道生，坚持俭朴自恃，不慕奢华。他的府第矮小简陋，与朱门连街的华宅高院相比，简直残如破庙。他的儿子觉得有失体面，多次劝说父亲修缮未果，只好趁父亲率征之机，对原有住宅进行大规模改建，筑成四周带有廊屋的堂庑和高大华美的门楼。长孙道生得胜归来，看到修建后的府第，动用家法严厉惩罚了儿子，并拆毁了新建的堂庑和门楼。春秋时期的鲁国大夫季文子，曾辅佐过鲁国三代国君，从政为官三十四年之久，但临死时，竟然家无藏金，室无重器，就连备葬的私人积蓄也没有。在"淫侈之风日日以长"的封建社会，位居一人之下，能够不入流俗，安居陋舍，不讲享受，甘愿清贫，实属难能可贵。

五、清风两袖朝天去。古人曰："宁洁身以守节，耻胁肩以苟合。"古人为政清廉讲究的重要准则之一是重自己人格，不趋炎附势，忌投机钻营，靠一身铮骨，养浩然正气。包拯，因廉洁为民，不畏权势而流芳千古。他曾在盛产名砚的端州做过知州，历任官员莫不攫取端砚"以遗权贵"，作攀附进身之资。而包拯只以朝廷规定的进贡数量制作，按实际数目征收，深受百姓欢迎。直到离任时，仍是"不持一砚归"。明朝曾任河南、山西巡抚的于谦，也是绝无所取于民而奉上，《入京》一诗道出了他正直爱民的品德："绢帕蘑菇与线香，本之民用反为殃。清风两袖朝天去，免得闾阎话短长。"此诗意为绢帕、蘑菇和线香，本来就是老百姓的所用之物，如果搜刮奉官就会造成祸殃。两袖清风，不持一物进京城，可以免去老百姓说短道长。

六、官罢囊空两袖寒。古代为政清廉者，深知"非俭无以养廉，非廉无以养德"的道理，"念为廉吏，奉法守职，竟死不敢为非"；"为浊富不若为清贫，以忧生不若以乐死"；做到"国计已推肝胆许，家财不与子孙谋"。被誉为"扬州八怪"之一的清代画家、文学家郑板桥，在乾隆年间曾任山东范县、潍县知县，由于他深深体谅民间疾苦，因此为官非常清廉。后因呈请赈济灾民而惹怒上司，被强加一个子虚乌有的罪名而罢官。他回到扬州后以卖字画为生，对贫苦穷人慷慨解囊，而自己过着十分贫穷和清苦的生活，以至女儿出嫁而难置一点嫁妆。他在赠女儿嫁妆诗中写道："官罢囊空两袖寒，聊凭卖画佐朝餐。最惭吴陷奁钱薄，赠尔春风几笔兰。"三国时期，还有一个颇为流传的"廉石"故事。在东吴孙权治下做过几年郁林太守的陆绩，任期满后奏准返乡，全部家当不满一小船，因怕船轻遇风翻沉，只好压了一块七八百斤重的大石头。陆绩用巨石压船返乡之事成为美谈，几个士人把那块大石头收藏起来，取名"廉石"，吟诗赞颂。

纵观古人为政清廉之典范，他们的思想境界和行为准则正如明朝《薛文清公从政录》中讲的那样："有见理明而妄取者，有尚名节而不苟取者，有畏法律保禄位而不敢取者。"但无论哪一类，都有一个共同特点，就是注重道德修养，做到洁身自好，以不贪占、不苟取、不收受非分之钱财为美德。在古人清廉者身上虽有着浓厚的封建意识和鲜明的时代特征，但古廉今鉴仍具有"见贤思齐"的现实意义。我们每个领导干部都应从修身、律己、清正、廉洁做起，做到一身正气，两袖清风，仰不愧于党，俯不怍于民，问心而无愧。

由寓言"毛与皮"想到的

※ 《农民日报》2000年9月22日

　　历史上曾有这样一则"毛与皮"的寓言： 魏文侯外出巡游，路上看见一个人反穿着一件羊皮统子背饲草。文侯觉得奇怪，就上前问他："你为什么把皮板儿反穿在外背饲草呢？"那人答道："我很爱惜这身羊毛，怕被饲草磨坏了。"文侯听了摇摇头说："难道不知道皮板儿磨破了毛就没地方依附了吗？"次年，在魏国东阳地方，上缴的钱粮布帛比往年多出十倍，满朝大臣一齐向文侯表示祝贺。文侯语重心长地对大臣们说："这不该祝贺呀！这与那个反穿羊皮衣背饲草的人没有什么差别。如今我们的田地没有扩大，人口没有增多，上缴的钱却多出十倍，这必定是对下面老百姓加重征收得来的。我听说过，老百姓不得安宁，国家的地位也难以巩固。因此，这件事并不应该祝贺呀！"

　　寓言通过"皮之不存，毛将焉附"的道理，提醒和昭示为政者无论做什么事情，都要以民为基础和根本。寓言含义的本身不在于魏文侯怎样看待这件事情的表面上，而从更深的层次反映了一个君王"舍毛求皮""民重君轻"的崇高思想境界。唐太宗李世民之所以能有"贞观之治"，关键在于他深刻认识到"为君之道，必先存百姓"。他曾形象地比喻："君损百姓奉其身，犹割股以啖腹，腹饱而身毙。"在封建社会的帝王将相身上，像魏文侯、唐太宗这样的开明君王虽寥若晨星，但他们能做到这一点确实难能可贵。与此相比，在今天有些地方为了一己之利，置农民负担于不顾的为政者，不觉得惭愧与汗颜吗？在中央三令五申减轻农民负担的今天，有些地方不考虑群众承受能力，大兴土木，升级达标；为了满足需求，增项加码，提高标准；为了快出政绩，大搞形式主义和形象工程；为了官官相护，久拖不决，欺上瞒下；等等。这些现象之所以屡禁不止，究其原因就是一些地方的领导干部民本意识淡薄，把减轻农民负担和党的为民宗旨喊在嘴上，写在纸上，贴在墙上，讲在会上，而没有真正放在心上和落实到具体行动上。

一切为了群众，充分依靠群众，全心全意为人民服务是我们党的根本宗旨和政治优势，江泽民同志深刻指出："什么叫政治？从根本上说，政治问题主要是对人民群众的态度问题，同人民群众的关系问题。"因此，敬请一切为政者要坚持以民为本，处理好"毛与皮"的关系。

戒骄切记"四不自"

※ 《文明与宣传》2002年第6期

骄傲是一个人意志脆弱的表现，是政治上不成熟的标志。古往今来实践证明：骄傲必将摧毁一个人的进取心理，涣散艰苦创业的斗志，丧失良好的人际关系，最终必将导致身败名裂。古人为防骄戒覆，曾将欹器置于座右，以注水"满则覆"之道理，时刻提醒或告诫自己"夫物恶有满而不覆哉"。如何才能满而不覆呢？我认为应像老子李耳讲的那样做到"四不自"：

一是不自见。不要只看见自己的优势和成绩，一个人走向社会或踏上工作岗位，凭着饱满的热情和旺盛的精力，取得一定成绩并得到社会好评或领导肯定，这是一种正常现象，也是一个良好开端，但在此时，切忌头脑发热，自我满足，沾沾自喜。要保持清醒的头脑，一定要认识到："不慎其初，而悔其后，何嗟及矣？"坚持多看自己的劣势和不足，经常取长补短，把成绩作为历史的一页掀过去，一切重新开始，争取新的更大的成绩，防止"功成者堕，名成者亏"。

二是不自是。不要自以为是，一切以自我为中心，两耳塞听，逞强专横，唯我独尊。要知道"自贤者，天下之善言不得闻于耳矣"。因此，要"良贾深藏若虚，君子盛德若愚"，虚心听取来自四面八方的意见，甚至是逆耳忠告之言，也要耐心听进去，"有则改之，无则加勉"。

三是不自伐。不自我炫耀、自我吹嘘、自我标榜、自夸其功。孔子说："虽有国士之力，而不能自举其身。"托尔斯泰也曾形象地比喻："一个人就好像一个分数，他的实际才能好比分子，而他对自己的估价好比分母。分母越大，则分数的值越小。"因此,青年领导干部要时刻注意谦虚谨慎,从灵魂深处认识到"人之祸在于好谈其所长""自益者必有决之",牢记"虚心使人进步,骄傲使人落后"这一至理名言。

四是不自矜。就是要满而不盈,实而如虚,美功不伐,过之如不及。不自高自大,"自大一点"必臭,这是一个"臭"字的寓意对人们的警示,因自大必定目空一切,自大必定充耳不闻,自大必定忘乎所以,自大必定高高在上,脱离群众,到头来只能落得众叛亲离、一臭到底的下场。

概而言之,只有做到"四不自",才能"聪明睿智,守之以愚;功被天下,守之以让;勇力振世,守之以怯;富有四海,守以之谦",进而达到认识自我、泰而不骄、内省不疚、事业有成之境界。

古代官署民本箴联

※《南阳日报》2010年9月1日

对联是中华民族所独具的文学艺术形式,既是旧时学子必列课目之一,又是进入仕途的敲门砖,也是官吏用来言志施政的重要手段。对联作为古代官署文化的一个重要组成部分,其中虽有不少悬羊卖狗之"伪品",但也不乏发自内心之座右铭,本文采撷的10副民本箴联,可以说是上乘之佳作、躬行之楷模。

一、王守仁的求与愿

求通民情

愿闻己过

王守仁(1472~1528年),字伯安,明代余姚(今属浙江)人。著名哲学家、教育家。曾筑室故乡阳明洞中,世称阳明先生。著有《王文成公全书》。王守仁为官清正,体恤民情,每赴新任,均让人扎两块高脚牌作为行队的前导,木牌上所写内容即此联。

《墨子·尚同下》指出:"上之为政,得下之情则治,不得下之情则乱。"上联"求通民情"与墨子所说意思相同,即为实现"治"而提醒自己深入调查研究,去了解掌握民情、民愿,也即"下之情"。

唐代韩愈在《五箴》中说:"人患不知其过,即知之不能改,是无勇也。"宋代司马光《资治通鉴·汉纪四》也说:"不以无过为贤,而以改过为美。"王守仁遵从古训,声称"愿闻己过",即愿意广泛听取众人意见,虚心接受批评,以便改正自己的过失,这可以说是勇敢与思想境界的体现。

此联简洁明快，书在队前木牌上，格外醒目。既是安民告示，又是施政宣言。清代民族英雄林则徐出任江苏廉访使时，也曾以此联自警。从提倡民主作风，开展批评和自我批评以及加强调查研究这几个方面来说，此联至今仍有现实意义。

二、武承谟的罔与不

罔违道，罔拂民，正直公平，心斯无诈。

不容情，不受贿，招摇撞骗，法所必严。

武承谟，山西盂县人，清康熙进士。曾任江苏无锡县令。他在接任的前一日，撰写了4副对联，到任的当天，便将所写联语分别张贴悬挂在人所常见的地方，既用来作安民告示，又用来自警自励。此联为4副对联中的一副，张贴在影壁墙的两旁。

据《楹联丛话》载，联语贴出之后，"四乡人皆聚观"，"时先声所夺，平日绅衿之出入县庭者（走后门行贿的地方绅士），皆悚息危惧，有避至他省者"，可见其作用不小。

上联"罔"，意谓不可，"拂"，骚扰。"罔违道，罔拂民"意即不可违背公道，不可骚扰民众，只有做到一视同仁、节用安民，才能表里如一、问心无愧。

下联"招摇撞骗"一语指到处张扬炫耀，进行欺诈蒙骗。联语义正词严地警告不法之徒：本官不讲情面，不受贿赂，谁若欺瞒哄骗，行为不轨，定要依法严惩，决不留情。

联语所说"爱民""严法"自有作者所处时代的局限性，但其表现出的见识与勇气，却是令人钦佩的。

三、朱经畲的济与宜

才能济世何须位

学不宜民枉有官

朱经畬是清代的一名官吏，为人正直，秉公办事，洁身自好，清正廉明。据史书记载，朱经畬在湖北任职十余年，"不名一钱，卒以贫死，赖同僚资助始得返柩回乡"。此联是他题书自警的。联语凝练地表明了朱经畬的人生哲学和政治主张，阐述了才与位、学与民的关系，强调有修世之才何需有位，而学识非为民所用，做官也是枉然。

"济世"，匡时救世。"位"，职位、地位。上联的意思是：如果真正具备匡时救世的才能，那又何必非得有一定的职位。这与清代王豫所言"才不称不可居其位，职不称不可食其禄"有相近之处，是强调"才"重于"位"的，首要的是"才能"，而不是"职位"。

"宜"，合适、相称之意。"枉"，徒然之意。下联的意思为：如果不能把学到的知识服务于民众，那么就是当了官也徒有虚名。这又与清代方苞所说"学不足以修己治人，则为无用之学"意思类同。

方孝孺《仕诫》言："古之仕者，将以及物（指符合民众意愿，做好事）；今之仕者，将以适己。及物而仕，乐也；适己而弃民，耻也。"此联意旨精深，直言禀告，对那些徒有禄位，却不为社会出力，也不为百姓造福者，是极有力的鞭策。

四、魏象枢的欺与负

欺人如欺天，毋自欺也；

负民即负国，何忍负之。

魏象枢（1617~1687年），字环溪，号庸斋，河北蔚县人。清顺治进士。历任顺天府尹、左都御史、刑部尚书等职。曾面陈大臣索额图、明珠贪赃受贿、植党营私的不轨行为，被誉为"清初直臣之冠"。康熙赐书"寒松堂"额，遂自号寒松老人。卒谥敏果。著有《儒宗录》《知言录》《寒松堂集》。

魏象枢平生立朝端劲，注意吏治得失。讲学亦醇正笃实，无空谈标榜之习。此联正是作者为人处世主张的高度概括。

"自欺"，自己欺骗自己。《礼记·大学》云："所谓诚其意者，毋自欺也。"朱熹《朱子语类》因说自欺欺人曰："欺人亦是自欺，此又是自欺之甚者。"指欺骗自己，也欺骗别人。上联明确提出，做人应当诚实，不可欺瞒行世，否则"进学不诚则学杂，处事不诚则事败，自谋不诚则欺心而弃己，与人不诚则丧德而增怨"。

古人云："国以民为本，民安则国安。"又云："自古未有逆民心而得天下者。"张煌言《甲辰八月辞故里》诗："生比鸿毛犹负国，死留碧血欲支天。"指出对不起民众，就是对不起国家。下联强调居官不可辜负民众的期望，严正指出：负民即负国。

作者用"毋自欺也""何忍负之"警醒自己，不可欺人，不可负民，因为，"欺人如欺天""负民即负国"。这表现了难能可贵的进步思想，至今仍有借鉴意义。

五、于成龙的侵与珍

累万盈千，尽是朝廷正赋，倘有侵凌，谁替你披枷带锁；

一丝半粒，无非百姓脂膏，不加珍惜，怎晓得男盗女娼。

于成龙（1617～1684年），字北溟，山西永宁州（今山西离石）人。贡生出身。顺治年间为广西罗城知县，为官清廉。康熙十三年（1674年）累迁至武昌知府，后擢福建按察使，升直隶巡抚。

于成龙为官一生，清操苦节，终年布衣蔬食，从不接受亲友及他人的馈赠，却将自己的俸禄赈济孤寡病残者。为此，于成龙深得民心，被康熙皇帝誉为"天下廉吏第一"。此联是于成龙任福建按察使时，为自警自励，并告诫下属，特意撰写并高悬于堂上的。

"正赋"，主要的赋税。顾炎武《钱粮论下》云："薄于正赋而厚于杂赋。"上联告诫为官者，决不可贪赃枉法，"倘有侵凌"，当受"披枷带锁"的严厉制裁，到时咎由自取，悔之晚矣。"一丝半粒"，即朱柏庐所言"一粥一饭,当思来之不易;半丝半缕,恒念物力维艰"之意。"脂膏",指的是付出血汗挣来的劳动果实或财富。《后汉书·仲长统传》云:"遂至熬天下之脂膏,所生人之骨髓。"下联告诫为官者,决不可贪小利,忘大义,若不珍惜百姓血汗成果,则无异于男盗女娼之流。

此联文字虽长,但用语通俗,手法巧妙,浅显易懂,寓意深刻,严厉间有中肯,自警中有诚人,令人读来印象深刻,极受震动,实为警世之铭。

六、魏其王宾的贪与酷

魏其王宾,字灿如,号朴安,顺天府大兴(今属北京)人。清雍正进士。曾任安徽潜山知县。有自撰官署联云:

贪亦何难!只凭天理照来,这般作孽钱,剜肉医疮,怎叫子孙受用;
酷真不可!须把良心勘去,那个无情棒,敲肤挟髓,枉担父母称呼。

"剜肉医疮",比喻用有害的手段救急,不顾及后果。"敲肤挟髓",犹"敲骨吸髓",无情残酷地剥削。历史上曾有一首《讥贪小利者》词云:"夺泥燕口,削铁针头,刮金佛面细搜求:无中觅有。鹌鹑嗉里寻豌豆,鹭丝腿上劈精肉,蚊子腹内剜脂油,亏老先生下手。"把贪官污吏之嘴脸描写得淋漓尽致。魏其王宾同样用触目惊心之喻,言振聋发聩之理,告诫自己或居官之人莫有负"父母官"之称呼,念及"子孙"也不可害"天理"、昧"良心"而贪"作孽钱",酷"无情棒"。作者在潜山任职八载,廉明公正,常箴贪酷,律己尤严,治绩卓著,离任时百姓为其立"去思碑"。

七、常大忠的知与恤

常大忠,号二河,山西交城人。清顺治进士,任安徽潜山县令。有自题官署联云:

不免催科,须知颗粒皆民命;
何能抚字,但恤涓埃亦惠心。

"催科"，催收租税。租税有科条法规，故称。"颗粒"，一颗一粒，指粮食。"民命"，指百姓的生计。"抚字"，谓对百姓的安抚体恤。"涓埃"，细流与微尘，比喻微小。"惠心"，利民之心。《易·益》："有孚惠心，勿问元吉。"旧以"抚字催科"指地方官吏的治政。联语指明要完成"催科"之任务，但不可滥征乱收，要循科守规，也就是今天我们所说的依法行政，同时要诸事惦记百姓生活，哪怕略尽微薄之力，也是值得提倡的。作者以此联自律，在职期间，政善人和，颇受好评。

常大忠任安徽潜山县令期间，还撰写有一副文字较多的官署联，以强烈的对比励己莫做"赃官"，当为"良吏"。联云：

赃官贪婪，将图富也！孰知后代不贤，以一掷弃千金，枉自遗百般唾骂；

良吏清操，岂望名哉？实痛小民所苦，守千天如一日，难尽保万姓平康。

"贪婪"，贪得无厌，不知足。"一掷弃千金"，形容挥霍无度。"清操"，高尚的节操。"千天如一日"，形容始终如一。联语以做"良吏"并非为"名"，而在解民之忧，保民安康，实为真知。同时指出"赃官贪婪"虽能"图富"，但终遭"唾骂"，不仅自己遗臭万年，还导致"后代不贤"，又属灼见。

八、潘先珍的少与多

扪心自惭兴利少，

极目只觉旷官多。

潘先珍，江西星子人。清咸丰优贡，官宜宾同知。后主白鹿秀峰书院。此联是他在任内，撰写悬于大堂，用以表明心迹的。

"扪心"，手摸胸口，反省之意。北齐颜之推《神仙》诗云："镜中不相识，扪心徒自怜。""兴利"，指兴办有利于民众和国家的事业。《荀子·王霸》曰："兴天下同利，除天下同害，天下归之。"上联是说：自己身为父母官，本应爱护百姓，兴利除弊，但是为百姓所做好事太少了，扪心自问，深感惭愧。据《蓬溪县志》载，潘先珍在任时，为官清廉，体恤民情，兴办了不少公益事业，深受当地百姓欢迎。"自惭"二字，也充分表现了潘先珍谦逊朴实、严于律己的品德。

"极目"，尽目力之所及。王粲《登楼赋》云："平原远而极目兮，蔽荆山之高岑。""旷官"，旷废职守，才不称其任。《书·皋陶谟》中说："无旷庶官，天工人其代之。"孔传："旷，空也。位非其人为空官。"指不称职。下联指出：放眼世间宦海官场，只享受俸禄而不做实事的人太多了，这也正是国之不兴、民怨不息的一个重要原因，真乃封建官场的一个真实写照。

此联遣词明快，立意甚高。读之当引以为戒，莫做荒废职守之"旷官"，要当"扪心自惭"之公仆。

九、赵慎畛的须与思

为政不在多言，须息息以省身克己而出；
当官务持大体，思事事皆民生国计所关。

赵慎畛（1762—1826年），字遵路，号笛楼，武陵（今湖南常德）人。清嘉庆进士，官至云贵总督。

此联是作者为桂林府衙撰书的。联句写得自然朴实，平易近人，可视作居官格言。

上联讲述"为治者不在言多，顾力行何如耳"（《史记·儒林列传》）的道理，即为政不在于夸夸其谈，而在于以身作则。"息息"，呼吸，代指每时每刻。"省身"语出《论语·学而》："曾子曰：'吾日三省吾身，为人谋而不忠乎？与朋友交而不信乎？传不习乎？'""克己"，指克制自己的私欲。

下联的"大体"，指重要的义理，有关大局的道理。联中所言之"大体"，即有关"民生国计"之事。"民生"，人民的生计。《左传·宣公十二年》中说："民生在勤，勤则不匮。""国计"，国家的财政。"当官务持大体"，也就是告诫自己事事要想到国家的财政状况和人民的生活福利。

据载，赵慎畛博览先儒格言，凡有益身心可致用者，皆潜心体验，遇事关民生疾苦、国家忧乐者，思之辄竟夕不寐，其言行如一，体恤民苦，从政清廉，深受百姓爱戴。此联正是其品德、政见的生动体现，所述"为政不在多言"和"当官务持大体"的道理，至今仍有现实意义。

十、余应松的有与无

余应松，字小霞，清嘉庆进士，曾任三防主簿、大滩司巡检、桂林知府等职。他在任上，曾作一副自题联，曰：

> 与百姓有缘，才来此地；
> 期寸心无愧，不鄙斯民。

"缘"，乃缘分，来到此地皆因与百姓有缘分；"期"，为期望，期望"寸心无愧"，无愧于百姓；"鄙"，轻视，不可轻视于民众。这副自题对联表明了作者与老百姓有真挚情感，像这样爱民的清官，必会受到世人的拥戴和后人的效仿。在全国保存最完好的河南内乡县衙中，此联至今仍悬挂在主簿衙大门之侧。

知足知不足，有为有弗为

※ 《南阳日报》 2012年4月13日

著名作家冰心的祖父谢子修，曾撰联"知足知不足，有为有弗为"悬于客室自勉，并作为家训传之后人。

《老子》云："是故甚爱必大费，多藏必厚亡。知足不辱，知止不殆，可以长久。"宋代林逋在《省心录》中也讲道："知足则乐，务贪必忧。"这都是劝诫人们对财富应当知道满足而不可贪得无厌的古训。不过，林逋在《省心录》中又说："知不足者好学，不耻问者自满。一为君子，一为小人，自取如何耳？"这显然又是针对治学而言的。清代黄宗羲也云："学者之患，莫大于自足而止。"可见，此上联所言"知足知不足"者，乃因人而异，因事有别，即在生活的追求上应当"知足"，在事业的进取上则应当"知不足"。

下联"有为有弗为"出自《孟子·离娄下》："有所不为，而后可以有为。"意思是：人应当对有些事情予以舍弃，然后才能奋发进取，大有作为。对于生活在今天的人们来说，"有为"决不应当是"以无穷之欲，逐有限之生"，而应当是以天下、国家为重；"有弗为"则应像革命老人徐特立寄语的那样，"无益身心事莫为"。

冰心曾对此联做过简要阐释："对有些事要知足，如生活上；对有些事则永不能知足，如学习、事业上；有些事一定要做，而有些事则是坚决不能做。"

时至今日，"知足"与"知不足"、"有为"与"有弗为"仍可作为共产党人党性修养的一个基本问题。在哪些方面"知足"而"有弗为"，哪些方面"知不足"而"有为"，可以看出一个人的思想境界、道德情操和行为标准。一些干部能力不强、政绩平平，却把名利看得很重，干一点事就希望得到"回报"。刚刚提拔就琢磨"再上一个台阶"，工作挑肥拣瘦、拈轻怕重，和组织讨价还价。这种"有为"、"知不足"不仅与党的宗旨格格不入，而且对干部自身成长也是非常有害的。共产党人是唯物论者，从不否认正当合理的个人利益，但是凡事皆有一个度。如果过多考虑个人，总是"知不足"，就会成为名缰利锁的囚徒，甚至滑到邪路上去。古人曾有一副对联这样讲："广厦千间夜卧六尺，家财万贯日食三餐"。要把名利看得淡一些，让心灵超脱一些。我们党一贯坚持立党为公、执政为民，党的干部应该有较高的觉悟和追求，以豁达的精神和超然的态度对待名利，用高尚的品德和境界约束自己的名利之心，始终把党和人民人事业放在首位。要经常想想那些英雄先烈，比比那些先进模范，看看那些困难群众。面对他们，我们应当为一味追求个人名和利而感到羞愧！

作为一名党的干部，在名利上不应该"攀比"，要"知足"而"有弗为"；而在工作能力上则应该"攀比"，要"知不足"而"有为"。提倡"攀比"，不是和自我比，不是和能力较弱的同志比，而是要与自己的职位要求比，与能力强的同志比，与其他同志的长处比，与人民群众的期盼比，与党对党员干部的要求比。只有比较才能看到自己的短处和不足，才能激发自己不断进步的动力。作为一名领导干部，时刻经受着执政能力和领导水平的严峻考验，因此都应有"本领恐慌"意识，正像毛泽东同志早在1939年讲的那样："我们队伍里边有一种恐慌，不是经济恐慌，也不是政治恐慌，而是本领恐慌。"要时刻增强危机意识，以高度的责任感和使命感加强学习、勇于实践，努力提高学识水平和理论水平，提高处理复杂问题、领导科学发展的能力。

"知足知不足，有为有弗为"既通俗而又明确。在深入践行科学发展观进程中，应当对党员干部特别是领导干部提出这样的要求，以便引导大家自觉地加强党性锻炼、作风素养和能力建设，真正做到在名利待遇上不计较、不攀比、不伸手、不失衡，在能力水平上不自满、不懈怠、不停滞、不落伍，倍加努力学习，倍加勤奋工作，倍加严于律己，倍加奋发进取，决不辜负党和人民的重托。

二、学习心得篇

"小",因其数量、规模、范围不及一般水平而被称为小。就是这个微不足道的"小"字,不知蒙蔽了多少人的眼睛,腐蚀了多少人的心灵,断送了多少人的前程,毁坏了多少人的家庭,甚至葬送了多少人的生命。真可谓"积羽沉舟,群轻折轴"。

领导干部要谨防"四小"

※ 《党政干部学刊》2001年第12期;《领导科学》2002年第6期;《现代领导》2002年第7期

"小",因其数量、规模、范围不及一般水平而被称为小。就是这个微不足道的"小"字,不知蒙蔽了多少人的眼睛,腐蚀了多少人的心灵,断送了多少人的前程,毁坏了多少人的家庭,甚至葬送了多少人的生命。真可谓"积羽沉舟,群轻折轴"。因此,领导干部一定要善于洞察,见微知著,由小见大,在日常生活和工作中,尤其要谨防"四小"。

一是小意思。小意思乃小恩小惠,虽不成敬意,但积少成多,积小致巨,终酿成大祸。一些别有用心的人,为了达到不可告人的目的,往往先利用小意思来表情达意,然后由小到大,步步深入,不断升级,腐蚀拉拢,使被表示对象变成了受人驱使、任人摆布的俘虏。因此,我们的领导干部面对小意思,要深知一文钱可使人丢官丧命、千里之堤溃于蚁穴的道理,做到心正眼明,见微知著。要像古人公孙仪不受鱼那样,"勿以恶小而为之"。据史载,战国时期鲁国相国公孙仪特别嗜好吃鱼,人们争着送鱼给他,但均被拒之门外。手下人问他:"喜欢吃鱼为何不受呢?"公孙仪自有一番道理:"正因为喜欢吃鱼,才不肯接受鱼;如果接受了别人的鱼,就难免要迁就别人;迁就别人就要徇私枉法,徇私枉法就有可能被罢官。如果我的相国职务没有了,这些人也一定不会再送鱼给我,到那时我又无薪俸自己买鱼,还能再吃到鱼吗?"以史为鉴,我们的领导干部应从小事情中窥出大问题,眼里要看得破,心里要忍得过,勿使小节变大恶。为了不徇私枉法,为了不摘去"乌纱",为了能常有"鱼"吃,难道不应谨小慎微，拒"鱼"于门外吗？

二是小报告。在现实生活中，往往不乏这样一些人，他们为达到贬低别人、抬高自己的目的，不择手段，无中生有，挑拨离间，落井下石。他们善于察言观色，抓住一些领导专爱听一面之词的"耳习"毛病，看领导眼色，窥领导用意，投领导所好，利用三寸不烂之舌，混淆视听，毁谤陷害，搬弄是非，骗取信任，致使有的领导者像周朝太公望说的那样："好听誉而不恶谗也。以非贤为贤，以非善为善，以非忠为忠，以非信为信。"造成此种结果主要在于一些领导心不正、眼不明、耳不兼听，远君子而亲小人。怎样才能拒奸识谗呢？一方面要闻言慎思，认真分析，冷静思考，独具慧眼，察言观行，巧识真伪，要"纳谏诤而拒谄佞"。另一方面要清醒意识到谗言之危害。宋朝罗大经《鹤林玉露》载有一首传世《听谗诗》，一针见血地指出了谗言之险恶："谗言谨莫听，听之祸殃结；君听臣遭诛，父听子当决；夫妻听之离，兄弟听之别；朋友听之疏，骨肉听之绝；堂堂八尺躯，莫听三寸舌；舌上有龙泉，杀人不见血。"由此可见，我们的领导干部对谗言要慎之又慎，防之又防，切莫上当受骗。

三是小场合。即非大庭广众、众目睽睽之下的集体场合。八小时以外，朋友聚乐，三五成群，聊天叙旧，饮酒玩乐。往往在这样一些无人注意的地方，一些领导干部自认为成了"自然人"。他们全没了公开场合的风度、尊严、约束，肆意放纵自己，忘记了身份，失去了原则，其所作所为与身份格格不入。如有的大发牢骚，说三道四，信口开河，泄露机密；有的泡舞厅，进包间，异性按摩，寻找刺激；有的玩"斗地主"、"跑得快"、"垒长城"，变相赌博；有的"礼尚往来"，行贿受贿，以权谋私，权钱交易；等等。真是五花八门，形形色色。他们忘却了"要想人不知，除非己莫为""好事不出门，坏事传千里"之古训，自以为场合小，人对劲，不会出事。殊不知有时反目为仇的正是那些"对劲知己"。因此，在一些小场合一定要慎交、慎处，要坚决做到不该交的人不交，不该说的话不说，不该去的地方不去，不该办的事不办，不该做的交易不做。一举一动千万不要侥幸于无人知晓，即便是两个人的场合，也要以后汉东莱太守杨震拒贿之言为鉴："天知、神知、子知、我知，何谓无知？"进一步讲，要"不畏人知畏己知"。

四是小圈子。以人画线，任人唯亲，拉帮结派，搞小团体。这些人往往只顾志趣相投，却不讲党性原则。凡事以朋友画线，只要是"哥们儿"，即便是违反原则的事也干。长此以往，他们便容易把自己置于群众的对立面，成为少数人利益的代表。不能一视同仁，往往又使小圈子外的群众产生隔膜和距离，以致离心离德，影响团结和事业的发展。作为一名领导干部，如何跳出小圈子，团结大多数呢？笔者认为起码应该做到四要：一要周而不比，搞五湖四海，普遍团结人而不能只和少数人亲近；二要和而不同，为人和谐相处而不盲目苟同，分清是非曲直，美丑邪正，不一味人云亦云，随波逐流，助纣为虐；三要群而不党，能够与大多数人团结相处而不无原则苟合，更不能结党营私；四要宽而不纵，要心胸宽阔，豁达大度，不仅"人善我，我善之"，而且"人不善我，我也善之"。同时又不能无原则地一味迁就，对待同志的错误，要出于诚心，及时规劝，直抒己见，帮助纠正。只有如此，才能真正宽严适度，达到精诚团结、形成合力。

漂浮之风不可长

※ 《人民日报》 2004年8月17日

　　所谓漂浮，就是干工作时不深入实际、不脚踏实地，犹如墙上芦苇、水上浮萍，根基不牢，随风飘荡。作风漂浮者，喜欢赶浪头、出风头、争彩头，表面上风风火火，实际上哗众取宠。作风漂浮的背后是形式主义、官僚主义，它与求真务实、真抓实干背道而驰。新世纪新阶段，我们面临的形势更加复杂，任务更为艰巨，要赢得新发展，实现新跨越，必须有脚踏实地、坚忍不拔的求真务实之风。否则，干工作摇摇晃晃，做事情飘飘荡荡，再好的路线方针政策也会落空。

共产党员要有远大理想

※ 《南阳日报》2005年3月14日

　　一个人的生命是有限的，要使自己的一生活得有意义，就必须有明确的奋斗目标，坚贞不屈，矢志不渝。理想信念是人生的前进动力。一个人活在世上，有没有理想或理想是不是崇高、远大，其精神面貌、生活方式及其对社会的贡献，是大不相同的。只有树立了崇高的理想，才能在艰巨的事业中具有顽强的意志，在平凡的岗位上创造出不平凡的业绩，在国家和民族利益受到威胁时毫不犹豫地献出自己的一切。

　　作为一名共产党员，要努力学习和掌握马克思主义的立场、观点和方法，树立共产主义的崇高理想。不论形势怎么变化，时代怎么发展，共产党人的共产主义理想信念是不能动摇的。这是因为，共产主义理想信念是建筑在科学的理性认识根基上的，共产主义社会制度是人类社会的发展规律和必然趋势，共产主义理想是人类历史上最科学、最进步、最美好的社会理想。没有远大的共产主义理想，不是合格的共产党员；而不能为实现党的社会主义初级阶段的纲领努力奋斗，同样不是合格的共产党员。

　　因此，每个真心实意地为共产主义理想奋斗的共产党员，都应积极投身到建设中国特色社会主义的伟大事业中。这是对共产主义事业无限忠诚的集中体现，也是检验共产党员是否真正确立了共产主义理想信念的主要标志。

毛泽东论工作方法

※ 《领导科学报》2005年6月22日；《南阳日报》2010年9月9日

近日，重温毛泽东同志在土地革命和抗日战争时期关于领导工作方法的重要论述，再次研读毛泽东同志的《湖南农民运动考察报告》《反对本本主义》《关心群众生活，注重工作方法》《关于领导方法的若干问题》《必须学会做经济工作》《党委会的工作方法》等篇目，受益匪浅。通过学习，初步认为毛泽东同志关于领导工作方法的系统论述，主要可概括为以下七个方面。

解决"桥"和"船"。1934年，在江西瑞金召开的第二次全国工农兵代表大会上，毛泽东同志在所作的结论性讲话中着重强调了"关心群众生活，注重工作方法"。关于工作方法问题，毛泽东同志作了一个形象的比喻："我们不但要提出任务，而且要解决完成任务的方法问题。我们的任务是过河，但是没有桥或没有船就不能过。不解决桥或船的问题，过河就是一句空话。不解决方法问题，任务也只是瞎说一顿。"他还针对当时的经济建设、文化教育、新区边区等工作，提出了如何解决桥或船的问题，即反对官僚主义的工作方法而采取实施的具体的工作方法，抛弃命令主义的工作方法而采取耐心说服的工作方法。

紧紧把握中心。毛泽东同志曾把那种"起着主要的、领导的、决定的作用"的矛盾称为主要矛盾，他认为：抓住了主要矛盾，一切问题就迎刃而解了，抓住主要矛盾，运用在实际工作中，就是"抓中心工作"的方法。1943年6月1日，毛泽东同志在为中共中央所写的《关于领导方法的若干问题》的决定中，明确指出："在任何一个地区内，不能同时有许多中心工作，在一定时间内只能有一个中心工作，辅以别的第二位、第三位的工作。"他还特别强调"这是一种领导艺术"，要求领导人员依照每一具体地区的历史条件和环境条件统筹全局，正确地解决每一时期的工作重点和工作秩序，并把这种决定坚持地贯彻下去，务必得到一定的结果。毛泽东同志还提出："任何一级首长，应当把自己注意的重心，放在那些对于他指挥的全局说来最重要最有决定意义的问题或工作上，而不应放在其他的问题或工作上。"

学会"弹钢琴"。在毛泽东同志看来，主要矛盾和非主要矛盾、矛盾的主要方面和非主要方面是互相联系、互相区别和互相转化的。因此，他要求每个领导者在领导方法和工作方法上都应该统筹全局，在抓住工作中心的同时，做好兼顾文章，即学会"弹钢琴"。在《党委会的工作方法》一文中，毛泽东同志说："党委要抓紧中心工作，又要围绕中心工作而同时开展其他方面的工作。我们现在管的方面很多，各地、各军、各部门的工作，都要照顾到，不能只注意一部分问题而把别的丢掉。凡是有问题的地方都要点一下，这个方法我们一定要学会。……党委的同志必须学好'弹钢琴'。"要认识到中心和一般的内在联系，既要抓住中心不放，又要兼顾各个方面，反对顾此失彼"单打一"，这就是毛泽东同志关于辩证法的灵活运用。

抓两头带中间。毛泽东同志在大量的调查研究中发现一条定律："任何有群众的地方，大致都有比较积极的、中间状态的和比较落后的三部分人。"根据这个定律，毛泽东同志探索出一个行之有效的发动群众的方法，这就是"抓两头带中间"："这是一个很好的领导方法，任何一种情况都有两头，既有先进和落后，中间状态又总是占多数，抓两头、抓先进和落后，就是抓住了两个对立面，抓住两头就可以把中间带动起来了。"他要求各级领导干部，"必须善于团结少数积极分子作为领导骨干，并凭借这批骨干去提高中间分子，争取落后分子"。在"抓两头带中间"的方法中，毛泽东同志特别注重典型的引导作用。他说过：典型是一种政治力量，树典型等于插旗帜，典型产生后，通过宣传、表彰等舆论导向，推动广大群众向这些"好样的"学习，由一到十，由点到面，逐渐形成一种气候。

开展调查研究。调查研究是毛泽东同志运用最早、完成最多、感受最深、收获最大的一种工作方法，并就为什么开展调查研究、怎样开展调查研究形成一系列的观点。在《反对本本主义》一文中，他开宗明义地提出："没有调查，就没有发言权。"紧接着就指明调查的目的"就是解决问题"；"一切结论产生于调查情况的末尾，而不是在它的先头"；"调查就像'十月怀胎'，解决问题就像'一朝分娩'"。在此基础上得出了"离开实际调查就要产生唯心的阶级估量和唯心的工作指导，那么它的结果，不是机会主义，便是盲动主义"的结论，指出："中国革命斗争的胜利要靠中国同志了解中国情况。"他还就"调查的技术"列出了七个方面的注意事项。在《〈农村调查〉的序言和跋》一文中，毛泽东同志着重强调了调查研究中应持有的态度，那就是把调查会当作学校，把群众当作先生、英雄，"没有满腔的热忱，没有眼睛向下的决心，没有求知的渴望，没有放下臭架子、甘当小学生的精神，是一定不能做，也一定做不好的"。

一般与个别结合。毛泽东同志全面论述了领导活动中一般与个别相结合的原则。一方面，围绕一般，他指出："任何工作任务，如果没有一般的普遍的号召，就不能动员广大群众行动起来。"另一方面，针对个别，他又辩证地提出："但如果（领导者）只限于一般号召，而领导人员没有具体地直接地从若干组织将所号召的工作深入实施，突破一点，取得经验，然后利用这种经验去指导其他单位，就无法考验自己提出的一般号召是否正确，也无法充实一般号召的内容，就有使一般号召落空的危险。"由此得出这样的结论：没有个别的一般是"空洞"的，没有一般的个别是"盲目"的。就一般与个别相结合的具体途径与方式方法，毛泽东同志说："任何领导人员，凡不从下级个别单位的个别人员、个别事件取得具体经验者，必不能向一切单位作普遍的指导。这一方法必须普遍地提倡，使各级领导干部都能学会使用。"毛泽东同志还提醒各级领导：若一般与个别相分离相脱节，很容易造成教条主义或经验主义的倾向。

从群众中来，到群众中去。"从群众中来，到群众中去"，在成为中国共产党群众路线之前，毛泽东同志已专门将其作为一种工作方法在指导思想和具体实践中充分体现了出来。他所提出的"领导和群众相结合"的工作方法，其实就是"从群众中来，到群众中去"。用毛泽东同志对群众和领导相结合的原话解释为："从群众中集中起来又到群众中坚持下去以形成正确的领导意见，这是基本的领导方法。"如何坚持"从群众中来，到群众中去"呢？那就是"将群众的意见（分散的无系统的意见）集中起来（经过研究，化为集中的系统的意见），又是到群众中去作宣传解释，化为群众的意见，使群众坚持下去，见之于行动，并在群众行动中考验这些意见是否正确。然后再从群众中集中起来，再到群众中坚持下去。如此无限循环，一次比一次地更正确、更生动、更丰富。这就是马克思主义的认识论"。他还针对工作中发现的"许多领导"中"不注重和不善于使这种领导核心同广大群众紧密地结合起来"，因而使自己的领导变成脱离群众的官僚主义的领导和"不注重和不善于总结群众斗争的经验，而喜欢主观主义地自作聪明地发表许多意见，因而使自己的意见变成不切实际的空论"等现象，强调在整风中必须加以纠正。

中外名人的人生公式

※ 《现代领导》2006年第3期

"公式"一词，在《辞海》里解释为"自然科学中用数学符号表示几个量之间的关系的式子"；它"具有普遍性，适合于同类关系的所有问题"。中外诸多学者、思想家将此概念引申用于表达相关事物的密切联系，借"公式"的形式，阐述自己精辟独到之见解和人生成功之秘诀，真可谓引人入胜，耐人寻味。

列夫·托尔斯泰——俄国大文豪。他形象地比喻道："一个人就好像分数，他的实际才能好比分子，而他对自己的估价好比分母，分母愈大，则分数的值就愈小。"把这段话列为公式，就是：人生价值=实际才能/自己估价。

爱迪生——美国发明家、企业家。他的天才公式是：天才=百分之一的灵感+百分之九十九的血汗。

奥斯特瓦尔德——法籍俄国物理化学家。他的幸福公式是：$G=E^2-W^2$；式中G为幸福，E、W分别为精力和逆境。

爱因斯坦——美籍德国物理学家，狭义相对论和广义相对论的创立者。他的成功公式是：$W=X+Y+Z$，式中W代表成功，X代表艰苦的劳动，Y代表正确的方法，Z代表少谈空话。

荣格——瑞士心理学家。他用英文提出了一个将个人与集体融为一体，才能最大程度地实现个人价值的公式：I+We=Fully I。翻译为中文，即"我+我们=完整的我"。

雷巴柯夫——苏联考古学家、史学家。他把时间比作常数与变数，"时间是个常数，但对勤奋者来说，是一个变数"。他举了一个浅显的算术式："用'分'来计算时间的人，比用'时'来计算时间的人，时间多了59倍。"

郭沫若——中国历史学家、诗人、社会活动家。他关于"诗"的公式是：诗=（直觉+情调+想象）+（适当的文字）。

林语堂——中国语言学家、作家。他曾列出了三个关于"人生"的公式：现实-梦想=禽兽；现实+梦想=心痛；现实+梦想+幽默=智慧。

廖冰兄——中国当代漫画家。他就讲究卫生、不随地吐痰列了一个警示公式：随地吐痰=破坏卫生=散播病菌=蓄意杀人。

徐光宪——中国当代化学家。他的成功要素公式是：成功=[个人因素][社会因素]=[1.志向和目标、兴趣和爱好、决心和毅力；2.有效的勤奋；3.健康；4.天赋、灵感和创新；5.教育；6.方法；7.心理健康；8.大环境；9.小环境；10.机遇]。

人才成长力戒"四浮"

※ 《现代领导》2006年第4期

人才的可贵内涵之一在于具有脚踏实地、埋头苦干的品质。在其成长过程中尤须力戒"四浮"——

一戒浮躁。浮躁乃轻率、浅薄、烦躁，是浮夸求名的根源。心浮气躁之人，学习上不能孜孜以求，工作上不能务实求真，作风上不能深入基层。因此要力戒浮躁，做到以下"四不"：一是不轻率行事，要多听别人意见，慎重处事；二是不浅薄，学习知识、思考问题要深钻细研，切忌浅尝辄止；三是不烦恼，要有宽广的胸怀、良好的心态，不能动不动就烦恼不定、心绪不稳；四是不急躁，要养成沉稳的个性，不能一遇情况就如火烧眉毛。《三国演义》中的诸葛亮是何等镇定自若，否则在大军压境之际怎能成功地实施"空城计"？

二戒浮漂。浮漂就是不深入、不踏实，犹如墙上芦苇、水上浮萍。浮漂者，喜欢赶浪头、出风头、争彩头，四处放言，不干实事。古语说："华而不实，怨之所聚。"一个人要成为有用之才，不仅需要与时俱进的思想观念和奋发有为的精神状态，更需要的是以求真务实的工作作风，扎扎实实地投身工作，做出实绩。

三戒浮夸。浮夸就是说空话、假话、大话、套话，弄虚作假，玩数字游戏。俗话说，空谈误国，实干兴邦。力戒浮夸，就要坚决摒弃言不由衷、隔靴搔痒、弄虚作假的浮夸作风，而是要敢说实话、善抓问题实质、秉公直言。汇报工作要如实、准确，不夸大成绩，不歪曲现实，不回避失误，不掩盖矛盾。

四戒浮名。追求浮名者就是那些不一心为民办事的人，不顾实际、不择手段追逐个人的名利和政绩。力戒浮名，就是不能把"政绩"作为自己升官之阶梯，绝不能片面追求急功型政绩、逢迎型政绩、泡沫型政绩、轰动型政绩等劳民、扰民、伤民的所谓政绩。要时刻牢记"金杯银杯不如老百姓口碑，金奖银奖不如老百姓夸奖"。我们敬爱的周恩来总理把自己的一生献给中国的革命和建设事业，鞠躬尽瘁为人民，不为名不为利，可是在广大人民心中却耸立着他的丰碑。在周总理的伟大形象面前，那些追求浮名者显得何等渺小啊！

外国名人的成功秘诀

※ 《现代领导》2006年第2期；《报刊荟萃》2006年第5期；《领导科学报》2007年7月31日

关于"什么是成功"，英国戏剧家、诗人莎士比亚曾作过这样的阐释：成功"就是一个人为追求他的理想而不断获得道德、学识、才干，去发展到能够利用机会使社会人类进一步的那种表现"。而如何做一个实现自己的理想、有益于社会的成功者呢？很多外国知名人士结合自己的亲身实践，仁者见仁，智者见智，从不同的角度总结出了各自的成功秘诀——

爱迪生（美国）："成功之秘诀——很简单，无论何时，不管怎样，我也绝不允许自己有一点点灰心丧气。"

卡耐基（美国）："烹调'成功'的秘诀是：把'抱负'放到'努力'的锅中，用'坚韧'的小火炖熬，再加上'判断'作调味料。"

爱默生（美国）："自我信任是成功的第一秘诀。"

柯克（美国）："常向着光明快乐的一面观看，那就是我一生成功的秘诀。"

海明威（美国）："我成功的秘诀：从没气馁过，从没当别人的面气馁过。"

卢梭（法国）："成功的秘诀在于永不改变既定的目的。"

巴斯德（法国）："告诉你使我达到成功的奥妙吧，我唯一的力量是我的坚持精神。"

劳伦斯（英国）："成功的秘诀，是在养成迅速去做的习惯。要趁着潮水涨得最高的一刹那，非但没有阻力，并且能帮助你迅速成功。"

迪斯累里（英国）："成功的秘诀是锲而不舍。""成功的秘诀，在于随时随地地把握时机。"

巴甫洛娃（俄国）："不停顿地走向一个目标，这就是我成功的秘诀。"

惜时贵在"今日"

※ 《现代领导》2006年第5期，《南阳日报》2012年10月22日

就时间自身而言，它是一个"常数"；但对勤奋者来说，它又是一个"变数"。时间虽然不能延长一个人的有限生命，然而通过珍惜光阴可使生命变得更加富有价值。从这个意义上讲，"时间就是生命"。生命皆由一个又一个"今日"所组成，如若浪费了一个"今日"，便是虚度了一部分生命。

"不惜寸阴于今日，必留遗憾给明天。"因为每一天就好比一个美丽的梦，这个梦不可能靠你的幻想得到，而要通过你珍惜每一天去创造。如把生命比作一幢摩天大厦，今天就是那幢大厦的一块基石。凡珍惜时间的人，都会紧紧把今日攥在手里，那是因为他明白时间如流水，昨天已经是历史，明天还是个未知数，把无数个昨天与明天连接在一起的是一个又一个"今日"。要知道世界上最宝贵的就是今日，最容易丧失的也是今日，珍惜时间就在于要珍惜这既宝贵而又最容易丧失的一个个"今日"。李大钊曾劝告青年人："吾人在世，不可厌'今'而徒回思'过去'，梦想'将来'，以耗误'现在'的努力。又不可以'今'境自足，毫不拿出'现在'的努力，谋'将来'的发展。宜善用'今'，以努力为'将来'之创造。"明代画家、诗人文嘉也曾赋诗提醒人们不要错过今日："今日复今日，今日何其少。今日又不为，此事何时了？人生百年几今日，今日不为真可惜！若言姑待明朝至，明朝又有明朝事。为君聊赋《今日诗》，努力请从今日始。"

合理安排时间，就等于节约时间。华罗庚说过："时间是由分秒积成的，善于利用零星时间的人，才会做出更大的成绩来。"如何把握和利用好一个又

一个"今日"呢？关键在于要不愧对"今日"，科学地安排和支配每一天的时间，不虚度分分秒秒。如若一年之中不虚度一日，就要一日之中务求不虚度一时。金钱之魅力可以使鬼神下跪，而它却买不来一分一秒之时间。一个有所作为的人，他必定会留意每一个难得而又即将一去不复返的瞬间，学会做时间的主人，而不去做时间的奴隶。做时间的主人就是要节约时间，合理安排时间就是要科学利用时间，对时间要吝啬，惜时如金，把一点一滴之时间安排得井然有序，把一分一秒之光阴利用得严丝合缝，这样才会更加感到时间的珍贵，才能获得充裕的时间，这无形当中等于延长了自己的生命。反之，"浪费自己的时间则是慢性自杀"。

为了不错过"今日"，文嘉还作了一首《明日歌》："明日复明日，明日何其多！日日待明日，万事成蹉跎。世人皆被明日累，明日无穷老将至。晨昏滚滚水东流，今古悠悠日西坠。百年明日能几何？请君听我《明日歌》。"凡失去了今天的人，明天必定会带来烦恼；如要让明天对你微笑，请你莫要虚度今日。假若过去或今天，你曾虚度时光，也不要以叹息来祈求补偿。要振作起来，"及时当勉励"，今后的路途还很长，只要争分夺秒不懈怠，前面迎来的必将是胜利的曙光。

昨天，是已经逝去不可改变的历史；明天，是即将到来却又未知的历史；今天，是能够把握可以创造的历史。我们常说面对现实就是要面对今天。今天，是人生前进的阶梯，任何人要想成就一番事业，都不可能一蹴而就。必须踏着时间的阶梯一日又一日、一级又一级、一步一个脚印地不断攀登。要坚信：今日是时间的分子，时间是成功的母亲。惜时贵在"今日"！

做人当如钟

※ 《现代领导》2006年第12期；《南阳日报》2012年6月15日

每个人对做人都有一种理解，或比青山伟岸耸立，或似柔水源远流长，或如浮云随遇而安，或若幽兰空谷溢香。我说，做人当如时钟，应惜时、持恒、求是、协作。

做人如钟，当分秒必争。时间因为易逝而珍贵，历代名人对它感叹不已。哲学家庄子曰："人生天地之间，如白驹过隙，忽然而已。"大诗人孟郊诗云："岁去弦吐箭。""诗仙"李白表达得更直接："时光疾如电。"在珍惜时间上，名人们更是谆谆告诫。民族英雄岳飞呼吁道："莫等闲，白了少年头，空悲切。"田园诗人陶渊明面对飞逝的时光不无感叹："盛年不重来，一日难再晨。"对于时间，时钟的脚步一刻不曾停止，它抓紧每一秒辛勤工作，努力工作，快乐工作。时钟的快乐源于它的勤奋、它的敬业、它的刻苦、它的进取态度和它对时间的热爱。"切勿坐耗时光，须知每时每刻都有无穷的利息；日计不足，岁计有余。"富兰克林这样告诫我们。所以，做人应如钟，当分秒必争。

做人如钟，当持之以恒。人的生命里有两种十分宝贵的东西，那就是百折不挠的坚韧精神和持之以恒的顽强意志。因为人有追求，所以生命往往是艰苦的，这种苦来源于人的不断上进。歌德对生命的艰辛是这样描述的："我的一生基本上只是辛苦工作，我可以说，我活了七十五年，没有哪一个月过的是真正的舒服生活，就好像推一块石头上山，石头不停地滚下来又推上去。"中国古代人追求"十年磨一剑"精神，而最终达到"宝剑在手，锋芒四射"的境地就是坚韧持恒的结果。时钟之贵，在于它度年如日的持恒精神，从不懈怠，顽强拼搏，所以做人要如钟，当持之以恒。

做人如钟，当实事求是。名贵的钟表，往往是因为它计时准确，一分是一分，一秒是一秒，毫厘无差而更显珍贵。而人的谬误，往往起于脱离实际。拔苗助长的结局是苗死无收，纸上谈兵的结局是国破家散，叶公好龙的结局是千古笑柄。人脱离实际，就等于虚无者追求的天籁之音、幻想者坐望的海市蜃楼，都不可把握。所以荀子曰："德不称位，能不称官，赏不当功，罚不当罪，不祥莫大焉。"可见实事求是是做人的重要标准。

做人如钟，当步调一致。钟的奇妙和可贵在于它的秒针、分针、时针各司其职，密切配合。在生活中，有的人表里不一，当面一套，背后一套，这是内外不连动；有的人前言不照后语，自相矛盾，这是思维不连动；有的人喜怒无常，见领导喜，见群众烦，这是意识不连动；有的人背信弃义，不讲诚信，这是品质不连动。这些人都会像错乱的时钟，秒针无法转动分针，分针无法表达时针，让人不知所示，最终被人丢弃。所以做人当如秒针、分针、时针协调的时钟，内调思想意识语言，做到言行一致，表里如一；外树团结合作形象，做到步调一致，密切配合。

爱岗敬业需"四心"

※《现代领导》2012年第1期

爱岗敬业的"爱"和"敬"是一种态度，这种态度取决于"四心"——忠心、专心、细心、尽心。

忠心。从大的方面讲，就是忠于党、忠于祖国、忠于人民、忠于社会主义事业，但具体到每个人日常生活来说，就是要忠于职守。忠心是爱和敬的表现形式，是成与败的决定因素。美国现代教育家卡耐基的三点人生座右铭中，第一点就是"忠诚"。如何体现"忠"？关键在于"诚"和"爱"。"诚"是"忠"的孪生兄弟，它既是做人应有的美德，更是干事业应具备的基本素质。"爱"是"忠"的前提条件，是干事业的灵魂。一个人只有对自己的事业（职业）热爱，才能在平凡的岗位上干出惊人的业绩。正如一位外国学者所比喻的："职业就是爱人，选上了就要爱他。"

专心。即专一、专注、专心致志。荀子在《荀子·劝学》中说："蚓无爪牙之利，筋骨之强，上食埃土，下饮黄泉，用心一也。"荀子还告诫人们："目不能两视而明，耳不能两听而聪。"由此他得出结论："君子结于一也"，"好而一之神以成"，"一而不贰，为圣人"。宋代思想家朱熹云："敬业者，专心致志以事其业也。"有人曾问牛顿是怎样发现万有引力定律的，他的答案是"由于我总是在想这个问题"。有人据此把天才解释为"不断地注意"。

细心。即心思缜密，严谨认真，一丝不苟，精心安排。法国思想家罗曼·罗兰告诉人们："应当细心地观察，为的是理解；应当努力地理解，为的是行动。"细心是成功的秘诀，粗心是失败的伴侣。明代学者胡居仁认为粗心是对事业的不敬:"心粗最害事。心粗者,敬未至也。" 毛泽东同志曾反复强调干任何事情粗枝大叶不行,粗枝大叶往往会犯错。他还向世人庄严宣告:"世界上怕就怕'认真'二字,共产党就最讲认真。"

尽心。即尽力、尽职尽责、竭尽全力、殚精竭虑。"鞠躬尽瘁,死而后已",是敬业精神的崇高境界。干工作,就要倾心投入,激情投入,有十分劲,决不使九分九;要全心全意,不能半心半意,更不能无心无意。美国思想家爱默生认为:"男子汉的责任就是竭尽全力去做能够做到的事情。"敬业为什么要尽心?清代陈弘谋在其《从政遗规》中说:"居官之法,尽心则无愧……"何种程度算是尽心?正如清代金兰生所言:"在官不知有家,方能尽分。"这就是我们今天所讲的舍小家为大家,一心扑在工作上,公而忘私,无私奉献。雷锋、焦裕禄、孔繁森就是这样的典范。当然,这里所说的用心即尽职尽责的责任心。尽职,就要有强烈的敬业精神,积极进取,有所作为;尽责,就要有以苦为乐的精神,吃苦精神也是增长才干的重要基础。尽职尽责,还要有大胆创新的精神,没有创造性的精神,便称不上尽职尽责的好干部。

"十书"建言

※ 《领导科学报》2007年4月15日

当前,我们国家正在努力打造学习型社会,提倡终身学习,沉寂了多年的"读书热"正在一些地方悄然兴起。于是乎,笔者就围绕"书"来做文章,萌发了这篇"十书"建言。

一曰读书。"为善最乐,读书最佳。"读一本好书,就如同和一个高尚的人谈话。英国哲学家培根谈到读书的意义时说:"读书足以怡情,足以博采,足以长才干";"读书在于造成完全的人格"。这就是书的力量。只有持之以恒地读,坚持不懈地读,有所选择地读好书,我们才能达到读书因多而博、因精而专的境界。正如高尔基所说:"我读书越多,书籍就使我和世界越接近,生活对我也变得越加光明和有意义。"

二曰购书。只要爱书,书总会有的,爱读书的人总是千方百计寻找书,最便捷的方式便是经常购书。李卜克内西说得好:"我们常常没有饭吃,但这样不能阻止我们到图书馆去。"有些人购书是为了装饰门面,但更多的人则像李卜克内西那样,把书作为精神食粮,宁可三日无饭吃,不可一日无书读。购书和读书一样,日积月累,循序渐进,不经意间书柜就充盈起来,大脑也丰富了许多。总之,购书犹如水之源泉,不失为增长知识的有效途径。

三曰借书。书非借不能读也。借书有借书的优势,一则怕人催要,能集中精力,一气读完。特别对于一些爱不释手之卷,更是夜半伏案,读罢方能弛然而卧。二则节约经费,免去囊中羞涩之尴尬。书,买是买不完的,重要的是领会其精神,不一定占有它本身,甚至一些书匆匆一阅,择其一二知之即可,大可不必破费买来存之。三是借书可以扩大阅读面，结交更多的朋友。向同事借，向朋友借，向朋友的朋友借，再同样借与别人，以书为媒介，交流心得，互通思想，以书相识，既增长了知识，又结交了朋友，何乐不为。

四曰抄书。抄书同样可以积累知识。俗语说"好记性不如烂笔头"，对于一些精辟的观点、优美的文字，纯粹靠记忆是不行的，如果及时摘抄下来，日后慢慢咀嚼消化，就能转化成自己的东西，且能保留久远。同时，抄书抄得多了，也可分门别类保管起来，作为资料，不失为收集素材、增长知识的好办法。抄书还是一种为文著书的有效方法，当代大学者如陈寅恪、钱钟书，在他们的著作里，也有大段小段的抄。所谓抄，就是引用资料，借用别人的文字说明自己的观点，只要借得恰如其分，抄得得心应手，未尝不可。可见，"抄书"也是一条途径，更是一门学问。

五曰赠书。英国人爱把书作为节日、生日礼物或纪念物送朋友，我们为什么不能？把自己用不着的书赠送给急需它的人，让书的价值很好地体现出来，那该是一件多么有意义的事情；同样，自己获得了一本别人赠予的好书，那又该是多么令人欣喜。无论赠予还是被赠，能让旧书不沉睡在书架上，新书不久违于书市里，像钞票一样流通起来，于书于人都是好事。赠予是一种精神和奉献，接受就是感激和动力，人与人之间的关系就会更加和谐，我们离和谐社会就更近一些。

六曰携书。在烽火连天的革命战争年代，毛泽东、任弼时等老一辈无产阶级革命家，辗转大江南北，他们可以丢掉粮食，甚至置生命于不顾，但却不能没有书籍，每迁移一地，总要携带几本甚至几箱书籍，书成了他们为理想奋斗的精神支柱。现在我们一些人，一谈到读书总感觉没时间，关键是没有养成携书的习惯，我们可能待在候车室里几小时焦急等待，坐在车厢里数小时甚至几天百无聊赖，蛰居在房间里呆呆出神……如果这时候身边有书，我们就可以把整块时间利用起来，把零碎时间整合起来。

七曰荐书。荐书，是一种很好的选择方式，无论是电视、报纸、杂志等媒体，还是老师、朋友、同事的推荐，我们都能找到适合自己的书。同时，向别人推荐，也是一种无私、关爱和帮助。书籍的海洋浩瀚无边，有人推荐，就像有了向导，取得事半功倍的效果。

八曰藏书。古人云："室内无书籍，就如人之无精神。"藏书是衡量一个人品位与学识的重要标志。获得书的途径很多，有选择性地购买、接受别人馈赠，乃至继承上辈的藏书等，关键是要有收藏这种意识，手边的书，不经意间就消失了，而到用时，翻天覆地地找，却再无踪影，又平添出"书到用时方恨少"的遗憾。有的人原本书很多，却不善于保管、收藏，虫蛀、鼠咬、毁坏、丢失，慢慢地损失殆尽；而有的人原本书不多，但时时留意藏书，分门别类，规范管理，用时随手拈来，自得其乐。可见藏书既是一种爱好，也是一种习惯，而这种爱好和习惯是完全可以培养起来的，对于从事文字工作的人以及热爱读书的人，显得尤为重要。现在有一些地方的党政机关相继开展了"书架工程"活动，要求党员干部必须有书架、有藏书，这对营造"学习型社会"氛围不失为一种有益探索。

九曰嗜书。嗜是一种极度的喜好。"嗜赌"百害无益，"嗜书"倒是一件好事。把读书作为一种享受，把携书作为一种必需，把购书作为一种消遣，把赠书作为一种沟通，把荐书作为一种交流，把藏书作为一种欣赏，真正把书与吃饭、穿衣等同起来，正像孙中山讲的那样："我一生的嗜好，除了革命之外，就是读书了。"

十曰爱书。书是作者呕心沥血的结晶，每一名读者都应怀一颗虔诚的心，去珍惜、爱护每一本书。作家孙犁曾劝告人们"勿作书蠹"，言自己爱书之状为："污者净之，折者平之，阅前沐手，阅后安置。"真正达到了"不能忘情"之地步。最后，让我们时刻铭记苏联著名作家高尔基的一句名言："热爱书吧——这是知识的源泉！"

毛泽东为民之喻

※ 《领导科学报》2007年8月15日；《南阳日报》2010年9月9日

毛泽东同志对人民群众有着长期的接触、深入的了解和浓厚的感情，制定了党的"一切为了群众，一切依靠群众，从群众中来到群众中去"的群众路线。他在号召全党树立马克思主义群众观、坚持把群众路线作为党的根本工作路线中，生动形象地运用了先生、英雄、上帝、动力、创造力、诸葛亮和铜墙铁壁等诸多比喻。这在落实"三个代表"重要思想、坚持执政为民的过程中，很值得全党上下重新学习、认真领会、深刻把握、躬身实践。

在1934年1月于江西瑞金召开的第二次全国工农兵代表大会上，毛泽东同志作了结论报告，在"关心群众生活，注意工作方法"部分，否定了国民党堡垒政策是铜墙铁壁的说法，指出："真正的铜墙铁壁是什么？是群众，是千百万真心实意地拥护革命的群众。这是真正的铜墙铁壁，什么力量也打不破的，完全打不破的。反革命打不破我们，我们却要打破反革命。在革命政府的周围团结起千百万群众来，发展我们的革命战争，我们就能消灭一切反革命，我们就能夺取全中国。"

1943年11月29日，毛泽东同志以"组织起来"为题，在中共中央招待陕甘宁边区劳动英雄大会上发表讲话，指出："把群众力量组织起来，这是一种方针。""我们共产党员，无论在什么问题上，一定要能够同群众相结合。如果我们的党员，一生一世坐在房子里出不去，不经风雨，不见世面，这种党员，对于中国人民究竟有什么好处没有呢？一点好处也没有，我们不需要这样的人做党员。我们共产党员应该经风雨，见世面；这个风雨，就是群众斗争的大风雨，这个世面,就是群众斗争的大世面。""'三个臭皮匠,合成一个诸葛亮'。这就是说,群众有伟大的创造力。中国人民中间,实在有成千上万的'诸葛亮',每个乡村,每个市镇,都有那里的'诸葛亮'。我们应该走到群众中间去,向群众学习,把他们的经验综合起来,成为更好的有条理的道理和办法,然后再告诉群众(宣传),并号召群众实行起来,解决群众的问题,使群众得到解放和幸福。"

毛泽东同志于1939年12月主持编写了《中国革命和中国共产党》小册子,提出:"农民是现时中国国民经济的主要力量。""贫农是没有土地或土地不足的广大的农民群众,是农村中的半无产阶级,是中国革命的最广大的动力,是无产阶级的天然的和最可靠的同盟者,是中国革命队伍的主力军。"1945年4月24日,他在《论联合政府》中再次强调:"人民,只有人民,才是创造世界历史的动力。"

毛泽东同志在1941年3月17日撰写的《〈农村调查〉的序言和跋》一文的序言中,把深入群众了解情况比作"比什么大学还要高明的学校"。在这所学校里,所了解调查的对象"就是我的可敬爱的先生,我给他们当学生是必须恭谨勤劳和采取同志态度的,否则他们就不理我,知而不言,言而不尽"。"没有满腔的热忱,没有眼睛向下的决心,没有求知的渴望,没有放下臭架子、甘当小学生的精神,是一定不能做,也一定做不好的。必须明白:群众是真正的英雄,而我们自己则往往是幼稚可笑的,不了解这一点,就不能得到起码的知识。""和全党同志共同一起向群众学习,继续当一个小学生,这就是我的志愿。"

在1945年6月召开的中国共产党第七次全国代表大会上,毛泽东同志在闭幕词《愚公移山》中,讲述了古代寓言"愚公移山",是愚公挖山不止的精神感动了上帝。毛泽东同志由此及彼喻道:"现在也有两座压在中国人民头上的大山,一座叫做帝国主义,一座叫做封建主义。中国共产党早就下了决心,要挖掉这两座山。我们一定要坚持下去,一定要不断地工作,我们也会感动上帝的。这个上帝不是别人,就是全中国的人民大众。全国人民大众一齐来和我们一道挖这两座山,有什么挖不平呢?"

毛泽东为什么未赴法国勤工俭学

※ 《南阳日报》2010年9月9日

毛泽东在青年时代，对赴法国勤工俭学倾注了很大心血，支持和送走了一批又一批留法学生，可他自己却未能赴法留学。究其原因，诸多学者及论著可谓是仁者见仁、智者见智，众说纷纭。综观国内外论著，深刻分析当时的国内外局势，笔者认为有四个不可忽视的主要因素。

两个实际困难

早在20世纪50年代，毛泽东早期挚友、新民学会总干事、湖南赴法勤工俭学的组织者之一萧子升，又名萧瑜，以英文出版了他的回忆录——《我和毛泽东曾是"乞丐"》。"乞丐"一说来源于1917年暑假期间，萧子升同毛泽东历时一个多月，徒步"游学"湖南五县，其间曾装扮成"乞丐"拜访安化县长张康峰。在回忆中，萧子升提到毛泽东未赴法勤工俭学的两个原因：一是语言困难，没有学好外语，担心出国后无法进行交流；二是资金困难，尽管能够得到资助，但欠缺部分实难筹措。此观点从毛泽东自身方面来讲，虽具有一定的真实性、代表性，但这不是根本的原因，因当时出国留学者大都存在着语言障碍和经费困难，通过人为努力均是可以解决的。

一个崇高使命

赴法勤工俭学的高潮是1919年初至1920年底。当时中国社会正处在大变革之中，毛泽东认为要解决中国的根本问题，必须立足中国实际，研究中国国情。参与中国社会变革的崇高使命感，使毛泽东决定留在国内。他认为："吾人要在现今世界稍微尽一点力，当然脱不开'中国'这个地盘。关于这个地盘的情形，似不可不加以实地调查及研究。"如果把调查中国社会、了解和研究中国国情的事情，"留在出洋回来的时候做"未免有点本末倒置。时隔几十年后，毛泽东还一直表明不出国留学是因为"我觉得我对自己的国家还了解得不够，我把时间花在中国会更有益处"。由此可见，青年时代的毛泽东已把自己的着眼点和立足点放在了自己的国家和民族上，把自己的前途、使命同祖国的前途和民族的解放紧紧地连在了一起。

两个关键人物

毛泽东不赴法国留学还有一个不可忽视的主要原因，就是受了两个关键人物——杨昌济和胡适的直接影响。杨昌济是对毛泽东影响最大的恩师，后来又成为他的岳父。杨昌济是一位留学国外十年的饱学之士，对留学生的情况了如指掌。他认为出国留学前要对本国语言、文化有很好的基础，否则的话留学归来就俨然成了一个外国人。他更反对以留学的方式来镀金，进而搞投机钻营。作为老师的现身说法，无疑会对毛泽东产生很大影响。让毛泽东对赴法留学产生动摇的另一个关键人物是胡适，尤其是胡适的文章《非留学篇》。1918年11月，毛泽东到北平做北大图书馆助理员，多次听胡适教授讲课，特别是胡适的新文化思想对毛泽东的影响颇深，以至于毛泽东称胡适为楷模。他曾多次与胡适讨论出国留学之得失。1920年3月14日，毛泽东致同学周世钊的信中这样写道："我觉得求学实在没有'必要在什么地方'的理，'出洋'两字，在好些人只是一种'谜'。中国出过洋的总不下几万乃至几十万，好的实在很少，多数呢？仍旧是'糊涂'，仍旧是'莫名其妙'，这便是一个具体的证据。我曾以此问过胡适和黎邵西（即黎锦熙）两位，他们都以我的意见为然。胡适并且作过一篇《非留学篇》。因此，我想暂不出国去，暂时在国内研究各种学问的纲要。"

一个重大转变

1919年底,毛泽东第二次到北平后,先后读了许多关于俄国十月革命的文章和一些有关共产主义文献的中文读本,对俄国十月革命的了解逐步加深,他的世界观发生了重大转变,向往俄国的倾向已远远超出了向往法国。1920年2月,毛泽东在给友人的信中坦陈了自己的观点:"有几位在巴黎的同志,发狂地扯人到巴黎去。多扯一般人到巴黎去是好事,多扯同志去,不免错了些。""何叔衡想留法,我劝他不必留法,不如赴俄。"同年8月,毛泽东等在长沙发起成立了湖南俄罗斯研究会。毛泽东思想观念的重大转变,使其对马克思主义的信仰逐步得以确立,由此决定了他人生的重大转折。

毛泽东未赴法国留学,对他自己来说是一个正确抉择,而对中国解放事业来说更是一个伟大转机。如果没有毛泽东对中国国情的全面深入研究,就不可能选择一条"农村包围城市"的道路;如果没有毛泽东对俄国十月革命和马克思主义由浅到深的了解,就很难有与马克思主义同中国革命的具体实践相结合的伟大胜利。

读书经典四字歌

※《南阳日报》2011年4月1日

刺股悬梁	凿壁偷光	囊萤追月	燃糠映雪
目不窥园	磨穿铁砚	锲而不舍	韦编三绝
断齑划粥	辍耕而录	程门立雪	纪昌学射
警枕脚印	铁杵磨针	面壁功深	不耻下问
废寝忘食	载酒问字	手不释卷	日读百篇
挂角织帘	二酉才贯	珍惜寸阴	日见其进
投斧炳烛	五车之富	发奋图强	一目十行
锦囊佳句	开卷有益	蟾宫折桂	出类拔萃
专心致志	登堂入室	持之以恒	触类旁通
才高八斗	独占鳌头	挟策燃荻	分坐割席
孟母三迁	青出于蓝	如饥似渴	深造自得
闻鸡起舞	闭门苦读	白驹过隙	生无所息
卷不离手	才高八斗	七步之才	倚马可待
负薪编蒲	带经而锄	断织下帷	五子夺魁
三上三余	书香门第	老子问师	孔子辩日
寒窗深造	斧正推敲	入木三分	一字千金
焚膏继晷	脍炙人口	流麦书癖	马头草檄
学海书山	贵在登攀	天道酬勤	著作等身

读书谨防误入歧途

※ 《南阳日报》2011年5月13日

联合国教科文组织曾在《学会生存》一书中指出：在未来社会里，文盲将不是不识字的人，而是那些不懂得学习方法、不会自行更新知识的人。大凡爱读书的人都有一定的诀窍，但如何防止误入歧途，使读书读得轻松，读得快乐，读出享受，读出成效，不妨听一听名人之劝告。

《读书》作者林婷煜这样写道："大多数的读者在阅读时，都太过注重琐碎的小事——他们只顾着将书里的内容，一径灌入自己的脑子里，而不去了解这些内容蕴含的意义。如果一个读者够聪明的话，在开始阅读的时候，就必须小心翼翼地避免自己掉进这样的陷阱里去。"

奥地利作家弗兰兹·卡夫卡曾有一次与同事的儿子一起逛书店，他问同事的儿子："看来，你也是个书痴哟！"年轻人点头称是："书可说是我的生命，没有书我是万万活不下去的。"出乎年轻人所料，卡夫卡不仅没有赞赏，而是正色劝道："这就不对了，书籍根本无法完全替代这真正的世界！我们生活中的万事万物，各有其存在的价值与目的，任何其他事物都无从取而代之；换言之，倘若你仅仅透过他人的双眼，来作为自己认识这世界的媒介，如此，你绝对不可能丰富自己的经历。书籍和这世界的关系，大抵是这样。若一个人将自己的生命，全然框限在书里的话，这样的生命，可谓笼中之鸟！"

一个掉入陷阱，一个笼中之鸟，如出一辙，令人振聋发聩。两者都从不同的角度，提醒爱好读书之人，绝不可囫囵吞枣和囿身于书。读书唯有同引发思考和深入实践相结合，才能学有所成。爱因斯坦之所以能成为一名科学家，就如他自己所言："必须勤于思考、思考、再思考。"他曾认为"大学教育的真正价值，并不在于让人们知道某些事物，而在于训练人们拥有能够进行独立思考与判断的头脑"。这也正如美国集科学家、文学家以及社会活动家于一身的富兰克林讲的那样："在读书上数量不列入首要，重要的是书的质量与引起思考的程度。"为此英国小说家班奈特曾建议人们："如果你阅读了90分钟，那么，你至少得花上45分钟，好好地思考一下你正在读的东西；若是不这样做，你在阅读上花费的所有时间，全部都将会白白浪费。"曾倡导"实践出真知"的伟大思想家毛泽东，最为欣赏的是明末清初思想家顾炎武"读万卷书，行万里路"的说法。他这样说道："欲从天下国家万事万物而学之，则汗漫九垓，遍游四宇尚已。"由此看来，读书切忌囫囵吞枣读死书，而应做到勤于思考，重在实践。

浅谈党的实事求是思想路线的确立

※ 《南阳日报》2011年3月8日

"实事求是"是一个人所共知的词语,但作为党的思想路线,则是毛泽东同志学习和借鉴历史的成果,是中国共产党长期探索和总结革命实践的结晶。《河南日报》中《何平九论》把求实作为领导方式的一项重要内容重点进行阐述,更加说明了坚持实事求是的重要性和紧迫性。

实事求是最早出自文学典故。据汉班固《汉书·河间献王刘德传》:"修学好古,实事求是。"意思是说汉景帝的儿子、河间献王刘德勤奋好学,收藏了很多古书,并且努力钻研,经常根据确切的事实,求取正确的结论。唐代以"考证文字、多所订正"而著称的训诂学家颜师古,曾作《汉书注》,将实事求是注解为"务得事实,每求真是也。"即根据实证,求索真理。宋开宝九年,潭州太守朱洞在长沙创建了当时全国四大书院之一的岳麓书院,讲堂正门上方悬一巨幅匾额,上写着"实事求是"四个大字,以此作为岳麓书院的学风,也成为近代湖南学子追求的学风。毛泽东同志从1917年到1919年曾两次在岳麓书院居住和学习,熟知"实事求是"一词之来历,深受此学风之影响。党中央率领红军长征胜利到达延安后,于1943年冬天在延安小沟坪建造了中央党校礼堂,党校的负责人请毛泽东同志为此题词。毛泽东同志沉思片刻,欣然挥笔写下了"实事求是"四个苍劲有力的大字。直到今天,"实事求是"仍然是中央党校的校训。中央党校主办的党中央理论刊物也受此启迪,于1988年《红旗》更名为《求是》。

实事求是作为党的思想路线,则经过了以毛泽东同志为代表的中国共产党人20余年的不懈努力。这一过程大致可分为四个阶段。

第一阶段：毛泽东同志为了科学地理解马克思主义基本原理，充分了解中国革命的具体情况，坚持读"无字之书"，深入开展调查研究，把认识中国的国情作为认清一切革命问题的基本的根据。自1927年到1930年，他亲自深入农村，广泛接触农民，考察农民运动，了解中国国情，写出了大量调研文章，特别是在1930年5月所写的《反对本本主义》一文中明确地提出："马克思主义的'本本'是要学习的，但是必须同我国的实际情况相结合。我们需要'本本'，但是一定要纠正脱离实际情况的'本本'主义。"这标志着实事求是思想在毛泽东同志脑海里初步形成。

第二阶段：在1935年1月召开的遵义会议上，肯定了毛泽东同志的军事思想，我党在实现马克思主义与中国实际相结合道路上迈出了关键的一步，并在1937年至1938年间开展了同王明形"左"实右错误思想尖锐的路线斗争。在1938年底召开的党的六届六中全会上，毛泽东同志第一次明确提出了"马克思主义中国化"的概念，认为"马克思列宁主义的伟大力量，就在于它是和各个国家具体的革命实践相联系。对中国共产党来说，就是要学会把马克思列宁主义的理论思想应用于中国的具体环境"。此次会议使毛泽东同志在思想路线上的领导地位得以真正确立。

第三阶段：为了从理论上深入阐述实事求是的思想，并为这一思想的确立而奠定哲学基础，毛泽东同志相继撰写了《实践论》和《矛盾论》两篇不朽哲学名著，进一步强调深入实践、调查研究是马克思主义中国化的基础环节，实践是检验真理的标准，并在此基础上于1940年写出了《新民主主义论》一文，正式提出了"实事求是"的概念。他说："科学的态度是'实事求是'，'自以为是'和'好为人师'那样狂妄的态度是决不能解决问题的。"至此，可以说"实事求是"作为思想路线已被党的高层领导同志所普遍接受。

第四阶段：从1941年起我们党在延安开展了一场空前的高级干部整风运动，是年5月，毛泽东同志在所作的动员报告《改造我们的学习》中，第一次对"实事求是"作了完整的科学的阐释:"'实事'就是客观存在着的一切事物,'是'就是客观事物的内部联系,即规律性,'求'就是我们去研究。"在历时三年的全党整风运动中,广大党员普遍受到了一次马克思主义教育,全党思想达到了高度的统一。1945年4月23日至6月11日,中国共产党召开了第七次全国代表大会,把"实事求是"正式确立为党的思想路线,为中国革命的胜利奠定了坚实的基础,为中国共产党的成长指明了正确的方向。

到了20世纪70年代后期,我们党和邓小平同志以大无畏的开拓精神,对实事求是思想路线的理论内容作了进一步的丰富和发展,成为决定中国特色社会主义兴旺发达的关键。

发人深省者莫过于箴言

※《南阳日报》2011年8月12日

箴言同"针言",意为劝告、规诫,是古代常用于规劝他人或警示自己的一种文体。如唐朝韩愈作《五箴》,即《游箴》《言箴》《行箴》《好恶箴》《知名箴》,姚崇作《口箴》;宋朝吕本中作《官箴》,杨万里作《学箴》;元朝王恽作《忍箴》;明朝刘基作《守口如瓶箴》,方孝孺作《幼仪杂箴》(包含坐、立、行、寝、揖、拜、食、饮、言、动、笑、喜、怒、忧、好、恶、取、与、诵、书二十个方面),徐榜作《自在箴》,张侗初作《却金堂四箴》;清朝陈廷敬作《动箴》,林纾作《气箴》,曾国藩作《谨言箴》;等等。真可谓名人宛如繁星,箴言浩如烟海,但九九归一,均是作为家教、治学、养性、修身、处世、居官之用也。

有人这样评价箴言的美妙与价值:以金科玉律之言,作晨钟暮鼓之警;其说理之切、其举事之赅、其择词之精、其成篇之简,字字沁人心脾,言言动人肺腑。此评价可谓尽矣!如《论语》《菜根谭》《格言联璧》中的许多名句、名段、名篇,千古流传,影响了一代又一代人。如河南大学校训"亲民、止于至善"就引自《大学》。与箴言一路结伴而行,我有以下具体深切感悟。

箴言是宝贵财富

德国剧作家、诗人、思想家歌德曾把名言集和格言集比作社会上最大的财富,因为它们对每一个社会成员来说都是最宝贵的。

语言精华。文艺理论家、教育家朱光潜说:"格言隽语的长处,就在于把平常的道理说得不平板枯燥。"如清朝金缨编著的《格言联璧》第一篇《学问类》第一条"古今来许多世家，无非积德；天地间第一人品，还是读书。"简单两句，囊括人生真谛，无论是一等人品还是显贵家族，都不外乎积德造就和读书培养。箴言语言之精练、文辞之优雅、含义之深刻、影响之久远，使人备感其魅力。

知识源泉。或借用比喻，或引经据典，寥寥几个字，短短数句话，内涵丰富，富有哲理，具有很强的知识性。如清代书画家、文学家郑燮撰写的一副八字箴联"曾三颜四，禹寸陶分"，里边包含了四个典故。"曾三"典出孔子弟子曾参的"吾日三省吾身"，因曾参每日反省自己"为人谋而不忠乎？与朋友交而不信乎？传不习乎？"故概括为"曾三"。"颜四"语出孔子的另一个弟子颜回的"四勿"，即"非礼勿视，非礼勿听，非礼勿言，非礼勿动"，简称为"颜四"。"禹寸"典出《淮南子》："大圣不贵尺之璧，而重寸之阴。"大圣即禹，称其把一寸光阴看得比一尺的璧还贵重。"陶分"指晋代学者陶侃珍惜每一分光阴。据《晋书·陶侃传》载，陶侃曾对人说："大禹圣者，乃惜寸阴，至于众人，当惜分阴。"郑燮用此上联要求自己要经常反省修身，注重道德修养，克己复礼为仁，坚持持之以恒；下联告诫自己要以人为鉴，珍惜光阴，争分夺秒，不虚度人生。

智慧摇篮。或论道德学问，或论持躬存养，或论齐家接物，或论敦品处世，或论居官从政，不仅是个人的才智，更是众人的睿智。

实践结晶。法国作家尚福尔说过："箴言是需要有丰富的处世经验者，才可以感悟出来的，就如艺术需要熟练方可登峰造极。"所以，箴言的诞生是建立在实践基础之上，而又是对实践的高度概括。

思想宝库。箴言辞约意丰，言简意赅，说理透彻，含义深刻，具有很强的哲理性。如《格言联璧》："不自重者取辱，不自畏者招祸，不自满者受益，不自是者博闻。""肆傲者纳侮，讳过者长恶，贪利者害己，纵欲者戕生。"

箴言是居官药石

历史上凡有所作为的官员，都非常注重自身修养，他们往往通过立言为箴的办法，规诫约束自己。

南宋号称"东莱先生"的诗人官员吕本中，在所著《官箴》篇中，开宗明义指出："当官之法，唯有三事：曰清、曰慎、曰勤。知此三者，可以保禄位，可以远耻辱，可以得上之知，可以得下之援。"对此，他有着一番深刻的阐释。吕本中说："清、慎、勤三字，乃居官之真修。不清，则我取一也，下取百焉；我取十也，下取千焉。我以之适口，民以之浚血。我以之华体，民以之剥肤。我以之纳交游，民以之鬻妻子。我以之遗子孙，民以之损田庐。我以之恣歌舞，民以之啼饥寒。伤哉！以此思清，清其有不至乎？不慎，则一出令之误也，而跖盗之弊生。一听言之误也，而雍蔽之奸作。一用人之误也，而狐鼠之妖兴。一役使之误也，而劳怨之声起。一听断之误也，而劝惩之道塞。一重辟之误也，而冤孽之报随。悲夫！经此思慎，慎其有不至乎？不勤，则一人之逸，百人之劳。我之欲寝也，日得无有立而待命者乎？我之欲休也，日得无有跂而望归者乎？案牍之留也，日得无有藉以为奸者乎？狱讼之积也，日得无有久系冻饿者乎？嗟嗟！以此思勤，勤其有不至乎？"

箴言是传家法宝

父母乃子女的启蒙老师。对子女进行言传身教，是古代很多仁人志士的明智之举，他们大都采用训言的形式，教育子女如何修身做人。历史上流传下来的家训不胜枚举，如三国时《关羽家训》："读好书，说好话，行好事，做好人。"明代杨继盛《给子应尾、应箕书》："同干事则勿避劳苦，同饮食则勿贪甘美，同行走则勿择好路，同睡寝则勿占床席。""宁让人，勿使人让我；宁容人，勿使人容我；宁吃人之亏，勿使人吃我之亏；宁受人之气，勿使人受我之气。"包拯"拒礼为开廉洁风"，其为官三十多年，视廉洁为做官之根本，清心寡欲，刚正不阿，即便是皇上所送生日礼物也一概退回，表现出了他的崇高节操和无私品格，千古传为美谈，至今仍给人很深的教益。包拯六十岁寿辰，提前叮嘱其儿包贵一律不收任何寿礼。未曾想到，第一个送礼上门的竟是仁宗皇上。包贵在万般无奈之下只好请代皇上送礼来的太监写几句话，劝父亲收下这份特殊礼物。太监觉得言之有理，便提笔写下了一首诗："德高望重一品卿，日夜操劳似魏征。今日皇上把礼送，拒之门外理不通。"包拯看了这首诗后，当即复诗一首，并将礼品退了回去。他在《拒寿礼》诗中这样写道："铁面无私丹心忠，做官最忌念叨功。操劳本是分内事，拒礼为开廉洁风。"好一个"拒礼为开廉洁风"，竟然拒到了皇帝头上，真乃空前绝后、难能可贵。包拯拒收皇礼并非作秀，他的《书端州郡斋壁》就充分证明了这一点。包拯传世的诗只有《拒寿礼》和《书端州郡斋壁》两首，可谓弥足珍贵。康定元年（1040年），包拯出任端州知州。端州以产端砚（贡品）著名，历任端州地方官员趁进贡之机，向砚工额外索取数十倍以中饱私囊，或以遗权贵，作攀附进身之资。包拯到任后，为了表明心志，即作《书端州郡斋壁》为箴（郡斋即郡守的府第），壁箴曰："清心为治本，直道是身谋。秀木终成栋，精钢不作钩。仓充鼠雀喜，草尽兔狐愁。史册有遗训，毋贻来者羞。"诗中虽只字未提端砚，却为端砚有感而发，表明了包拯刚正无邪、对贪官污吏憎恶如仇的烈火情怀，既是个人居官之箴，也对后来到此为官者具有一定的警示作用。据史载，他在端州知州任上，只以朝廷规定的数量制作端砚，按实际数目征收，深受百姓欢迎。直到离任时，仍是"不持一砚归"。包拯深刻认识到"廉洁之官，乃民之表率；贪赃之吏，害民之贼"。治国，他曾上疏《乞不用赃吏》。治家，他更是以身作则，训诫严明。为将清廉之风遗传后世，曾作《家训》刻于石碑之上，立在庐州故居。《家训》全文如下："后世子孙仕官，有犯赃滥者，不得放归本家；亡殁之后，不得葬于大茔之中。不从吾志，非吾子孙。仰工刊石，竖于堂屋东壁，以诏后世。"犯赃滥者，生不得放归本家，死不得葬于大茔，非为包氏子孙。寥寥数语，措辞严厉，态度鲜明，子孙岂敢有悖乎！胡锦涛总书记以史为鉴，要求全党要强化忧患意识。忧患忧什么？笔者认为最为关键的是忧患要忧党，反腐倡廉须加强。如果每个领导干部都能像包拯那样不收受礼物，不以权谋私，不放纵子孙，不巴结权贵，廉洁一定会蔚然成风。

箴言是人生座右铭

美国心理学家默里说："能发人深省者，莫过于格言。"法国伟大的启蒙思想家、哲学家、教育家、文学家卢梭说："我觉得人类的各种知识中最有用而又最不完备的，就是关于'人'的知识。我敢说，戴尔菲城神庙里唯一的碑铭上的那句箴言(你要认识你自己)比伦理学家们的一切巨著都更为重要，更为深奥。"儒家曾把富含哲理、令人深省之箴言誉为"清凉剂""醒脑丹"，"人人各有一句终身用之不尽"。正如《旧唐书》所言："置之座隅，用比韦弦之益；铭诸心腑，何啻药石之功。"我国近代民族英雄林则徐，为人耿直，性情急躁，他父亲林宾日为了帮他改掉急躁的毛病，曾给他讲了一个急性子判官的故事。故事说：有一个非常孝顺父母的判官，对于不孝顺的犯人，判罪向来非常严厉。一天，有两个人捆着一个嘴巴被塞住的年轻人来见官。这两个人向判官说被捆之人很不孝顺，经常打骂他的娘，把他捆起来还不住嘴地骂，所以塞住嘴来见官。判官一听火冒三丈，立刻令衙役重打五十大板。正当年轻人被打得皮开肉绽的时候，一个白发老太太拄拐而来，喊冤哭诉道："请求大老爷救救我们吧，刚才有两个盗贼，想偷我家的牛，我儿子要送他们到官府，可是强盗反把我儿子捆走，不知弄到哪里去了，请求大老爷为我做主，找回我的儿子……"原来，刚才被打之人正是老太太的儿子。那判官性子太急，轻信了两个盗贼的话，问题没弄清楚就滥用刑罚，造成了一起真假颠倒的冤案。这个典故对林则徐的启发很大，使他深刻认识到急躁不仅仅是修养问题，还会导致一个人犯错误，坏大事。为了克服这个毛病，他做官之后，就在自己的书房里挂起了一块牌匾，上书"制怒"二字，让"制怒"二字经常出现在自己的眼前，作为"座右铭",警醒自己。影片《林则徐》中曾有这样一个镜头:钦差大臣林则徐审问洋人颠地时获悉,奥海关督监豫坤与人勾结,狼狈为奸,破坏禁烟。顿时,林则徐怒不可遏,把茶碗往桌上用力一　,"当啷"一声,茶碗粉碎。这时,他一抬头,壁上宽大的牌匾跃入眼帘——"制怒"。于是,他强压怒火,稳住情绪,事发第二天变得若无其事,依然热情接待了豫坤,经过巧妙周旋,终于让豫坤乖乖地交出了修建虎门炮台的银两。此故事给我们之启示,那就是要成就一番事业,必须达到"每临大事存静气""无故加之而不怒"的境界。

读书可养生益寿

※ 《南阳日报》2011年8月5日

早在两千多年前鲁哀公曾请教孔子："读书人能够长寿吗？"孔子肯定地回答："是的。" 读书，不仅是切实有效的求知之路，而且是积极有用的养生之道。有人曾挑选20世纪以来400位欧美名人，比较哪类人的寿命最长，结果发现读书人居首位，平均寿命为70岁。日本人口学专家研究发现，人群寿命最长的是哲学家，很显然，这与他们持之以恒的读书习惯与经常思维有关。我国也有人对秦汉以来13088名著名的知识分子的寿命进行统计分析，发现他们的平均寿命远远超过其他职业人员的平均寿命。

读书的养生作用在于能够陶情和美容。人格的力量，来自自身高尚的品德和操守，然而，高尚的品德和操守不是天生的，而是在长期的学习和实践中形成的。把时间虚度在应酬中，消磨在舞场里，耗费在餐桌和牌桌上，是不会有高尚的品德和操守的。把时间用在读书上，用在思考上，在学习中领悟新鲜知识和科学理论的真谛，接受美好事物的熏陶，心灵会得到净化，情趣会得以提升，心情会更加舒畅，思想境界就会提高，精神追求就会健康。这样，才能培育出高尚的品德和操守，从而不断增强人格的力量。英国哲学家、科学家培根曾说道："读书可以铲除一切心理上的障碍，正如适当的运动能够矫治身体上某些疾病一般。"贾平凹在《好读书》一文中也谈到读书的诸多养生作用："能好读书必有读书的好，譬如能识天地之大，能晓人生之难，有自知之明，有预料之先，不为苦而悲，不受宠而欢，寂寞时不寂寞，孤单时不孤单，所以绝权欲，弃浮华，潇洒达观，于嚣烦尘世而自尊、自重、自强、自立、不卑、不畏、不俗、不谄。"学习又是最好的美容师。"腹有诗书气自华。"这个气就是气质，就是内在美。它是一个人人格魅力的核心，最容易打动人、折服人。读书学习是培养一个人气质的最好途径。对一个人来讲，外表的美是表面的、暂时的，而内在的美才是本质的、永恒的，这个内在的美就体现在气质、气度、气势、气魄上。如果掌握了知识，能够引经据典，能够入木三分，能够讲出道道，能够理出头绪，那么说话就有感染力、号召力、凝聚力。这样，人就会充满自信，满脸笑容，这比什么化妆品都强，难道这不是最好的美容吗？如果没有知识，讲不清，道不明，弄不懂，干不成，人就会自卑、苍老得快。有些人在其他方面花了很多精力，不如用这份精力来读书、来学习，时间长了，你会发现，学习的美容效果远比化妆品强多了。

读书又何以能够延年益寿呢？现代医学指出，有兴趣地读书可使大脑皮质的兴奋和抑制过程达到相对的平衡，从而把血流量、神经细胞的兴奋程度调节到最佳状态，使机体的激素和体液的分泌趋于良性的增强，这便能使机体的免疫力和抗病力都得到增强。我国著名肝病专家王伯祥教授提出了一个防治肝病新观念：让肝病患者在用药的同时，以轻松的方式读自己最感兴趣的书。肝病患者如果能每天坚持读二三小时的书，可以达到心平气和，使回归肝脏的血液增多。他在临床观察研究的过程中还发现，一些肝病患者坚持服药与读书并举，其好转效果明显。英国近年来推出一项读书治疗计划，希望通过读书来预防和治疗疾病。根据这项计划，从事读书疗法的专家们根据人们的心态或病情，开列出一份包括小说、人物传记等书籍的图书目录，以让书中的内容来帮助人们调节情绪或治疗疾病。心理学家认为，常见的疾病大多与心理因素有关。心理的防线犹如一道脆弱的纸墙，挡在疾病与健康之间，生活的压力一旦加重，不良的情绪就会如脱缰的野马破墙而出，将宝贵的生命引入冥冥深渊。许多疾病的发生与发展都是在心理状况不佳的时候发生或恶化的。而一本好书、一篇美文就是一种能调节七情的精神药品，比任何药物更能够解除心理的压力和痛楚，让人产生许多种好的心理效应，这样许多疾病就可以通过心理治疗不药自愈。生理学家发现，大脑不常用，脑功能就会加速衰退，脑细胞就会减少，可引发老年痴呆或记忆功能的减退，并可直接或间接地加速其他器官的衰老，诱发多种疾病。美国老年研究所测定，经常读书用脑的老年人的脑细胞比不常用脑的中年人的脑细胞还要多。国外还有研究者发现，大脑接受信息越多，脑细胞老化程度越慢。

　　古往今来，很多科学家、文学家结合自己读书之亲身体会、现身说法，证明读书有益养生和健康。北宋胡仔在所著《苕溪渔隐丛话》一书中说："世传杜(甫)诗能除疾，此未必然。盖其诗意典雅，读之者悦然，不觉沉疴之病祛也。"明代文学家李贽，七十多岁时还耳聪目明，常手不释卷，友人劝他不要读书劳神，他说："束书不观，吾何以欢？怡性养神正在此间。"明末清初戏曲家李渔说过："予生无他癖，惟好读书，忧藉以消怒，藉以释牢骚，不平之气藉以除。"当代著名数学家苏步青教授九十多岁时还著书立说，他说："脑子要不断运动，动则灵，不动则钝。年纪大了，记忆力在衰退，要服老，我现在就靠多看、多想、多写来延缓脑子的衰老。"

孔子本纪歌

※ 《南阳日报》2012年3月16日

家道中落,生于野合;

三岁丧父,受教于母;

十七母丧,防山合葬;

季氏飨士,丢尽面子;

问学郯子,拜苌为师;

精学六艺,终成大器;

三十而立,从事教育;

赴周问礼,老子赠语;

景公纳谏,闻韶之叹;

五十得志,一宰两司;

齐馈女乐,离别鲁国;

周游列国,历经坎坷;

重返阙里,再授"六艺";

删述"六经",传承后人;

打击连连,晚年凄惨;

西狩获麟,逝者圣人;

儒学始祖,名垂千古;

历代加封,世界推崇。

谈城市精神

※ 《南阳日报》2012年6月25日

城市精神是一座城市的灵魂，是一种文明素养和道德理想的综合反映，是一种意志品格与文化特色的精确提炼，是一种生活信念与人生境界的高度升华，是城市市民认同的精神价值与共同追求。

城市精神对城市的生存与发展具有巨大的灵魂支柱作用、鲜明的旗帜导向作用与不竭的动力源泉作用。城市精神犹如一面旗帜，凝聚着一座城市的思想灵魂，代表着一座城市的整体形象，彰显着一座城市的特色风貌，引领着一座城市的未来发展。

城市精神综合凝聚了一座城市的历史传统、精神积淀、社会风气、价值观念以及市民素质等诸多因素。打造城市精神应遵循植根历史、基于现实、紧跟时代、引领未来的原则，只有植根历史，才能内涵丰富、根基深厚；只有基于现实，才能形象生动、焕发活力；只有紧跟时代，才能承前启后、引领未来。

为民重在"四心"

※ 《南阳日报》2013年7月31日

践行群众观,为民抓重点。在全党开展群众路线主题教育实践活动中,笔者认为广大党员干部应做到"四心"。

落实党在农村的各项惠民政策,完善土地流转机制,积极推进家庭式的适度规模经营,让群众安心;研究和把握市场走势,引导结构优化,发展订单农业,提高科技水平和经济效益,让群众放心;强化服务功能,转变发展方式,健全与家庭经营相适应的全过程社会化服务组织,让群众省心;深化"一改双优",加强社会管理,营造风清气顺、稳定和谐的发展环境,全力建设美丽家园,提升幸福指数,让群众顺心。

三、工作体会篇

整改是"三讲"教育的着眼点和落脚点,是保证"三讲"教育取得实效的重要环节。古人云:"不贵于无过而贵于能改过。"因此,每个领导干部在"三讲"整改阶段都应在思想深处认识产生问题的根源,对症下药,解决突出问题,着重做到"六要"。

领导干部"三讲"整改应做到"六要"

※ 《南阳日报》2000年8月25日

整改是"三讲"教育的着眼点和落脚点，是保证"三讲"教育取得实效的重要环节。古人云："不贵于无过而贵于能改过。"因此，每个领导干部在"三讲"整改阶段都应在思想深处认识产生问题的根源，对症下药，解决突出问题，着重做到"六要"。

一要坚定理想信念，树立正确的人生观、世界观、价值观。信念是人生的精神支柱，是人生前进的动力和奋斗目标，政治信念的确立是一个人政治上成熟的标志和表现。没有理想信念就如同没有罗盘而在大海中航行一样，随波逐流，经不起风浪。因此，每个领导干部在理想信念上，必须坚定正确的政治方向，就是坚持走建设中国特色社会主义的道路不动摇，坚定不移地为共产主义事业奋斗终生；坚定正确的政治立场，站在党性和党的政策的立场上，真正体现"三个代表"重要思想，树立正确的政治观点，用最科学、最先进的马克思主义辩证唯物主义的世界观认识问题；严守党的纪律，在思想上、政治上同党中央保持高度一致；提高政治鉴别力，在重大政治原则问题上分清是非，划清界限，做到旗帜鲜明，立场坚定。

二是勤奋读书学习，不断提高自身素质。读书学习是立身进德之基，为官从政之本。坚持讲政治、讲正气，基础和前提是讲学习。第一，要端正学习态度，明确学习目的，把学习同树立正确的世界观、人生观、价值观，同为人民服务、为共产主义事业奋斗终生紧密结合起来。第二，要做到勤奋好学，要善于挤时间，利用午休前、晚饭后、闲暇时、节假日等一切有效时间，做到"人将休，吾将不敢休；人将卧，吾将不敢卧"，保证每天学习2—3小时，"发愤忘食，乐以忘忧"。第三，要做到博大精深，一专多能，要以学习邓小平理论为重点，经过一定时间的努力，保证通读一遍原著，并较为系统地学习马列主义、毛泽东思想和江泽民总书记讲话精神，使自己成为理论功底硬、知识面广和专业造诣深的T字型人才。第四，要做到刻苦钻研，"苦其心志，劳其筋骨"，以"坐破寒毡，磨穿铁砚"的精神，"如切如磋，如琢如磨"，"自求其训，句索其旨"，达到举一反三之成效。第五，要做到笃志持恒，以坚韧不拔的意志、强硬不折的毅力，力求日有所得，月有所获，年有所成。总之，要养成学习为最大嗜好，犹如精神食粮，使学习成为自己生命的重要组成部分。

三要坚持务实为民，按照客观规律办事。强化以民为本意识，把一切为了群众、充分依靠群众、热情服务群众、密切联系群众、时刻关心群众、正确对待群众作为自己工作的出发点和归宿。在具体行动上要把增加群众收入、减轻农民负担、树立务实作风作为为民办实事的重中之重。在增收上，要按照产业化要求，突出抓好科技龙头企业、示范先导小区、优质农产品基地和社会化服务体系建设，切实把好事办好、实事办实；在减负上，树立减负就是增收的思想，坚决执行农民承担村提留乡统筹费一定三年不变政策，严格禁止乱集资和平摊税费现象，实行村办公益事业群众议决和财务、政务公开及民主监督，严肃查处因农民负担引起的案件；在作风上，要坚持实事求是的思想路线，立足实际、多办实事、狠抓落实、注重实效，反对主观主义、形式主义、官僚主义，做到不唯上、不唯书、不唯己，全心全意为人民谋利益。

四要改进工作方法，提高领导艺术水平。毛泽东同志曾形象地把完成工作任务比作过河，强调解决桥或船的重要性。他老人家在长期的实践中探索总结了一系列行之有效的工作方法，至今仍有很强的生命力，如从群众中来，到群众中去调查研究，解剖"麻雀"；一般与个别相结合，"一切都要经过试验"；抓主要矛盾，一个地区不能同时有许多中心；突出重点，"伤其十指不如断其一指"；抓两头，带中间；统筹兼顾，学会"弹钢琴"；等等。在新的形势下，我们要不断适应家庭经营机制和市场经济体制的需求，逐步改变行政干预和强迫命令的做法，通过宣传发动、示范带动、服务推动、政策驱动，发挥统分两个方面的优势，解决小生产和大市场之间的矛盾，达到富民富县之目的。在领导活动中，要有贯通上下、协调左右，做好领导助手和当好战线主帅的领导艺术，发挥正职决策中的参谋作用，做到不越位；发挥好分管工作中的主帅作用，做到不失职；发挥好领导活动中的协调作用，做到不推诿；发挥好整体功能中的互补作用，做到不拆台；发挥好特殊情况下的"替代"作用，做到不空档。

五要不断完善自我，勇于开展自我批评。严于解剖自己，逐日反躬自省是人的基本美德。荀子曰："木受绳则直，金就砺则利。"每个领导要完善自我。必须认识到"人非圣贤，孰能无过"，"不犯错误的人或团体，世界上从来不会有，而且也永远不会有"；要主动热情而不是羞羞答答地欢迎批评，做到"人告之有过则喜"；要时刻不忘记自我检查和反省，做到"反求诸己""日参省乎己""吾日三省吾身""时时知过改过"；要正确对待批评，做到"有则改之，无则加勉"；要有痛改前非的决心和勇气，做到"有过则改""改过不吝"。

六要坚持廉洁自律，严格约束自己。要以一个党员领导干部的标准严格要求自己，模范执行廉政建设的有关规定，近学孔繁森、吴金印、郝桃枝等优秀党员领导干部的先进事迹，远以公孙仪"不受鱼"、子罕"以不贪为宝"、杨震"四知"、刘宠"取一钱太守"等廉洁范例为楷模，时刻注重自己的人格、名节和尊严，做到不仁之事不为、不义之财不取、不正之风不染、不法之事不干，要警钟长鸣，防微杜渐，从现在开始，从小处做起，在接待上严格执行标准；做到不请吃，不吃请；严格私客公待和公车私用；通信话费按规定办；逢年过节禁收礼品；厉行节约，过紧日子等。在任何情况下，都要经得起考验，抵得住诱惑，立得住，行得端，站得稳，堂堂正正做人，清清白白从政。

调查研究贵在"四得"

※ 《政工参考》2003年第20期；《南阳日报》2011年11月29日

调查研究是我党的优良传统，是我党的一项基本工作方法，是贯彻解放思想、实事求是、与时俱进的思想路线和党的群众路线的重要方式，也是保证科学决策、实现正确领导的基本条件，更是我们干好工作、执政为民的谋事之道、成事之基。笔者认为，在具体工作实践中，调研贵在坚持"四得"。

一、下得去。就是能够心在基层，情系群众，做到不浮在面上迎来送往，不高高在上指手画脚，能够从办公室真正走到基层，深入一线，贴近实际，这是开展调研的基础。下得去，必须做到三点：首先，要时刻牢记全心全意为人民服务的宗旨。深入基层调研必须时刻牢记党的宗旨，围绕"一心一意想办事、兢兢业业办实事、千方百计办好事、竭尽全力办大事"的目标，做到真心实意爱民，强化服务便民，发展经济富民，廉洁勤政为民，稳定社会安民。面对千头万绪的工作，要学会"弹钢琴"，有效运筹时间，科学安排工作，从文山会海中解放出来，少一点迎来送往，少一点酒乐牌场，腾出时间和精力，经常下去看一看，深入基层搞调研，真心实意办实事。其次，要对群众满腔真情。视群众为亲人，把群众当朋友，充分尊重他们，这是我们下得去的感情基础。要从办公室走出来，把架子放下来，和群众坐到一个板凳上，聊聊他们关心的问题，找准沟通思想的连接点，用真情感化群众，以爱人换人爱，以敬人换人敬，以诚心换真心。最后，要心中时刻装着群众。要把群众疾苦时刻放在心上，真正把群众拥护不拥护、高兴不高兴、赞成不赞成、答应不答应作为开展工作的出发点和落脚点。真诚地了解群众想什么、盼什么，切实放下"官"

架子,扑下身子为群众出点子、办实事、解忧难、谋利益,只有这样才能做到调研下得去,才能拉近与群众的距离,才能从群众中汲取智慧,从而通过调研提高自己发现问题、分析问题、解决问题的能力。

二、蹲得住。就是能够克服形式主义和浮漂作风,真正沉在基层,扎根基层,有求真作风,有忘我精神,能够在基层调研时埋头苦干,不走形式,这是我党对作风建设的要求。蹲得住必须做到"三戒":一戒心浮气躁。心浮气躁,则无法在学习上孜孜以求、在作风上务实求真、在工作上埋头苦干,无法与人民群众同舟共济,更无法安心深入基层、扎根基层、掌握实情,进而破解复杂矛盾。要在调研过程中蹲得住,就必须坚决克服性格浮躁、情绪不稳、头脑不冷静等缺点;坚决克服事业心、责任感不强,工作沉不下去的品质缺陷;坚决克服上午坐着四轮转、中午围着餐桌转、晚上攥着牌场转的不良习气。二戒"走马观花"。迫于无奈才到基层转一转,到一线看一看,浮光掠影,蜻蜓点水,为形式而被动地调研。或者放不下架子,不愿当学生,隔着玻璃看,围着干部转,不愿见群众,不愿沉到底,这是领导干部调研之大忌。这种走马观花式的调研,其结果:听到的是颂歌,看到的是盆景,做的是表面文章,坏的是党群关系,毁的是党的形象。三戒"装点门面"。"装点门面"的调研者似乎也去了该去的地方,甚至是艰苦的地方,但往往是找几个干部听一听,拿几份材料看一看,选几条线路转一转,蹲不住,驻不下,热衷于图个名、留个影、录个像、登个报,只求表面不讲实质,只求形式不讲实效。对领导干部来说,这种形式的调研是百害而无一利,必须坚决摒弃。

三、摸得透。开展调研的目的是通过深入细致的调查研究,真正吃准基层的情况,掌握群众心态,了解群众所盼,倾听群众呼声,掌握社情民意,也就是说摸透基层情况,为科学决策服务。如何达到这一目的,关键在于注重调研的方法与艺术,这是搞好调研的重要条件,对基层情况要了解得全、调查得细、掌握得准,简而言之就是要方方面面摸得透。第一要深入。要千方百计与调研对象进行深入的思想交流,拉近距离,得到认可,这样方能获得实情。我们深入群众中,要主动缩短与群众的距离,让群众把我们当作知心朋友,什么话都愿意讲。要反对前呼后拥的调研方法,这样不仅能体现党的优良作风,而且也易创造出轻松和谐的气氛,在无所拘束的情况下,引导群众就调研的主题进行交流。第二要细润。"好雨知时节,当春乃发生。随风潜入夜,润物细无声。"开展调研活动也要像春雨一样,用知心的话语、细致的倾谈,潜移默化,力求给群众润人肺腑、沁人心脾的感觉,那么调研工作就能收到良好的效果。同时,调研时不仅要认真了解调研主题各个方面的细节,向群众细心询问,广泛征求意见,更要注意群众反映的具体细节,因为有可能群众最不经心的一句建议却是我们解决问题的关键。第三要耐心。现在调研比较难,因顾虑或情绪等因素,有关部门及人员有可能不配合,甚至还会碰钉子,要养成不急不躁的作风,不能知难而退,要采取迂回办法解决调研中遇到的困难和问题。第四要灵活。调研面对的是方方面面的人,要了解的是具体而复杂的问题,要根据实际情况因地制宜、因人制宜地灵活运用座谈、走访、问卷调查、电话采访等多种方法,使调研能够获得大量真实的第一手材料。第五要全面。就是对调查的问题,必须尽可能多地占有材料,力求全面、准确地掌握调查对象历史的、现实的、纵向的、横向的等各方面的情况,了解其所处的环境及相关因素,不可管中窥豹、以偏概全。

四、理得清。就是对调查得来的材料,要通过归纳、分析、对比、判断、推理认真进行梳理"加工",努力透过现象把握事物的本质和规律,找到解决问题的途径和方法,这是调查研究的关键。毛泽东同志在《实践论》中讲:"要完全地反映整个的事物,反映事物的本质,反映事物的内部规律性,就必须经过思考作用,将丰富的感觉材料加以去粗取精、去伪存真、由此及彼、由表及里的改造制作工夫,造成概念和理论的系统,就必须从感性认识跃进到理性认识。"这就要求我们在调查研究时,要开动脑筋,科学地对感性认识进行"加工",善于运用归纳演绎、分析综合、具体抽象、分类比较、定性定量等方法,从多维角度去思考、分析、把握问题的实质。理得清要做到三点:一是要有求实精神。要以客观的态度对待从基层得到的素材，因为这些材料有些可能是片面的，有些可能是虚假的，只有用客观的态度、辩证的方法正确地综合分析所掌握的全部材料，才能去伪存真，做到不唯书、不唯上，只唯实，才能得出正确的结论，制定正确的对策。二是要有发展眼光。在掌握了大量翔实的材料后，我们还要用发展的眼光来看待问题，不能把问题局限于一个单位、几个人、一类事情，局限于眼前利益或局部利益，要把问题放在立足实际、关注民生的客观现实中去分析思考，要把问题放在改革开放、科学发展的大气候和大环境里去分析思考，放在纷杂的国际国内新形势和新趋势下去分析思考，只有这样，调研的成果才有生命力，有推广的价值。三是要有全局意识。在分析问题、提出建议、制定决策时要考虑方方面面，不仅要考虑解决当前的问题，还要考虑对今后的影响；不仅要考虑其正面效果，还要考虑可能引起的负面效应；不仅要考虑其可操作性，还要考虑它的科学性。总之，就是要站得高一些、看得远一些、想得深一些、谋得实一些，只有这样，调研才能算是达到了真正目的。

宣传思想干部素质修养"六要"

※ 《文明与宣传》2002年第12期

新时期宣传思想工作的地位和性质，决定着宣传思想干部必须按照江泽民同志提出的"政治强、业务精、作风正、纪律严"的要求，切实加强自身建设，提高整体素质。

一、政治境界要高

宣传思想工作者作为从事意识形态领域工作的干部，必须具备较高的政治素质。首先要站稳政治立场。宣传思想干部，无论何时何地，都要坚定不移地站在党和人民的立场上，始终牢记党的宗旨，做党和人民的代言人。其次要坚持正确的政治方向。毛泽东同志把能够不动摇地坚持正确的政治方向的这种坚定性叫做"真正的政治道德"。宣传思想干部只有方向明、目标清，才能理直气壮地大力支持一切正义之举，抵制和纠正一切危害党、国家和人民利益的思想行为，在各种思潮、"主义"涌入国门时，对社会主义、共产主义的信念不动摇，在大是大非面前旗帜鲜明、观点明确。最后要严守政治纪律。只有遵守党纪国法，才能在政治上同党中央保持高度一致，维护党的团结和统一。

二、理论功底要深

理论上的成熟是革命政党及党的干部在政治上成熟的基础和标志。宣传思想干部作为党教育干部、做人思想工作的人，马克思主义理论水平的高低，在很大程度上决定着其工作能力的大小。在理论学习中，宣传思想干部要切实做到三点：一要"明"。要真正明白加强理论修养，提高理论素质，是一种能力、一种觉悟、一种境界、一种责任，是一件不容易做到而又必须努力做好的事情。二要"广"。既要坚持学习邓小平理论和"三个代表"重要思想，又要努力学习哲学、政治学、经济学、法学、历史学、文学艺术和科学技术，同时更要深入学习宣传思想工作的业务知识、工作方法和工作技巧，使自己成为业务知识专、其他知识宽的T字型人才。三要"勤"。"学不精勤，不足以为学。"要以坚韧不拔的意志，强硬不折的毅力，充分利用午休前、晚饭后、节假日、闲暇时，坚持每天学习两三个小时，日积月累，定有所成。

三、思想工作要细

思想政治工作历来是我们党统一思想、凝聚人心、化解矛盾、理顺情绪、激励人们团结奋斗的基础工作，起着"生命线"的重要作用。在具体工作中宣传思想干部要把握好三点：一是以坚持"疏导"为主。在开展宣传思想工作中要创造各种有利条件让群众畅所欲言，然后因地制宜、因人制宜、因事制宜、因时制宜地循循善诱，说服教育，教育人们客观地认识和分析问题，把各种不同思想和言论引导到正确的、积极的、健康的轨道上来。二是以建立感情为本。要充分发挥动之以情的感染力、施之以爱的感奋力、晓之以理的说服力、导之以行的影响力，感情上同群众融在一起，决策上同群众想在一起，行动上同群众干在一起。三是以注重方法为要。要认真研究符合人们思想和行为活动规律及思想教育规律的科学工作方法，正确运用感化教育法、灌输教育法、示范教育法、对比教育法等多种方法。在日常工作中，宣传思想干部要有五心：和群众交朋友时要诚心，帮群众解决困难时要热心，向群众请教问题时要虚心，听群众发表意见时要耐心，做群众思想工作时要细心。会说四种话：了解民情时会说家常话，化解矛盾时会说体谅话，教育群众时会说实在话，交朋友时会说知心话，切忌讲假话、空话、套话、大话、恶话、浑话。

四、工作作风要实

首先要重实情。要深入实际，深入群众，调查研究；要尊重民心，了解民意，体察民情，珍惜民力。其次要说实话。真实是新闻的生命。宣传思想干部要有喜报喜，有忧报忧，讲成绩不夸大，讲问题不遮掩，讲目标能兑现，这样群众才能拥护，工作方能顺利开展。最后要求实效。宣传思想工作是做意识形态领域的工作，开展的许多活动，取得的成绩不容易看得到，但我们要注意结合实际，给群众办看得见、摸得着、喜闻乐见的实事。如根据各乡镇的农业结构调整实际，区分情况，因地制宜扎实开展文化、科技、卫生"三下乡"活动和文体、科技、卫生、法律"四进社区"活动，深入组织建设"文化大院"、"万村书架"工程，号召全社会动员起来捐书献爱心等。

五、自我约束要严

一是志不可摧。志是志向、志气，是人们一种奋发向上的决心和气概。只有立志在胸，才能自觉抵抗内外各种因素的干扰和诱惑，遇阻力而不退缩，遭责难而不动摇。二是傲不可长。宣传思想干部要创造业绩，必须以傲为敌，做到"四不自"：不自见（不要只看到自己的优势和成绩）、不自是（不要自以为是）、不自伐（不自我炫耀）、不自矜（不自高自大）。三是欲不可纵。面对形形色色的腐蚀和诱惑，要经得起、顶得住、站得稳、行得正，做到清心寡欲，防微杜渐，不存非分之想，不持侥幸心理。四是过不可文。宣传思想干部要有"解剖自己不怕严、听取意见不怕刺、亮了问题不怕丑、触及思想不怕痛、挖掘根源不怕深"的"五不怕"精神，真正做到闻过不恼、知过不讳、思过不文、改过不吝。

六、奉献精神要强

首先要有较高的政治觉悟。所谓较高的政治觉悟，即要求达到"四有"：有崇高的理想，有饱满的热情，有坚强的毅力，有旺盛的斗志。其次要有较强的敬业精神。要以寝不安枕、食不甘味的态度对待宣传思想工作，不论在哪个地方、哪个岗位都要对自己从事的工作有深厚的感情，专心致志干好本职工作。最后，要有过硬的业务本领。宣传思想干部只有努力提高自身的创造思维能力、观察判断能力、自我调控能力、语言表达能力、文字写作能力、应变反应能力，才能胜任本职工作，才能无私奉献人民。

宣传思想工作十要十戒

※《文明与宣传》2003年第5期

宣传思想工作是贯彻党的路线方针政策、实现党的领导的重要途径，是统一全党和全国各族人民思想、完成党的任务的重要保证。在全面贯彻"三个代表"重要思想和建设小康社会的新形势下，新情况、新问题、新任务层出不穷，这对做好宣传思想工作提出了更高要求。如何做好新时期的宣传思想工作呢？笔者认为，新时期开展宣传思想工作要做到十要十戒。

一、诚而戒欺

诚而戒欺是一个态度问题。江泽民同志曾经指出："什么是政治？从根本上说，政治问题主要是对人民的态度问题，同人民的关系问题。"宣传思想干部要认真领会江泽民同志这两句话的深刻内涵，在工作中树立诚心诚意为民服务、为民办事的意识，真正做到"知民所想、察民所虑、亲民所爱、为民所需"，切忌虚打保票，更不能利用手中的权力欺压群众。内乡县衙有联云："欺人如欺天毋自欺也，负民即负国何忍负之。"做到诚而戒欺，首先要心里真有群众位置。做群众工作不是单单为了使群众在理论上获得理解而进行"解说"，也不是迫使广大群众在无奈之下付诸行动，而是通过思想政治工作使党的路线、方针、政策变成人民群众的自觉行为。因此，我们的心里必须有群众的位置，真正心系人民群众，视人民为父母，把群众当亲人，想问题、办事情，时刻把人民群众的利益放在第一位。其次要在感情上有诚的基础。在工作中要放下架子，扑下身子，加强与群众的沟通和联系，切不可有"职位优越""高人一等"的感觉,要把自己视为普通的一员,真正夯实全心全意为人民服务的思想基础和感情基础。再次,要和群众真正交朋友。做到工作中是"公仆",生活中是朋友,要主动与他们交流思想,做到相互理解、相互信任、相互支持。树立群众之事无小事的观念,关心群众疾苦,真心帮助群众。最后,要正确对待自己的位置。坚决树立权力是人民赋予的,自己仅是公民的公仆的观点,明白自己没有任何资格凌驾于人民之上,更没有权力谋私利、欺压群众。

二、谦而戒骄

谦虚是中华民族的传统美德,骄傲却是意志脆弱的表现,是政治上不成熟的标志。古往今来的实践证明:谦虚催人进取,促人上进;而骄傲却必将摧毁一个人的进取心理,涣散艰苦创业的斗志,丧失良好的人际关系。在《周易·谦》中有这样的古训:"谦谦君子,卑以自牧。"毛泽东同志在《中国共产党第七届中央委员会上的报告》中要求:"务必使同志们继续保持谦虚、谨慎、不骄不躁的作风。"宣传思想干部要达到教育目的,取得非凡业绩,必须以谦为友,以傲为敌,要像老子李耳讲的那样做到"四不自"。一是不自见,即不要只看到自己的优势和成绩,多看自己的劣势和不足,切忌头脑发热,自我满足,沾沾自喜,防止"功成者堕,名成者亏"。二是不自是,即不要自以为是,一切以自我为中心,两耳塞听,逞强专横,唯我独尊。要"良贾深藏若虚,君子盛德若愚",虚心听取来自四面八方的意见,甚至是逆耳忠告之言,也要耐心听进去。三是不自伐,即不自我炫耀,自我标榜,自夸其功。孔子说:"虽有国士之力,而不能自举其身。"要时刻注意谦虚谨慎,从灵魂深处认识到"人之祸在于好谈其所长"。四是不自矜,要满而不盈,实而若虚,美功不伐,过之如不及。不自高自大。"自大一点"必臭,这是一个"臭"字给我们的警示。

三、暖而戒冷

暖乃暖和，这里是指能够真正理解、关心群众的冷暖，帮助他们解决生产、生活中的实际困难。冷是冷淡、心冷、嘴冷、话冷，对群众漠不关心，只考虑让群众按自己的意志去干，而不考虑自己应为老百姓提供哪些服务。要做到暖而戒冷须从三个方面着手：一是要对群众满含真情。把群众视为亲人，把他们当做朋友，充分尊重他们，这是我们做到暖的基础。要从办公室走出去，把架子放下来，经常走西家串东户，聊聊他们关心的话题，找准沟通思想的连接点，用感情感化群众，以爱人换人爱，以敬人换人敬，以诚心换真心。二是经常给群众送温暖。这里的送温暖不仅指给贫困的群众送去物质的温暖，解决生活中的困难，还包括精神的温暖、精神的慰藉，让群众感到你是一位合格的热心干部，让群众从内心感受到"爱"的温暖。在群众困难或身处逆境的时候，伸出友谊之手进行爱护，关切地劝导，使人心理上得到安慰，产生温暖感，这比任何雄辩的语言更有力。三是要帮助解决实际困难。要关心和解决农民群众生产、生活中存在的信息不灵、技术不懂、管理不善等实际困难，满足他们的合理需求。因为，人们的思想问题往往是一些实际问题的反映，解决群众的实际问题，就等于解决了思想问题的根源。要和群众真正建立平等、团结、友爱、互助的良好关系，真正从关心人、体贴人、爱护人出发，热情地帮助群众解决各种实际困难和问题，我们的工作难点也就会迎刃而解。

四、和而戒厉

和是态度平和，让人容易接近；厉是严肃、严厉。和而戒厉指的是我们做群众思想工作态度要和蔼，做到和风细雨，以理服人，不粗暴。和与暖的区别在于暖是送温暖，是一种行为，而和则是应持的态度，是一种情绪的反映。毛泽东同志的《在中国共产党全国宣传工作会议上的讲话》中要求："要和风细雨，惩前毖后，治病救人。"我们要实现全面建设小康社会的宏伟目标，必须依靠亿万群众的热情支持和衷心拥护，所以必须坚决摒弃"我说你听，我说我干，我说你从"的粗暴方式。一是树立平等待人的态度。毛泽东同志曾指出："很多人对于官民关系、军民关系弄不好，以为是方法不对，我总告诉他们是根本态度问题，这态度就是尊重士兵和尊重人民。"鉴于此，做思想政治工作最重要的就是以平等的态度对待群众，并且要使群众感受到你的平等、和蔼的态度。二是把教育融入群众生活。宣传党的路线方针政策，传播科技信息，都需要科学的态度和科学的方法，不能运用教训、压制的粗暴方式，不仅要让人口服，而且还要让人心服，真正解决思想上存在的问题。要善于用群众看得见、摸得着的事例，巧比喻、妙点拨，把教育渗透到日常生活，把道理融于温言暖语，使群众在日常生活中受到教育，在谈笑风生中受到警示。三是真正做到以理服人。在工作中，如果群众的意见有可取之处，我们要有宽广的胸怀和诚恳的态度，主动接受其意见，切不可明知自己不对，还盛气凌人，根本不把群众意见当做一回事。如果群众意见是错误的，也不能因为自己的意见正确就任意地训斥人，而要针对群众错误的地方，晓之以理，动之以情，耐心地说明和解释，让他们口服心服。

五、耐而戒躁

要有不厌其烦、满腔热情的工作态度和不达目的誓不罢休的必胜信心。一是遵守客观规律。做群众思想工作，是为了转变人的思想认识，而人的思想认识的转变，需要一个过程，改变一个过程，不是做一次工作就能解决问题的，而是要做许多次，要反复做，这就需要有不厌其烦、满腔热情的工作态度。必须坚决摒弃事业心、责任心不强，工作沉不下去，玩数字，搞形式的浮躁作风。二是要把握群众特点。做群众思想工作，最重要的是要把握群众特点，要注意他们每个人的个性、兴趣、生活环境、生活方式、生活习惯。不能站在自己的立场和位置上，以自己的观点来看待群众，要站在群众的立场上、位置上看问题，想事情，干工作。三是养成不急不躁的作风。在工作中，要深入群众，耐心地了解不同层次群众的思想反映；耐心地对待群众提出的要求，并采取摆事实、讲道理、举例子等办法，不厌其烦、耐心细致地帮助群众解决思想认识问题，一时难以解决的，要允许群众保留意见，不能急躁。要给群众有思考、贯通的时间，绝不能怕麻烦，简单从事；绝不能因群众一时不理解、反复询问、争辩而心态浮躁，更不能一触即发、暴跳如雷；决不能因为群众一时想不通而顶撞自己就嫌弃、厌恶、疏远他们。

六、疏而戒堵

中国古代曾有大禹治水的故事：禹之父鲧治理黄河之水，九年水不息，因其用的方法是堵。禹则载四时，以开九州，通九道，陂九泽，度九山，顺利完成治水重任，因其用的方法是疏。我们做宣传思想工作，也要借鉴大禹治水的原理，宜疏不宜堵，宜疏不宜塞。在工作中我们要认真研究运用"疏导"的方法，也就是不搞"一言堂"，创造各种条件让群众畅所欲言，把各种意见和心里话都讲出来，然后对群众的意见进行认真分析和研究，准确把握不同群众的思想脉搏，因人制宜、因事制宜、因时制宜地开展工作，循循善诱，说服教育，帮助群众实事求是地认识和分析问题，提高思想觉悟，把各种不同的思想和言论引导到正确的、积极的、健康的轨道上来。坚决杜绝不让群众发言、不听群众意见的工作方式。

七、活而戒死

工作方法灵活，善于使巧劲，能对症下药，有针对性，就可事半功倍，否则，就事倍功半，所以解决问题方法十分重要。毛泽东同志曾告诫全党："我们的任务是过河，但是没有桥或没有船就不能过。不解决桥或船的问题，过河就是一句空话。不解决方法问题，任务只是瞎说一顿。"灵活首先是寻病根。进入新世纪，思想领域空前活跃的局面给我们思想工作带来了巨大的挑战。要做到活而戒死，必须弄清产生思想问题的根源，只有弄清了问题的原因，才能在工作中使巧法，有针对性地做工作。若不问原委，不问青红皂白，对群众思想问题重者批语一通，轻者讲一番大道理，往往会适得其反，难达目的。其次要巧选方。要认真研究符合人们思想和行为活动规律及思想教育规律的科学工作方法，要因人制宜、对症下药。针对群众的心理和性格特点，有针对性地区别对待，巧选工作方法，坚决避免因循守旧。对吃顺不吃硬的，要以温言软语说明利害关系；对吃热不吃冷的，要多给温暖，然后再做工作；对好显摆易骄傲的，要一方面肯定成绩，另一方面指出问题；对好动摇泄气的，要想方设法帮助他提高勇气、坚定信心、增强毅力；对爱面子自尊心强的，要采取大会表扬、个别谈心，私下批评的方法；对好胜争强的，要多接触，讲危害，要善于抓住重点，及时引导。

八、细而戒粗

宣传思想工作要做到细心细致，力戒粗糙疏忽，要开展深入细致的调查研究。农民群众的思想问题，有些是明显的，有些是隐蔽的。有的人从不隐讳自己的思想观点，有的人却不愿暴露自己的内心世界；有的思想问题从言谈中向外反映，有的思想问题在行动上向外表露。要准确把握不同群众的思想，就必须进行深入细致的调查研究。同时还要采取认真细致的工作方法。"好雨知时节，当春乃发生。随风潜入夜，润物细无声。"我们开展宣传思想工作要像春雨一样，用知心的话语，细致地说服，潜移默化，力求宣传润人肺腑、沁人心脾；力求教育春风化雨，润物无声。这样就能在和风细雨、不知不觉中使群众受到教育，收到"汤之灌雪"之成效。

九、实而戒虚

宣传思想工作看是虚功，最忌搞假、大、空，弄虚作假，作风浮漂。要带头重实际，说实话，办实事，求实效。重实际就是要深入实际，深信群众，调查研究，摸清情况，把工作重点放在基层，心操在基层，劲儿使在基层；要尊重民心，了解民意，体察民情，珍惜民力。只有这样，才能获得科学的思想认识，制定切实的发展思路。脱离实际，一切思想都将成为无源之水，一切工作都将成为空中楼阁。说实话就是要真正戒除弄虚作假、虚报浮夸的作风。汇报工作必须如实、全面、准确，不夸大成绩，不回避失误，不掩盖矛盾，做多少讲多少，做什么讲什么，有喜报喜，有忧报忧。办实事就是要结合实际，给群众办看得见、摸得着、喜闻乐见的实事。如扎实开展文化、科技、卫生"三下乡"活动，文体、科技、卫生、法律"四进社区"活动，深入组织建设"文化大院"、"万村书架"工程，开展"广场文化"活动等。求实效就是要着力解决违背规律、不合民意、劳民伤财、不讲效果的问题。要一切从实际出发，不唯书，不唯上，只唯实，自觉按客观规律办事，发扬艰苦奋斗精神，坚定信心，知难而进，务实创新，奋发有为。不管是安排工作还是部署任务，都要充分考虑客观实际情况、经济实力，深入进行探讨，不搞花架子，不搞面子工程，要以符合"三个代表"重要思想作为安排部署工作的最高标准。

十、新而戒陈

创新是党的生命，是民族的灵魂，是社会发展的不竭动力。江泽民同志一再提出，我们必须适应实践和时代的发展，用新的思想观点、新的思维方式和新的行为方式，不断推进理论创新、制度创新、科技创新。在新世纪，在市场经济条件下，群众的思想空前活跃，只有在工作实践中具有大胆的创新意识，保持一种与时俱进的精神状态，不断地进行创新，才能适应新形势的要求。首先要理论创新。理论创新是前提，是基础，是先导。要在实践和工作中继承党的传统的先进理论和丰厚的历史经验，不断总结新的实践经验，吸取新的思想，不断地推动马克思主义向前发展，并以发展的新理念来更好地指导工作。理论的创新、思想观念的更新必然带来人们的积极性、创造性的极大发挥。其次是制度创新。制度创新是关键，是根本，是保证。要结合工作实际，自觉适应发展社会主义市场经济的要求，不断调整以前确立的、已经不再适应新形势的各种条条框框，建立健全并完善各种宣传思想工作的领导体制和工作制度，为我们正确行使职能，创造性开展工作，严格约束自己提供制度保障。再次是方法创新。方法创新是重点，是我们提高工作水平、创造性开展工作的途径。要在巩固和完善现有工作方法的基础上，反对因循守旧，从实践中不断总结出新的宣传手段和宣传工作方法，并把这些新的手段和方法拿到实践中去检验，坚持从实践中来到实践中去，边创新边实践边总结边提高。这样，宣传思想工作就会取得突破性进展，就能更好地服务党的中心工作，更好地服务经济建设大局。

充分发挥组织部门职能
大力推进社会主义新农村建设

※ 《党的生活》2006年第12期

加强党的农村基层组织建设,夯实党在农村的执政基础,对全面落实新农村建设各项任务具有极其重要的意义。县委组织部门的一个重要任务是引导全县农村基层组织以"强基富民"为目标,不断加强自身建设,全面提高工作水平和领导经济建设的能力,积极投入新农村建设。

一、建好村级组织　提供一个保证

加强村级党组织建设,是加快新农村建设的关键。乡镇党委要按照农村党建"三级联创"活动的总体要求,从加强村级班子建设入手,着力建强村级组织。一是推进"两票制",选好支部班子,特别要选好村党支部书记。凡农村党支部换届,统一实行"两票制"(先由党员和群众代表共同投推荐票,推荐确定支部委员和支部书记候选人;再由党员投选举票,选举产生支部委员和支部书记),尽可能地扩大群众参与面,确保选出群众公认的政治坚定、公道正派、廉洁勤政、真心干事、热心为民的支部班子,尤其是支部书记。二是按照"双强"标准,培养村班子。采取外出挂职锻炼、参观学习、聘请专家授课、现场科技示范、集中培训等形式,对村班子成员特别是村支书进行培训和实践锻炼,促使他们尽快提高致富带富能力。三是实行干部"四任制"管理,规范村班子。以减员增效、提高群众公认度为目的,全面推行村干部"四任制"

管理。即选举上任：除"大学生村干部"初始公选下派外，其他由民主选举产生，缺职按有关规定补选，不搞委任制。持证担任：村干部一律持证（任职证和岗前培训合格证）上岗，否则应实行待岗。交叉兼任：村"两委"成员最大限度地交叉任职，支部书记、村委会主任"一肩挑"，村"两委"成员也可兼任村级其他组织成员和村民小组长。评议继任：坚持民主评议村干部制度。实行半年初评、年终总评，对初评不合格的，由乡镇党委诫勉谈话，并按比例核减补贴。总评仍不合格者，由乡镇党委政府按规定程序作出免职处理，不再继续留任。四是落实"大学生村干部"计划，充实村班子。对已选聘的"大学生村干部"要加强管理，探索科学实用的管理办法，促使他们充分发挥作用。同时结合实际，每年在毕业的大学生中公开选聘适量的"大学生村干部"，按照规定程序充实到村"两委"班子。3至5年内应达到每村至少有1名"大学生村干部"。通过抓村级班子建设，不断提高村级组织的创造力、凝聚力和战斗力，为新农村建设提供组织保证。

二、创新运作机制　探索一条路子

创新农村工作机制，促进生产发展，实现农民群众生活宽裕，是建设新农村的首要任务。要进一步建立和完善农村支部加协会、党员加农户、产业加基地的"三加"模式运作机制，确立市场经济体制下农村经济发展的新路子。各乡镇党委和农村党支部要正确引导农民群众积极组建农村专业协会等合作经济组织。一是要立足优势产业建协会。乡镇、村要围绕优势产业建立特色明显的专业协会，通过协会壮大规模，提升产业化水平，逐步把产业做大做强。二是要立足生产环节建协会。在生产的关键环节上建立协会，通过协会解决生产难题。三是要立足行业管理建协会。通过协会加强行业内部监督管理，提高农产品质量，树立行业信誉。四是要立足社会服务建协会。农村基层组织应支持协会开展信息、技术、物资供应、产品销售等项服务，促进生产经营。要通过县、乡、村三级联动，逐步形成村村有产业协会、乡乡有产业特色、行行有专业总会的纵横联合经营机制。农村专业协会要坚持高标准组建、高质量推进、市场化运作。对已建立的协会，要抓好晋档升级，不断提升硬件建设、管理、经营和服务水平；对正筹备建立的协会，要坚持标准。通过2至3年的努力，使每个协会均能达到有牌子、有场地、有办公设备、有章程、有基地或产业、有科学的管理运作机制和有服务网络的"七有"标准，全面提高规范化建设水平。在村级基本形成支部领导、村委管理、协会服务的三位一体工作格局。通过领导、管理和服务，使农民群众对村级组织的满意度达到90%以上。

三、提高农民素质　　突出一个主体

农民群众是社会主义新农村建设的主体。培养和造就有文化、懂经营、会管理的社会主义新型农民，是新农村建设的基本要求。只有提高农民素质，才能实现生产发展、生活宽裕和乡风文明。要整合培训资源，充分发挥县、乡镇级培训基地、农技校等培训农民的主阵地和主渠道作用。在培训方式上，要坚持做到"两个结合"。一是坚持统一轮训与分类培训相结合。以培训基地、农技校为载体，在抓好农村党员群众分批轮训的基础上，分别组织对基层干部、党员、入党积极分子、村民代表、致富能手等不同类型人员进行专项培训。同时，以项目为依托，全力抓好"绿色证书工程""阳光工程"等重点培训项目，提高农民致富本领，每年劳务输出培训不少于3000人。二是坚持集中培训与分散学习相结合。要充分运用农村现代远程教育新的培训途径，对党员群众进行政治理论、农村政策法律、农业科技、市场经济等方面的培训，主动适应农村党员群众个性化、多样化的学习需求，确保良好的培训效果。通过培训，不断扩大农村"双强"党员的比例，干部、党员和群众素质明显提升。

四、完善活动场所　　形成一个中心

村级活动场所是村级活动的主阵地、农村工作的指挥部。完善村级活动场所是新农村建设的重要一环。乡、村两级应拓宽思路，在政策允许范围内，充

分利用一切可利用的条件，多方筹集资金，加强村级活动场所建设。要与扶贫、计生、民政等部门结合，本着"一室多用"原则，共同筹措资金建设完善村级活动场所。争取用2至3年时间，将已有的村室改造一遍；没有活动场所的村，按现代标准建成达标。要使所有村级活动场所均达到"有旗子、有牌子、有办公设施、有电教设备、有党务村务公开栏的'五有'"标准，充分发挥村级活动场所的办公、教育、服务和文化娱乐功能，使之成为综合性的服务中心。

五、加快民主进程　激活一种方式

民主管理是新农村建设的重要内容，体现了基层民主政治建设的重要特征。要引导乡镇党委、政府积极推进政务、村务、党务"三务公开"。一是要建立和完善配套、科学、实用、规范的制度体系，确保村级民主决策、民主管理、民主监督等各项制度健全。二是要加强对党员和村民代表的培训，提高他们的参政意识和能力，着重解决他们对村级事务不敢管、不愿管、不会管的问题。三是规范议事程序。推进"4+2"工作法，村里重大事项的决策，应按照党支部提议、村"两委"班子商议、党员大会审议、村民会议或村民代表会议决议的程序进行。决议的内容要及时向村民公开，决议的执行结果要向村民公布。四是要加大民主监督力度。认真落实村民投诉和村民质询等制度。通过抓制度、抓培训、抓规范，确保农村广大党员和群众正确行使民主选举、民主决策、民主管理和民主监督等权利，使村级事务规范有序，基本实现"一制四化"（党支部领导下的村民自治运行机制，党支部工作规范化、村民自治法制化、民主监督程序化、绩效考核目标化）。推行"三务公开"能够激发广大党员和群众参与决策、参与管理的热情，进一步增强其参政议政意识，促使党的各项惠农政策得到全面落实。

六、强化督促检查　倡导一种作风

在全县基层组织和广大组工干部中积极倡导雷厉风行、务求实效的作风。县委组织部应专门成立新农村建设督察小组，主动发挥组织协调职能，积极会同县委、县政府"两办"等部门抓好三个层次的督察。一是会同县委办和县政府办，对职能部门在服务新农村建设中发挥作用情况进行督察；二是会同县农综开发办对新农村建设试点村包建的县直单位进行督察；三是会同有关部门对整体推进的乡、村进行督察。每次督察结果要采取通报、电视曝光等形式予以公布，并对重视不到位、措施不得力、成效不明显的单位责任人及时约谈。同时，建立督察台账，纳入单位年度整体目标和党建工作专项目标统一考评，作为评先评优、公务员年度考核、积分制管理和干部任用的重要依据。

实施人才战略"十要"

※ 《现代领导》2006年第12期

充分发挥人才的作用,实施人才战略应做到"十要":

一、要有爱才之心。清代唐甄在《潜书·有为》中说:"不可载者,不如无车;不可涉者,不如无舟;不能救民者,不如无贤。"人才是人民群众中的精英。具有爱才之心就要有很高的爱才境界,最大限度地把人才的积极性、创造性引导好、保护好、发挥好。

二、要有识才之智。一代文豪韩愈感叹"千里马常有,而伯乐不常有"。识才也要有智慧,识才需要时间,需要耐心,需要毅力。因此在用人上要建立五个"不等式":人才≠纸才(文凭);人才≠奇才;人才≠完才;人才≠全才;人才≠口才。

三、要有求才之渴。《史记》记载,周公求贤"一沐三捉发,一饭三吐哺",犹恐失天下之贤人;汉高祖刘邦特颁发《求贤诏》。领导干部只有具备求贤若渴的胸襟,方能广开才路,苦心猎才,精诚求才。

四、要有引才之法。一靠事业引才;二靠真情引才;三靠风气引才;四靠待遇引才。

五、要有用才之能。古语说得好:"非成业难,得贤难;非得贤难,用之难;非用之难,任之难。"用人方法得当,就能成就事业。因此,要破除论资排辈、求全责备、用非所长等错误观念和弊端,放手把优秀"苗子"提拔到重要岗位培养锻炼。

六、要有育才之道。宋代林逋《省心录》云:"木有所养,则根本固而枝叶茂，栋梁之材成；水有所养，则泉源壮而流派长，灌溉利溥。"

七、要有励才之术。一是精神励才；二是感情励才；三是事业励才；四是待遇励才。

八、要有容才之量。一个领导者要想领导多少人就得在心理上容下多少人，没有大气度，管理不会成功，事业也不会成功。一要用人不疑；二要力戒嫉妒；三是不能压服；四是不搞苛求。

九、要有荐才之贤。历史上因荐才留美名的历史人物很多，如晋初羊祜、三国徐庶、北宋欧阳修等。荐才必须出以公心，坚持群众公认，注重实绩原则和公开、平等、择优原则，克服"六化"（推荐程序简单化、推荐内容抽象化、推荐条件概念化、推荐对象圈子化、推荐方式交易化、推荐责任模糊化）。

十、要有护才之德。一要关心；二要帮助；三要鼓励；四要爱护。

要善听老干部之言

※ 《领导科学报》2007年8月31日

尊老是我们中华民族的传统美德。尊重老干部，一个重要的方面就是要善听老干部之言，这不仅是一名领导干部必备的良好素质，也是一种行之有效的工作方法。

善听老干部言，老干部言中有诤言。谏诤，是责任、智慧、胆量的体现，是一种优良的品质和作用。直言敢谏，在古代，当数魏征；在如今，当数老干部。老干部在位时，工作有声有色，成绩斐然，退下来后，没有了决策权、决定权和指挥权，但他们对党和人民事业的耿耿忠心没有变，对地方经济、社会发展的关心程度没有减。因而，他们敢讲真话，敢说实情，敢于直面在职领导发表不同意见，不掩饰，不虚伪，不会犹抱琵琶半遮面，只会坦诚、客观、直言不讳地陈述利害。此所谓老干部是一面镜子也。

善听老干部言，老干部言中有高见。老干部长期接受党的教育和马克思主义教育，善于运用马克思主义的立场、观点和方法去认识问题、分析问题和解决问题。他们的一生，经历了许多坎坎坷坷、曲曲折折和是是非非，总结了大量的经验和教训，还有相当一部分具有较高的专业技术水平，曾经在各自的工作岗位上身手不凡，独当一面。因而，他们对事物的认识更清晰，把握更准确，具有真知灼见，会有许多金玉良言，使在职同志终身受益。这是中青年干部所不能比拟的。

善听老干部言，老干部言中有心愿。老干部虽然从岗位上退了下来，但他们毕生为之奋斗的事业尚未最终成功，他们最大的心愿莫过于后继之人推进他们未竟的事业，尽早实现祖国现代化，实现民富国强、繁荣昌盛。当然，随着老干部年事的不断增高，他们渴望老有所养、老有所医、老有所学、老有所为和老有所乐，善听老干部言，可以了解他们这些心愿，一方面，继承他们的志向，完成国强民富的事业；另一方面，解决老干部的实际困难，使他们心畅气顺，颐养天年。

善听老干部言，老干部言中有评判。老干部与方方面面、上上下下打了几十年的交道，离开岗位后，与基层融为一体，与群众打成一片，因而也最具有评判是非曲直的发言权。哪个工程、哪件大事，群众赞成不赞成，哪个单位工作干得好不好，哪个领导、哪个干部形象优不优，他们看得最清，感受最深，评判最准。要善于听取老干部的评判语言，把它当做衡量功过的天平、评判好坏的标尺、防患的箴言、纠偏的框格。

那么，怎样善听老干部之言呢？具体讲就是做到"四要"：

一要真心实意。有诚心才能感动对方，感动对方才能听到真言、实言和肺腑之言。为此，要与老干部交朋友，成莫逆之交，成知心之交，对他们满怀深情，视若亲人，经常密切接触，经常促膝谈心。同时，要重视和尊重老干部，把他们作为人才和宝贵财富来对待、来珍惜，畅通言路，从善如流。

二要积极主动。老干部作为离退休人员，最需要的是休息，颐养天年，党和政府从关爱老干部的角度出发，不再赋予老干部工作职责。这样，老干部就不可能像在位时那样能够及时发表自己的意见和建议，这就需要我们在职干部转变思想观念，改进工作作风，扑下身子，经常深入到老干部中间，积极主动、自觉自愿地倾听老干部之言。同时，积极创造条件，搭建平台，让老干部建言献策。

三要广开渠道。善听老干部言，就要开辟"听"的渠道，如召开座谈会，就重要的决策、重大的工程项目上马等，向老干部咨询；召开情况通报会议，就当地的社会、政治、经济和各项事业的发展状况等向老干部通报，征求其意见和建议；书面发函，让老干部围绕改革、发展、稳定倾囊献计；也可走访慰问，聆听老干部对我们工作的评语；或借登门探望之机，让老干部指出我们工作的不足；与老干部结对子、定期见面、电话联系等都是闻听其声的有效途径。

四要形成制度。制度是规范行为的有效措施，制度能保证"善听"善始善终，避免忽热忽冷和时紧时松。主要的制度应有：决策咨询制度。凡重大决策都要咨询老干部，不获得多数老干部认可不作最后拍板。情况通报制度。年初、年中、年末三个阶段向老干部通报工作情况，让老干部多提宝贵建议。人事参与制度。建立年度干部考核和重要人事任免邀请老干部参与意见制度。调研视察制度。从老干部队伍中挑选出一批身体好、素质高、能力强的老干部组成"老干部调研视察组"，下乡进厂观摩视察，每季度进行一次。监督评议制度。各部门和单位，聘任若干名作风正、敢碰硬的老干部为行风、政风、党风评议监督员，每年两次定期对单位和班子成员进行监督评议。来访接待制度。对老干部的来访要热情接待，认真倾听，建档登记，并规范处理程序。登门探望制度。每隔一段时间，现职领导都要对有影响、有威望的老干部进行一次登门拜访，对生病住院的老干部及时前去探望。走访慰问制度。春节、老人节等都要走访慰问老干部，送去温暖，交流感情。

任用人才"四不可"

※ 《现代领导》2006年第6期，《领导科学》2006年第24期

古语云："非得贤难，用之难；非用之难，任之难。"用好人才是一项重要的领导能力，用人方法得当，就能成就事业。邓小平同志曾经说过："事情的关键是能不能发现人才，能不能任用人才。"因此，能用人才、敢用人才、会用人才，对领导者来说十分关键。要用好人才，使人尽其才、才尽其用，领导者除了要掌握基本的用人原则和方法外，还要做到"四不可"。

对"千里马"型的人才不可亏待，让开拓者无忧。"千里马"型人才是集才智、胆识、魄力于一身的优秀人才，他们思想解放，头脑灵活，敢想敢干，开拓进取。这种全能型人才虽然有才，但也会出现"不逢大匠材难用""不逢伯乐槽枥死"的现象，因此，对这种人才决不可亏待。首先是在工作上不能亏待。要想方设法将其安排到最合适的位置上，为他们发挥聪明才智创造有利的环境。其次是在待遇上不能亏待。"马之千里者，一食或尽粟一石。"对于"千里马"型的人才，绝不可让其饿死槽头，而要关心他们的生活质量，以优厚的待遇解除他们的后顾之忧。再次是在感情上不能亏待他们。对"千里马"型人才要多理解、多支持，在他们干出成绩的时候及时表扬，在他们遇挫折时要多予以鼓励和支持，让开拓者无忧无虑地大显身手。

对"包青天"型的人才不可挑剔，让公正者无畏。明代宰相于谦有首自励诗叫《石灰吟》。其中两句写道："粉身碎骨浑不怕，要留清白在人间。"这其实就是"包青天"型人才的真实写照。他们刚正、耿直、是非分明，与歪风邪气势不两立，这是其优秀的品质。但这种人才在工作和为人处世中也常会因刚

正秉直而得罪人，进而遭人攻击、受人算计、被人诬陷。在人才任用上，对这种类型的人才只有少挑剔、多保护、大胆使用，才能最大限度地压制党内出现的低俗之风，才能最大限度地遏制"好人主义"的滋生蔓延，才能真正建立起一支秉公执法、公正严明的人才队伍。总之，要充分信任，保护爱护，让"包青天"型人才摆脱羁绊，一干到底。

对"老黄牛"型人才不可忽视，让实干者无悔。黄牛以"奋蹄耕耘、坚忍不拔、吃苦耐劳、耐力可嘉"而名扬天下，黄牛形象是大多数人才的写照。他们吃苦耐劳，踏实肯干，在自己的岗位上兢兢业业，不追名，不逐利，是人才中的中坚力量。对"老黄牛"型人才不可忽视，首先是地位不可忽视。他们是基础，是根基，没有他们，党的事业就是"空中楼阁"。其次是作用不可忽视。他们是典型的实干型人才，没有他们的实干精神，再好的将才、帅才其价值也难以实现。再次是价值不可忽视。我们党正是因为拥有千万个默默无闻的"老黄牛"型人才，其执政根基才牢不可破。因此，对"老黄牛"型人才，工作上要多予指导，生活上要多予关心，学习上要多予帮助，使用上要多予照顾，让其干有所值、干有所获、干有所成，确保他们流血流汗不流泪。

对"智囊"型人才不可妒忌，让谏言者无虑。"智囊"型人才因见多识广且善于进谏而被称为智囊，是各级领导干部的优秀参谋和助手。如何使用"智囊"型人才呢？首先心胸要宽。领导者要心胸似海能容纳百川，要像天能包罗万象，要如地能孕育万物，做到大肚能容天下难容之事，以自己博大的胸襟包容诸多有才之士。其次气魄要大。要善于听"智囊"型人才的谏言，把其当做治病的良药，虽苦却利于病，当做治世的良言，虽直却利于事，从而细心听取，辨析采纳。要以极大的气魄做到"言者无罪，闻者足戒，有则改之，无则加勉"。再次方法要活。"智囊"型人才往往是幕后英雄，在使用他们的过程中，要注意将他们与帅才、将才搭配使用，以便更好地培养他们的领导能力、协调能力，使这些人才在谋划时献计献策，干起工作来得心应手。

关键在于落实

※《南阳日报》2010年3月9日

春节前后，全市事关全局的重要会议相继召开，明确了具体目标，提出了总体要求，突出"四个重在"，实施"四大带动"，圆满完成各项任务，关键在于抓好落实。正如无产阶级革命导师马克思所讲的："一步实际行动比一打纲领更重要。"没有落实，再科学的决策也不会发挥其应有的作用，再宏伟的目标也只能是纸上谈兵。

在实际工作中，抓落实讲究的是方法，体现的是责任，反映的是作风，注重的是实效。只有各级领导干部共同努力，通过宣传发动、示范带动、服务推动、政策驱动，才能把嘴上说的变为具体的行动；只有实事求是、雷厉风行、开拓创新、坚韧不拔，才能把纸上写的变为生动的实践；只有守土有责、在岗知责、履尽职责、敢于负责，才能把墙上挂的变为工作的套路；只有坚定目标不动摇、奋发图强不懈怠、尊重科学不盲目、脚踏实地不折腾，才能把会上讲的变为行动的指南。

抓落实，还必须建立健全有效的机制，形成规范化和制度化。一是强化责任机制。对各项工作目标和任务，要细化到单位，分解到科室，落实到人头，并列出时间表，按照时间进度有序推进，形成人人肩上扛指标、齐心协力抓落实的工作局面。二是引入竞争机制。竞争机制，是最大限度地发挥各级干部的积极性、创造性，从而实现目标、提高效率的有效机制。把工作岗位作为赛马的校场、比武的擂台，使人人都有用武之地，人人都可施展自己的才能，彻底解决干与不干一个样、干多干少一个样的问题，努力营造"人人想干事、个个真干事、大家干正事"的良好氛围。三是完善督察机制。工作有布置而没有检查，就容易图形式、走过场。因此，必须建立一套狠抓落实的督促检查机制。在领导干部亲自督察的同时，要充分发挥好督察部门的职能作用，采取灵活多样的形式，对重点任务、重要事项、重大工作部署进行跟踪督察。做到工作进展到哪里，督察就跟到哪里，掌握动态，及时通报；发现问题，立即纠正；有了经验，迅速推广。四是落实奖惩机制。通过建立健全严格的奖惩制度，激励落实的人，惩处、追究不落实的人，使责、权、利三者相统一。对德才兼备、勇于创新、埋头苦干、政绩突出的干部，要表扬鼓励，提拔重用；对"唱功"好、"做功"差的干部，要批评教育，帮助改正；对玩忽职守、误事坏事的干部，要追究责任，严肃处理。"盯住不落实的事，追究不落实的人。"有不落实的事，原因在于有不落实的人。缘事究人，就究得住，究得准，究得让人服气。要真正把工作落实与政绩考核、干部选拔任用结合起来，以实绩论英雄，把敢不敢抓落实、会不会抓落实作为评价干部的一个重要标准。让干事者有所得、有所获，使不干事的人不光有所愧，还要有所畏，更要有所失。

唯有读书可明志　最是书香能致远

——南阳作家群读书活动高端论坛主办方负责人发言摘编

※《南阳日报》2010年11月24日

　　南阳作家群读书高端论坛活动，是第二届南阳读书月活动的一项特别策划，参加这次活动，我觉得可以用"三个很"来概括：

　　一是很有意义。由各位爱书、写书，终日与书为伴，与书有着深厚感情的作家朋友参与读书月活动，谈论读书心得，很有说服力。活动由市地税局参与主办，并在我市这个重要的经济部门召开，更具深刻意义。

　　二是很高兴。刚才，听到不少作家朋友的真知灼见，确实很受启发，很高兴。有作家建议报纸开辟出一个栏目来谈读书，我在这儿表个态：我们将尽快推出一个读书栏目，并将之打造成品牌栏目，宣传文化大市南阳的读书活动，努力使之成为展示南阳文化形象的一个窗口。

　　三是很认真。为参加这次活动，我特地打开自己的中华箴言网，查看读书方面的内容。我认为要认真读书，应做到以下几点：认识读书意义、端正读书态度、掌握读书方法、收集读书名言、结识读书名人、借鉴读书典故、掌握读书对联、注重读书效果、倡导读书活动、明白读书目的。

　　关于读书，我觉得我们还需要做到三个"明白"。一是明白书是什么。书，就是我们的向导、朋友、顾问、老师，是我们的精神食粮，是真正的大学。我们读书，要做到行知合一。二是明白读书的作用。读书有很多作用，比如填充我们知识的空白，补充我们的知识缺陷，更新我们的思想以及巩固我们的思想基础。书读得多了，可以养心、立德、陶情、美容、增寿、成功。腹有诗书气自华，读书可以让我们变得更美。此外，我们还要明白不读书的危害。有人说：每关闭一所学校，就等于多造了一所监狱。这句话很有道理。

我们要时有所惜、日有所学、月有所获、年有所成，在平日生活中做到捧书而坐、携书而行、伴书而卧、合书而思，通过读书，最终成为勤于学习、乐于思考、善于总结、勇于创新的人。

全市新闻人精神一次集体展示

※ 《南阳日报》2010年12月14日

我用四句话来概括此行"南水北调中线行"采风活动：领导决策英明，同志勤奋努力，后方大力支持，天气一路晴好。市委宣传部领导的"新闻集团军"全方位、全媒体地宣传了渠首南阳，宣传了南水北调，检阅了全市新闻单位及新闻工作者在服务南阳发展大局上的主动意识、创新意识、协作意识，这是全市新闻人精神风采的一次集体展示。

对于南阳日报社来说，"南水北调中线行"大型采风活动带来了"一举三得"的综合效益——重点宣传，有声有色；开放办报，初见成效；开展活动，丰富多彩。紧紧围绕"南水北调"，在主题之大、路线之遥、时间之长、影响之广等方面，均创下了南阳新闻新纪录，南阳日报社与北京日报社建立了合作伙伴关系，为采风活动提前谋势。大型采访坚持"策划为主"，突出了活动的多样性。

本次采风活动有四大经验值得我们总结、借鉴、推广。第一是精心策划。采风团因地制宜、因时制宜地进行策划，使得报道时空性、阶段性、连续性、特色性等较为鲜明。第二是资源整合。市级媒体联动，报纸、广播、电视、网络等调动文字、摄影、影像、声音等采编手段，向受众提供了立体化报道的新闻大餐，省驻宛媒体也积极参与。第三是高度关注。篇篇皆优质稿件，备受关注。第四是值得总结。我们将采取报告会、刊发专版、集结成书等形式进一步总结经验，并将新闻工作者这种奉献精神发扬光大。

做到"五个必须" 实现"三个满意"

※ 《南阳日报》2010年12月24日

近期,报社上下正在围绕两个四句话进行明年新闻报道的筹划:一是"改进版面,提高质量,打造品牌,争创一流";二是"重点报道持续不断,专版专栏富有特色,开放办报明显见效,社会活动有声有色"。

宣传好政法工作,要围绕这两个四句话,做到"五个必须":一、必须作为政治任务。政法工作是党委工作的重要组成部分,地位越来越高,任务越来越重。《南阳日报》作为党的重要喉舌,要把宣传好政法工作作为首要政治任务和政治责任,责无旁贷地宣传好。二、必须放在重要位置。固定版面和栏目,不惜版面,不限篇幅,不压稿件。特别是关键时候,要紧密配合,全力以赴,不遗余力地配合好政法中心工作。三、必须做到精益求精。要不断提高政法报道和专版质量,办好政法专版专刊;必须把握办报规律,在新、深、真、实等十个字上下功夫,不断提高报道质量,把专版专刊办成精品,办成一流。四、必须开拓创新。新闻报道和报纸的质量提高永无止境,要时刻保持清醒,永不自我满足。《南阳日报》的政法报道由原来的专人负责到成立记者站,在报道形式上由零星报道到系统报道到开辟专栏、专版再到成立专刊,都体现出了与时俱进、开拓创新,真正做到宣传及时、全面、到位,真正以满足政法工作需要为第一要义。五、必须注重社会效应。要以社会反响为信号,精心策划,力争报道,篇篇有质量,版版有特色。注重五个效应,即"个体效应、规模效应、系列效应、互动效应、轰动效应",实现领导满意、干警满意、读者满意。总之,宣传好政法工作,需要充分依靠政法各部门,充分依靠广大干警,将"平安南阳"办出质量、办出水平、办出影响、办成品牌。

开放成就"南阳日报现象"

※ 《新闻战线》2011年第6期；2011年河南新闻论文一等奖；2011年度中国地市报论文一等奖；2011年度中国城市党报论文一等奖

长期以来，地市党报将传播范围定位于行政区域之内，守着自己的"一亩三分地"过日子，在自己的领地上一统天下。这种自给自足、缺乏竞争的状况，让地市党报逐渐养成了保守、封闭、僵化的思维方式和运作模式，甚至产生了坐井观天、夜郎自大的倾向。

新媒体带来"生存危机"

虽然电视、广播等媒体对纸质媒体构成了竞争，但由于传播渠道不同，这种竞争是有限度的，并没有造成"生存危机"。然而，快速发展的新兴媒体，如网络媒体、手机媒体和移动阅读器等则具有革命性意义。新媒体颠覆了人们获取新闻资讯的手段和途径，改变了人们的阅读习惯和对报纸的依赖，人们对新闻资讯的传播通道、传播速度都产生了新的更高的要求。这些，无疑使地市报的传统优势大打折扣。

同时，中央级、省级报纸为了应对新兴媒体的冲击，纷纷向二、三线城市突围，其触角不断向地市级媒体市场延伸。一些中央、省级报业集团通过在地市设立分社、地市版、记者站、工作站、发行站、分印点等机构，参与到地市媒体竞争中来，使地市报的处境更加艰难。与此同时，本地的都市类报纸迫于生存压力，也要与地市党报分一杯羹。重重挤压，导致地市传媒市场群雄逐鹿，一些地市党报出现了读者群萎缩、发行量下降、广告收入锐减的情况，个别地市党报甚至陷入了入不敷出、难以为继的窘境。

另一方面,一些地市党报还沿用着计划经济时期形成的传统办报模式,大量刊登地方会议和领导活动报道,大篇幅地刊登领导讲话全文,大版面地刊登"一厂一店一地"式的工作动态,将报纸公文化、文件化、简报化、格式化,高高在上,空洞说教,偏离了新闻规律,远离了读者需求,走入了"谁写谁看、写谁谁看"的怪圈。

在这样的大环境下,《南阳日报》在全国地市报中异军突起,出现了大发展、快发展的喜人局面,发行量稳中有增、广告量持续上升、事业兴旺发达,跻身"全国地市报报业发展50强"行列,各项主要指标在全省地市报中名列前茅。成就"南阳日报现象"的原因固然有很多,但坚持走开放办报之路,向开放要活力,是《南阳日报》的一条重要经验,也是地市党报创新发展的一条主要路径。

以开放求生存求发展

《南阳日报》紧紧围绕全市工作大局和中心工作策划选题,大力实施"走出去"战略,取得了成绩。譬如,去年初,南阳市委、市政府提出了"四大工程"的战略任务,即第七届全国农运会筹办、南水北调工程建设及移民迁安、重点项目建设、产业集聚区建设。报社编委会认为,为"四大工程"建设营造良好的舆论氛围,是党报义不容辞的责任,必须作为重中之重集中宣传好。经过精心策划,报社决定以"跳出南阳看南阳"的思路,"走出去"开展大型战役性报道,让1100万南阳人民对"四大工程"有更深的认识与理解。

围绕南水北调工程建设及移民迁安工作,《南阳日报》开展了声势浩大的"南水北调中线行"采风活动和"新移民·新家园·新生活"特别关注活动,将开放办报的理念和"走出去"战略演绎得淋漓尽致。在"南水北调中线行"报道中,采访组从南水北调中线工程源头丹江口水库出发,沿途经过了3个省、两个直辖市、两座省会城市、10个地级市,最后到达北京,行程达6000多公里。活动全面反映总干渠的建设情况、渠首移民的搬迁故事、沿线人民的无私奉献精神,以及受水城市与南阳的深情厚谊等,在南阳产生了一股强劲的新闻冲击波。紧接着,"新移民·新家园·新生活"特别关注活动又紧锣密鼓地开展了,在两个多月中,采访团走遍全省25个移民安置地,行程1500公里,发表了28篇近6万字报道及30余幅图片,进一步叫响了南阳移民安置这篇大文章,营造了浓厚的舆论氛围,引起了社会各界的广泛关注。南阳市市长称赞"新移民·新家园·新生活"采访团的记者们像播种机,把对移民的关心和关爱播撒到中原大地,点燃了全社会关注移民迁安的无限热情。为进一步做好南水北调工程建设及移民迁安宣传报道,报社负责人还专程赴京,与《北京日报》就该项宣传达成合作意向,商定双方将围绕南水北调中线工程渠首和主要水源地南阳的水质保护、工程建设、移民迁安等重点工作展开报道,双向互动,密切协作,向首都人民推介南阳和南阳人民为实现"一渠清水送北京"所作出的努力。

巧用"他山之石"

"他山之石,可以攻玉。"开放办报,要求我们积极对外涉猎,将外地那些对本地有启迪作用的材料,采用拿来主义的办法,巧用他山之石,铺垫脚下坦途。

国际、国内、省内重要新闻及时转发。翻开《南阳日报》,一版上,常常有国际、国内重大新闻和河南省重要新闻,而且经常刊登在头条位置,这在地市党报中并不多见。在其他版面,开设了"国际国内新闻""特别关注""阅读天下"等专版,海内外、中央、省里各种新闻一览无余,大事基本上做到不遗漏,而且还刊发新闻解读、新闻纵深、新闻后续、新闻背景等,全方位、多层次报道来自南阳市之外的信息。

精选转载外地报纸有借鉴意义的文章,让本地读者从这些"进口货"中寻觅出各自所需的东西。转载《人民日报》任仲平、《河南日报》何平等的大型政论文章，转载福建、上海、郑州等地在城市管理、工业发展、农业产业化等方面的典型经验等，对破除南阳人的盆地意识、解放思想、扩大开放，都将起到潜移默化的作用。

互动架起"连心桥"

报网互动。去年我们将原属市委宣传部的"大河南阳网"收归旗下，通过两网整合，全新的南阳网闪亮登场，成为名副其实的南阳第四媒体，成为南阳市委、市政府官方网站。在"南阳网"上，开设了"南阳日报数字报""书记市长网上留言板""市长连线""行风快线"，而且文字、图片、视频、音频等多种表现形式齐全，已成为即时性更新、多层级处理、多渠道发布的全媒体数字化内容平台。为使报网融合互动取得实效，《南阳日报》专门设置了"报网互动""南阳网事""民情民生"等专版，及时选发网上内容。报上有网，网上有报，既提升了报纸的引导力和影响力，也提升了网络的引导力和影响力，争取了更多的读者。

与读者互动。《南阳日报》不断策划举办各种互动活动，并以各种报道形式紧密配合，"在活动中办报，在办报中活动"，让读者在互动参与中，拉近了与报纸的感情。通过设立市民呼叫中心，实现了与读者的沟通。读者把遇到的困难事、气愤事、离奇事、荒唐事、丑恶事、感人事、新鲜事随时向报社编辑部报料，这些新闻内容经常出现在版面上，贴近读者，大大提高了报纸的可读性与互动性。

牢牢把握"五个十" 激扬时代主旋律

——对地市报宣传报道几个问题的思考

※ 《中国地市报人》 2011年第7期 2011年度中国地市报论文一等奖

主持人语：

地市报是党的宣传事业的主力军、生力军。在当前新的历史形势下，如何牢牢把握新闻宣传工作的新对象、新内涵、新任务、新途径、新方法，更好地高扬主旋律，打好主动仗，帮忙而不添乱？本文总结出了办好报要牢牢把握"十性"、发挥党报"十大"职能、把好新闻宣传"十关"、新闻写作注意"十个字"、加强队伍建设"十讲"。这五个"十"的提出，对于地市报更好地围绕中心、配合大局、服务民生等，具有较强的实践性、针对性、指导性、实用性。

发挥"十大"职能　促进发展稳定

党和人民的喉舌。报纸既要当好"党和政府的喉舌"，又要当好"人民的喉舌"。既要做到上情下达，又要实现下情上达；既要体现党和政府的主张，又要关注人民的疾苦。

领导的参谋和助手。发挥参谋与助手的作用，是党和政府及人民群众对党报更好地履行"围绕中心、服务大局"的政治使命提出的更新、更高要求。当前，随着改革开放的深入推进，一些深层次的社会矛盾不断暴露出来。这就要求党报不仅要善于传播党委、政府的声音，还要能够根据本地当前以及今后一个时期的工作中心、热点、焦点、难点、疑点等，发挥主观能动性，增强工作的前瞻性、预见性、创新性，自觉、主动地开展宣传报道，为党委的正确决策及增强决策的执行力提供帮助。

宣传政策法律的窗口。我国正在建立法治社会，搞好依法治国、维护公平正义是当前的重要方略。法制教育是一项政治性、理论性、知识性、实践性很强的综合性教育，开展内容丰富、形式多样的宣传报道，教育公民知法、懂法、守法、用法，增强法制观念，同违法犯罪行为做斗争，推动社会主义精神文明建设，为全市各项事业的发展进步创造良好的法治环境。

联系群众的桥梁。要践行"在活动中办报，在办报中活动"的理念，关注民生，关注"三农"，不断创新活动形式，丰富活动内容，努力在互动中感染读者、吸引读者、赢得读者、扩大影响，从而实现关注民生、服务民生，进而达到改善民生的宣传效果。

传递信息的平台。党报要善于通过宣传报道提供与读者生产、生活密切相关的信息，如教育信息、文化信息、卫生信息、商业信息、外事信息、工业信息、农业信息、科技信息、生活信息等，从不同方面，为广大群众提供衣、食、住、行、用、娱等各方面的提示、借鉴、服务或便利。

传播知识和解疑释惑的课堂。报纸要通过读者喜闻乐见的形式，深入浅出地向读者传播各类实用的科学文化知识。同时，要切实承担社会责任，对于群众心中的疑点、焦点、困惑点，要善于解答，消除困惑情绪。尤其是在重大事件和社会热点报道中，更要像名医那样"望闻问切"，以倚马可待的速度发出声音，有效引导。

推动工作的抓手。要突出新闻宣传的指导性、导向性，充分发挥"话语权"，努力把群众的思想和行为统一到党和政府的大政方针上来，统一到当前乃至今后一个时期全市的工作中心上来，统一到改革发展稳定的大局上来。同时，努力将工作性新闻做活，实现寓指导性于服务性、可读性、知识性、娱趣性、互动性、创新性、可视性之中，使读者乐看、乐见，入脑入心。

打造学习型社会的动力。要通过报道引导群众多读书、读好书，打造"书香个人""书香家庭""书香单位""书香城市",努力将读书渗透到干部群众工作、生活的各个方面,形成"全民读书"的浓厚氛围,最终打造"书香社会"。

开展理论研讨的园地。加强理论研讨特别是重大理论问题的宣传报道,运用马克思主义的立场、观点和方法,正确看待和解决不断出现的热点、难点问题,使党的声音迅速进入千家万户,使各级各部门明晰全市工作大局和肩负的任务,加快推动重点工作的顺利开展。

进行舆论监督的阵地。舆论监督,是报纸激浊扬清的一把利剑。恰当的监督,可以称为"社会公器"。要通过新闻报道,有效地扶正驱邪,匡扶正义,使晦暗变为光明、枉曲变得挺直、虚假变为真实等。要注意把握好角度,一切以鞭挞丑恶、解决问题、化解矛盾、弘扬正气、帮忙不添乱为原则和出发点。

牢牢把握"十性" 提升引导水平

导向性。就是要坚持正确的舆论导向。胡锦涛同志在视察人民日报社时提出:"舆论导向正确,利党利国利民;舆论导向错误,误党误国误民。"我们要牢固树立政治意识、大局意识、责任意识、阵地意识。最近,《南阳日报》根据肩负着全国农运会、移民迁安等重要任务的实际,进一步确立了"稳定、鼓劲,正面宣传为主"的报道原则,对于基层工作中的新经验、新成绩、新动态等,及时报道;对于工作中出现的突发事件和热点问题,掌握火候和分寸进行报道;对于出现一时、一地、一事的个性(局部)问题,视其情况进行内参报道或直接与有关单位进行快速沟通。

政策性。准确宣传党的路线、方针和政策,是我们的办报宗旨。要采取各种形式把党的方针、政策传达给群众,使读者了解政策、掌握政策、运用政策。要正确宣传党的政策,做到"准、快、活、实"。"准",即贯彻全市的大政方针、决策部署要准确,务求"原汁原味",而不能有一丝一毫的偏差。"快",即党报应当及时地将市委、市政府的声音传递给群众,而不能"慢三拍""马后炮",拖沓延误。"活",即力求创新宣传方法,采用群众喜闻乐见的方式,使党的方针、政策深入千家万户。"实",即取得实实在在的宣传效果。

哲理性。新闻宣传的引导性、说服力强不强,与宣传的哲理性有密切关系。江泽民同志在谈到加强新闻队伍建设时,提出了要打好"五个根底",其中第一条是"理论路线"根底。记者的理论路线根底扎实了,写出的东西才有深度、有厚度,才能有较强的引导力、说服力。河南省委书记卢展工提出要破解新闻宣传"四难"(正面报道难、典型报道难、舆论监督难、新闻创新难),其中"正面报道难",就是指正面报道的深度、力度还不够,给人留下深刻印象、起到有力推动作用的作品不多,这就与新闻报道中的哲理性不够有关。因此,我们一定要加强政治理论的学习,使自己的作品在深度、厚度上有一个大的提高,从而提高宣传质量。

真实性。真实是新闻的生命。唯有真实,新闻才可信,媒体才能生存。虽然这是一个众所周知的道理,但每年一些地方仍会有假新闻出现,造成了很大的负面影响。因此,我们一定要高度重视这个问题。要坚持发扬实事求是的作风,深入基层、深入实际、深入群众,报实情、讲真情,绝不能为追求轰动效应而捏造事实、歪曲事实。要力求全面看问题,防止主观性和片面性,努力做到从总体上、本质上把握事物真实性。

典型性。培养典型、宣传典型、学习典型,是我们党推动工作的重要方法。要选准典型,写好典型,宣传的典型既要有较强的影响力,又要能经受历史的检验,这就要求我们在采写典型时坚持客观、真实的原则,防止假大空现象。要使宣传的典型可信、可亲、可学,从而产生较大的影响。南阳日报社于2010年7月实施了报社领导干部和编委分包13个县市区采访制度,先后采写出了一批反映全市新农村建设及企业扶贫方面的深度典型报道,不但在全市引起强烈反响,中央、省级媒体也做了报道。

时效性。新闻就是新近发生的事实的报道。这其中"新近"就是强调时间要新。在新闻媒体的竞争中,时效的竞争是其中很重要的一个方面。发现新闻后要及时采访,抓紧写作,适时刊发,决不能因为个人工作原因造成迟发。在编辑这个环节上,也应注意稿件的轻重缓急,对时效性较强的新闻,优先编辑、优先上版。要提倡记者编辑多采写与编发当日新闻,进一步提高时效性强的新闻在报纸上的比例。

创新性。新闻创新,主要是创新观念、创新内容、创新形式、创新方法、创新手段。要努力学习外地外报的成功之作,特别是学习每年评选出来的优秀新闻作品,开阔视野,拓宽思路,大胆探索,努力实践,写出更多从内容到形式都有新意的作品。2010年10月27日起,我们与南阳市南水北调中线工程领导小组办公室,淅川县委、县政府,中线工程干渠沿线12家地市级党报联手,推出大型系列报道"南水北调中线行",以此展示南阳人民的渠首情、京津情、调水情、奉献情、环保情等,该系列报道荣获2010年度河南省新闻奖一等奖。

知识性。传播科学文化知识是报纸的基本任务之一,党报必须把普及科学知识作为宣传工作中的重要内容,适时刊发一些与读者生产生活有紧密联系的科学知识,给大家一些实实在在的帮助和教益。2010年来,我们围绕全市的"服务带动"工作,利用本报市民呼叫中心和市长热线平台,开设系列专题热线,各相关单位一把手带队参与接听,通过电波与群众互动交流。我们还辟出"品牌南阳""人文南阳""南阳手机报·文化版"等专版及"全市文化产业发展深度探析"等专栏,就当前全市的中心工作,邀请职能部门领导、专家等不同层次的代表人物,利用座谈会等方式,进行详尽阐释,起到了传播知识、解释政策、鼓舞士气的作用。

趣味性。报纸要有一定的趣味性,这既是培养读者高尚情趣、抵制低级趣味侵蚀的需要,也是把报纸办得生动活泼的有效方法。我们要结合版面定位实际,适当选择一些能培养人们高雅情趣的内容,多组织一些让群众广泛参与的有意义、有趣味的活动,给人以有益的启迪;要采取多种灵活的表现形式,给人以赏心悦目的感觉,包括标题、版面、插图等都要很有特色,使整个报纸生动活泼。

可读性。提高报纸的可读性是一个系统工程，涉及方方面面，其中以下几点最重要。一是内容的选择要准，把党和政府关注的、人民群众关心的新闻作为报纸的重点来宣传。二是形式的表现，要注意运用群众喜闻乐见的形式表达内容，要根据内容选择不同形式。三是标题提炼要下功夫，标题是新闻的眼睛，人们看报首先看标题，因而要下功夫制作出准确、鲜明、生动、简洁的标题，用好的标题抢先抓住人们的眼球。四是语言朴实。新闻表述要尽可能采用群众语言，力避大话、空话、套话。五是作风要务实，"入深海者得蛟龙，涉浅水者得鱼虾"。报纸要提高可读性，编辑记者就要进一步转变作风，要深入深入再深入，到基层，到群众中去。

把好宣传"十关" 做到守土有责

把好负面报道关。要坚定不移地坚持团结、稳定、鼓劲、正面宣传为主的方针，正确实施舆论监督，使之有利于改进工作、解决问题、化解矛盾、理顺情绪、树立信心，而不能单纯追求轰动效应和所谓的"卖点"，更不能因刊登负面报道不当而引发或加剧矛盾。对于党报来说，如何把好负面报道关，面临很多具体的问题，需要面对、应对。稍有闪失，就可能引发、诱发、激发社会不稳定因素。因此，对于一些具体稿件，必须善于把握、正确把握、科学把握。对于一些社会新闻及文艺新闻，特别注意把好低俗、庸俗、媚俗、恶俗的所谓奇闻、八卦新闻上版关，让报纸和新闻网、手机报文文明明、干干净净、健健康康。

把好热门问题关。报道重大改革、社会福利、工资调整、信访稳定、恶性突发事件等社会热门问题，要十分慎重，善于运用科学的思维方式来认真对待。首先，报道内容必须准确、真实，有利于安定团结。其次，不得在事实未弄清或未按规定经有关领导批准的情况下抢发新闻。最后，要充分考虑问题的复杂性、敏感性和报道后在社会上可能产生的影响，并据此决定是否报道、如何报道以及报道范围、报道程度等。2010年8月以来，我们利用晨会和编前会，实现了宣传报道把关的规范化、制度化、经常化，有力地净化了舆论阵地。

把好重要位置关。一版是报纸的脸面，而一版头题、报眼、倒头题等重要位置，发什么，不发什么，怎么发，必须精挑细选，反复权衡，慎之又慎。要挑选那些具有很强指导性、重要性、典型性的稿子，予以突出处理。而对于达不到上述要求的稿件，则不能在一版刊登。2010年8月以来，我们果断取消了在一版刊登广告的做法。

把好新闻真实关。真实是新闻的生命。要坚守新闻的真实性原则，从实际出发，用事实说话，反映事物的本来面貌和客观规律，反对弄虚作假和浮夸作风。报道要力求全面地看问题，防止主观性、片面性，努力做到从总体上、本质上把握事物的真实性。尤其要警惕和注意从网上下载的新闻、基层通讯员采写的新闻、记者未到现场编写的新闻、未经核实的社会新闻、新闻中出现的数字等。

把好标题用词关。标题是新闻的眼睛，是吸引读者、引导读者的重要手段。标题用词要格外斟酌，务求准确、鲜明、生动、形象，能够准确表达整篇文章主题和中心内容，使之既符合新闻事实又有思想内涵，既用词准确又有吸引力、说服力和感染力。标题制作力戒空洞、艰涩、词不达意、故弄玄虚、题文不符。

把好定性语言关。党报的报道语言要特别讲究分寸，尤其对于定性语言，务必要实事求是，不能人为地拔高、夸大，不能以点带面、以偏概全、言过其实。要反复推敲，恰如其分地使用符合实际的定性语言。

把好图片新闻关。在进入读图时代的今天，图片新闻最抓人眼球，给人以较强的感染力。一幅好的图片，很容易在版面上形成视觉中心。对新闻图片的基本要求是：画面构图要协调，图片要清晰，主要人物要突出，背景要与新闻相一致，说明文字要准确而精练地表达图片内容，不得出现文图不符、画面模糊、人物走样、主次不分等现象。

把好关系稿件关。关系稿一般可分为广告关系稿、报社关系稿和个人关系稿。对此类稿件，要坚持发稿标准，在确保稿件质量的前提下，区分不同情况，根据报纸需要，可安排在有关版面刊发。但绝不能不顾稿件质量，盲目上版，损害报纸的社会形象和公信力。

把好署名文章关。署名文章代表着作者个人的见识和水平，对这类文章，要把好关口。对于党政领导干部的署名文章，应征求其上级主管部门的意见，再决定是否发表；对于一般作者的署名文章，应视其文字水平和稿件质量来定夺；对于企事业单位负责人的署名文章，应调查了解其单位业绩及社会声誉，不能只要花钱就可以买版面刊登。

把好人物报道关。报准、报好了一个典型人物，不但可以发挥其先进性作用，而且有助于树立报纸的威信。反之，如果报错了一个人物，甚至把一个劣迹斑斑的反面人物当成正面人物来报道，报纸的权威性、指导性就会大打折扣。所以，为了防止报道"带病"对象，首先，要搞好调查研究，摸清被报道对象的底细和群众舆论情况。其次，要坚持组织推荐和组织把关制度，稿件要由被报道对象所在单位及其上级主管部门签署意见方可刊发。对县级以上领导干部的报道，则要按照干部管理权限请示报道，严格审签把关。

写作遵循"十个字" 匠心独运出精品

新，即牢牢把握稿件的新闻性。编辑记者应当尽可能早地发现新闻，捕捉新闻，发掘新闻，做强新闻，进而向读者提供活蹦乱跳的"鲜鱼"。如何做到"新"？编辑部（部室）要有抢抓新闻的主动性、策划性、预见性、前瞻性；记者要具备敏锐的眼光，善于抢先一步发现、采撷当前发生的新事物、新现象、新经验、新问题、新动态等；编辑要有强烈的新闻时效观念，对于新鲜、时效性强的、群众广泛关心关注的稿件，开辟上版"绿色通道"。快编、快发、突出发好，让读者在第一时间品尝到精心烹制的"新闻大餐"。

真，不唯上，不唯书，新闻唯实。真实是新闻的生命，新闻的指导性、权威性、公信力、战斗力，首先是建立在真实性的基础上。客观、真实、辩证地反映光怪陆离的社会事物或现象，这是新闻永远不能逾越的"雷池"。当前，在国内新闻界出现的一些影响恶劣的虚假报道问题格外引人关注，主要表现是：无中生有，公然造假；夸大其词，耸人听闻；移花接木，拼凑抄袭；文过饰非，片面取舍；等等。我们要强化新闻职业道德建设，严禁为追求轰动效应而捏造、歪曲事实；严禁依据道听途说编造新闻报道，或凭借猜测想象改变、扭曲新闻事实，随意渲染炒作；严禁未经核准事实、未经相关主管部门或权威检测机构审核，随意刊发涉法涉诉、涉民族宗教，以及涉食品、药品、大宗出口商品质量安全等容易引发事端，影响群众情绪和社会稳定的报道。

谋，即采编过程应当高度重视新闻策划。新闻写作离不开新闻策划。新闻策划的过程也是调动并运用人力和新闻资源的过程。策划性越强，新闻写作的积极性、预见性、成功性就越大。反之，若部门一盘散沙，编辑记者或意志消沉，或单打独斗，就难以形成合力与气势。要善于把握已经获得或即将面对的新闻资源的价值与分量，敏锐地作出判断，并调动一切积极因素，用联系的观点和裂变的方法进行分析、思考，像小麦的分蘖一样，努力把个体的、单一的新闻素材系统化、多样化、立体化、组合化，由打一套拳变为打组合拳，从而吃干榨尽新闻资源，使新闻做大、做深、做细、做强、做新。

深，即新闻写作要有深度。新闻写作的"深"，不单纯是指传统意义上的深度报道，而且是新闻写作中追求深刻性、哲理性、重大性的一种理念、思想方法和立体、多元的思维方式。有深度的作品，往往因强烈的时效性、针对性、指导性，引起社会的广泛关注。如何写作有深度的报道？首先，要选好题材：要报道的事实是不是当前各界普遍关心、关注的热点、焦点，是否关乎读者的切身利益等。其次，要进行多维思考，不要孤立地报道单个事件或现象。最后，善于运用解释、剖析、预测的方法，从历史渊源、因果关系、矛盾演变、影响作用、发展趋势等方面，收集、归纳、梳理事实，从而由表及里、由浅入深、由此及彼地全方位报道新闻事实。

实，就是要写作实用、有用、管用、具体、实在的新闻；不是无关痛痒，无病呻吟，受众乏味的所谓新闻。新闻写作注重"实"，从根本上讲求新闻满足读者阅读需求的实用性、服务性、信息性、知识性、娱趣性等。无论是时政新闻、民生新闻、动态新闻，还是工作经验类的相对静态新闻，都要求编辑记者站在读者的一方、立足读者的感受、立足读者的需求来想线索、做新闻，从中发掘出与读者生产、生活（衣、食、住、行、游、购、娱等）密切相关的、有借鉴或启发作用的信息，而不能是简单的记述、单边的展示、自然主义的"镜面映像"。

简，即用精练的语言讲述新闻事实。新闻写作中运用"简"字，就是稿件不拖沓冗长，不拖泥带水，不以长短论英雄，尽可能做到短小精悍。南朝刘勰在《文心雕龙》中说："句有可削，足见其疏；字不得减，乃知其密。"新闻采编也要力求"无可削""不得减"，像博弈棋手一样没有闲步。但"简"，不是简单地、一味地短，一般性的部门工作信息、一厂一店式的经验、一时一地的事件动态等，都要力求简洁，表意准确、清楚即可。重要领导活动，领导重要活动、重大热点题材、重大民生问题等，也要大事大写、大事大报、大事报好。简的精髓是要求新闻写作刹住长风，多出精品。报社各个部门、各个版面要根据采编业务实际，制定科学化、规范化、可操作性较强的稿件篇幅控制机制。版面头题一般控制多少字，重点稿件多少字；不同位置的通讯多少字，消息多少字；言论多少字；照片的大、中、小篇幅等，都应当有所遵循，而不是随意的、率意的、无序的。

活，即创新新闻宣传的方式方法。也就是努力使报道增强感染力、可读性，为读者所喜闻乐见，从而达到入脑入心的最佳宣传效果。活，可以将枯燥的变为生动的，抽象的变为具体的，静态的变为动态的，冗繁的变为精粹的。活的核心与灵魂是创新。"请君莫奏前朝曲，听唱新翻杨柳枝"，新闻写作唯有在形式、内容、语言、表现手法等方面实现创新，方显其活。"年年岁岁花相似"的稿件，往往因"老、陈、旧"而令读者兴味索然。活，要求持续深化对时政报道和工作类新闻的改革，使"硬"的报道"软"起来，"空"的报道"实"起来，"冷"的报道"热"起来，"粗"的报道"精"起来，"远"的报道"近"起来。民生新闻、社会新闻写作中的"活"，应当创新角度，实现由记者角度向读者角度、部门角度向全局角度、共同角度向差异角度、个体角度向社会角度、客观角度向人文角度的转化，时刻站在读者的角度来谋"活"。

严，即严谨细致，预防和减少差错。从事新闻采编工作，一定要严之又严，细之又细，察之又察，慎之又慎。报纸，白纸黑字，具有传播面广、保存时间长等特点。报纸的权威性、公信力，首先是在于报纸刊登内容的真实性、准确性。对于党报来说，差错频现，小则贻笑读者，大则危害人民和社会。检查报纸差错，有一般性字词、标点、数字差错，知识性差错，失实性差错，政治性差错，重大政治性差错等五大类。一般性政治差错，常常在领导的名字、职务、排序，时间、地点等关键点上出错。重大政治性差错，表现为重大立场错误，或错误发布危害公共安全、影响发展稳定的信息。编辑记者应当认真、严肃地核实采集到的信息，牢牢把握写作中的关键点，切忌粗枝大叶或想当然，更不能"以其昏昏，使人昭昭"。

紧，即新闻写作要紧跟形势。紧扣主题，高扬主旋律，打好主动仗，帮忙不添乱。党报姓党，党的新闻工作者应当自觉主动地把采编实务同围绕中心、服务大局紧密结合起来，做到勤鼓呼、善鼓呼，凝神聚力促发展，关注民生求和谐，而不能游离于中心之外。紧跟形势，就要"吃透上头、摸清下头、了解外头"。吃透上头，就是要深刻领会党的各项路线、方针、政策，中央、省、市的决策部署，使之与本地实际相结合。摸清下头，就是践行"三贴近"，记者要深入深入再深入，离基层、离群众近些近些再近些，真正了解基层的所思、所想、所需。了解外头，就是通过外出考察等渠道，学习借鉴外地的先进经验，收到"他山之石，可以攻玉"的效果。我们要对当前乃至今后一个时期市委、市政府的工作重点、社会热点等了然于胸，努力在上头、下头关注的"点"上搞选题、做文章。

精，即精心创作新闻作品。新闻精品稿件有以下标准：导向性强，提出重要问题，重大典型，突发性重要新闻，重要批评稿件，写得好的重大会议，有分量的深度报道，有新意、生动活泼的现场短新闻，表现手法有创新，有一定思想深度、语言生动的言论，贴近生活、格调健康、雅俗共赏的文学作品、生活随笔，深化主题、形式新颖、手法别致、具有较高审美价值的美术作品等。编辑记者在采编诸环节应当树立强烈的精品意识，采访前要早联系采访对象、收集相关资料，回顾已报道过的同类稿件的采写方法及编辑处理，是否需要配照片、言论，是否需要相关新闻链接，是否需要用联系的观点围绕采访对象展开相关的外围采访，等等。采访中要根据实际情况遵循或调整自己采访前的思路，并尽可能多地占有材料，努力"看到他人所未看到的，想到他人所未想到的，写到他人所未写到的"。采访后要精心提炼稿件主题，恰当布局间架结构，拟制好标题，努力在内容与形式上搞好包装，尽力实现出新、出彩。

开展"十讲"教育　砥砺新闻队伍

讲学习。主要目的是提高广大干部职工政治理论水平和新闻业务素质。要学习党的基本理论和方针政策，学习本职业务知识，学习反映当代世界发展的各种新知识，新闻工作者更要学习新闻写作理论、哲学、经济学、法学、历史学、文学和现代科技知识等，打牢"五个根底"，树立正确的世界观、人生观、价值观，成为一名合格的新闻工作者。

讲政治。要深入贯彻落实科学发展观，始终坚持"一个中心、两个基本点"的基本路线，在思想上同党中央保持高度一致。要坚持"政治家办报"的理念，新闻工作者必须具有良好的政治素质和严明的政治纪律，具有很强的政治鉴别力和政治敏锐性，必须牢固树立高度的政治责任感和社会责任感。

讲正气。要在讲党性、讲原则、公正无私、刚直不阿上下功夫。要旗帜鲜明地弘扬正气，反对歪风邪气。坚持全心全意为人民服务的宗旨，秉公行事，实事求是，光明磊落，艰苦奋斗；反对以权谋私，假公济私，弄虚作假，铺张浪费，弄权渎职，投机钻营，拉帮结伙。

讲大局。要有正确的全局观念，从大局出发，为大局服务。报社利益服从地方利益，报社小局要服从全国、省、市的大局。在处理报社内部事务时，部门和个人要从报社的全局利益出发，以服从和服务于报社的大局为一切工作的标准。

讲团结。在邓小平理论和"三个代表"重要思想和科学发展观基本要求的基础上，在党的基本路线和方针政策的基础上，形成思想上、政治上、组织上和行动上的高度一致。必须坚持党的民主集中制原则，从团结的愿望出发，通过批评和自我批评，达到新的团结。

讲稳定。在发展中讲稳定，以发展促稳定，以稳定促发展。发展是第一要务，稳定是第一责任，在发展中讲稳定，必须树立促进报业发展是政绩，维护报社稳定也是政绩的观念，增强维稳工作责任意识。努力做到依法办事，改进工作作风，关心职工生活，改善干群关系，积极化解不稳定、不健康的消极因素。

讲形象。恪守新闻工作职业道德，弘扬职业精神，严禁有偿新闻等影响报社声誉的行为，要把新闻报道的真实性作为加强职业道德建设的根本任务，深入实际、深入生活是新闻工作者的基本功，也是形象建设的重要内容。努力营造人人热爱报社、个个维护报社形象的浓厚氛围。

讲文明。要重礼仪、讲礼节、懂礼貌，遵守社会道德规范，使用礼貌用语。激发广大干部职工爱党、爱国、爱社会主义热情，增强爱社如家的责任感，树立注重礼仪、热情友善、尊老爱幼、邻里和谐、文明礼貌的良好风尚。

讲廉洁。加强理想信念、廉洁自律、权力观、新闻职业道德等学习教育，从严抓好思想政治建设，严格遵守组织纪律、政治纪律，认真遵守各项规章制度，筑牢思想道德防线，自重、自省、自警、自励，正确使用权力，坚决保持职务行为的廉洁性，严格各项工作督察制度。

讲奉献。提倡奉献精神、敬业精神和牺牲精神，将此作为南阳日报社精神的重要内涵，形成一种爱岗敬业、讲奉献、比学赶超争先进的浓厚氛围。

全国农运会报道亮点多效果好

※ 《新闻战线》 2012年第11期;2012年度中国城市党报新闻论文一等奖,2012年度中国地市报论文一等奖

为做好有史以来南阳乃至全省承办的规格最高、规模最大的第七届全国农运会的宣传报道工作,南阳日报社专门成立了宣传报道领导小组,抽调50多名业务骨干组成农运会一线报道队伍,开设了"同心创六城迎接农运会""两争促提升 激情迎盛会""当好东道主 巨变大盘点"等二十多个栏目,不断推出宣传报道工作新思路,创新宣传报道新形式,专栏、专题、重点报道一齐上,消息、通讯、评论多种体裁一起用,多角度、全方位地报道农运会的新动态、新进展、新成就,平均每月发表各类稿件和图片近百篇(幅)。

此外,《南阳日报》还策划了南阳籍知名人士寄语家乡活动、"借智六城行 喜迎农运会"和"全民健身,共享农运"等大型采风活动共计20多个,并为农运会赞助企业无偿回馈版面。从2012年8月初开始,《南阳日报》又先后开设了"农运会特别报道""全国媒体看盛会""农运盛会大家谈"等17个专栏,有力地服务了农运会的宣传报道工作。

"六项措施"强化报道机制

着手策划一个"早"。南阳日报社党委、编委经过精心研究,早在7月份就详细制订了方案,将农运会宣传报道分为会前、会中和会后三大"战役",

成立了农运会宣传报道组、后勤保障组和会务协调组，围绕农运会筹备工作回顾、迎盛会评论、盛会全面总结等方面进行周密策划，将任务和责任细化落实到个人，确保宣传报道及时、准确、精彩、万无一失。

声势讲求一个"大"。农运会宣传报道重在凝聚人心、振奋精神、壮大声势，营造良好的舆论氛围。无论是会前、会中、会后报道，还是版式设计、标题制作、图片抓拍，都别具特色，彰显了媒体风范。在会前宣传方面，《南阳日报》先后推出系列报道、系列评论共计30余篇、迎盛会特刊60多期。在会中宣传方面，发表开、闭幕式社论，对重大会议、领导活动和赛事动态及时跟进，专访参会的各代表团负责人及各界人士，并利用"市民热线""南阳网""手机报"等平台，引导市民参与互动。农运会期间每天推出"农运会特别报道"，全方位、多角度、立体化地进行报道。在会后宣传方面，共推出5篇系列综述，反映"隆重、节俭、和谐、安全、有特色"的办会特点，全面回顾、系统总结、深度挖掘，以凸显农运会精神。

形式突出一个"多"。在农运会报道方面，《南阳日报》可谓"十八般武艺"全部亮相，社论、评论、深度报道、花絮、专访、特刊、号外……品种齐全的宣传报道形式，为大家展示了一个多姿多彩的农运盛会，奉上了一桌色、香、味俱全的精神大餐。如在9月15日隆重推出了迎盛会特刊，分别以"新场馆 新气派""新景观 新形象""新道路 新生活""新面孔 新贡献"为主题，推出四个彩色专版，全面展现了南阳新风貌；9月16日，推出《号外》，不仅刊登了农运会的大事记及相关知识，还翔实地展示了我市近年来在经济、社会等领域取得的长足进步，向广大读者展示了魅力南阳、生态南阳和厚重南阳。此外，在农运会举办期间，《南阳日报》还每天推出农运会特刊和农运会特别报道，运用大量照片和花絮多角度展示农运会，满足了广大受众的阅读需求。

时效保证一个"快"。在本届农运会的宣传报道中，无论是领导活动，还是体育赛事，记者都做到了采访及时、撰写及时，编辑们坚守岗位，确保稿件随到随编发，校对、排版、印刷、发行等各环节环环相扣、紧密配合。农运会期间，国家、省领导莅临我市出席开幕式并进行调研，本报承担起了通过刊登重点稿件来汇报全市工作的重任，记者编辑熬夜赶稿、组版，在第一时间刊发了《新型农村社区建设巡礼》《学习新九论　喜迎十八大》《全民健身　共享农运》等重头稿件，并连续刊发《先行先试当先锋　善做善成求实效》《南阳：大农业撑起中州"大粮仓"》《"转"出一片新天地》等重点报道，得到各级领导和社会各界的一致好评。

质量力求一个"高"。在农运会的宣传报道中，各部门进一步增强责任心，记者编辑精心推敲文字、提炼标题、组稿画版、审校版面，印刷厂精心印刷，发行部及时投递，甚至双休日都在加班加点。农运会期间的《南阳日报》版面整洁大气、色彩美观大方，印刷质量迈上了一个新台阶。

努力做到一个"严"。8月31日，南阳日报社召开农运会宣传报道动员大会，对做好农运会宣传报道工作进行全面部署，提出了严格要求。随后，又专门下发通知，对领导班子成员、各部室主任和部门负责人"约法三章"，并制定了奖惩机制。各部室也根据各自实际制定了严格的规则，确保报道万无一失。如记者部对相关会议和领导活动进行报道，一律经部室主任把关签字，并送市委、市政府有关领导审阅签字后才可上版。农运会期间，本报采、编、校、印、发等环节全体人员双休日不休息，通宵达旦工作，每晚几乎都要工作到次日凌晨3点以后。

"六个特点"提升报道质量

版式新颖。《南阳日报》博采众长，积极吸收借鉴都市报元素，重视版面效果，主题鲜明，标题新颖、醒目，新闻性强，图片极具视觉冲击力，版式设计精美大气，让人耳目一新。除在重要版面对农运会予以重点报道外，《南阳日报》还专门开设了"第七届全国农运会纪念特刊""号外""人物专访特别报道""南阳新地标"等专版，创新图片、标题、线条的运用，利用版面语言对赛事活动进行全新报道。

手法灵活。在报道中，《南阳日报》注重报道的全方位、互动性和独家性，通过有效整合，灵活运用多种新闻表现手法，把农运会赛事信息全方位、立体化地呈献给读者。如在农运会期间开设的"陈强说赛"专栏，就是通过平民视角，展现出普通人眼中的农运会。

内容全面。《南阳日报》在农运会报道内容上全面出击，包罗万象，领导活动、赛事情况、嘉宾及运动员专访、花絮、每日评论等，应有尽有。特别是对15个大项198个小项的赛事报道做到了不遗漏、重细节，使得报道全面、生动、精彩。

标题精练。《南阳日报》树立精品标题意识，对农运会稿件的标题潜心琢磨，反复锤炼。如9月16日农运会开幕，当天出版的B1版头条标题就十分醒目——"农运会，南阳一切准备就绪！"简洁明确，使人一目了然；同日A1版报道了农运会组委会举行对新闻界嘉宾的欢迎仪式，几经斟酌后我们将标题确定为"镜头聚焦农运盛会　妙笔描绘大美中原"，既贴合新闻实际，读起来又朗朗上口；再如，9月19日B2、B3版"比比比　三千健儿四年磨剑露锋芒；看看看　七彩盛会八方共襄意气扬"和9月20日A5版"巡天航拍三百里　坐地惊叹十八变"等标题，均极富文采、意味隽永。

图片纷呈。体育的魅力在于其所展现出的运动之美。如何才能通过报道，留住一个个精彩的瞬间、一幕幕感人的画面？《南阳日报》共开设图片专版20多个，发表图片200多幅，每一个版的新闻图片都极富动感，极具视觉冲击力，信息量大，可读性强。运动员拼搏时的兴奋状态、运动中的矫健身姿、胜利后的振臂欢呼等，都永远定格在了我们的版面上。此外，摄影记者还利用执行农运会安保任务的直升机航拍南阳城区，并于9月20日A5版推出了视觉新闻版，使南阳城的美景跃然纸上，为读者寻访南阳靓姿、体会南阳魅力提供了全新的视角。

氛围浓厚。提前策划，精心组织，周密部署，南阳日报社全体编辑记者积极投身到农运会报道中，形成了上下联动、立体辐射的农运会报道格局。南阳日报社还与南阳晚报社、南阳网紧密配合、优势互补，纷纷提供大量版面，开设专栏、专题，确保农运会新闻宣传报道阵地固定、力度渐强、持续升温、浓墨重彩。值得一提的是，南阳网所管理的农运会官方网站，日点击量达10万次以上，成为外界了解农运、认识南阳的重要窗口。

"六个目的"促进宣传实效

宣传实现大跨越。农运会期间，《南阳日报》构架起全方位、多维度、广视角的宣传格局，实现了有广度、有深度、有力度的宣传大跨越。从报道内容来讲，从国家领导人视察、最新赛况、嘉宾及明星运动员专访到对32个代表团的关注，内容广泛，应有尽有；同时，为配合农运会的举办，特别推出了"全民健身共享农运""新型农村社区建设亮点展示"等全市重点工作汇报的系列报道，有现场、有数字、有事例、有分析，以其深度受到市委、市政府领导的多次批示肯定；此外，我们还注重提升报道的影响力，着重于版面设置，无论是时政要闻版、农运特刊，还是形象宣传专版，均为大版面、大标题、大图片、大制作，切实提升了版面的视觉冲击力、表现力和感染力。

机制实现大创新。报社结合报道任务和单位实际，打破部室归属界限，以整体思维、大局意识将参加农运会报道的记者分成会议和领导活动报道组、赛事活动报道组，摄影组，花絮、专访和热线互动组4个报道组，与要闻、特刊两个编辑组和后勤保障组密切配合，前后方统一调度。同时，分管领导从宏观上有效协调工作流程，形成报社"上下联动一盘棋、同心协力一股劲"的良好态势。

效率实现大提速。进入全媒体时代，纸质媒体参与竞争的关键在于提升效率。此次农运会的整体报道，网络部出色地完成了136个精美版面的排列组合，没有发生一起质量事故；印刷厂用9天时间准确、准时出版了《南阳日报》132个彩版，增发《南阳晚报》56个珍藏版和《农运特刊》12版，接近日常印刷量的3倍。尤其是在9月17日，我们连续工作13小时完成了32个彩版的印刷任务，创下了印刷效率的新纪录；此外，发行中心在提前摸清接待宾馆情况后，立即成立了3个特别工作小组，先后进入市中心城区的38个接待宾馆、郊县市区的11个宾馆，主动上门进行征订，数量达5000多份。发行人员每天都用最短时间将报纸送到宾馆，送到参加农运会的各位嘉宾、运动员和媒体记者手中。

策划实现大突破。在宣传策划方面，我们借农运会之势，充分展示了全市各部门、各单位的工作亮点、经验做法、创新成果和企业风采。在推出精美的农运会公益广告的同时，还以"喜迎农运会 献礼十八大"为主题组织各类祝贺专版45个。此外，在农运会举办期间，还连续推出"农运会纪念特刊"65个专版，展示了新形象，宣传了新南阳，烘托了新农运。

开放实现大促进。抓住全国农运会在南阳举办，中央、省级媒体上千名记者到会采访的重大机遇，我们运用多种报道载体和手段，全面开展对农运会的宣传报道，实现了一次开放办报的重大跨越。派出编辑记者与人民日报社、新华社、农民日报社、光明日报社、河南日报社等同行主动联系、积极协调、共设议题、配合采访，深入全面地报道了本届农运盛会。我们与兄弟媒体展开合作，既同台竞技，展示自身实力，又虚心求教，提升自我能力，实现了媒体之间的广泛交流和有效融合。

力量实现大凝聚。本届农运会的宣传报道，凝聚了"南阳日报力量"，折射出"南阳日报精神"。无论是决策运筹的领导、前方指挥的具体负责人，还是一线采访的记者、通宵组版的编辑、精心保障的后勤人员、辛苦工作的印刷发行人员……报社上上下下紧密配合，全力出击，出色地完成了报道任务，经受住了考验，赢得了口碑。

坚持"四个三" 深化"走转改"

※《中国新闻出版报》2012年12月19日；《中国地市报人》2013年第1期；《河南报业》2013年第1期；2012年度中国城市党报新闻论文一等奖，2013年度中国地市报论文一等奖

新闻战线开展"走基层、转作风、改文风"活动，是坚持党的新闻事业性质宗旨、履行新闻工作责任使命的必然要求，是落实"三贴近"、增强新闻宣传吸引力、感染力的重要途径，是加强队伍建设、提高新闻工作者综合素养的有效举措。2011年以来，南阳日报社按照"四个三"的工作思路，深化"走、转、改"活动，充分发挥市委机关报在党委、政府与人民群众之间的桥梁纽带作用，在宣传方针政策方面的主阵地作用，在宣传典型、推广经验、弘扬正气方面的引导作用，营造了良好的舆论氛围，为推进中原经济区南阳高效生态经济示范市建设提供了强有力的舆论支持。

通过深化"走、转、改"活动，南阳日报社获得了一系列丰硕的成果：《中国新闻出版报》2012年5次刊发文章，从加强策划引导舆论、春节假期增出报纸、开展救助百户特困职工家庭活动、实现舆论监督效果最大化和持续开展读书活动等5个方面，充分肯定南阳日报社的办报成效。省新闻出版局出版的《河南报刊审读》2012年5次刊发阅评员文章，高度评价南阳日报社的新闻宣传工作：《〈南阳日报〉"南水北调中线行"系列报道——强势引导舆论"四新"破解"四难"》《〈南阳日报〉重点报道助推"对外开放年"活动》、《新闻评论有深度 舆论监督有力度——近期〈南阳日报〉言论、舆论监督报道评析》《〈南阳日报〉"四个明白"系列评论——围绕中心服务大局提高舆论引导能力》和《南阳日报致力探索市级党报开展舆论监督新路子》。2011年

以来获得中国新闻奖、中国地市报新闻奖和河南省新闻奖等省级以上新闻奖150多项，获奖等级和数量实现新突破。2012年荣获省、市级集体荣誉16项，其中有全省报纸印刷精品级、创建全国双拥模范城工作集体三等功、全国农运会筹备工作优秀服务部门、全省移民迁安宣传工作先进单位、全市新闻宣传暨服务重点工作先进单位和全市对外宣传工作先进单位等。市委书记、市长2012年先后18次对《南阳日报》相关报道作出批示，予以高度评价。

强化三点认识

"走、转、改"活动不仅仅是走出机关、融入社会的基层生活，不仅仅是抛开别人提供的"新闻素材稿"、学会自己发现鲜活的故事，也不仅仅是放下所谓的身段、与百姓打成一片……而且有其格外不同的意义。它是立足当前、着眼长远、推动新闻事业健康发展的基础性工作，是广大新闻工作者的自觉行动和职业追求，激活了每个编辑记者的职业本能，带来的是全新的生活观察和亲身体验。

"走"是前提。好新闻是跑出来的，好作风是练出来的。只有通过"走"，通过深入基层、深入群众、深入一线采访，才能掌握第一手真实资料，才能写出群众喜闻乐见的新闻，才能让报道务实出新有彩。南阳日报社党委采取多项措施，鼓励编辑记者走基层：一是统一思想，提高认识；二是制订计划，细化方案；三是建立制度，专题考评；四是拨付专项经费，配备专用车辆；五是出台奖励办法，开展专项竞赛。领导带头、建章立制、采编人员全员参与，常年深入基层采访。2011年8月以来，报社主要领导五次带领走基层采访组，分别深入南召县南河店镇延岭沟村、卧龙区蒲山镇杨营移民新村、西峡县企业和社区、邓州市南水北调施工工地、南阳理工学院等，采访新型农村社区建设、产业集聚区建设、南水北调工程建设和丹江口库区移民新生活等，写出了一系列生动鲜活的新闻作品。报社其他领导也纷纷深入基层，带头采访写作。报社各部室都在基层建立联系点，使编辑记者驻点采访形成了经常化、制度化。

"转"是关键。转变作风,才能拜群众为师、向群众学习;转变作风,才能深入一线、贴近实际;转变作风,才能做到耳闻目睹、素材真实。南水北调中线工程建设和移民迁安工作是南阳市承担的一项"国字号"工程。南阳日报社明确4名记者专职负责这项重点工作的报道。这4名记者常年深入基层,天天奔走在一线建设工地,面对面接触基层干部群众,成了市南水北调办和市移民局的编外工作人员。2010年,报社策划了"南水北调中线行"采风活动,15人采风团沿南水北调中线干渠一路北上,途经3个省、两个直辖市、两个省会城市、10个地级市,最后到达北京,历时39天,行程6000余公里,采写各类文章73篇,拍摄图片百余幅。这组系列报道荣获中国新闻奖三等奖和河南省新闻奖一等奖。通过深入采访,心灵得到洗礼,作风得到锤炼,能力得到提高,受到市委、市政府记功或嘉奖,其中3人被评为全省南水北调移民宣传工作先进个人和河南省十佳新闻工作者。南阳日报社也分别被省、市评为南水北调工作和移民迁安宣传工作先进单位。

"改"是目的。新闻文风是指新闻作品体现出来的风格、格调和风尚。改进文风,才能让作品生动鲜活、群众喜闻乐见,才能提升吸引力、感染力和影响力。南阳日报社提倡务实宣传,杜绝虚假新闻;提倡写短文章,删繁就简,杜绝"假、大、空"。为写好言论评论文章,南阳日报社言论组成员经常深入基层调研,经常召开各个层面的座谈会,经常集中举行会商会、研讨会。南阳日报社策划推出的"奋力建设开放富裕魅力和谐新南阳系列谈"深度言论文章写法新、写法活。读者纷纷称赞这组稿件谈古论今,站位高远;总结全面,剖析透彻;观点新颖,论述深刻;标题简洁,语言生动;文风朴实,耐人寻味。市委书记李文慧曾给予肯定:论点鲜明,阐述透彻,文风朴实。南阳日报社去年的重要评论文章结集为《潮头观澜》,由大象出版社出版后,在广大干群中引起强烈反响。大家一致认为,该书具有很强的导向性、针对性、时效性、说理性、生动性、实用性,体现出"新、真、实、深"的清新文风,充分发挥了宣传、教育、激励、动员的作用,有力助推了南阳科学发展、和谐发展、跨越发展。该书先后被评为南阳市社会科学成果一等奖、中国城市党报新闻奖论著一等奖和中国地市报新闻奖论著二等奖。

打造三个载体

专刊、专版、专栏对于凸显报纸特色、培育报纸品牌、服务不同读者群具有十分突出的作用。搞好专刊、专版、专栏的改革和创新，彰显报纸独特的风格，能够为"走、转、改"活动深入持续开展提供有效载体。

专刊求新。南阳日报社结合实际，集思广益，把握时机，于2011年5月在原有专版的基础上创办了三个针对性很强、直接面向基层的周刊：立足于南阳农业大市的实际，推出了《新农村周刊》，旨在强化一个宗旨；立足于南阳文化底蕴深厚的实际，推出了《文化周刊》，旨在打造一个品牌；立足于群众关注社会治安大局稳定的实际，推出了《政法周刊》，旨在尽到一种责任。这三个周刊定位准确、主题鲜明、设计新颖、图文并茂，成为《南阳日报》的一大特色和亮点。《新农村周刊》今年起在《南阳日报》发行10万份的基础上由市财政补贴赠阅5.1万份，实现了每个村民小组都有一份《新农村周刊》，这是南阳市新农村建设宣传中的一件盛事，也是全国报纸发行中的一个创举。《文化周刊》在今年世界读书日期间被《中国新闻出版报》评为全国百家读书媒体。《政法周刊》在市委政法委的支持下，2012年起赠阅1万余份，实现了全市公检法司干警人手一份。

专版创新。南阳日报社本着大胆探索、把握规律、突出重点、培育特色的指导思想，累计开辟常设了22个颇有特色的专版。如立足于促进经济发展，推出了"产业集聚""财经纵横"和"金融时空"等专版；立足于服务市民生活，推出了"社会广角""开心旅游""南阳网事"和"数字生活"等专版。全力打造的品牌专版"舆论监督""新闻调查"，积极关注民生，采访报道基层群众遇到的困难，推动政府及有关部门为群众办实事、解难事、做好事，深受读者欢迎。去年，《南阳日报》连续推出10期《"走进南阳"全国摄影大赛集萃》图片专版，均为来自基层一线的生动素材，以强烈的视觉冲击力展现了南阳经济社会发展的新成就和"中原氧吧、神韵南阳"的新风貌，被评为中国地市报优秀新闻摄影版面党报类专版二等奖。

专栏出新。南阳日报社累计开设专栏230多个，做到了版版有主打栏目。为力求专栏出新，报社把专栏列入年度评选的十大突出贡献奖之一。在开展的四个专项新闻竞赛中，把走基层专栏作为一项内容，对该专栏所发稿件实行双倍计酬，优先评奖。《南阳日报》有关版面根据不同时期的需求，不断推出全新的专栏，运用新颖的表现手法，集中展示记者"走、转、改"的最新成果。要闻版开设了"走基层转作风改文风""重点工业项目一线行"和"南水北调中线工程南阳段建设见闻录"等栏目，《综合新闻版》开设了"南阳人务工创业走四方"专栏，《社会早刊》开设了"震撼·讲述"和"情牵移民和谐搬迁"等专栏，《新农村周刊》开设了"走基层·蹲点"、"走基层·调查"、"走基层·取经"、"走基层·体验"等专栏。集中刊发深度报道的"震撼·讲述"专栏被评为河南省新闻名专栏。

突出三种形式

新闻工作者唯有迈出高楼大院，跳出文山会海，走进基层的广阔天地，才能挖掘到取之不尽的真实鲜活素材，采写出打动人心的精品深度报道。南阳日报社结合实际，突出下农村、进社区、到外地三种形式走基层。

下农村。《南阳日报》编辑记者常年奔走在田间地头、深入农民家中，倾听民声、了解民情，用群众语言、用朴实文风，反映民情民意、做好"三农"报道，真正体现了让新闻报道散发泥土芳香，让清新文风体现在字里行间。南阳日报社党委、编委精心策划了多组系列报道，使记者下农村采访报道既坚持不懈，又有的放矢。策划组织的"新移民·新家园·新生活"系列采访活动历时两个多月，行程1500公里，走进南水北调中线工程移民乡亲家中，走到移民迁安工作第一线，追踪报道移民群众和干部中的先进典型，深刻挖掘移民安置的重大意义，宣传移民，推介移民，展示移民群众做出的重大牺牲和无私的奉献精神，受到移民群众的热情称赞和有关领导的充分肯定。为配合第七届全国农运会2012年9月16日在南阳举办和全民健身示范市创建，自2月中旬开始，本报策划了"全民健身共享农运"特别报道，特派4名记者对全市13个县市区具有特色运动项目的乡镇及村组进行采访，连续推出了20个专版，刊发稿件119篇、12万字，配发新闻图片94幅，市委领导高度评价其有广度、有深度、有特色，营造了浓厚氛围，起到了有力推动作用。

进社区。南阳日报社设立了都市新闻部，创办了《社会早刊·都市版》。以该版为依托，配备10多名记者常年深入社区、走街串巷、倾听民声、了解民情，相继开设了"城市快报""社区人物""现场督办"等10多个常设栏目，刊发稿件图片400多篇（幅）。同时，根据不同季节，开展向社区送健康、送温暖、送清凉、送文化、送服务和手牵手体验新农村生活等活动，深受居民欢迎，他们为报社送锦旗和牌匾20多面（块）。与市总工会联合开展的救助特困职工活动，累计救助困难社区居民1400余户5000余人，南阳日报社因此被评为河南省帮扶困难职工活动先进单位，成为全省唯一获此殊荣的新闻媒体。关注城区农贸市场建设系列报道，催生了10余个新市场，解决了社区居民买菜难的问题；与部分社区联合开展的夏日送清凉活动，不但受到广大居民的称赞，还分别获得了市委书记、市长等主要领导的多次批示。《中国新闻出版报》《河南新闻阅评》等，对本报编辑记者进社区的有益实践也给予了肯定和推广。

到外地。南阳日报社把开放办报作为宗旨，牢固树立开放办报是活力、是机遇、是创新、是提升的理念，大力实施"走出去"战略。一是相关部室每年年初都要结合自己的职能，策划若干个"走出去"的采访活动；二是单列资金，每名记者每年平均不少于5000元，使"走出去"活动有经费保证；三是设立专栏，有计划、经常性地刊发"走出去"采写的新闻作品；四是奖惩兑现，实行单项考核，形成奖优罚劣的利益导向。经过一年多的持续努力，开放办报成了《南阳日报》的一大特色，产生了一批特色活动和品牌栏目。《新闻战线》2011年第6期以"开放成就南阳日报现象"为题刊发文章。2012年以来，结合南阳外出务工经商人员逾百万人的实际，南阳日报推出了"南阳人务工创业走四方"专栏，派出骨干记者到北京、上海、广东等地采访，深入挖掘典型人物。到目前为止，该专栏已刊发32篇重点报道，记录了这些南阳老乡走遍全国的艰辛创业历程，反映了他们用智慧和汗水树立南阳形象、打响劳务品牌的新成就，追踪报道了他们为家乡招商引资上项目的奉献精神。其中《天下有城镇就有卖玉镇平人》《邓州10万农民工温州制鞋》《巩建华：京城叫响南阳品牌》等报道不仅受到读者广泛关注，而且为全市实施对外开放战略创造了良好舆论氛围。2012年7月，市长穆为民对该专栏作出批示："可亲可爱可敬的南阳人，在新的历史发展时期，有着许许多多的梦想，经历许许多多艰辛而激越的创业行动，更有令人无比感动的精神风采。向这些南阳创业的杰出代表致敬！南阳人民为你们平凡而伟大的精神而骄傲！"他希望报社"继续加强策划，长线跟踪报道，深入挖掘富有时代特色、具有典型示范效应的人和事，丰富南阳的精神家园，提振我们的发展信心，激励我们追求美好生活的斗志！"2011年底，在第七届全国农运会筹备的关键时期，《南阳日报》围绕中心、服务大局，精心策划了"精彩农运会借智六城行"大型采风活动。采访团的8名记者兵分两路，走进全国农运会前六届举办城市北京、湖北孝感、上海、四川绵阳、江西宜春和福建泉州，采访全国农民体协相关领导及六个城市当年筹备工作的参与者、见证者等，对他们在城市建设与管理、市民素质提升、品牌推介、场馆赛后利用等方面予以报道，为2012年9月16日在南阳举办第七届全国农运会提供了有益借鉴。2012年11月，我们为助推高效生态示范市建设，又与市委政研室联合，举行了"苏鲁赣生态考察万里行"活动，体现了新闻的前瞻性，以实际行动贯彻落实党的十八大提出的"五位一体"执政新理念。

明确三项要求

基层一线是新闻工作的源头活水，蕴藏着最鲜活、最丰富的新闻资源。深入实践才能富有生活气息，扎根群众才能产生真情实感，新闻报道才会有清新朴实的文风，才会有打动人心的魅力。在"走、转、改"活动中，南阳日报社提出新闻报道要突出体现"新、真、深"这三项要求，倡导编辑记者采写反映基层生活、展现时代精神的精品新闻。为此，南阳日报社多次开展专题培训和研讨活动，把"新、真、深"的文风作为对编辑记者最基本的要求和必备的基本素质。

新是特征。活动的策划、版面的设计、标题的制作、图片的拍摄、素材的运用、语言的提炼要新，不能老生常谈。《南阳日报》的《新农村周刊》采用故事化的方式报道农业、农村、农民，用鲜活的形式来满足城乡读者的需求。如"财富故事会"栏目每期都有一个农民种植养殖致富的故事，《女大学生嫁进深山养野猪》和《种粮状元张丰奇》等文章，以故事的写作手法讲述了他们在致富过程中的酸甜苦辣及事业成功的经验。2012年6月25日，《河南日报》在一版头题位置刊发全省新闻界"走、转、改"活动的专题报道中，称赞《南阳日报》每天都有鲜活的报道在重要版面刊登，一大批文风朴实、"顶花带刺"的新鲜报道让读者眼前一亮。在这篇报道中，《南阳日报》成为河南省省辖市报中唯一一家"走、转、改"经验获肯定的媒体。

真是生命。坚持新闻真实性是新闻工作的起码要求。新闻必须真实，是新闻工作的第一信条。真实是新闻的生命。南阳日报社要求记者必须深入现场，做到亲眼见到、亲耳听到，确保新闻的真实性。报社具体制定了采编必须把好十关的具体规定，如对典型报道、先进人物报道严格按照干部管理权限和新闻素材所在地进行层层把关，不经过签字盖章把关的一律不予刊发。对问题性报道，一定要深入采访，摸清事实真相，分清是非曲直，做到客观公正，有利解决问题。南阳市郊区白河上游的盆窑老桥桥体损坏严重，有关部门已将其列为险桥，但由于职能部门互相推诿，无人管理，导致仍有车辆行人冒险通行，人民生命财产存在重大安全隐患。接到投诉后，记者立即赶到现场认真调查采访，弄清了来龙去脉，于2012年6月27日在《南阳日报》"舆论监督"版以"盆窑老桥成了没娘孩儿"为题进行了实事求是的报道，并配发了照片。报道见报当天，市委书记李文慧就作出批示："盆窑大桥随着南阳大桥加宽通车，其存在的必要性要进行论证,如是危桥更要重视,目前来看还影响城市防洪,要尽快研究采取措施,不能等出了问题再解决,请有关部门限时解决。"随后,老桥被有关部门迅速拆除,隐患从此被彻底消除。

深是质量。作为新闻工作者,作风要深入,思考要深刻,报道要有深度。深度报道是提高报纸公信力和美誉度的前提条件。在新闻资源同源化和新闻报道同质化日趋普遍的今天,持续不断地推出独家的深度报道,是报纸赢得读者的"利器"。深度报道必须来源于深刻的思考,深刻的思考必须来源于深邃的眼光,深邃的眼光必须来源于深入的作风。《南阳日报》2011年12月推出的深度报道《新农村建设"南阳模式"调查》,是数名记者用半月时间深入调查深刻思考的集体杰作。这篇报道深度反映了南阳市站在"三化"协调发展、统筹城乡发展的高度,用城市化理念建设新农村,用公共服务社会化措施覆盖新农村,坚持以产业发展为支撑,以示范带动为手段,以发挥农民的主体作用为着力点,持续探索中部传统农区推进新农村建设新路子所取得的成果,对推动全市新农村建设具有重要指导意义。在《南阳日报》"走、转、改"专题中刊发的深度报道《西峡企业家现象探析》一文,分析现象透彻,总结经验全面。市委书记李文慧、市长穆为民分别作出批示,称赞这是一篇有深度、有创新、耐人寻味的好文章。自"走、转、改"活动开展以来,《南阳日报》还推出了《先行先试看"特"路——来自镇平县"省文化改革发展试验区"的报告》《金奖之茗分外香——桐柏绿茶获全省名优茶评比金奖启示录》和《现代农业看杨陵》等一大批深度报道,服务了市委、市政府决策,起到了积极引导作用,收到了良好的社会效果。

让空话远离新闻

※ 《南阳日报》2013年1月14日；《中国新闻出版报》2013年5月22日；2013年度河南新闻言论一等奖

文以载道，空话误国。对于新闻工作者来说，力避"假大空"，践行"真新实"，就是落实中央改进作风"八项规定"的具体行动。

真才有生命力。假话最空，一句则赘。有些人闭门造车，无中生有，自产假话；有些人奉行"拿来主义"，生搬硬套，现学现卖，贩卖假话；有些人涂脂抹粉，哗众取宠，装饰假话。西方谚语说："谎言短腿。"新闻媒体要取信于民，必须说真话、写实情，把真实可靠的信息传递给群众，只有这样才能凝聚正能量，产生聚合力。

新才有感染力。新闻是求"新"的事业，新闻之"新"在于破旧立新。但有些新闻，套话连篇，千篇一律，千人一面；有些新闻，一二三四一大串，表面看热热闹闹，仔细看全是找不出毛病的废话。鹦鹉学舌套老话，几十年一副老面孔，这样的新闻谁看谁觉得腻歪。俗话说："万句言语吃不饱，一捧流水能解渴。"群众需要的是既鲜且活、"带着露珠"的好新闻。

实才有说服力。简短，是新闻的特点，也是对写新闻的基本要求。但有些人就是喜欢长篇大论，"绿豆大的核，西瓜大的壳"，"鸡子尿湿柴"，洋洋洒洒写万言，群众戏谑"头戴三尺帽，不怕砍一刀"。时代在变，节奏加快，当今社会信息海量，谁有工夫拜读空洞无物的"大作"？短文章、短段落、短标题，这样的新闻群众喜欢。

言为心声。新闻报道空话多，表面看是文风不正，归根结底还是作风问题。有的人思想守旧，慵懒僵化，赶不上时代的节拍；有的人"屁股决定脑袋"，生编硬造，自以为是；有的人能力不足，工作浮漂，无实事求是之意，有哗众取宠之心……凡此种种，不一而足。治顽疾当用重典，除沉疴需下猛药，改文风必须从除"病根"入手。

让空话远离新闻，前提靠作风转变。毛泽东同志曾经说过："没有满腔的热忱，没有眼睛向下的决心，没有求知的渴望，没有放下臭架子、甘当小学生的精神，是一定不能做，也一定做不好的。"要树立正确的群众观，脚踏实地"走转改"，接地气、抓活鱼。只有这样，才能写出言之有物、言之有理、言之有情的好文章。

让空话远离新闻，关键靠制度规范。要建立健全规章制度，把改文风的要求体现到稿件使用、业绩评价、评奖表彰中，让该短的新闻一定短下来、实起来、新起来。同时，要做到持之以恒，久久为功。

让空话远离新闻，根本靠监督约束。对采写"假大空"新闻的人员，要按照党的新闻宣传纪律予以惩戒，在采、编、校、审程序中人人喊打，让那些喜欢卖弄文笔的人永远无处"灿烂"。

"一语天然万古新，豪华落尽见真淳。"1948年11月4日南阳解放，毛泽东同志挥笔写下《中原我军占领南阳》的新闻名篇。千余字的新闻报道虽谈古论今、激扬澎湃，但读来言简意赅、字字珠玑，直到今天仍是我们学习的榜样。

宣传典型是党报的永恒主题

※ 《南阳日报》2013年1月21日；《中国城市报人》2013年第3期；2013年度中国地市报论文二等奖

做好先进典型人物报道是新闻媒体义不容辞的重要职责，是党报宣传的永恒主题。近年来，《南阳日报》立足党报的权威性和责任感，精心策划，深入挖掘，采写刊发了一系列典型报道，弘扬了社会主义主流价值理念，为中原经济区南阳主体区建设提供了强大的精神动力和舆论支持。

宣传典型要强化认识。宣传典型是党报的重要职能之一。作为党和人民群众的耳目喉舌，宣传报道好各行各业的先进人物，在人民群众中树立标杆和旗帜，进而正确引导社会道德舆论，是各级党报的传统优势和应尽的责任。同时，宣传典型也是贯彻落实"以科学的理论武装人，以正确的舆论引导人，以高尚的精神塑造人，以优秀的作品鼓舞人"这一宣传工作指导方针的重要途径。何谓典型？法国小说家巴尔扎克说："典型指的是人物，在这个人物身上包括所有那些在某种程度跟他相似的人们的最鲜明的性格特征。"新闻报道中的典型，是指那些极具广泛的社会代表性，同时又极具个性特色的事件或人物，典型具有先进性、代表性、时代性、永久性、群众性、导向性等鲜明特征。江山代有才人出，从雷锋到徐虎，从焦裕禄到孔繁森，从徐洪刚到武文斌，从袁隆平到罗阳，每一个时代和各条战线都有不同的先进典型，每一个时代和各条战线也都需要典型人物来弘扬时代精神。在我国发展的各个时期，各级党报推出的先进典型对宣传党和国家的路线、方针、政策，弘扬社会主义精神文明，推动各项事业发展起到了不可替代的作用。时代需要榜样的力量来推动,民族需要榜样的力量来唤醒,国家需要榜样的力量来振兴。无论过去现在还是将来,典型报道都将是党报宣传的一种主要形式。

宣传典型要精心策划。近年来,在两个"国字号"工程建设大潮中,南阳涌现出一大批具有重要影响的英雄模范人物,形成了一个具有崇高人格魅力、高尚道德情操和巨大精神感染力的英雄群体,成为新时期南阳"群英谱"。围绕这些英模,《南阳日报》精心策划了一系列典型报道,引起了强烈的社会反响,收到了"领导肯定、业界赞誉、社会好评、读者满意"的效果。凡事预则立,不预则废。新闻报道也是如此。报道重大典型,首重新闻策划,通过策划来制订方案,确定主题,选定体裁,对于党报牢牢把握舆论的主导权至关重要。在学习宣传"李文祥式老英雄"王金山、"最美奶奶"柴小女、移民干部群体、"编外雷锋团"、西峡企业家等先进典型的报道中,《南阳日报》都制订了详尽的报道方案,通过动态消息、人物通讯、系列评论、理论专版、图片新闻、报网互动等多种形式,浓墨重彩,不惜版面,在较长一段时期里,对报道对象的故事、精神展开了一系列的发掘和剖析,提高了读者对典型的认知度,迅速在社会各界引发热议,掀起了学习热潮。以学习王金山系列报道为例,2011年7月22日,老英雄王金山的事迹经《南阳晚报》和《东方今报》报道后,引起了广泛关注。23日,《南阳日报》组织编发了4个整版,利用星期六加印一张报纸,全方位报道王金山事迹。随后,专门开辟了"学英雄见行动""建设中原经济区""实现南阳新跨越"等专栏,在近三周的时间内连续刊发30余篇消息、评论、人物访谈,以及多个理论专版,此外,还与《南阳晚报》联合推出了"深读李文祥式老英雄王金山"系列报道,并在南阳网上开辟专栏,与网友、读者进行互动。在宣传这些典型的实践中,借助有力的新闻策划,《南阳日报》形成了"多部室供稿、多版面刊发、多体裁报道、多媒体互动"的局面,尤其是通过报网互动,扩大了覆盖面,迅速在全社会形成高潮迭起、声势浩大的主导性舆论,从而营造出向典型人物学习的浓厚氛围。

宣传典型要重在持续。树立一个先进典型,并使之走向全省乃至全国,成为动力和导向，不是一朝一夕之功。只注重短时间内形成舆论强势而忽视持续性的后续报道，不但会失去读者关注度，也是对典型人物不负责任。《南阳日报》在报道先进典型时，特别注意不断地给予典型关注，对他们取得的新成绩、新经验以及新发展、新变化有新的认识，在不同时期选取不同的角度进行报道，使典型的先进性更加体现时代特色。比较典型的是对邓州"编外雷锋团"的持续报道。邓州"编外雷锋团"最初由560名雷锋生前的战友转业后组建。半个世纪以来，在他们的感召下，践行雷锋精神的队伍越来越壮大。邓州"编外雷锋团"是《南阳日报》关注的对象，这个先进群体成长的一点一滴，几乎都能在《南阳日报》上找到记录。《南阳日报》不遗余力、持之以恒、与时俱进的宣传报道，使这个群体受到越来越广泛的关注，《人民日报》、新华社、《解放军报》、《河南日报》等主流媒体无数次进行宣传报道，称他们是"一个光彩夺目的学雷锋群体"。为迎接毛泽东同志为雷锋同志题词50周年，《南阳日报》加大了对"编外雷锋团"的报道力度，从2012年年初开始，几乎月月不断，先后刊发消息、通讯、评论员文章数十篇，进一步叫响"编外雷锋团"这个南阳特有的红色文化品牌，引起了省委和济南军区领导的高度重视。2012年8月6日至7日，"编外雷锋团"建设宣传工作军地联席会议在邓州召开。省委常委、省军区政委周和平，省委常委、宣传部长赵素萍出席会议并讲话。此后不久，济南军区政委杜恒岩上将作出重要批示，强调要大力支持"编外雷锋团"的建设发展，推动学雷锋活动深入持久开展。近日，本报"社会早刊"又开辟了"50年历程50个楷模"栏目，对学雷锋先进事迹进行深入持久宣传报道。

宣传典型要深入挖掘。先进典型是时代的产物，只有结合广阔的时代背景，充分挖掘人物的精神内涵和时代价值，才能在读者中产生强烈震撼，才能起到弘扬主旋律、提升党报引导力的作用。在宣传典型的实践中，《南阳日报》的经验是，始终坚持在实践中发现典型人物，在报道中挖掘典型人物的时代内涵。典型人物起初可能并不起眼，只有强化宣传的力量，深入挖掘，其先进性才能彰显，其人物形象才能日渐丰满，最终脱颖而出，给全社会带来正能量。例如对第七届全国农运会筹备过程中涌现出的典型人物王宛川的报道。王宛川生前系南阳市宛城区白河街道党工委副书记、办事处主任，为服务农运会筹备工作，他曾连续工作40个日夜，上门动员涉迁群众，终因积劳成疾牺牲在工作岗位上。对这个先进典型的报道，恰逢全市上下全力筹备农运会。为了让这个典型焕发出时代风采，不被埋没为一个"一般性典型"，《南阳日报》精心策划，组织编辑记者进行了广泛深入的采访，深入挖掘王宛川身上的精神内涵，最终推出了题为"44岁他累倒在创迎一线"长篇通讯，通过王宛川反映出全市广大党员干部冲锋在前、奋战在前、拼搏在前，"白加黑""5+2"，凝心聚力搞建设的"农运会精神"，引起了强烈反响。王宛川这位典型走向全省、全国，被追授为"全国创先争优优秀共产党员"和"河南省优秀共产党员"。

宣传典型要认真总结。先进就是方向，典型就是旗帜，榜样就是力量。树立典型的目的，在于引导社会各界学习典型的宗旨意识、高尚情操、优秀品质、优良作风和奉献精神，为地方经济社会建设提供强大的精神动力。然而，先进典型大多是具体的人，精神却是抽象的概念，要达到这一目标，党报要当仁不让地发声，对先进典型进行认真总结，通过深入采访、深度挖掘、深刻分析和系列报道、系列评论、系列访谈等多种形式，反映典型人物的思想境界，升华典型人物的精神内涵。在宣传"李文祥式老英雄"王金山时，《南阳日报》自2011年7月25日起，先后刊发了《宝贵的财富》《党员的本色》《光辉的榜样》《无私的奉献》《生动的教材》《强大的动力》等6篇评论，号召全市上下向王金山同志学习，做一个优秀的共产党员；在宣传柴小女时，《南阳日报》以《平平凡凡柴小女》《热心助人柴小女》《侠肝义胆柴小女》三篇深度报道，浓墨重彩描绘了柴小女舍己为人的牺牲精神；在宣传驻村干部的优秀代表周建奎时，《南阳日报》自2011年5月29日起，陆续刊发《一心为民的公仆情怀》《务实重干的工作作风》《迎难而上的进取精神》《扎根基层的纯洁本色》《无私奉献的崇高境界》等 5 篇评论员文章，深入剖析了周建奎的精神品质，高度提炼了周建奎的精神内涵。实践证明，通过这些系列报道和评论对先进典型精神品质的总结和升华，《南阳日报》在响应市委、市政府学习先进典型，建设中原经济区南阳主体区的号召上找准了位置，发挥了职能，为在全社会掀起"学习先进典型，建设开放富裕魅力和谐新南阳"热潮，作出了应有的贡献。

抓落实关键在于"实"

※ 《南阳日报》2013年3月26日

落实，是所有组织成员的一项重要的工作，任何一项任务的完成，都是抓落实的结果。没有落实，再完善的制度也是一纸空文，再理想的目标也不会实现，再正确的政策也难以发挥应有的作用。抓落实，不仅是工作态度、工作作风、工作方法问题，更是一个是否忠诚于党和执政为民的严肃政治问题。

目标要切实。目标是个人、部门或整个组织所期望的成果。在目标制定上首先要高。不管做什么事，高标准、严要求是工作上水平的前提。目标决定效果。领导干部既是目标的制定者，又是目标的完成者。这就要求在定目标时要高，不能满足一般化，要眼高不能手低，高标准地确立目标、思路和措施。在抓落实中，少数领导班子和领导干部标准要求不够高、不够严，有一种只求过得去的思想。这种思想的存在是十分错误和有害的。因此，要始终瞄准一流目标抓落实，只有高标准、严要求，决策才能变成现实。同时，定目标要有"度"可"为"。在制定目标时，既要遵循上级精神又要切合本地实际，要既有常规性考虑又有特殊性办法。标准要具体，具有可操作性。要把握落实的"度"，目标要望而可即，任务要重而可担，标准要高而可攀，要求要严而可行。要确立与时俱进的思想观念，针对工作出现的新情况、新问题，及时研究新办法，制定新标准，实现新突破。

情况要真实。要坚持一切从实际出发，把吃透"上情"、摸清"下情"、了解"外情"结合起来，创造性地开展工作。一是要吃透政策。要清楚明白国家的方针、政策、路线鼓励什么、倡导什么、反对什么、禁止什么。二是要掌握下情。要沉下身子，深入一线、深入基层，用心体察民心民意，倾听群众的呼声，掌握第一手材料，问计于基层、问计于群众。要以精益求精的态度，把小事当成大事来干、小节当作大节来抓。注重从细节抓起，见微知著，杜绝粗枝大叶，切忌好高骛远，严禁大而化之，要始终坚持细、严、紧、实，做到认认真真、实实在在为群众办实事、办好事。三是要把握形势。要清楚国际、国内和本地的发展阶段、时期特点，认真分析，仔细把握。搞清楚现今最迫切需要解决的问题是什么、最棘手的问题是什么。要瞄准切入点、选准突破点、找准结合点。

  方法要扎实。拿破仑说："任何出色的战争，都是讲求方法的战争。"事实上，"任何有效的落实，也都是讲求方法的落实"。方法之于"落实"，就好像过河的船和桥一样重要。抓不抓落实，反映的是工作方法问题。抓落实的方法得当，就会收到事半功倍的效果。实践证明，"四动"是行之有效的方法。一是宣传发动。要营造上下同心、真抓实干的良好氛围。要善于造势，通过舆论引导、思想教育等多种方式，进一步提高广大干部群众对推进重点工作的重要性的认识，为抓好落实、推进重点工作鼓劲造势，努力形成一切围绕重点工作、一切为了重点工作的浓厚氛围。二是示范带动。要善于运用典型推动各项工作的落实。抓典型可以使人们比有参照、学有榜样、赶有目标。要站在全局的高度，结合中心工作，集中抓一些有影响力、有带动力的典型。要在各个领域树一批典型，抓一批重点，以点带面，推动全面。三是政策驱动。各项规章制度的制定和执行，是落实政策的重要保障之一。要根据大政方针，结合当地实际情况制定出详细的政策工作细则及各项保障政策落实的奖罚制度，提高大家的干事积极性和主观能动性。四是行政推动。落实的关键在领导。因此，领导推动抓落实，首先就是带头做表率。一项重点工作的推进程度从某种意义上来说就是领导干部的推动程度。特别是一把手，推进工作遇到困难的时候，就要身先士卒，冲锋在前，亲自抓，现场抓，一抓到底，抓出成效。

  作风要务实。抓落实关键在于转变作风。领导干部的作风，直接关系党的形象和战斗力，直接影响各项工作任务的实际效果。面对新形势新任务，能不能把各项工作抓好抓实、抓出成效，关键取决于各级领导干部能不能求真务实、埋头苦干，开拓进取、勇于创新，真正把党的路线、方针、政策落到实处。领导干部只有深入基层、深入一线，认真调查研究，才能了解真实情况、找准主要矛盾、抓住关键环节、解决实际问题，进而不断推进工作顺利进展。因此，各级领导干部应少一些应酬，多进行调查研究；少一些文山会海，多深入实际解决问题。在具体工作中，不喊哗众取宠的空洞口号，不做华而不实的表面文章，不提脱离实际的指标要求，而是扎扎实实、一步一个脚印地推动事业发展。一是重实际。要树立正确的政绩观，没有正确的政绩观，就会偏离抓落实的正确方向，就会在抓落实的表象下损害群众的利益。要坚持把抓落实的出发点放到对党负责、为民造福上，把坚持抓落实的落脚点放到办实事、求实效上，把坚持抓落实的着力点放到立足现实、着眼长远、打好基础、持续求进上。二是说实话。邓小平同志多次告诫各级领导干部要少说空话，多干实事，少说多做。现在，摆在我们各级党组织面前的事情，就是要鼓实劲，要切实解决实际问题，要踏踏实实地工作，一句话，就是要落到实处。追求表面文章，不讲实际效果、实际效率、实际速度、实际质量、实际成本的形式主义必须制止。说空话、说虚话、说大话、说假话的恶习必须杜绝。三是办实事。作为领导干部，落实党的政策不要停留在口头上，要为老百姓做出切切实实的事来。只有办实事，老百姓才能相信领导干部，才能拥护党的政策和方针。四是求实效。胡锦涛同志曾指出，在全党要大兴求真务实精神，大兴求真务实之风。求真务实是抓落实的基本原则和工作底线。求实效，才能体现政策的实用性、进步性和优越性。领导干部作为政策的贯彻执行者，应将求实效作为首要工作来抓。只有求实效，为人民服务才不会成为一句空话。

督查要求实。完成决策的制定和实施方案的部署，事情才只是进行了一半，还有更重要的一半就是要确保决策和部署的真正贯彻落实。抓落实，要建立健全严格的监督检查制度。工作有布置，没有检查，就容易走过场。因此，必须建立一套狠抓落实的监督检查机制。通过监督检查，掌握实情，发现问题，及时纠正；有了经验，迅速推广。一是要转变方式抓督察。方法得当，事半功倍；方法不当，事倍功半。抓督察也要讲究方式方法和技巧。如现场办公督察、巡回观摩督察、多方联合督察、领导上前督察，以此提高落实的效率、效果。二是专门力量抓督察。党委和政府督察部门是领导督察的延伸，起着十分重要的助手和推进作用。要充分发挥督察机构的作用，从明确目标，制订预案、方案，到督察活动的组织、督察结果的收集，都要全方位地参与，进行优质高效的服务和组织协调，促进工作的落实。三是注重实效抓督察。督促检查工作的出发点和落脚点是推动决策的落实，如果督察工作华而不实，做表面文章，甚至弄虚作假，不仅不能推动落实工作，反而会给落实工作造成被动，甚至损害形象。

五位一体爱南阳

※ 《南阳日报》2013年6月24日

爱家乡，是一种情怀和美德。南阳是我们的家乡，在建设大美南阳、活力南阳、幸福南阳的征程中，如何去爱我们赖以生存的美丽家园，值得每一位南阳人去思考。

研究南阳历史。"臣本布衣，躬耕于南阳。"南阳历史悠久，人杰地灵，文化厚重，是国务院较早命名的国家历史文化名城。我们要在传承历史文化中不断创新，让历史文化和现代文化相互融合发展，提升发展软实力。

认清南阳优势。我们要发挥人口数量和土地面积大、文化积淀厚、人文自然景观全、农副产品资源种类多、交通通信畅等独特优势，积极承接产业转移，努力探索出一条符合南阳实际、具有南阳特色的转型跨越、绿色崛起新路。

维护南阳形象。我们应从自身做起，从小事做起，从现在做起，更好地树立起良好的发展形象、开放形象、城市形象、企业形象、品牌形象、服务形象、创新形象、个体形象，并处处维护南阳形象，时时展示南阳风采。

投身南阳建设。加快建设步伐，坚持高水准规划引领，彰显"山水文林"特色，精心打造白河沿岸，提升首位度和宜居度、承载力和辐射力，努力建设一个彰显实力、魅力、活力与智力的如花似玉新南阳。

宣传南阳品牌。精心打造"四议两公开"工作法、编外雷锋团、玉雕、中医药等品牌，深挖南阳历史文化、自然风光、经济社会发展方面的亮点，加大对外宣传推介力度，拓展对外交流合作的领域和渠道，提高南阳在海内外的知名度，让南阳走向全国、走向世界。

好新闻是"走"出来的

※ 《新闻战线》2013年第8期；《南阳日报》2013年8月28日

新闻无止境，只要走就有收获，唯有走才能到达。

自"走转改"活动开展以来，南阳日报社坚持新闻源于实践，坚持把人民群众作为新闻报道主体，打造"三专"载体，做到专刊求新、专版创新、专栏出新，彰显报纸独特的风格；突出下农村、进社区、到外地三种形式走基层；明确三项要求，在文风上突出体现"新、真、深"，有力地促进了新闻宣传思维方式、采写方式、报道方式的转变。报社领导班子带领编辑记者，前后共组织10余组近300人次，分赴南召、西峡、邓州、卧龙等县市区，与南阳相关的南水北调中线工程沿线、丹江口库区移民安置区、全国生态建设先进地区、中原经济区沿济郑渝发展轴，深入基层一线开展采访活动，开辟专栏和系列报道，有效地提升了党报的吸引力、传播力、服务力和竞争力。

《中国新闻出版报》《河南报刊审读》对此给予高度评价，市委、市政府主要领导20余次作出专题批示。近几年，《南阳日报》先后获得中国新闻奖、中国地市报新闻奖、中国城市党报新闻奖和河南省新闻奖等省级以上新闻奖200多项，获奖等级和数量居全国地市党报前列。南阳日报社"走转改"的成绩来之不易，"走转改"的启示尤为深刻：只有走，才能贴近；只有走，才能出新；只有走，才能求真；只有走，才能写深。

只有走，才能贴近

实践出真知。基层是实践的主战场，工作实际是新闻的原产地，七彩生活是新闻的原材料，人民群众是新闻的真主角。走基层，就是让记者深入基层、让新闻回归现场，在新闻的源头吸取"氧气"和"养分"。让新闻回归现场，体现了马克思主义新闻观的本质要求，反映了新闻生产的内在规律，是杜绝虚假新闻的重要途径。

走进农村，贴近新农民。2011年，全省新农村建设如火如荼。9月2日，报社领导班子带领本报"走基层、转作风、改文风"采访团一行20余人，深入南召县新农村建设一线走访采风，扎实开展"走基层、转作风、改文风"活动，让编辑记者走进基层一线，让新闻报道散发泥土芳香，让清新文风体现在字里行间，并向本报联系点——南河店镇延岭沟村捐赠3万元。9月15日，报道组走进宛城区，以"市场化 规模化 品牌化"为题，推广了黄台岗镇发展现代农业的有益探索。

走进社区，贴近新生活。南阳日报社经常组织编辑和记者深入社区、走街串巷，倾听民声、了解民情。同时，根据不同季节，开展向社区送健康、送温暖、送清凉、送文化、送服务等活动，深受居民欢迎，收到群众赠送的锦旗和牌匾20多面（块）。2012年10月，本报"走基层、转作风、改文风"采访团深入西峡县回车 子岭社区，与新入住的居民围绕新社区建设，畅谈新感受，展望新生活。

走进企业，贴近新变革。2012年10月19日至20日，本报新闻评论组一行10余人，深入西峡县果然风情公司等企业走访采风，了解农业现代化龙头企业"公司＋农户"发展模式，挖掘新型"三化"协调科学发展中的新经验、新成就、新变革。同年10月，本报"走转改"采访组还深入到邓州市雪阳纺织、永泰棉纺、颐宝饮料等农业现代化龙头企业，挖掘新型农业现代化的领军人物。

走进工地，贴近新面貌。2012年10月，南水北调中线干渠工程加速推进，供水配套工程在邓州率先开工。当月26日，本报"走基层、转作风、改文风"采访团一行35人，到南水北调中线工程渠首和湍河渡槽建设工地，用笔头和镜头记录下国家行动的关键时刻一线建设者的劳动风采，服务国家工程的典型人物和经验做法,还有邓州人民为南水北调作出的牺牲和贡献。

新闻实践让本报编辑和记者深深懂得,"走转改"不是外在的形式,而是内在的精神;不是外化的活动,而是内化的习惯。唯有回归新闻规律、与基层形成良性互动、顺应时代发展趋势,唯有贴近实际、贴近生活、贴近群众,唯有把新闻写在大地上,唯有把新闻写进百姓心坎里,新闻才有生命力、亲和力和传播力。

只有走,才能出新

《南阳日报》将"走转改"活动作为强化队伍建设的难得契机,当成全国新闻媒体同台竞技的重大擂台,着力围绕舆论引导、新闻传播和服务社会"三个能力"的培养,设计科学的制度体系,让编辑和记者走得出、走得勤、走得远、走得深,让编辑和记者开辟新天地、报道新境界、写出新精彩。

沿着南水北调中线干渠,从南阳走到京、津、冀。2010年10月27日至12月4日,本报与市南水北调中线工程领导小组办公室联合发起了"南水北调中线行"采风活动,组成了15人的采风团,历经39天,途经天津、北京两个直辖市,郑州、石家庄两个省会城市以及商洛、南阳、邯郸、保定等11个省辖市,行程6000多公里,相当于一个万里长征,既宣传"南水北调"的重大意义,又宣传南阳的文化、经济、民情等,破解新闻正面宣传难题。

沿着全国农运会举办轨迹,从南阳走到前六届举办地。2011年11月30日,本报"精彩农运借智六城行"大型采风活动正式启动。在接下来20天里,采访小组兵分两路,走进全国农运会前六届举办城市北京、湖北孝感、上海、四川绵阳、江西宜春和福建泉州,采访全国农民体协相关领导及六个城市当年筹备工作的参与者、见证者等,以进一步营造全市上下同心谋"两争"、激情迎盛会的浓厚氛围,努力做好第七届全国农运会各项筹备工作。

沿着生态经济崛起带,从南阳走到苏、鲁、赣。在中原经济区规划中,南阳被定位为高效生态经济示范区。2012年12月,为了借鉴外地经验,推动南阳促进生态与经济社会协调发展，本报派出骨干记者和市委政研室工作人员组成课题组，先后奔赴苏、鲁、赣三省，行程万里，从不同侧面挖掘、总结、介绍了江苏省无锡市、山东省德州市和江西省赣州市发展生态经济的好经验、好做法，对南阳具有较强的指导意义。

沿着直通西南发展轴，从南阳走到济南、郑州、重庆。国务院去年年底正式批复的《中原经济区规划》显示依托连接重庆、郑州、济南的运输通道，培育形成连接山东半岛、直通大西南的区域发展轴。本报于龙年岁尾，专题开展了"中原经济区沿济郑渝发展轴纪行"采访活动，跨3省，走6城，往返3000多公里，历时月余，依次对济南、聊城、濮阳、郑州、平顶山、重庆进行采访，实地感受了六市发展新思路、新措施，为南阳发展提供了有益借鉴。

沿着南水北调中线源头，从南阳走到豫、鄂、陕。2013年是南水北调中线工程通水前关键一年。作为南水北调中线工程水源区，丹江口库区及上游水质牵动着亿万人民的心。3月27日，本报策划的"南水北调中线探源"大型采风活动启动，派出报道组深入到市内西峡、内乡、淅川、邓州，赶赴陕西汉中、安康、商洛和湖北十堰等地，集中展示核心水源地三省五市人民联合治污、保护水质的成果，为安全通水营造良好的舆论氛围。

沿着务工创业人的足迹，从南阳走向全国。2012年以来，本报开办"南阳人务工创业走四方"专栏，并派出得力记者，跟踪创业人的足迹采访，先后到东南沿海、云贵高原、大西北……目前已刊发报道60多篇。记者走四方采访，带去了老家人对在外务工创业人员的关注关心，扩大宣传南阳在全国叫得响的劳务品牌，也为返乡创业者搭起了解家乡、招商引资的平台。如今，外出创业的队伍年年在扩大，他们创业有成，支持家乡经济社会建设。

"走转改"实践再次印证了这一点，要在同质化竞争中胜出，编辑记者必须做到眼中有群众、心中有思考、胸中有大局，善于抓住党和政府重视、人民群众关切的重大问题，深入调查研究，提升思想境界，使新闻报道更加贴近实际、厚重扎实，更好地服务工作大局。

只有走，才能求真

面对网络信息传播碎片化、虚假信息泛滥等现象，传统媒体担当起"信息传播要权威完整准确"的重任。"走转改"活动中，本报组织编辑和记者深入南水北调丹江口库区移民一线，奔走基层，贴近移民乡亲，与他们共同走过前后历经5年刻骨铭心的搬迁路，还原事实，还原真相，彰显出市委党报的强大优势。

移民前时期，跟紧搬迁脚步，鼓士气快搬迁——

2008年12月，全省移民试点工作刚动员。顶着呼啸的寒风，本报特派记者先后到平顶山市宝丰县、漯河市临颍县、许昌市许昌县、郑州市中牟县、新乡市原阳县，以及市内邓州、新野、唐河、社旗等县市采写深度报道，为搬迁在即的库区移民勾勒出了新家的"俏"模样和"婆家"的积极行动。2009年1月，本报记者进驻淅川县金河镇姚湾移民村，对移民"最后一个故土春节"进行报道。6月下旬，本报推出"移民列传"系列报道，大张旗鼓宣传移民政策和移民牺牲奉献精神。

大移民时期，跟随搬迁大军，及时进行报道——

在报道角度上全景式的展示。围绕新闻事件的现场动态和矛盾发展的各个层面，进行了原生态、透明化、全景式的呈现。2010年《唯一孤岛大搬迁35小时》《本报记者亲身体验最远大搬迁》，2011年《老移民的军礼》等重大报道，采用现场报道和纪实手法，很好诠释了以人为本的移民理念。

在报道尺度上对于矛盾的正视。特别是在谣言四起、以讹传讹之时，本报做到公共信息不迟报、不瞒报，澄清事实、引导舆论。2010年4月20日，淅川县大石桥乡西岭村发生堵塞道路事件。次日，本报刊发《淅川县抓获一批干扰移民迁安犯罪嫌疑人》，客观讲述了事件发生全过程，有力驳斥了网络传言。2011年5月5日，本报推出《西岭移民观察》，用事实说话，使各方面权威声音很好地得到了传达。

后移民时代，跟踪搬迁典型，树榜样快致富——

2010年12月27日至2011年2月17日，"新移民·新家园·新生活"特别关注采访团顶风冒雪，立体纵深地展示了全省6个省辖市对试点和第一批移民安置情况。2011年，本报推出了移民故事会，整理挖掘珍贵的移民资料。2012年5月至12月本报推出《走进移民新生活》，为乡亲致富奔小康营造良好的舆论环境。

实践证明，面对海量信息的包围，传统媒体只有发挥专业特长，深入新闻现场，扎实调研采访，以权威的信息发布、全景式的信息呈现，尊重事实，还原事实，维护事实，才能不断巩固传统媒体的竞争优势，不断提升传统媒体的公信力、影响力。

只有走，才能写深

网络时代不缺乏信息，但缺乏对信息的深入解读。本报在"走转改"活动中，通过调研采访，剖析事实、分析背景、阐发缘由、挖掘内涵，以深度解读有效引导社会舆论，取得良好效果。

典型引路，从"点"上解剖经验做法。2010年7月中旬至8月初，本报采访组走进邓州市十林镇朱营村，从村镇规划、产业支撑、发展载体、工作抓手等实践，解读邓州新农村建设经验。8月9日，本报重磅推出大型深度报道《小村庄犹如大都市——从朱营实践看邓州"新村模式"》，并引起中央党校专题调研组的关注。还推出《西峡企业家现象探析》《从"安居工程"到"乐业工程"》等报道。

溯本求源，从"线"上解析制度建设。2011年11月中旬至12月初，本报采访组风尘仆仆，深入南阳市新农村建设一线采访，思考南阳新农村建设是如何破解"钱从哪里来""农民往哪里去""新村怎么建""就业怎么办"等诸多难题的。12月9日起，连续3天推出《新农村建设"南阳模式"调查》上、中、下三篇深度报道，从城乡变化开始，深入思考建设模式、资金筹措和制度保障等，为全市加快新农村建设提供了理论基础和舆论环境。另外，2012年《全民健身·共享农运》特别报道等多次引起市主要领导的关注批示。

宏观把握，从"面"上解释成功之路。本报开创性地抽调业务骨干组成课题组，根据市委、市政府阶段性工作重心，开展大型课题攻关。2012年11月，国务院正式批复《中原经济区规划》，其中南阳元素多达72处，南阳在国家战略中迎来重大的发展机遇。面对千载难逢的发展机遇，本报课题组超前谋划，积极组织，主动进行加快中原经济区南阳主体区建设的对策研究，于2013年5月11日用了两个版面隆重推出《聚合发展正能量共铸美丽新南阳》，恰逢市"两会"，引起全市人大代表、政协委员的热烈讨论。进入6月，课题组完成调研之后写成《奋力谱写南阳新篇章》，在全市上下引起了强烈反响。

"走转改"，只有起点，没有终点。"走转改"从本质上讲，是一条回归之路，回归朴素的新闻规律，回归熟悉的群众观点，回归真理的实践检验，回归求是的思想路线；更是一条升华之路，在新的时代背景下，进一步明确新闻工作的定位、找准新闻工作的坐标，更好地履行新闻工作者职责，为推动经济社会又好又快发展、全面建成小康社会和实现中国梦营造良好的舆论氛围。

大美南阳之灵魂

※《南阳日报》2013年9月23日

南阳，文化灿烂，享誉世界。建设大美南阳，繁荣文化是灵魂。

文化大繁荣，首先在于确立大思路、大气魄、大投入、大发展、大格局的指导思想，突出名人效应、文化品牌、园区带动、产业开发、基础建设五个重点，采取专门班子、顶层设计、项目支撑、合作共赢、研究推介等保障措施，坚持文化建设与生态、教育、产业、旅游、城镇建设有机结合，运用历史的、具体的、联系的、系统的、发展的观点，抓文化建设，促文化繁荣，建大美南阳。

文化，蕴藉南阳之大美，绽放南阳之光辉！

四、读书方法篇

　　王充是东汉时期的唯物主义哲学家、文学家。他从小酷爱读书,但家境贫寒无钱买书,于是他就跑很远的路到洛阳书铺里去读书,并把自己认为有价值的内容摘记下来。

王充"摘与写"读书法

※ 《南阳日报》2011年1月21日

王充是东汉时期的唯物主义哲学家、文学家。他从小酷爱读书,但家境贫寒无钱买书,于是他就跑很远的路到洛阳书铺里去读书,并把自己认为有价值的内容摘记下来。

到了青年时期,王充读书更加刻苦,为了方便摘记,他把笔、墨、砚放到随手可以拿到的窗台上、书架旁和壁橱里。他认为读书作摘记,既能帮助进一步理解、记忆,还可积累大量知识,作为日后考察研究的资料。在摘记的同时,他还坚持写读书心得,在他看来,能把学习的东西连成篇章、著书立传也是一种应用。王充就是利用这种边摘记、边写作的方法,坚持数年写出了20余万字的古代哲学重要著作《论衡》一书。

梁章钜"精熟一部书"读书法

※《南阳日报》2010年12月1日

梁章钜，嘉庆进士，官至江苏巡抚。他博览群书，著作颇多，有《退庵随笔》《文选旁证》《制义丛话》《归田琐记》等。

梁章钜用领兵要有亲丁、交友要有挚友为比喻，说明读书要采取"精熟一部书"之法，只有这样才能触类旁通，举一反三。所谓精熟，则要做到"烂熟，字字解得道理透明，诸家记俱能辨其是非高下"。如何才能做到这样呢？文曰："读书要有记性，记性难强。要练记性，须用'精熟一部书'之法。不拘大书小书，能将这部烂熟，字字解得道理透明，诸家记俱能辨其是非高下。此一部便是根，可以触悟他书。如领兵十万，一样看待，便不得一兵之力；如交朋友，全无亲疏厚薄，便不得一友之助。领兵必有几百亲丁死士，交友必有一二意气肝胆，便此外皆可得用。何也？我所亲者又有所亲，因类相感，无不通彻。只是这部书，却要实是纯粹无疵、有体有用之书，方可。倘熟一部没要紧的书，便没用。如领兵，亲待一伙没用的兵，交友，却亲待一伙没用的友，如何联属得他人。若亲待一班作奸犯科及无赖之徒，则更不可问矣。"

曾国藩"专一"读书法

※ 《南阳日报》2010年12月17日；《中直党建》2010年第4期

曾国藩（1811—1872）是清代著名官吏，字伯涵，号涤生，曾任内阁学士、兵部侍郎、两江总督等职，在政治、治家、治学、治财、治军等方面，都有一整套见解和看法。在读书求学方面，他有一个重要观点就是必须专一。

读书求学一定要注意专一，这是曾国藩一再强调的，并且把这列为"于读书之道，有必不易者数端"之首，可见其重视的程度。"专一"在这里不仅是指读书心思之专，而且也是指读书范围之专。如他读书，读得最多的是经、史。但对经、史这类书，他仍强调要专门阅读，不可拉杂。正像他在给兄弟的信中说："穷经必专一经，不可泛骛。"意思是说，如要彻底穷究弄通经学的道理，必先专究一经，不要再分心于其他东西。

在另一封信中他谈到读《史记》时又说："尔既看《史记》，则断不可看他书。功课无一定章法，但需专耳。"意思是说，你既然看《史记》就不要看其他书。功课是没有一定成法的，只是必须专心罢了。并指出："弟三月之信所定功课太多，多则必不能专，万万不可。"不仅是读经、史，即使是读诸子百家和文学作品，也要有个专一的态度和方法。他在给六弟的信中说："若夫经史而外，诸子百家，汗牛充栋。或欲阅之，但当读一人之专集，不当东翻西阅，如读《昌黎集》，则目之所见，耳之所闻，无非昌黎。以为天地间除《昌黎集》而外，更无别书也。此一集未读完，断断不换他集，亦专字诀也。六弟谨记之。"当时他的六弟正在学诗，并准备从元好问编选各家诗作的《中州集》入手，曾国藩在给他的回信中虽不反对，但以他的目光来看，还是以为读一人的专集为好。他说："学诗从《中州集》入亦好，然吾意读总集，不如读专集。"他甚至还提出了"经则专守一经，史则专熟一代"的主张。

林语堂"品"字读书法

※《南阳日报》2011年1月14日

林语堂是中国现代文学大师、哲学博士、教授，历任北大、北师大、女师大教授和厦门大学文科主任等职。主编过《论语》《人世间》《宇宙风》等，先后译著了数以千计的散文、杂文、小品文、随笔等。

他认为"品"字读书法，在于使人品尝到书中的优雅和风味。他说："读书须先知味，这味字，是读书的关键。所谓味，是不可捉摸的，一人有一人的口味，各不相同，所好的味也相异，所以就必须知其所好，始能读出味来。"

他把品味看成是读书的整个目的，而抱着这个目的去读书才能称得上是一种艺术。他认为这种读书法对一个人的谈话是否有味很重要，如果掌握好了，读者获得了书的滋味，那么他在谈话中也会有滋有味，他所写的文章也不会无味。他说："我把有味或有兴趣认为是一切读书的钥匙。"

林语堂还发现：同是一本书，同是一个读者，一个时候便可以读出一个时候的味道来。未见名人的面时，读名人的文章，是一种味道；等见了这个名人，通过交谈之后，再读他的文章，就会有另外一层的味道。当熟悉的人绝交之后，或者他的年龄变老了，读起他的作品也会另有一番味道。他说："一切好的书，都可以在读第二遍的时候获得益处与温故而知新的好处。"

品尝味道去读书是一种享受和乐趣，当我们打开不同的书时，感觉就像接触了不同类型的最健谈的人。这个人会引导你与他讨论一些你从来不知道的知识。

唐弢"攻破一卷"读书法

※《南阳日报》2011年1月7日

唐弢是现代著名作家、文学理论家,研究鲁迅文学的学者,曾担任中国社会科学院文学所研究员。

20世纪30年代,他在上海与鲁迅结下亲密的师生之谊。鲁迅辞世后,他参与了《鲁迅全集》1938年版的编校工作。主要作品有《海天集》《唐弢杂文集》《鲁迅全集补遗》及其续编等。

"攻破一卷"读书法,就是"博览群书,攻破一卷"。这是一种多角度、多侧面、多层次地深入精读一本书的方法。

唐弢说:"所谓读破,是读两三遍以至数十遍,每次读时改变注意重点,有时是文章思想,有时是表现方法。""攻破一卷",不是叫人只死啃一卷,一生只读一卷书,更不是否定博览群书,而是强调每读一本书,都要做到深刻理解,完全领悟。

唐弢喜欢读书,更加爱惜书。他在上海居住时,敌机时常侵扰,一天几次警报,家家户户焚书、撕书,成批的书被当做废纸卖掉,而唐弢却偏偏买书。他说:"夜深了,一灯如豆,万籁俱静。于是,我偷偷地捧出一批书来,翻着,读着……年复一年,正是这些书籍,它们始终伴随着我,和我一起度过了数不清的饥寒交迫的日子,度过了数不清的惊涛骇浪的时刻,最后又和我一起迎接了东方的黎明,牢牢守护着我所寄托的往昔的印象和记录。"

在博览的基础上,要结合自己的特长、爱好、专业,抓住主要著作进行精读,做到博专结合。

"攻破一卷",重在"破"字,怎样才算破呢?这就要在读书时,做到多思、多记。重点的内容还要做到"熟读成诵",这样才有利于更好地吸收书中营养,提高学习效率。

高尔基"横下一条心"读书法

※ 《南阳日报》2010年12月31日

俄国伟大的文学家高尔基从小喜欢读书。不论生活怎样艰苦，他都能自始至终横下一条心，刻苦读书学习。

高尔基在一家裁缝店当学徒工时，白天他擦铜器、刷地板、劈木柴，累得筋疲力尽。晚上，他躲开店老板的监视，偷偷地用罐头盒做了一盏小油灯，趁主人没留意，悄悄地收集一点烛盘里的残油。在夜深人静时，高尔基便躲到板棚的一个角落，借着微弱的灯光读书学习。他读起书来很专心，把所有的疲劳都忘掉了。

一天夜里，老板起来上厕所，忽然发现板棚里有一丝光亮。他很奇怪，走近一看，原来是高尔基在读书。老板追问他从哪儿弄来的灯油和书。高尔基被这突如其来的事情吓坏了，他真怕老板一气之下把书撕了。从那以后，店老板更加严密地监视高尔基，他再也没有机会弄到灯油，但他又实在想读书，他想等明月高悬时，也许能够借助月光来读书。

终于等到月圆的晚上，高尔基把藏在炉灶下的书拿出来走到窗前。月光透过窗子照在书上，可不管高尔基怎样努力，也无法看清那些密密麻麻的铅字。他从架子上拿下一个铜镜，想利用光的折射来看书，但还是无济于事，仍然无法看清楚。最后，高尔基只好壮着胆子爬到神台上，在神像前的长明灯下读书。

高尔基不但喜欢读书，而且爱护书。一次，房子着火了，火越烧越大，别人都抢救值钱的东西，可他却什么也不要，只抢救自己的书。

高尔基就是在这样极其艰苦的环境中横下一条心读书学习。他凭着无比坚强的毅力和信心，坚持读书和写作，写出了长篇小说《童年》《在人间》《我的大学》《母亲》，成为俄国伟大的文学家。

韩愈"提与钩"读书法

※ 《南阳日报》2011年2月25日

"唐宋八大家"之一的韩愈,读书非常勤奋,他在《进学解》中写道:"记事者必提其要,纂言者必钩其玄。"

他的这种"提要钩玄"学习法主要是要求在读书时,抓住文章的要点和主旨,重点掌握,深入阅读,取其精华;要求在写作时,抓住中心,编写提纲,探寻深奥的观点,突出精髓的部分。"提要钩玄"前提在于勤奋,关键在于判别。勤奋就是做到勤读、勤记、勤思考;判别就是在勤奋的基础上,严于鉴别,区分真与伪、轻与重、主与次,真正做到提其关键,钩其灵魂。

陆九渊"平与和"读书法

※ 《南阳日报》2011年3月25日

南宋时期的哲学家、教育家陆九渊在《陆象山语录》中有这样一首诗:"读书切戒在慌忙,涵泳工夫兴味长。未晓不妨权放过,切身须要急思量。"诗中意思是说,在读书时不要忙乱,做到心平气和。对于某些疑难之处,要先略过,不要死盯住不放,要像慢慢游泳一样在悠闲中得其真味,久而久之,有些问题自然就会明白。

陆九渊靠此学习法,一生写下了《象山先生全传》《陆九渊集》等许多著述。对此学习法,当代学者邓拓作过这样的评价:"宋儒理学的代表人物中,如陆九渊的读书经验也有可取之处,《陆象山语录》有一则写道:'如今读书且平平读,未晓处且放过,不必太滞。'"

秦牧"牛嚼""鲸吞"读书法

※ 《南阳日报》 2013年3月1日

当代著名作家秦牧,每天都要阅读大量的书报杂志,广博地积累知识。结果,他写出的作品宛如由知识的珠宝穿成,闪耀着独特的光彩。秦牧谈到读书时,主张采取牛和鲸的吃法,即"牛嚼"与"鲸吞"。

什么叫"牛嚼"呢?他很形象地说:"老牛白日吃草之后,到深夜十一二点,还动着嘴巴,把白天吞咽下去的东西再次反刍,嚼烂嚼细。我们对需要精读的东西,也应该这样反复多次,嚼得极细再吞下。有的书,刚开始先大体吞下去,然后再分段细细研读体味。这样,再难消化的东西也容易消化了。"这就是"牛嚼"式的精读。

那什么叫"鲸吞"呢?秦牧具体地解释道,鲸类中的庞然大物——须鲸,游动时俨然像一座漂浮的小岛。但它却是以海里的小鱼小虾为主食的。这些小玩意儿怎么填满它的巨胃呢?原来,须鲸游起来一直张着大口,小鱼小虾随着海水流入它的口中,它把嘴巴一合,海水就从齿缝中哗哗漏掉,而大量的小鱼小虾被筛留下来。如此一大口一大口地吃,整吨整吨的小鱼小虾就进入鲸的胃袋了。人们泛读也应该学习鲸的吃法,一个想要学点知识的人,如果只有精读,没有泛读,如果每天不能"吞食"几万字的话,知识是很难丰富起来的。单靠精致的点心和维生素丸来养生,是肯定健壮不起来的。

"牛嚼"与"鲸吞",二者不可偏废。既要"鲸吞",要大量地广泛地阅读各种书籍,又要对其中少量经典著作反复钻研,细细品味。如此这般,精读和泛读就能有机地结合起来了。

巴金"静坐回忆"读书法

※ 《南阳日报》 2013年3月8日

　　著名作家巴金的读书方法十分奇特,因为它是在没有书本的情况下进行的。读书而无书的确算得天下一奇了,这到底是怎么回事呢?巴金说:"我第二次住院治疗,每天午睡不到一小时,就下床坐在小沙发上,等候护士同志两点钟来量体温。我坐着,一动也不动,但并没有打瞌睡。我的脑子不肯休息,它在回忆我过去读过的一些书、一些作品,好像它想在我的记忆完全衰退之前,保留下一点美好的东西。"原来他的读书法就是静坐在那里回忆曾经读过的书。

　　这样读书有许多好处:

　　一是不受条件限制,可以充分利用时间。巴金列举了两个例子:一个是苏联卫国战争期间,列宁格勒长期被德军包围的时候,有一位少女在日记中写着"某某型,《安娜·卡列尼娜》"一类的句子。当时没有电,也没有蜡烛,整个城市实行灯火管制,她不能读书,而是在黑暗中静坐回忆书中的情节。托尔斯泰的小说帮助她度过了那些恐怖的黑夜。另一个例子是他自己在"十年动乱"中的亲身经历。他说:"'文革'期间要是造反派允许我写日记,允许我照自己的意思写日记,我的日记中一定写满了书名。人们会奇怪:我的书房给贴了封条,加上锁,封闭了十年,我从哪里找到那些书来阅读?他们忘了人的脑子里有一个大仓库,里面储存着别人拿不走的东西。"这两个事例说明,在不具备正常读书条件的情况下都可以"读书"。

　　二是温故而知新。通过回忆,将过去读过的书拿出来一点点地咀嚼,就像牛反刍一样，能进一步消化吸收。每回忆一次都会有新的理解，新的认识，新的收获。

三是能够不断地从已读过的书中吸取精神力量。巴金说："我现在跟疾病作斗争，也从各种各样的作品中得到鼓励……即使在病中我没有精神阅读新的作品，过去精神财富的积累也够我这有限余生消耗的。一直到死，人都需要光和热。"

顾炎武"三读结合"法

※《南阳日报》2012年10月12日

顾炎武是明末清初的杰出思想家。他在45岁时开始了长达20年的漫游生活，为后人留下了《日知录》《音学五书》《天下郡国利病书》等56本专著，计510卷。

顾炎武一生博览群书，勤奋写作。在学习中，他总结出了"三读结合"学习法，即复读法、抄读法和游读法。

一、复读法。把阅读过的书，再重读多遍。

二、抄读法。一边阅读，一边抄录，既动手又动脑，有助于提高学习效率。顾炎武在读《资治通鉴》时，读完一遍，也工整地抄了一遍。母亲问："咱家有《资治通鉴》，你随时可以翻看，为什么还要另抄呢？"他说："这本书写得太好了，我怕一遍读不透，记不牢，抄录一遍印象更加深了。"

三、游读法。一边读书，一边游历名山大川，了解风土人情。做到"读万卷书，行万里路"。顾炎武一生俭朴，行路时"一骡两马，捆书自随"，他骑在一匹马上，另外一马一骡驮着筐，筐里装着书。他游历山川，行程两三万里，一路读书达一万余卷。

顾炎武的"三读结合"学习法，是一种开阔视野的学习方法。他说："有一日未死之身，则有一日未闻之道……人之为学，不日进则退。"

叶圣陶层层深入"三读"法

※ 《南阳日报》2012年10月19日

叶圣陶是我国著名的文学家、教育家和政治活动家,生前曾任全国政协副主席、中国作协顾问等职。

他在数十年的教学、创作、编辑生涯中,总结出了一套层层深入读书法。层层深入读书法是指对重要的书籍或文章分为初读、复读、再读三层来进行。

一、初读。分为求疑、答疑、复核三个步骤。在阅读时找出疑难问题,然后认真思考,力争得出答案,最后再查找参考书和注释,验证自己的答案是否正确。

二、复读。在初读的基础上再认真仔细地阅读。深入了解作品的脉络、思路、要点及写作技法。复读是对初读的补充。叶圣陶说:"复读一遍,明了全篇或全章全节的大意。"

初读和复读,就是在阅读时要"钻"进书里去。

三、再读。在初读和复读的基础上,再次认真地读一遍。在再读时应该"跳"出书来。叶圣陶说:"最后细读一遍,把应该记忆的记忆起来,应该体会的体会出来,应当研究的研究出来。"

层层深入"三读"法,也可以叫做"钻进跳出"读书法。掌握了这种方法,在读书学习时,能够加深理解和记忆,并有助于提高阅读、欣赏、理解、分析的能力,可收到事半功倍之效果。

钱歌川"三书主义"读书法

※ 《南阳日报》2012年12月7日

钱歌川教授早年留学日本，1936年赴英国伦敦大学进修英语，归国后任武汉大学教授，并曾先后任台湾大学、新加坡大学、南洋大学教授。著有《秋风吹梦录》《客边琐话》《篱下笔谈》等文集。

他主张"三书主义"，即教书、读书和著书。以教学促进读书，由读书产生著书。他说："我把平日的读书心得，运用到教书讲义上，最后把讲义付诸梨枣，从而达到三书主义的实现。"

钱歌川读书时，抓紧时间，不讲条件地多读、勤读，养成了一种习惯性的读书方法。他在《读书的习惯》一文中做过这样的阐述："人类的知识大都是从眼睛输入的，用耳朵听来的东西，毕竟有限……学生治学，固然要听，但是更重要的还是在读。因为勤读胜于勤听，名师讲授，同学共享。只有自修，才是一人独得。"

他学习不分条件，不受任何客观环境的限制。有些人忙这忙那，似乎没有时间读书。他却认为再忙也能挤出时间读书。他说："其实，他们并不是不能读书而只是不去读书罢了。要读书谁都可以读，决不受任何限制。读书的条件就在养成读书的习惯，其余皆不足道……我认为要读书不可等待那种无尽悠闲的到来才开始，应该随时随地利用空余时间来读，把那种读书的习惯，织入我们的生活中去，作为我们日常工作的调剂品。那么，事也做了，书也读了，一点光阴也没有虚掷。"

运用钱歌川的这种方法，能积极地把所有空闲时间利用起来读书学习，会使知识日积月累、融会贯通。

牟世金"三个比喻"读书法

※ 《南阳日报》2012年11月9日

　　山东大学中文系教授、古典文学研究专家牟世金，出版过多种著作，他的《雕龙集》一书曾被评为山东省文学创作一等奖。

　　牟世金有一套独特的学习方法，用生动形象的比喻可把他的学习方法总结为"友""敌""师"三个字。

　　一、友。"友"是说与书交朋友，经常和书打交道。交朋友有个"深交"与"广交"的问题，但他认为深交与广交要结合。因为学习犹如金字塔，既要广大又要有高度。交朋友当然希望越多越好，但朋友还有厚薄之分，谁都希望能够多一些友谊深厚的朋友。所以牟世金日常生活总是省吃俭用，尽可能地自备必要的书籍，身边有了经常接触的"朋友"，才能更好地了解它、熟悉它。

　　二、敌。"敌"是指不能一味地相信书。牟世金说："如果把所有的书籍都当做忠实可靠的朋友，势必会吃亏上当。"他还说，"把书视为敌人才能洞察其虚实，辨别其真伪，识其精华，而补其不足，攻而破之，做得出学问来。"他认为孟子的"尽信书，则不如无书"很有道理。他说："读书，要是张开一个大口袋，日复一日地往里装，读点什么就装进去，勤则勤矣，但装满了口袋，却依然故我，虽多无益。因为没能做到学以致用。读书要像对待敌人一样，才会有所发现，有所收获。"

　　三、师。"师"是指既不能单纯地以书为友，也不能单纯地以书为敌，要分清友、敌，拜书为师。也就是说，错误之处该攻下的攻下，该扫掉的扫掉。对于正确的，就该改友为师，虚心求教了。

"友""敌""师"三者要有机地结合，不能孤立对待。只是以书为友，学问不是自己的东西，有时会造成错误；只是以书为敌，学问不能成为自己的东西，永远也学不到知识；只有把两者有机地结合，拜书为师，才会从中获得学问。

夏承焘"三点体会"读书法

※ 《南阳日报》2012年11月2日

夏承焘是中国著名的词学研究家，曾任杭州大学教授，毕生致力于词学研究，著有《唐宋词人年谱》等二十多部著作。

他从小酷爱文学，喜欢读书，热衷于诗词研究。浙江温州师范学院毕业后，便从事教学工作。他利用课余时间博览群书，阅读了两个图书馆的大部分藏书。为了节省时间，他干脆把家搬到图书馆附近。

在多年的刻苦学习中，他总结出了"三点体会"读书学习法。这种方法可以概括为"小""少""了"三个字。

一、小。用版式小的本子做笔记。小本子携带方便，可以装进衣袋里，随时记笔记。夏承焘写读书笔记的习惯是受清代学者章学诚的启示。章学诚说："读书如不立即做笔记，犹如雨落大海无踪迹。"夏承焘最早是用大本子记笔记，但不好整理，用时也不方便。后来他改用小本子记。他给小本子取名为"掬沤录"。

二、少。意思是说记笔记的内容要精。要勤记、精记、挑要点记。不要把一些无关紧要的内容记在里面，尽量把内容提炼精致，这样易整理、易温习、易使用。夏承焘说："做笔记要通过思考，经过咀嚼然后才下笔，切忌提笔就写。"这说明，记笔记要与思考结合起来，一味地抄写，写了一大片，甚至有些语句意思连自己都弄不懂，那样记不仅没有成效，反而徒劳无功，费时费力。

三、了。"了"是要求对所记的内容彻底了解，然后再记。夏承焘曾被戴东原的这段话所困惑："第一流的老师，教不出第一流的学生。第二、三流的老师却可以教出第一流的学生。"为了领悟这段话的道理，他曾多次与人讨论，最终才有所了解：只有老师不以第一流的权威自居，不以自己的学术框框限制学生，把自己的所学毫无保留地倾囊相授，才会培育出第一流的学生来。"了"，还有另外一个含义，就是读书要明了，记笔记的意义也要明了，知道自己该记什么，为什么要记。

茅盾"反复三遍"读书法

※ 《南阳日报》2012年11月30日

茅盾是中国著名作家、文学评论家,曾任文化部部长、中国作家协会主席等职。他的主要作品有《子夜》《林家铺子》等。

"反复三遍"读书法,就是说在读书或读文章时,至少要读三遍,采取粗精结合、学用结合的消化式阅读。

茅盾说:"读名著起码要读三遍:第一遍最好很快地把它读完,这好像坐飞机上鸟瞰桂林城全景;第二遍要慢慢地读,细细地咀嚼,注意到各章各段的结构;第三遍就要细细地一段一段地读,领会,运用,这时要注意到它的炼字炼句。""反复三遍"读书法的整个过程如下:

第一遍,粗读。对一本新书,先大略地读一遍。粗读、全读、快读是第一遍读书的特点。粗读时,对书中不认识的字、不理解的句子、不明白的文章段落,先不去仔细研究和推敲,只是简单地做个记号,等以后再去处理。全读,是把整个文章全部读完,让大脑留下初步的印象。快读,就是趁热打铁一鼓作气把书读完。

第二遍,精读。在第一遍粗读之后,大脑中已经留下了初步的印象。在此基础上,再作精读。慢读、细读、深读是第二遍读书的特点。慢读,就是要放慢读书的速度。细读,就是对每个字要读准,每个词要理解,每句话要知其意。对某些存留疑点的地方,要通过查资料、找工具书或向他人请教的方法来彻底解决。就像老牛反刍那样,一点一点地慢慢咀嚼,细细品味。深读,就是要深入文章里面去,把文章的层次、结构、字里行间的意思、各部分之间的关系、写作的特点、时代背景、作者的写作思路和写作手法都读透。理解文章强调什么、反对什么、赞扬什么。

第三遍，消化。在第一遍粗读和第二遍精读的基础上，弄通整个作品的意思，反复琢磨，仔细推敲，边读边思索。对书中的语法用词，要细细品味，消化理解。对书中的精华之处，要牢牢记住，并为自己所用。第三遍的消化读书过程，就是从"情感上感动"到"理智上感动"的过程。

徐特立读书法

※《南阳日报》2012年12月21日

徐特立一生致力于社会主义的教育事业，党中央曾评价他"对自己是学而不厌，对别人诲人不倦"，称其为"中国杰出的革命教育家"。他的读书方法是：

日积月累法。他学《说文解字》时，把540个部首分作一年来读，每天只读两个字。他教学生学这些部首时，只要求他们每天记一字，两年学完。他在43岁时开始学外文，用的也是这个方法：每日学一个生字，一年学365个字。这样持之以恒，终于学会了法文、德文和俄文。他说："读书常患'走马观花''狼吞虎咽''囫囵吞枣'病，随读随忘。不切实际的贪多，既不能理解又不能记忆。我的读书方法总是以'定量''有恒'为主。"

古今中外法。徐老小时候读过很多古书，后来又出国攻读自然科学和社会科学，知识极其渊博。他主张读书面要广一些，古今中外的书都要读。"把古今结合，中外结合，变成我的。像吃牛肉也好，吃狗肉也好，吃下去，把它变成我的肉，这就对了。"

借书摘抄法。摘抄要选择，在选择中加深理解。选择必须分析，通过分析才能掌握要领。徐老在湖南时，听说书报流通社有《联共(布)党史》，就去借来。在学习下册时，他就是采用抄读的方法。但他不是全抄，而是摘抄，并且作详细的分析，结果他对下册的理解就比上册深刻。后来，即使在买书不难的情况下，他也主张抄一点书，因为这样可以眼、手、心三到，便于深刻理解。

章衣萍"三个把握"读书法

※ 《南阳日报》 2013年1月4日

章衣萍是中国著名作家。他的作品有诗集《深誓》《种树集》，短篇小说与杂文合集《古庙集》《小娇娘》《烦恼的春天》《樱花集》等。他把读书学习的方法总结为"三个把握"。

一、把握熟读。

章衣萍说："我幼时记性很好，有时每篇书念50遍就能背诵了。但我的祖父以为就是能背诵了也不够，一定要再念50遍或100遍。往往一篇书每日念到400遍。"他认为虽然这种熟读苦些笨些，但可取之处也是有的，幼时所读的书到现在还有很多能够背诵，熟读自有熟读的好处。

二、把握多读。

章衣萍酷爱读书，由于生活条件不允许他买太多的书，他只能想尽办法借书来读。凡是他能借到的书，他都要借来读。这种多读，使他积累知识越来越多，并开始自己动笔写作。

三、把握限期读。

限期读就是借到或买来一本书后，要求自己一定要按期限读完。这是章衣萍强迫自己读书学习的一个方案。他经常利用限期读书的办法，鞭策激励自己珍惜分秒的光阴多读书。

他的"三个把握"读书法，对于求学者来说，非常有意义。

爱因斯坦"总分合"读书法

※ 《南阳日报》 2013年1月11日

爱因斯坦是世界上伟大的物理学家，他在物理学上有着重大贡献，著名的相对论就是他提出的。有人曾问爱因斯坦是怎样读书的，他以自己独特的才能总结出了"一总、二分、三合"的读书方法。这对我们读书学习是很有启迪和借鉴的。

一总：就是先粗略地浏览书的前言、后记、编后语等总述性的东西，再认真地读读目录，以概括了解书中的内容、结构、要点及体系等，以便对全书有个总体印象。

二分：就是在读了目录后，先略读正文，不需要逐字逐句地读，而是着重挑那些大、小标题，画线、加点、黑体字或有特殊标记的句段来读，因为这些往往是每节的关键所在。可以根据这些来选择自己所需要的内容来细读。

三合：就是在翻阅、略读全书已有具体印象的基础上，再回过头来仔细读一遍目录，并加以思考、综合，使其条理化、系统化，以弄清其内在联系，达到深化、提高的目的，从而进一步深入领会初读时所不能领会的许多东西。有些人往往在这一步上不甚注意，看过的书一扔了事，这样读书则难以深入。

读书学习每个人有每个人的方法，不可强求一律，但应该根据自己的条件吸收前人的经验，总结出自己切实可行的学习方法。

华罗庚"三点"读书法

※ 《南阳日报》2013年4月19日

华罗庚是靠刻苦自学成长的数学家,他的"三点"读书方法很有独到之处。

一是慢打基础。华罗庚初中毕业后自学高中内容,先用慢功夫打好基础,再逐步加快进度,他用五六年的时间才自学完高中内容。由于学得扎实,到清华大学没多久,他就听起了研究生课程。

二是厚薄结合。华罗庚把读书过程归结为"由厚到薄""由薄到厚"两个阶段。当你对书的内容真正有了透彻的了解,抓住了全书的要点,掌握了全书的精神实质后,该书就由厚变薄了,愈是懂得透彻,就愈有薄的感觉。如果在读书过程中,你对各章节又作深入的探讨,在每页上加添注解,补充参考资料,那么,书又会愈读愈厚。因此,读书就是由厚到薄又由薄到厚的双向过程。

三是闭目推想。一本书拿到手后,华罗庚先对着书名思考片刻,然后开始闭目推想:这个题目如果自己来拟,该怎么写作。待一切全部想好后,再开始阅读。凡是已经知晓的内容,很快浏览而过,专门去读书中那些新的独到的观点,就这样,华罗庚博采众长,得益很多。

冯友兰"四其"读书法

※ 《南阳日报》2011年9月30日

中国著名哲学家、南阳唐河人冯友兰（1895年12月4日—1990年11月26日），把自己八十余年的读书方法，总结概括为四其：精其选、解其言、知其意、明其理。

一、精其选。就是要有选择地读书。在浩如烟海的书籍中，根据自己的目的和需要来选读。"书籍犹如朋友，必须慎重选择。"冯友兰认为，自古以来，最公正的评选家是时间，向它推荐好书的是大众。我们现在称为"经典著作"或"古典著作"的书，就是经过时间考验而应该选择的书。

二、解其言。读书首先要接触语言文字，准确掌握其含义。要攻破这一关，就必须准备好字典、词典等工具书，以便在阅读时遇到生字、生词，随时查找，解疑释惑。胡适也曾语重心长地奉劝读书人："当衣服，卖田地，至少要备一点好的工具。比如买一本韦氏大字典，胜于请几个先生。这种先生终生跟着你，终生享受不尽。"

三、知其意。读书时，不要急着辩驳，也不要盲目信从，或仅仅想找一个茶余饭后的话题，而是要学着去思考和判断，要体会书中文字以外的精神意义。德国剧作家、诗人、思想家歌德说过："经验丰富的人读书用两只眼睛，一只眼睛看到纸面上的话，另一只眼睛看到纸的背后。"如果读书时只看表面，囿于书本，浮光掠影，囫囵吞枣，那就不会理解其中的深意。

四、明其理。读书为明理，明理为做人；读书为明理，明理为修身。读书只懂得书中的意思还不够，还要明白它的道理，才不至于被前人所误导。"尽信书，则不如无书"说的就是这个道理。如果明白书中的道理，懂得了书中的意思，就可以把自己的识见和前人的识见加以比较，互为补充。冯友兰说："能够用书而不为书所用，读书就算读到家了。"

郭沫若"四为"读书法

※ 《南阳日报》 2013年1月25日

郭沫若是中国现代文化史上一位学识渊博、才华横溢的学者。他在文学艺术、历史考古、古文字学等方面，都有着卓越的成就。早在1948年为香港《华侨日报》写的《我的读书经验》一文中，他就提到过他的"四为"读书法。文章写道："读书的方法，大体上要看自己是为了什么目的。有为学习而读书，有为创造而读书，有为研究而读书，有为教育而读书。"

为了学习而读书。郭沫若说："为学习而读书可以说是每个人的基本要求，一个人自启蒙以后，到学成一种技艺，养成一种人格为止，所受的部分教育，都是为了这个目的。各级学校的课程，大体上都是带着强迫性的，非学不可。"青少年读书，主要是为了学习而读书，因此必须要把主要精力放在课本上。在这个基础上，再根据自己的爱好、兴趣，去自由选择读物，以免孤陋寡闻，忽视了其他方面的知识。郭沫若在日本留学时，除了学好自己的功课外，对文学、哲学、社会经济学等课外读物，都广泛涉猎，以使自己成为知识渊博的学者。

为了研究而读书。这是一种真正的、狭义的读书。郭沫若认为：一个人要围绕已确定的研究专题，以求索的态度进行读书研究。唯有明确目标，才会广泛而有成效地围绕一个问题进行深入的研究。他为了研究、分析中国的甲骨文，广泛地搜集有关资料，然后进行分析研究。

为了创造而读书。这是一种很有效的读书方法。郭沫若为了养成文学创作能力，阅读了许多古今中外名著。他边读边写，创作出大量的诗歌、小说、戏剧、文艺评论作品。

为了教育而读书。这是教育工作者的读书方法。教育工作者要想教好书，必须读好书。教育工作者每天面对的，是求知欲很强的学生。所以，只有通过多读书，拓宽知识面，才能使自己的教育水平得到提高，才有可能教育出好学生。

郭沫若的"四为"读书法，首先是要明确学习目的，其次是要打好基础，然后是有选择地多读书，把书读活，读出创造性来。他还说过："人是活的，书是死的，活人读死书，可以把书读活。死人读活书，可以把书读死。"

胡适"四个结合"读书法

※《南阳日报》2013年2月1日

胡适是当代著名学者，也是新文化运动的倡导者。他一生著书颇丰，在哲学、文学、史学等方面颇有建树。究其成功之路，主要在于他探索出一套有效的读书做学问的方法，可概括为"四个结合"。

一、博大与精深结合。胡适在《读书》一文中就读书方法问题提出了"两个要素"，即第一要精，第二要博。他认为"理想中的学者，既能博大，又能精深。精深的方面，是他的专门学问；博大的方面，是他的旁搜博览。博大要几乎无所不知，精深要几乎唯他独尊，无人能及"。他把博与精比作埃及的金字塔，塔的最高处代表最精深的专门学问，精深的造诣；从此点依次递减，代表那旁搜博览的专门学问，塔底的面积代表博大的范围。他强调要坚持博与精的统一，如果专攻一技一艺，其他一无所知，这样的人好比一根旗杆，只是一根孤拐，孤单可怜；而一味强求博大，一无所长，这一类的人犹如一张很大的薄纸，禁不起风吹雨打。

二、勤奋与持恒结合。勤就是不偷懒，"古来成大学问的人，几乎没有一个不是善用他的闲暇时间的"。因此，要利用一切可利用的时间，勤读多念，勤抄备忘，勤做提要，勤做书要，勤做心得。胡适还以达尔文为例，主张在勤的同时要做到恒。达尔文一生多病，每天只能工作一小时，而他靠持之以恒取得了惊人的成绩，成为进化论的奠基人，他的进化论被恩格斯誉为19世纪自然科学三大发现之一。由此可见，"每天花一小时看十页有用的书，每年可看三千六百多页书，三十年可看十一万页书"，"十一万页书可以使你成一个学者了"。

三、置工具与找材料结合。胡适语重心长地奉劝大家："当衣服,卖田地,至少要备一点好的工具。比如买一本韦氏大字典,胜于请几个先生。这种先生终生跟着你,终生享受不尽。"另一方面,博学者还要添加参考材料,要使读书时容易得"暗示",东一个"暗示",西一个"暗示",就不至于读死书了。由此他得出这样一个结论:"学问的进步有两个重要方面:一是材料的积累与解剖,一是材料的组织与贯通。前者须靠精勤的功力,后者全靠综合的理解。"

四、"为己"与"为人"结合。胡适认为读书与做学问有"为人"与"为己"两方面。凡学术训练方面,皆是"为己",至于把自己的心得公开告人,才可以说是"为人"。他在《致王重民信》中写道:"你信上说的'铢积寸累,由少成多,即是本分以内之成功',即是我说的'为己'之学,是做学问的根本途径。这是治学的最可乐的部分。"在他看来,训练自己就要事事求精,求完善,苛求无厌,终不自觉满意。等到你自以为勉强满意了,把结果公之于世,使世人一同享受到自己辛苦得来的一点成绩,使世人因自己的辛苦而减少部分辛苦,这就是"为人"。"为人"并不须"著为论说,以期有影响于当世"。

刘海粟"四字"读书法

※《南阳日报》 2013年3月22日

刘海粟是中国卓越的画家、艺术教育家、美术理论家，他的主要作品有《中国绘画上的六法论》《海粟丛刊》《日本新美术的新印象》等美术论著。曾于1981年获得意大利艺术学院院士称号及金质奖章。大部分美术作品被日本、德国、法国等国家所购藏。

"宏""约""深""美"四个字，是中国著名教育家蔡元培对刘海粟治学之道的高度概括。"宏、约、深、美"学习法，是在博采知识的基础上，慎加选择，勤奋学习，刻苦钻研，以达到最完美的境界。宏，是指学习的知识面要广，要宽，要博采众家之长，以补自己之短。约，是指在所学知识的基础上，根据自己的特长，慎重选择所需要的书籍。深，是指在学习知识时，一定要精深，不能肤浅地只学表面上的东西，必须做到深刻、透彻地理解和领悟，在此基础上有所发展，有所突破。美，是指经过努力后，思想境界及其作品达到最佳效果。

刘海粟是怎样做到"宏""约""深""美"的呢？

首先，刘海粟为治学的"宏"打下了坚实基础。刘海粟出身于书香门第，从小受母亲影响，6岁时便到书屋认方块字，9岁读《孝经》，10岁开始读"四书"、"五经"、《古文观止》等书籍。在刘海粟十四岁时，母亲去世了。丧母之痛，并没有使他沉沦。他只身到上海风景画传习所从师学画。半年后，他返回家乡刻苦自学。在绘画之余，他又阅读了大量的中外名家名著。他渊博的知识与博览群书有直接的关系。

其次，刘海粟为达到"约"和"深"，着实下过一番苦功夫。他说："学习的大患是浅。观摩一张名画，学习一本名著，都不能停留在表面上。只有深入进去，找出其中特殊的意境，才其乐无穷。"刘海粟在1929年去巴黎卢浮宫研究西洋美术史时，曾多次和傅雷去罗马、梵蒂冈研究壁画。由于壁画高，他们站得久了，累了，便躺着看，眼睛看花了，就用镜子反照着看，看过之后又相互交流心得体会。

再次，刘海粟在绘画的同时，也很重视文学素养，这也是他的作品能够臻于完美的原因。刘海粟自幼熟读诗文，长大以后又阅读了大量的古今中外经典名著，这使他具备了相当深的文学素养。因此他能够在作品上题诗作词，抒发情感，深化意境。他认为一个绘画的人，如果不懂美学，所作的画也就难免有庸俗之气，达不到完美的境界。

刘海粟的绘画成就，与他的学习方法是分不开的。他在学习中创新，在继承中发展，融中外名家之长于一体，最终成为一代宗师。

顾颉刚"四有"读书法

※ 《南阳日报》 2013年3月22日

顾颉刚是中国现代史学家、中国社会科学院历史研究所研究员和学部委员、中国史学会理事。他曾在厦门为青年作过"怎样读书"的专题讲演,全面介绍了自己的读书方法,这些方法可归纳为"四有"。

一、有特殊兴趣。顾颉刚认为,读书的第一件事,就是要养成"特殊方面的兴趣"。他说:"譬如看报,有的人喜欢看新闻,有的人喜欢看小说文艺,也有的人喜欢看商市行情。只要他能够有一件喜欢的,自然拿到一份报纸就有办法了。"一个人有"特殊方面的兴趣",就能找到自己读书的门径。我们不妨多读一些自己感兴趣的书,逐渐养成"特殊方面的兴趣",进而确定读书的方向、重点和目标。

二、有辨别能力。顾颉刚说:"要知道哪几部书是必须细读的,哪几部书是只要翻翻的,哪几部书只要放在架子上不必读,等到我们用得着它的时候才去查考的。"这段话详细说明了阅读时一定要有选择,有轻重,这样才会收到更好的读书效果。

三、有判断水平。顾颉刚告诉人们:"要分出哪一句话是对的,哪一句话是错的,哪一句话可以留待商量。"他一生读书无数,共做过读书笔记200多册500多万字,充分说明了读书要具备一定的判断水平,不能盲目地读书,读死书。

四、有广泛追求。顾颉刚主张读书要专于一门,但又要博览群书。他赞赏这样的提法:"研究学问,应当具备两面镜子:一面是显微镜,一面是望远镜。"他说:"只因为一种学问是不能独立的缘故。"

王力"四要整体"读书法

※ 《南阳日报》2013年4月12日

在国内外学术界久享盛名的王力,是中国著名的语言学家、教育家。他的主要作品有《古代汉语》《汉语诗律学》等。他从事语言科学研究和教学五十余年,著书四十余部。在多年的潜心探索中,总结了"读整体书"的四步读书法。

一、读整体书,就是要读序文、前言、凡例等。王力说:"读整体书首先要读书的序文和凡例。序文里有很多好东西,序文常常讲书的优点。凡例是作者认为应该注意的地方。"读书时只看正文,把序文、前言等通通略过,是非常不好的习惯。因为序文是一本书的"画龙点睛"部分,是总体的概括,是阅读全书的钥匙。

二、读整体书,要掌握要领。王力认为:"一本书,什么地方重要,什么地方不重要,你看不出来,那就劳而无功,白念了。"王力在读书时,为了找到要领,首先找出不重要的或是已经熟悉的内容,用笔画线做记号,那么剩下的便是重要的、必须记住的内容。然后,抄下来,边抄边记。最后,按内容分门别类保存,再把书中重要的内容编写纲要,做成笔记。经过"画、抄、编"的过程,很容易就把书中的要领找到。

三、读整体书,要认真做眉批。这样做的目的是为了更深刻地理解书的内容。王力说:"看一本书,如果一点意见都没有,就可以说,你没有认真看。你好好看的时候,总会有些意见。"所以他在读书时,常在空白的地方加上自己的评论。他批注的内容很多,例如选材构思、写作方法、表现手法、成语典故，自己的认识和观点。

四、读整体书，要讲心得。王力深有感触地说："好的读书报告，简直就是一篇好的学术论文。"他认为读完整本书，应该把全书的体会、心得讲出来记下来，提出新的想法和见解。

苏轼"八面受敌"读书法

※ 《南阳日报》2013年1月18日

苏轼的人格魅力何在？就在于他决不随波逐流的精神力量和惊世骇俗的创新能力。他在诗、词、散文、书法、绘画等艺术领域开风气之先而且成就卓著。就是在读书上"八面受敌"方法也很值得大书特书，从古到今，影响深远。

苏轼认为一本书每读一遍，只要理解和消化一个问题就行了；一遍又一遍地读，就能达到事事精通。年轻人钻研学问，每本书都要读几遍。一本书的内容是很丰富的，而人的精力有限，不可能一下子全部吸收，只能集中注意力了解某一个方面。比如想探究历代兴亡治乱的原因，那么就从这个角度去读，不要考虑其他方面。要探究事迹史事，或是典章制度，就换一个角度，再读一遍。这个方法虽有些笨，但学成以后，各方面都经得起考验。《孙子兵法》有个重要原则，叫做"我长而敌分"。如果八面受敌，则不应八面出击，而要集中优势兵力以众击寡。苏轼读书就是运用这种方法，历来为古今学者所称道。

苏轼还在一封信中进一步阐释道："少年为学者，每一书皆作数过尽之。书富如入海，百货皆有之，人之精力，不能兼收并取，但得其所欲求者尔。故愿学者，每次作一意求之。"意思是说，年轻人读书，每一本好书都读它几遍。好书内容丰富就像知识的海洋，读书时人的意识指向一个方面，就像打开了一扇窗，不能使各个方面的知识进入视野，读一遍书只是获取了意识指向的那个方面的信息而已。所以希望读者每读一遍都只带着一个目标去读。这种定向专一、反复整取的阅读法，好比一个循序渐进的模式：带着A目标读第一遍，带着B目标读第二遍，带着C目标读第三遍，带着D目标读第四遍……苏轼就是这样来读《汉书》的：第一遍学习"治世之道"，第二遍学习"用兵之法"，第三遍研究人物和官制。数遍之后，他对《汉书》多方面的内容便了如指掌了。

陶行知"八个顾问"读书法

※ 《南阳日报》2013年2月8日

陶行知是中国著名教育家，他一生博览群书，学识渊博，被誉为"万世师表"。他在长期的教育实践和刻苦学习中总结出了"八个顾问"读书法。

"八个顾问"读书法，是指在读书时要多问几个为什么，要多侧面、多角度、多层次地探求，带着问题去读书。多动脑、多思考、多发问，才能理解书中的内容，提高分析和理解能力。想要不断丰富自己的知识，就必须问。因为"问"是读书的向导、思考的起点。有了问题就要动脑去思考，而且还要做到像孔子讲的那样"不耻下问"，直到问题解决为止。

陶行知曾写过一首《八个顾问》的诗。诗中写道："我有八个好朋友，肯把万事指导我。你若想问真姓名，名字不同都姓何：何事、何人、何故、何时、何地、何去、何如，好像弟弟与哥哥。还有一个西洋派，姓名颠倒叫几何。若向八贤常请教，虽是笨人不会错。"

"八个顾问"读书法，强调在读书时，要对深层次的内容进行提问。他还提出要"常请教"，意思是说在读书过程中，要从头到尾、随时随地地不断思考。或自问自答，反复推敲，也可以向同学、师长等求教，最终把问题解决。学习知识不但要弄清"何事"，而且问"何故"；不仅要了解"何人"，还要问"何如"。读书的最终目的是读懂读透，弄清书中的内容，深刻理解书中含义，由浅入深，层层深入。读书还要有新的见地，甚至还可以从中发现缺点和错误。这就需要读书时在深度上下功夫，认真研究，才能有所收获。反之，读书时不设问、不思考、不动脑、不求甚解、不举一反三，所得的也只能是一些肤浅的东西，得不到书中的真谛。

四、读书方法篇

241

古今名人读书四法

※ 《南阳日报》2013年3月15日

一位名家说过:"读书之妙,全在得法。"学之得法,方能事半功倍,学有建树。

"吃书煮书"

宋代的朱熹主张读书要"循序渐进,熟读精思,虚心涵泳,切己体察,着紧用力,居敬持志"。其弟子把这24字概括为"朱子读书法"。据传,朱熹曾是庐山白鹿洞书院之主,慕名前来求学者络绎不绝,门庭若市。大家见他伏案苦读,书页边卷得像牛肉串,有人脱口而出:"这书真是'吃'过一般。"朱熹听了满意地点点头,当下就向学生们宣讲白鹿洞书院的第一条学规,即讲究"吃"书。他说有两种"吃"法:一是如牛,大嚼大咽,然后反刍;二是如人,细嚼慢咽,慢慢品尝。"反刍""品尝",虽是慢节奏,但却能领会书中的"微言精义"。融会贯通,熟烂于心,变成自己的知识。

无独有偶,现代女作家茹志鹃家中也挂着一帧条幅,上书"煮书"两个大字。她说:"书,光看是不行的。看个故事情节,等于囫囵吞枣。应该读,读就仔细多了。然而读还不够,进而要'煮'。'煮',是何等烂熟、透彻,不是一遍两遍可成的。"正由于她读得认真,博闻强记,所以下笔"如神",写出了不少脍炙人口的中短篇小说。

"一箭双雕"

现代哲学家艾思奇早年在日本留学时，除了钻研他喜欢的功课外，还必须学习日文等课程。他虽手不释卷，但仍感到时间不足。怎样才能提高学习效率，学到更多的知识呢？他买了一本日文版的《反杜林论》，一边学日文，一边学哲学。而后，又买了德文版的《反杜林论》。这样，哲学、日文、德文三方面同时并进，既把《反杜林论》这本书读透了，日文和德文水平也有了显著提高。为此，他把这种读书方法称为"一箭双雕"。

还有一个从"监牢大学"毕业的薛暮桥，他的读书法似乎可以同艾思奇的"一箭双雕"读书法相媲美。1927年，蒋介石叛变革命，年轻的共产党员薛暮桥被捕入狱后，他一边苦学日文、英文和世界语，一边攻读列昂节夫的《政治经济学》和河上肇的《资本主义经济学思想发展史》。3年的狱中经历，使得薛暮桥的经济学理论研究有了更大的提高，而且其外语水平也有了提高。

"竭泽而渔"

"竭泽而渔"本是一种只图眼前利益、不作长远打算的急功近利行为，但用作治学之道却可取得意想不到的效果。

复旦大学原副校长、思想史专家蔡尚思，20世纪30年代到南京国学图书馆，声称要读完馆藏的中国历代文集。一年后，他竟奇迹般地读完了许多文集，把南京图书馆这方面的"泽"真的淘干了，他也真的捉到了大量的"鱼"。到30年代末，他写成了一部高水平的《中国思想研究法》。

许多学者把"竭泽而渔"读书法当作一种重要的治学之道。把知识比作"鱼"，把目录比作"渔网"。用这张网，就能在书海中捕捞所需之"鱼"——有关的知识、资料。

"天圆地方"

顾颉刚是我国现代著名的学者,他学识渊博,在学术上颇有建树。他曾将自己的读书治学经验归纳为四个字:"天圆地方"。

天圆地方,本是古代一种天体观。古人缺乏科学知识,认为天似华盖,形圆;地如棋盘,形方,故曰"天圆地方"。顾颉刚借用这个术语,并赋予新的内容来说明自己的治学体会。他说的"天",是指人的脑袋,"地"是指人的臀部。做学问头脑要"圆",要舍得动脑筋,勤于思索,善于思索,做到思维敏捷,反应迅速;而臀部却要"方",要坐得住,要像木板钉钉一样,坚定不移。

五、社科课题篇

孔子是我国古代伟大的思想家和教育家，儒家学派创始人，世界最著名的文化名人之一。他的言行、思想主要载于语录体散文集《论语》及《史记·孔子世家》之中，研究起来博大精深，特别是他的修身之见和德政思想在今天仍有很大的借鉴意义。

孔子修身为政之见（一）

※ 《南阳日报》2011年1月7日

孔子是我国古代伟大的思想家和教育家，儒家学派创始人，世界最著名的文化名人之一。他的言行、思想主要载于语录体散文集《论语》及《史记·孔子世家》之中，研究起来博大精深，特别是他的修身之见和德政思想在今天仍有很大的借鉴意义。

一、孔子的学习方法

孔子出生于春秋末年的一个没落奴隶主贵族家庭，3岁丧父，17岁丧母，幼年家里很穷，没有条件进入官学读书。但他是个很有上进心的人，从15岁确立学习志向开始，就刻苦自学，终于成为一个博古通今的著名学者，创立了儒家学派。

孔子是一个善于动脑筋的人。在学习中，他不仅勤奋读书，而且注意总结经验，逐步摸索出一套有效的学习方法。所以，他的学业进步很快，能够取得超乎常人的成就。大约从30岁开始，他在长达40年之久的讲学活动中，不仅传授知识，而且还将自己的一套学习方法作了总结和改进，把它们传授给学生，帮助他们提高学习效率。

孔子把学习的过程概括为学（博学）、思（慎思）、行（笃行）三个大的阶段。这个学—思—行的学习过程，基本上符合人们的认知过程，在每个学习阶段，孔子根据自己的实践经验，提出了许多具体的学习原则和方法。

学是占有感性材料，获取感性知识的阶段。在这个阶段，孔子主张要"博学",以便尽可能多地学到一些感性知识。他所说的博学,既指阅读书籍,从书本上得到间接经验,也指广泛接触社会,从现实生活中得到直接经验,他提倡要多读、多闻、多见、多识、多问。多读,就是广泛阅读文化典籍,"博学于文",获得书本知识。"闻"和"见"是从现实生活中获取大量感性知识的一条重要途径,孔子认为这是学习的一项基本功,强调要多闻、多见,"择其善者而从之,多见而识之",而且要"视思明,听思聪",仔细看个明白,听个清楚,绝不可稀里糊涂,含糊不清。据统计,在《论语》一书中,谈"闻"的有57处,谈"见"的有71处,可见孔子对"闻""见"的重视。在多读、多闻、多见的同时,孔子还强调要多识,即多记,做到"默而识之",通过记忆把已知的知识随时积累起来。如果只学不记,学过就忘,将会前功尽弃,等于白学。在读、闻、见的过程中,肯定会遇到弄不明白的地方,因此孔子又主张多问。他强调要"不耻下问","以能问于不能,以多问于寡",只要别人有一技之长,就要虚心去请教,而且态度一定要谦逊,"色思温,貌思恭,言思忠"。

学是思的基础,只有占有丰富的感性材料才能更好地进行思维活动,提高到理性认识。孔子强调在学习过程中,首先要抓好"学"这个环节,做到"博学",打好基础。否则,"思而不学则殆",光思考不学习,就会劳而无功,甚至走上邪路,那是非常危险的。孔子自己"学而不厌",对学生也同样要求他们刻苦学习。他曾多次赞扬颜渊"好学",而严厉批评白天睡大觉的宰予是"朽木不可雕也,粪土之墙不可圬(粉刷)也"。他曾以自己的亲身体验告诫学生:"吾尝终日不食,终夜不寝,以思,无益,不如学也。"

思是对感性材料进行分析、比较、概括、抽象、综合、归纳、演绎,形成概念,做出判断和推理,以把握事物的本质和规律,从而将感性认识上升为理性认识。这是学习过程中一个非常重要的环节,不抓好这个环节,就不可能把知识真正学到手。孔子极其重视学习过程中思维活动的作用,他说:"学而不思则罔,思而不学则殆。"他认为学和思是互为条件的,只有把两者结合起来,才能相辅相成,互相促进。他曾批评那些不用心思考的思想懒汉:"不曰

'如之何，如之何'者，吾未如之何也已矣！饱食终日，无所用心，难矣哉！"

在学习中如何进行思考？如何发挥自己的思维能力？孔子结合自己的实践经验和体会，提出了"温故而知新"、"举一反三"、"叩其两端"、"一以贯之"、敢于"明辨"等几个原则和方法。孔子强调要"温故而知新"，就是在已经掌握的知识基础上进行概括推理，产生新的认识和判断，从已知引申到未知。例如，当孔子的弟子子张问及可否预知以后十代的礼制时，孔子回答说："殷因于夏礼，所损益可知也；周因于殷礼，所损益可知也；其或继周者，虽百世，可知也。"他认为历代礼制的沿革皆有一定的轨迹可循，鉴往而知来，人们便可由夏、殷、周三代礼制的损益情况，推知其后来演变的大体轮廓。孔子主张，学习时脑筋要灵活，做到触类旁通，能根据一个事物的道理推出其他同类事物的道理。例如，一张四方桌，知道了桌子的一角是方形的，要能悟出其他三个角也是方形的。在教学中，他就是如此要求学生的，"举一隅不以三隅反，则不复也"。颜回能"闻一以知十"，便受到他的赞扬。孔子还主张在思考问题的时候，要充分分析事物矛盾的两个方面，进行全面的考察，切忌片面性，这就叫"叩其两端"。在教学中，他就是运用这个方法来培养学生的思维能力的，曾说："吾有知乎哉？无知也。有鄙夫问于我，空空如也。我叩其两端而竭焉。"如子贡曾问他："乡人皆好之，何如？"他回答说："未可也。"子贡又问："乡人皆恶之，何如？"他又回答说："未可也，不如乡人之善者好之，其不善者恶之。"认为只有满乡村的好人都喜欢而坏人都厌恶的人，才算得上是真正的好人。孔子又提倡，在学习中，要通过认真的思考，把广博而凌乱的知识材料进行综合归纳，用一个基本的观点贯穿起来，形成一个系统的、完整的体系，这就叫"一以贯之"。有一次，孔子问子贡："赐也，女以予为多学而识之者与？"子贡回答说："然，非与？"孔子即纠正说："非也，予一以贯之。"孔子对曾参说："参乎！吾道一以贯之。"孔子特别强调，学习必须有批判精神，对于书本上写的、别人说的，都要经过自己头脑的思考而"明辨之"，切勿迷信盲从，人云亦云。孔子本人就很有这种批判精神，他

"多闻阙疑",对书本上的东西,并不盲目听信。例如,书上说商纣王很坏,孔子不以为然,认为只因为他名声不好,人们就把一切坏事都加到他身上。子贡接受了孔子的这种看法,说:"纣之不善,不如是之甚也。是以君子恶居下流,天下之恶皆归焉。"后来,孟子继承并发展了孔子的这种"明辨"精神,说:"尽信书,则不如无书。"

行是将学到的知识用于实践,这既是学习的最后阶段,也是学习的目的所在。孔子非常重视行,主张把学与行结合起来。他所讲的"学",往往就包含有"行"的意思。《论语》中,孔子所讲的"学而时习之",曾参所说的"传不习乎",这个"习"字都含有身体力行之意。所以,他反对言行脱节、学一套做一套、言行不一的作风,说:"君子耻其言而过其行……古者言之不出,耻躬之不逮也……始吾于人也,听其言而信其行……夫取人之术也,观其言而察其行。"孔子还主张学以致用,把学到的知识和本领用于解决实际问题。一个人如果不能把学到的知识用来解决实际问题,就不算是学到真正的知识,学得再多也是白搭。他教学生学《诗》,曾明白地告诉他们:"诵《诗》三百,授之以政,不达;使于四方,不能专对;虽多,亦奚以为?"这就是说读熟了《诗》三百篇,却不能独立从政,也不能去列国进行谈判应酬,那是毫无用处的。后来的荀子继承并发展了孔子的这一思想,又强调:"不闻,不若闻之;闻之,不若见之;见之,不若知之;知之,不若行之;学至于行而止矣。"

二、孔子的立身之本

全面良好的道德品质。孔子认为一个理想的领导者必须有全面良好的道德品质:①恭:待人接物要容貌庄重,态度严肃,说话恭谨。②宽:领导者要宽容大度,要成人之美,不成人之恶;对人宽,对己严。③信:诚实有信用才能取得上级的信任和下级的拥戴。④敏:领导者对工作勤敏,才有高效率。⑤惠:统治者要学会"惠而不费"的领导艺术,给人民恩惠而自己却无所耗费,办法是因民之所利而利之。⑥忠恕:忠是"己欲立而立人,己欲达而达人"(《雍也》),恕是"己所不欲,勿施于人"(《颜渊》)。⑦刚、毅、朴、讷:领导者要刚强、沉毅、朴实、寡言。不要花言巧语、伪善、两面派。

坚持以身作则。正己是孔子为执政者提出的首要行为准则,他要求为政者实行德治,必先努力修行自己的品德,端正自己的行为。一是正己必先自立。他一再提醒为政者要以德修身、"修己安人","不患无位,患所以立","不患莫己知,求可知也","不患人之不己知,患其不能也","君子病无能焉,不病人之不己知也"。在他看来,"饱食终日,无所用心,难矣哉","年四十而见恶焉,其终也已","君子疾没世而名不称焉"。与其碌碌无为一生,还不如"朝闻道,夕死可矣"。二是正己才能正人。当季康子问政于孔子,孔子对曰:"政者,正也。子帅以正,孰敢不正。"他还认为:"其身正,不令而行;其身不正,虽令不从……苟正其身矣,于从政乎何有不能正其身,如正人何。"他还把为政者之德比作风,老百姓之德喻为草,"草上之风必偃"。为此,为政者必须做到"先之,劳之","先有司"。只有这样,才能"苟子之不欲,虽赏之不窃","上好礼,则民莫敢不敬;上好义,则民莫敢不服;上好信,则民莫敢不用情"。三是正己要谨言慎行。就是一言一行要自重,要"言思忠、事思敬、貌思恭"。孔子把谨言慎行视为人的重要品德之一,要求做到"讷于言","先行其言而后从之";反对言过其行、言不及义、道听途说,认为"巧言乱德""古者言之不出,耻躬之不逮也"。在"讷于言"的同时还要"慎于行""行笃敬""行之以忠",真正做到言语忠诚真实,行为"敬事而信",容貌举止恭敬端庄。四是正己要自省改过。"三人行,必有吾师焉。择其善者而从之,其不善者而改之。"要经常做到"见贤思齐焉,见不贤而内自省也","见不善如探汤","躬自厚而薄责于人","法语之言,能无从乎改之为贵"。同时,还要"见其过而内自讼","过则勿惮改","不贰过"。只有为政者以身作则、"为政以德",老百姓才能"譬如北辰,居其所而众星共之"。

做到九思、七戒。领导者要兢兢业业,深谋远虑,在工作中要有九种考虑；观察一件事情，要考虑看明白了没有；倾听一个情况，要考虑听清楚了没有；还要考虑自己的脸色是否温和，容貌是否庄重，言语是否忠诚老实，工作是否严肃认真；遇到疑问怎样向别人请教，发脾气会带来什么后果，有名利可得，要考虑得到的手段是否正当。孔子指出，领导者不要主观臆断，不要绝对肯定，不要拘泥固执，不要自以为是。少年时血气未定，不要犯男女关系的错误；壮年时血气方刚，不要犯好勇斗狠的错误；老年时血气既衰，要防止犯以权谋私的错误。这些思想至今仍有现实意义。

三、孔子的修身之忧

孔子既是一个伟大的政治家、思想家，同时又是一个多愁善感的凡人。翻开《论语》《史记·孔子家语》等有关书籍，"忧""患""病"等字眼触目皆是。尤其是他的修身之忧，在2500多年后的今天，仍有一定的警示作用和现实意义。他的"不患无位，患所以立""不患莫己知，求为可知也""不患人之不己知，患其不能也""君子病无能焉，不病人之不己知也""君子疾没世而名不称焉"等至理名言，成为一代又一代有志之士修身之座右铭。综观孔子修身之忧，主要表现在以下四个方面：

一曰"德之不修"。德乃人的品行操守及仁慈宽厚之道德，人生在世，不能不修养优秀品德。在此，孔子将德作为人的修身之本，"本立而道生"。"为政以德，譬如北辰，居其所而众星共之"。怎样修德呢？孔子认为，"主忠信，徙义，崇德也"，"先事后得，非崇德与"，"苟志于仁矣，无恶也"，"君子去仁，恶乎成名"。由此可见，修德主要在于仁、义、忠、信。他还认为，修德要力戒"道听而途说""色厉而内荏"，做无是非观念的"乡愿"，这些都是"德之弃也""德之贼也""在小人则穿窬之盗也"。修德还必须持之以恒，做到"无终食之间违仁，造次必于是，颠沛必于是"。也就是说修德即使是一顿饭的时间也不能违背，在匆忙紧迫的情况下如此，在颠沛流离时也应该如此。修德是上等功夫，难怪孔子叹道："知德者鲜矣。"

二曰"学之不讲"。孔子曰学习有"三患"："未之闻,患闻；既得闻之,患弗得学；既得学之,患弗能行。"闻、学、行是孔子讲学习的三个环节,"闻"是前提,"学"是关键,"行"是目的。作为一个人,不学,"无以立","无以言","犹正墙面而立也欤"。孔子强调修身以仁、知、信、直、勇、刚,但"好仁不好学,其蔽也愚；好知不好学,其蔽也荡；好信不好学,其蔽也贼；好直不好学,其蔽也绞；好勇不好学,其蔽也乱；好刚不好学,其蔽也狂"。因此,"终而有大名,以显闻四方,流声后裔者,岂非学之效也"。学要从小做起,"少而不学,长无能也"。孔子从"十有五而志于学",才有"三十而立",才有"不惑""知天命""耳顺""从心所欲不逾矩"。学还要惜时、时习、博学、有兴趣,"逝者如斯夫,不舍昼夜","学如不及,犹恐失之","行有余力,则以学文","学而时习之","博学于文","敏以求之","默而识之,学而不厌","发愤忘食,乐而忘忧,不知老之将至云尔","吾尝终日不食,终夜不寝,以思,无益,不如学也"。孔子还讲,"后生可畏",但"四十、五十而无闻焉,斯亦不足畏也已","年四十而见恶焉,其终也已"。

三曰"闻义不能徙"。"义者,宜也。"一个人应该做什么,不应该做什么,应以"义"为准则,借"义"而行。孔子的学生子路曾请教孔子："君子尚勇乎？"孔子回答道："君子以义为上……见义不为,无勇也……君子有勇而无义为乱,小人有勇而无义为盗。"君子要"喻于义""义以为质""行义以达其道",不仅做事、"使民"要以符合"义"为根本,而且说话也应如此："群居终日,言不及义,好行小惠,难矣哉！"孔子还经常将"义"与"利"连在一起,认为"君子忧道不忧贫""见利思义""敬其事而后其食"。他曾把"不义而富且贵"比作天上浮云,乐于"饭疏食,饮水,曲肱而枕之"。"富与贵是人之所欲也,不以其道得之,不处也；贫与贱是人之所恶也,不以其道得之,不去也。"听其言而观其行,孔子如是说,也如是做。他曾多次回答齐景公问政,景公十分高兴,表示愿意将廪正城邑划给孔子作为封地,孔子因其主张未被齐景公采纳而坚辞不受，"君子当功受赏。今吾言于齐君，君未之有行，而赐吾邑，其不知丘亦甚矣"。

四曰"不善不能改"。"过而不改，是谓过矣。"作为一个严于律己、道德高尚之人，要"过则勿惮改"，"见贤思齐焉，见不贤而内自省也"，"见善如不及，见不善如探汤"。孔子认为一个人要不犯或少犯错误，就要严于自我约束，"以约失之者鲜矣"。在他看来，能认识到自己的过错，而又能从内心对自己进行反省自责的人确实罕见，"吾未见能见其过而内心自讼者也"。在他的两千多学生、七十二贤徒之中，能知过改过、"不贰过"的只有颜回一人。鲁哀公曾问孔子："弟子孰为好学？"孔子答曰："有颜回者好学，不迁怒，不贰过，不幸短命死矣。今也则亡，未闻好学者也。"这里的"好学"不单指学问，而且指修身之学。"不贰过"乃修身之"好学"也。如果有过而不改，就会成为孔子严厉批评的宰予那样的人，即"朽木不可雕也，粪土之墙不可圬也"。

孔子修身为政之见（二）

※《南阳日报》2011年1月14日

四、孔子的领导思想

中国古代思想家的政治抱负是治国平天下，是为统治者提供"君人南面之术"，孔子也不例外。孔子的领导思想是政治领导思想和领导行为的经验总结，包括治国之道、御民之术、用人之方、领导艺术、领导者的素质与修养等。

（一）治国之道

以中庸治国。中庸要求不偏不倚、无过无不及。就是在工作中执行政策，要求不左不右，既不要达不到预期目的，也不要过了头。从哲学上看，中庸是孔子的矛盾观，它表现为四种思维形式：①A而B：如"温而厉"（《述而》）。温和与严厉是对立统一的，以此之过，济彼不及；以己之长，补彼之短，以求得最佳的"中"的效果。②A而不B：如"泰而不骄"（《尧曰》）。安泰是美德，骄傲是美德超越一步变成的恶行。美德和良好的治国之道都有一定限度，不可超越。③不A不B：如不偏不倚。不立足于任何一端，中立是最理想状态。④亦A亦B：如治国中的一宽一猛，宽猛相济，以求得整体平衡。中庸作为矛盾观，说的是对立面的依存、联结和统一。今天各级领导者仍然可以借助这种矛盾观来进行思维活动，认识客观规律，处理各种矛盾。中庸思想的缺点是过分强调依存和平衡，否认发展和转化。

以德、礼治国。孔子认为，作为一种统治方术，德、礼比刑、政有效。严刑峻法，人民可以避免犯罪，却不认为犯罪是可耻的行为；用道德引导，以礼制要求，人民提高了道德水平，不仅可以不犯罪，而且会以犯罪为可耻，还主动向统治者亲近、归服（《为政》）。以德、礼治国重在教化，但孔子也不认为教化万能，而是德刑并用。政事宽大使百姓怠慢，怠慢可用严厉纠正；政事严厉使百姓伤残，为了避免伤残，又实施宽大；宽大与严厉互相调剂，国家就得到治理。孔子的治国方略采取两手政策，但以德、礼为主。

（二）御民之术

御民之术是如何处理统治者与被统治者之间的关系的方法。

宽厚为怀。"仁政"是孔子推崇的施政之道，而宽厚、爱人则是"仁政"的本质、核心和第一要义。在《论语》一书中，论及"仁"的内容多达109处，孔子一生顽强执着，就是为了推行仁政，追求仁道。他要求为政者应以宽厚的态度来治理国家和对待人民，"居上不宽……吾何以观之哉"，这里的宽厚态度实际就是"仁"的胸怀。他所说的"仁"就是"爱人"，"好仁者，无以尚之"，"唯仁者，能好人"。他把爱人看成是人生的一种美德，认为不具有"爱人"的思想，就不可能达到"仁"的标准。他还以"民之于仁也，甚于水火"作比，进一步说明"水火吾见蹈而死者矣，未见蹈仁而死者也"。《乡党》里曾记载这样一则故事："厩焚。子退朝，曰：'伤人乎？'不问马。"短短12个字，通过记述孔子因马棚火灾而问人不问马的对话，生动表现了他重人贱畜的仁道精神。怎样全面理解和准确把握"仁者爱人"的具体内涵呢？孔子与子张的一段对话给予了精辟的答复。子张曾问仁于孔子，孔子曰："能行五者于天下，为仁矣。"子张又问哪五者，孔子答曰："恭、宽、信、敏、惠，恭则不侮，宽则得众，信则人任焉，敏则有功，惠则足以使人。"如何才能达到"仁者爱人"之境界，孔子认为"为仁由己"。求仁、成仁是一种自觉的、主动的道德行为，只有通过本人努力追求，才能求仁而得仁，欲仁而仁至。他反复强调："仁者安仁，知者利仁"，"苟志于仁矣，无恶也"，"当仁不让于师"，"志士仁人，无求生以害人，有杀身以成仁"。由此看来，真可谓是生命诚可贵，仁者价更高。这也就是孔子一生"知其不可而为之"，不懈追求仁道的动力之所在。

教化为重。富而且教是孔子德政思想的基本内容，也是我们今天所说的提高全民思想道德素质之关键。孔子要求富民，但又强调在富民的同时进行道德教化，用德去诱导、教育老百姓，使人向善。孔子在推行教化的过程中，强调以德为先，他的整个学说有一个最主要的特点，就是认为人的内心的道德水平决定人的行为的高低，只有拯救人心，才能拯救世界。因此，孔子认为教化的目的是培养人的良好道德品质，并将教育内容分为德行、言语、政事、文学四科，而置德于诸科之上，"立于道，据于德"，因此造就了一大批仁人志士。在"道之以德"的同时，孔子认为还应"齐之以礼"，用礼来约束老百姓的行为，使老百姓"有耻且格"。"礼，国之干也"，"不知礼，无以立"，"不学礼，无以立"，"恭而无礼则劳，慎而无礼则葸，勇而无礼则乱，直而无礼则绞"，"礼，经国家，定社稷，序民人，利后嗣者也"。因此，要通过教化使老百姓做到"非礼勿视，非礼勿听，非礼勿言，非礼勿动"。在礼教这一问题上，孔子认为"道之以政，齐之以刑"，只能使"民免而无耻"；只有"约之以礼"，才能使老百姓知耻且自觉地来遵守。这反映了孔子对老百姓人格的尊重、价值的肯定。在推行教化的具体方法上，孔子倡导"载己行化""汤之灌雪"。他认为："虽有国之良马，不以其道服乘之，不可以道里。虽有博地众民，不以其道治之，不可以致霸王。"因此，居上位者必须推行"七教"，即"上敬老则下益孝，上尊齿则下益悌，上乐施则下益宽，上亲贤则下择友，上好德则下不隐，上恶贪则下耻争，上廉让则下耻节"。七教者，"治民之本也"，它可以使民"弃恶如汤之灌雪焉"，"近者悦服，远者来附，政之致也"。

诚信为本。"诚者，天之道也；诚之者，人之道也。"在孔子的思想中，诚信乃诚意正心之基，立身处世之本，只有诚信，才能不自欺，慎其独，德润身，"穷理正心，修己治人"。孔子把信视为"仁"的五种美德之一，"不宝金玉，而忠信以为宝"。在人生修养上强调"无信不立"，"信则人任焉"，"与朋友交言而有信"，"不信无复"，"人而无信，不知其可也。大车无輗，小车无軏，其何以行之哉"。正如他答鲁哀公问"取人之法"时所言："弓调而后求劲焉，马服而后求良焉，士信悫而后求知能者焉。士不知悫而有多知能，譬之其豺狼也，不可以身尒也。"他认为达到了诚信境界，站着就好像看到"主忠信"几个字显在自己眼前，坐车上就仿佛看见"主忠信"几个字刻在车辕的横木上。只有这样，才能使"朋友信之"，"虽蛮貊之邦，行矣"。如何才能做到诚实守信呢？就是要像孔子讲的那样以诚待人，"三不以"：一是"不以辞尽人"。不言过其实，不口惠而实不至，"问人之寒，则衣之；问人之饥，则食之"，"于有丧者之侧，不能赙焉，则不问其所费；于有病者之侧，不能馈焉，则不问其所欲；有客不能馆，则不问其所舍"。二是"不以口誉人"。不口是心非，言不由衷。孔子非常厌恶花言巧语的伪君子，指出"巧言令色，鲜矣仁"，"巧言乱德"。因此，他直陈己见："吾之于人也，谁毁谁誉？如有所誉者，其有所试也。"三是"不以色亲人"。不面善心恶，表里不一。孔子视率直为做人已到通达境地之表现，"人之生也直，罔之生也幸而免"。在他看来，"君子之于朋友也，心必有非焉，而弗能谓'吾不知'，其仁人也"，"狂而不直，侗而不愿，悾悾而不信，吾不知之也"。字里行间，无不流露出他对貌合神离、"匿怨而友其人"之徒的深恶痛绝，真可谓是"情疏而貌亲，在小人则穿窬之盗也欤！"

五、孔子的儒行之论

孔子乃儒家思想创始人，他的学说主要是"祖述尧舜、宪章文武"，崇尚"仁义"和"礼乐"，提倡"忠恕"和"中庸"之道，政治上主张"德治"和"仁政"，注重伦理道德教育和自我修身养性。而作为一个儒者，其具体特征究竟有哪些呢？孔子在答鲁哀公"问儒行"时，从15个方面给予了明确的界定。

修身。"席上之珍以待聘，夙夜强学以待问，怀忠信以待举，力行以待取"，也就是说儒者能陈述君主珍视的先王之道，能日夜勤奋学习，心怀忠信，力行仁德，依此等待征聘、拜访、荐举、进取官位。

容貌。"衣冠中，动作顺"，"大让如慢，小让如伪，大则如威，小则如愧"，"难进而易退也，粥粥若无能也"。儒者的容貌应该是衣冠随众，动作谨慎；辞让高官厚禄时直截了当好像很轻松，辞让小事务时始辞终受好像很虚伪；做大事考虑再三好像很畏惧，做小事也不放任好像有所惭愧；难于进取，易以退让，表现出一副柔弱无能的样子。

备预。平时一举一动都严肃庄重，"起坐恭敬，言必诚信，行必忠正，道涂不争险易之利，冬夏不争阴阳之和"。他们能够爱惜生命以等待时机到来，"养其身以有为也"。

人情。"不宝金玉而忠信以为宝，不祈土地立义以为土地，不祈多积、多文以为富。难得而易禄也，易禄而难畜也。"怎样为难得、难畜、易禄呢？就是时机不到不出仕，这不是难以得到吗？不义之事不合作，这不是难以罗致吗？先效力而后获得俸禄，这不是容易付酬吗？

特立。保持坚定的志向和操守，"委之以货财而不贪，淹之以乐好而不淫，劫之以众而不惧，阻之以兵而不慑"。同时还能做到，"见利不亏其义，见死不更其守"。对做过的事不后悔，对未来的事不预防，对错说的话不说第二次，对听到的流言蜚语不追究来源，"不断其威，不习其谋"。

刚毅。"可亲而不可劫也，可近而不可迫也，可杀而不可辱也"，"过失可微辩而不可面数"。儒者有着不可威胁、不可强迫、不可侮辱、不可当面数落的刚强坚毅性格。

自立。"忠信以为甲胄，礼义以为干橹，戴仁而行，抱义而处。"儒者视忠信为盔甲，把礼义当盾牌，行为崇尚仁义，处世讲究德行，虽有艰难，但也不改变自己的信念。

为士。儒者不求荣华富贵，甘于"一亩之宫，环堵之室，荜门圭窬，蓬户瓮牖，易衣而出，并日而食"。但他们不因此而自卑，当有人采纳自己的建议而加以提拔时，不怀疑自己的能力不足；当没人采用自己的建议而不提拔时，也不会谄媚求进。

忧思。儒者虽与今人共同生活，而言行却与古人相合。在当今之世活动，却被后世奉为楷模。有时可能会不被人理解，"诡诡之民有比党而危之"，但"身可危也，其志不可夺也"。他们"虽危起居，犹竟信其志，乃不忘百姓之病也"。儒者所充满的忧患意识乃心志受到困扰，但没有忘记天下百姓之痛苦。

宽容。"博学而不穷，笃行而不倦，幽居而不淫，上通而不困"；行礼注重和谐，宽和遵守法度；"慕贤而容众，毁方而瓦合"。

举贤。"内称不避亲，外举不避怨。"推举贤人，荐进能人，不是为了获取回报，而是为了使君主通过他们实现自己的治国意愿，百姓可以依靠他们的德行而更好地生存。如果能有利于国家，他们可以不去追求富贵。

处世。"澡身浴德"，陈述自己的建议，伏听君主采纳。事君清静，有过失则委婉地加以匡正。如果君主还不能领悟，就悄悄地予以启发，而不急于进行。不会因为面对地位卑下的人而自视高贵，也不会因为超过能力小的人而自以为功劳多。天下太平，群贤并处时不轻视自己，世道混乱时也不灰心丧气。见解与自己相同的不一味赞许，见解与自己不同的也不去随意诋毁。

规为。"上不臣天子，下不事诸侯。"谨慎安静而崇尚宽厚，磨炼自己方正不苟的行为，刚强坚毅但又能广交朋友，广泛学习但又懂得如何去做。即使把国家分封给他，他也只是视为轻微小事，不肯去做别人的臣属。

交友。"合志同方，营道同术，并立则乐，相下不厌。"如若长时间不相见，听到流言蜚语也不相信，如志向一致就相互跟从，如"道不同"则"不相为谋"。

尊让。"温良者，仁之本也；慎敬者，仁之地也；宽裕者，仁之作也；孙接者，仁之能也；礼节者，仁之完也；言谈者，仁之文也；歌乐者，仁之和也；分散者，仁之施也"。一般说来，儒者都兼有以上几种美德，即使如此还不敢轻易谈论仁义。

综上所述，所谓儒就是"不陨获于贫贱，不充诎于富贵，不溷君王，不累长上，不闵有司"，即不因贫贱而愁闷不安，不因富贵而欢喜失度，不为君王所侮辱，不为主上所约束，不为官吏所困迫。

六、孔子称赞之人

孔子是一位爱憎分明的思想家，他一生倡导伦理道德，以"仁"为中心，提出"志士仁人，无求生以害人，有杀身以成仁"。他还以自己的一言一行印证"唯仁者，能好人，能恶人"的为人之道。浏览记录孔子言行的书籍，受其称赞的人物主要有15类。

尧、舜之伟。尧、舜均为上古帝王。尧设官分职，命羲仲、羲叔、和仲、和叔分居东、南、西、北四方，观天象，定历法，授民时，名为"四岳"。为治洪水泛滥，赞同四岳荐举，命鲧治水。晚年四岳荐举舜为继者，遂禅位于舜。舜在尧的晚年，代尧摄政，巡行四方，除鲧、共工、驩兜和三苗"四凶"。继位后，以禹、后稷、契、皋陶、垂、益等分掌政事，年老荐治水有功的禹为嗣，后禅位于禹。孔子非常推崇尧、舜，称赞尧道："大哉尧之为君也！巍巍乎！唯天为大，唯尧则之。荡荡乎！民无能名焉。巍巍乎其成功也！焕乎其有文章。"又曰："其仁如天，其知如神，就之如日，望之如云。富而不骄，贵而不舒。"他称赞舜治国之道："无为而治者，其舜也与？夫何为哉。恭己正南面而已矣……舜其大知也与？舜好问而好察迩言，隐恶而扬善。执其两端，用其中于民，其斯以为舜乎……昔者舜左禹而右皋陶，不下席而天下治……举贤而天下平。"

夏禹之俭。禹乃夏朝第一代王。他奉舜之命治水，以疏导方法浚水治土，疏通江河，兴修沟渠，发展农业。治水十三年，三过家门而不入。《论语·泰伯》中，孔子除了赞誉禹为"无间然"即完美无缺之外，尤其大加赞赏禹之俭："菲饮食而致孝乎鬼神，恶衣服而致美乎黼冕，卑宫室而尽力乎沟洫。

禹，吾无间然矣。"意思是说禹自己吃得差而祭品却很丰厚，平时穿着很差而祭服却很华丽，居住宫殿简陋却尽力为人民兴修水利。对有这样美德的人，我还有什么可挑剔的呢！孔子还将禹与舜相提并论："巍巍乎，舜禹之有天下也而不与焉！"

伯夷、叔齐之德。伯夷、叔齐均为商末孤竹君之子。孤竹君以次子叔齐为继承人，孤竹君死后，叔齐让位，伯夷不受，后两人都投奔到周，到周后反对周武王进军讨伐商王朝。武王灭商后，他们又逃避到首阳山，因不食周粟而饿死。孔子非常敬佩他们这种气节："不降其志，不辱其身，伯夷、叔齐与……伯夷、叔齐不念旧恶，怨是用希。"在回答子贡问"伯夷、叔齐何人也"时，孔子说道："古之贤人也。"子贡又问："怨乎？"孔子答道："求仁而得仁，又何怨？"

微子、箕子、比干之仁。据《论语·微子》记载："微子去之，箕子为之奴，比干谏之死。"孔子曰："殷有三仁焉。"在殷纣时期，纣王淫乱暴虐，害百姓，其兄微子劝说不从，于是离殷投周；其叔箕子因劝说不听，便装疯卖傻，被废为奴隶；另一叔父比干因历次诤谏被剜心。他们三人行各异而旨俱在抚乱宁民，故被孔子誉为"三仁"。

周公之礼。"克己复礼"乃孔子名言，也是其努力追求的目标。所谓复礼就是致力于恢复周礼典章制度。周礼，乃周公所制之礼。周公，西周初思想家、政治家，姓姬名旦，因封周地为采邑而称周公。他在辅佐周成王期间，依据周制损益殷礼，"制礼作乐"，完善了典章制度，被称为"周礼"。"周礼"对孔子的影响极大，他以恢复"周礼"为使命，终生不渝。孔子坦陈自己的观点："周监于二代，郁郁乎文哉！吾从周。"他还认为："如有周公之才之美，使骄且吝，其余不足观也已。"为此，他赞周公是："成追文武之德……上祀先公以天子之礼……周公其盛乎！身贵而愈恭，家富而愈俭，胜敌而愈戒。"以至于在他年老体弱即将辞世之时，他还叹息道："甚矣吾衰也！久矣！吾不复梦见周公。"

泰伯之让。泰伯是周太王长子，周文王伯父。"三以让天下"有二释：一云："泰伯少弟季历，生子文王昌。昌有圣德，泰伯知其必有天下，故欲令传国于季历以及文王。因太王病，托采药于吴越，不反。太王薨而季历立，一让也；季历薨而文王立，二让也；文王薨而武王立，于此遂有天下。是为三让也。"又一云："太王病而托采药出。生不事之以礼，一让也；太王薨而不反，使季历主丧，死不葬之以礼，二让也；断发文身，示不可用。使季历主祭礼，不祭之以礼。三让也。"三让之美，皆蔽隐不著，故孔子赞曰："泰伯，其可谓至德也已矣。三以天下让，民无得而称焉。"

鲍叔牙、子皮之贤。《孔子家语》记载："子贡问于孔子曰：'今之人臣，孰为贤？'子曰：'吾未识也。往者齐有鲍叔，郑有子皮，则贤者矣。'子贡曰：'齐无管仲，郑无子产。'子曰：'赐，汝徒知其一，未知其二也。汝闻用力为贤乎？进贤为贤乎？'子贡曰：'进贤贤哉。'子曰：'然，吾闻鲍叔达管仲、子皮达子产，未闻二子之达贤己之才者也。'""举贤为贤"是孔子的一个主要为政思想，因此，他对鲍叔牙辞谢宰相之位而传举管仲、子皮荐举子产极为推崇。

管仲之才。孔子对管仲持一分为二的观点。一方面他认为管仲不知礼和俭，曰："邦君树塞门，管仲亦树塞门。邦君为两君之好，有反坫，管氏亦有反坫。管氏而知礼，孰不知礼？"又曰："管氏有三归，官事不摄，焉得俭。"瑕不掩瑜，孔子对管仲相桓公霸诸侯之才能却大加赞赏："夺伯氏骈邑三百，饭疏食，没齿无怨言。"这是说因为管仲有才能，即使是没收齐大夫伯氏领地骈邑三百家，使之穷得晚年吃素，伯氏自知己罪，心服管仲之功，直到老都没有怨言。孔子之弟子子路认为管仲在齐桓公与其兄公子纠之争中未死于君，不得称"仁"，而孔子却认为："桓公九合诸侯，不以兵车，管仲之力也！如其仁！如其仁！""管仲相桓公，霸诸侯，一匡天下，民到如今受其赐。"

子产之惠。此乃郑国政治家、思想家之子产，非孔子弟子冉季之子产。他不毁乡校、"以宽服民"的思想对孔子影响很大。孔子曾称子产"惠人也"。

他认为子产有君子之道四也："其行己也恭，其事上也敬，其养民也惠，其使民也义。"对子产的以宽服民思想称道："善哉！政宽则民慢，慢则纠之以猛；猛则民残，残则施之以宽。宽以济猛，猛以济宽，政是以和。"当孔子获悉子产之死时涕曰："古之遗爱也。"

蘧伯玉之晦。蘧伯玉，春秋时卫国大夫，孔子周游列国时，曾住蘧伯玉家。据《左传》记载，鲁襄公十四年，卫国执政孙文子将逐卫献公，他闻而从近关出奔；鲁襄公二十六年，卫献公谋除去孙文子而恢复君位，他闻而又从近关出奔。故孔子称赞其为"君子"，"邦有道则仕，邦无道则可卷而怀之"，"卷而怀之"即韬光养晦，柔顺而不忤于人。

孟子反之谦。孟子反，春秋时鲁国大夫，齐国伐鲁，两军作战，左翼之师溃退时，他留在最后掩护全军，将要进入城门的时候，他鞭打自己的马说："非敢后也，马不进也。"他这种以"马不进"遁词来掩盖自己勇于殿后的做法，被孔子称为"不伐"，即不居功夸奖自己。

左丘明之憎。左丘明，春秋晚期鲁国之史官，相传他既是《左传》的作者，又是《国语》的作者。孔子非常赞同其观点，曾说道："巧言、令色、足恭，左丘明耻之，丘亦耻之。匿怨而友其人，左丘明耻之，丘亦耻之。"由此可见，孔子与左丘明一样，表里如一，爱憎分明。皇侃《论语义疏》云："左丘明，受春秋于仲尼者，其既良直，故凡有可耻之事，而仲尼皆从之为耻也。"

介子推之明。介子推，春秋时晋国大夫，早年从晋文公出亡国外，相传文公饥时，曾割股以食之。文公返晋为国君后，遍赏赐随从出亡之臣而不及他，介子推遂偕母出走，隐居鲦上山中而死。文公找寻不到，曾以鲦上作为他名义上的封地，后世遂称鲦上山为介山。《大戴礼记·卫将军文子》载孔子言曰："居下位而不接其上，观于四方也，不忘其亲"，"盖介山子推之行也"。

史鱼之直。史鱼，作为春秋时期卫国大夫，以刚直不屈著称，曾以"尸谏"卫灵公进贤而退不肖。他在弥留之际谓其子曰："我数言蘧伯玉之贤而不能进，弥子瑕不肖而不能退。为人臣，生不能进贤而退不肖，死不当治丧正堂，殡我于室足矣。"孔子称赞他："直哉，史鱼！邦有道如矢，邦无道如矢……史鱼有君子之道三：不仕而敬上，不祀而敬鬼，直能曲于人。"

柳下惠之正。柳下惠，姓展字禽，因食邑柳下，私谥惠而称柳下惠。臧文仲执政时曾任士师。据《论语·微子》记载："柳下惠为士师，三黜。'人曰：子未可以去乎。'曰：'直道而事人，焉往而不三黜。'枉道而事人，何必去父母之邦。"柳下惠这种不欲枉道事人、一身正气之品德，在孔子看来，虽"降志辱身"，但"言中伦，行中虑，其斯而已矣"。他还痛斥臧文仲道："其窃位者与……知柳下惠之贤，而不与立也。"

古代民本思想的起源、形成与总结

※《南阳日报》2010年12月1日；2010年度河南省报纸优秀理论宣传文章二等奖

民本思想是中国优秀传统文化宝库中重要的思想资源，也是中国传统文化中源远流长的珍贵历史遗产，对中国的发展和繁荣起到了巨大的推动作用。它发端于夏商时代，其内涵随着历史的发展不断丰富并有所变化。历史证明：中国古代的每个历史时期，只要统治者重视民本，施政体现民本思想，都带来了一定的经济繁荣和社会进步。

民本思想的起源

民本思想对中国的发展和繁荣起到了巨大的推动作用，然而其最初到底起源于我国哪个时期呢？据考证，在中国的远古时代已出现了民本思想的萌芽。根据可靠文献记载，帝尧曰："吾存心于先古，加志于穷民，痛万姓之罹罪，忧众生之不遂也。"故一民或饥，曰："此我饥之也。"一民或寒，曰："此我寒之也。"一民有罪，曰："此我陷之也。"仁行而义立，德博而化富。如此关于民本思想的萌芽在远古时代还有很多，但都是初具雏形，散见于某些史书中，是少数智者的主张，并没有形成完整的思想体系，也没有深远的历史影响。追本溯源，中国民本思想的萌芽最集中的时期是在夏商周三代，也可以说中国的民本思想起源于夏商周时期。其典型代表人物有夏禹、盘庚和周公。

夏禹是中国著名的统治者，他治水的故事在我国广为流传，无人不知，而其施政中的民本思想却是他对中国历史所作的最大贡献。他首先提出了民本思想的概念，并在施政过程中真正地实践了以民为本思想。他的民本思想可以总结为一次回忆、一次谈话、一次实践。"一次回忆"指的是太康失邦，昆弟五人在洛水以北等待了100多天后，回忆大禹所作的《五子之歌》。据记载《古文尚书·五子之歌》，其第一首就写道："皇祖有训，民可近，不可下；民惟邦本，本固邦宁。予视天下'愚夫愚妇'一能胜予。一人三失，怨岂在明，不见是图。予临兆民，懔乎若朽，索之驭六马，为人上者，奈何不敬！"这是中国历史上第一次明确提出"民惟邦本，本固邦宁"的概念，其意是说人民是国家的主体，人民稳定了，国家才能安宁。同时也承认了"民"是社会和国家物质财富的主要创造者，如果离开了他们，国计民生都无从谈起。对于百姓，只能亲近，不能轻贱；百姓是立国根基，根基稳固了国家才会安宁；天下的百姓比我们聪明，面对亿万百姓要存戒惧之心，不可随意欺凌。以上这些执政理念，不能不说是中国历史上执政思想的一次飞跃，也不能不说这是中国历史上民本思想的一次巨大推进。"一次谈话"指的是大禹和舜帝、益、皋陶讨论政务和治国见解的谈话。夏禹就是在这次谈话中首次提出了民本思想的概念。《尚书·大禹谟》记载："德惟善政，政在养民。水、火、金、木、谷，惟修，正德、利用、厚生，惟和"，"德罔克，民不依"，"后克艰厥后，臣克艰厥臣，政乃乂（yì，治理安定），黎民敏德"。大禹还曾说："知人则哲，能官人；安民则惠，黎民怀之。"这些言论无不体现了大禹政事的根本在于养活和教育百姓，端正人们的德行，为百姓的物用提供便利，使人们的生活富足的民本思想。"一次实践"指的是大禹治水。大禹不仅首次提出了民本思想的概念，形成了一些民本思想言论，而且在其施政过程中还切实加以实践。《尚书·禹贡》记载了大禹治水的全过程，这虽然是一部关于地理方面十分有价值的文献，但也体现了大禹治水的巨大贡献。据《贾谊·修政语上》记载："大禹曰：'民无食也，则我弗能使也，功成而不利于民，我弗能劝也。'故鬐河而道之九牧，凿江而道之九路，澄五湖而定东海。民劳矣而弗苦者，功成而利于民也。禹尝昼不暇食，夜不暇寝矣。方是时也，忧务故也。故禹与士民同务，故不自言其信，而信谕矣。故治天下，以信为之也。"这充分证明大禹不仅在思想上提出了民本思想的概念，而且也做到了身体力行。

盘庚是汤的第十世孙，商的第二十位君主，也是商代的一位明君。他在位时为了避免都城水灾，把商都迁于殷。历史上关于他的记载都集中在《尚书·盘庚上》《尚书·盘庚中》《尚书·盘庚下》三篇中。关于他重民的民本思想也集中体现在为迁都殷而发表的三次演讲中，所以盘庚的民本思想也可以概括为三次演讲。第一次演讲：盘庚为了都城人民生活安定，避免水灾，决定第五次迁都，而臣民却有很大一部分不愿意去新邑居住，而且有一部分大臣不仅不支持迁都，还煽动平民也不迁都，在这种情况下，盘庚把一些贵戚近臣召集起来进行教导，发表演讲。盘庚在这次演讲中明确指出："汝克黜乃心，施安德于民，至于婚友，丕乃敢大言汝有积德。"他教导贵戚近臣要抛却私心，给予百姓一些实实在在的好处，要把迁都的原因、善言和思想正确无误地传达给百姓，切不可谣言恐吓和煽动百姓反对迁都避祸的大行动。这是他民本思想的最初显露。第二次演讲：盘庚在对近臣贵戚发表第一次演讲后，把那些不服从迁移命令的百姓召集起来进行耐心说服。盘庚用诚恳的态度劝导他们："古我前后，罔不惟民之承保，后胥戚鲜以不浮于天时"，"承汝俾汝，惟喜康共，非汝有咎，比于罚。予若吁怀兹新邑，亦惟汝故，以丕从厥志。今予将试以汝迁，安定厥邦"，"予迓续乃命于天，予岂汝威用奉畜汝众"。第二次谈话通篇贯穿了迁都为民、使民安居乐业、避灾躲祸的思想，提出了顺应天意、民心，帮助、养育百姓的民本思想观念。第三次演讲：盘庚把都城迁到新邑，安排好百姓住的地方后，把百官召集起来发表演说，对百官进行告诫："无戏怠，懋建大命"，"予其懋简相尔，念敬我众。朕不肩好货，敢恭生生。鞠人谋人之保居，叙钦。今我既羞告尔于朕志若否，罔有弗钦。无总于货宝，生生自庸。式敷民德，永肩一心"。盘庚在第三篇演说中重点是劝诫百官不要贪图嬉戏游乐，也不要疏懒怠惰，要努力完成重建家园的重大使命。同时他指出百官要想想自己的职责，他将认真考察照抚民众而取得的政绩，不会任用贪财好货之辈，而只会任用努力帮助百姓的人。最后他还告诫百官不要聚敛财宝，要努力为百姓谋生而建功立业。这是中国历史上第一次提出以对待民众的情况来考察、使用官员的用人理念，对中国古代民本思想的进步起到了巨大的推动作用。

周公，姓姬名旦，周文王之子，武王之弟，是西周初年的政治家、思想家。因以周太王所居地为其采邑，故称周公。周灭商后，周公在总结商朝灭亡的教训时提出："皇天无亲，惟德是辅；民心无常，惟惠之怀"、"天命靡常"。强调只有实行德政，才能长期获得人民的拥护。他总结商亡的教训，提出了"以德配天""敬德保民"，在中国政治生活中，正式实施了"德治"主张。周公的民本思想可以总结为"敬德保民"和"教化"两个方面。周公敬德保民的思想在许多文献中都有记载，其中在《尚书·康诰》中最为集中。《尚书·康诰》是周公告诫康叔勤勉治理殷民的诰词，他精辟论述："往敷求于殷先哲王用保 民。汝丕远惟商耇成人，宅心知训。别求闻由古先哲王用康保民。""天畏棐忱，民情大可见。小人难保。往尽乃心，无康好逸豫，乃其民。我闻曰：'怨不在大，亦不在小；惠不惠，懋不懋。'""惟民其毕弃咎，若保赤子，惟民其康　。""敬哉！无作怨，勿用非谋非彝蔽时忱。丕则敏德，用康乃心，顾乃德，远乃猷，裕乃以；民宁，不汝瑕殄。"这些论述，充分证明了他关心百姓、保护百姓、施行德政、满足百姓所需、安定百姓之心、使百姓康乐安定的"敬德保民"思想。关于"敬德保民"他还有许多论述："人无于水监，当于民监。"(《尚书·酒诰》)"王其效邦君越御事，厥命曷以？'引养引恬'。""肆王惟德用，和怿先后迷民，用怿先王受命。"(《尚书·梓材》)"朕教汝于棐民，彝汝乃是不蔑，乃时惟不永哉！笃叙乃正父，罔不若予，不敢废乃命。汝往，敬哉！兹予其明农哉！被裕我民，无远用戾。""惠笃叙，无有遘自疾。万年厌于乃德，殷乃引考。王伻殷乃承叙万年，其永观朕子怀德。"(《尚书·洛诰》)这无一不是他"敬德保民"思想的体现。教化思想是周公"敬德保民"思想的深化，也是周公执政思想的精华。关于教化，周公专题论述得并不多，但其在许多言论中都蕴含了这种思想。其中较为典型的教化思想集中在《尚书·康诰》中。周公在《尚书·康诰》中告诫康叔："汝亦罔不克敬典,乃由裕民,惟文王之敬忌,乃裕民。曰:'我惟有及。'则予一人以怿。""爽惟民迪吉康。我时其惟殷先哲王德,用康　民作求,矧今民罔迪不适,不迪则罔政在厥邦。"这两句话是周公民本思想教化方面的集中体现,他告诫康叔不仅要自己遵守法令,还要用法令去教导百姓,要用文王敬德忌刑的风范把百姓引上正道;同时更明确地指出教化能够使百姓善良、国家安康。

民本思想在夏商周三代虽然没有形成体系,但在这个时期民本思想的萌芽有了巨大突破,完全可以说民本思想起源于夏商周时代。这一时期在中国历史上第一次提出了"民惟邦本,本固邦宁"的民本思想,第一次提出了以对民的政绩来考察、使用官员的用人方略,第一次提出了敬德保民的执政理念,同时上述三个典型代表人物不仅在思想理论上提出了民本思想,而且作为当时的执政者,在其施政过程中也都身体力行地实践了其提出的民本思想,这对我国民本思想体系形成起到了巨大的推动作用,具有不可估量的历史价值。

民本思想的形成

民本思想在夏商周时期经过三位杰出人物的提出与丰富后,到了春秋战国时期得到了巨大的发展。特别是在当时的士阶层中进行了广泛深入地探讨和阐释,由于士阶层处于统治和被统治之间,对民的作用认识更加清楚,所以对"民惟邦本,本固邦宁"的道理更加着意阐释、鼓吹,成了这一时期的一股思想大潮,并在萌芽的基础上形成了初步体系。同时,在这一时期涌现出了众多的思想家,其中最为典型的代表人物有孔子、孟子、荀子三位。他们民本思想的侧重点各有千秋,孔子侧重于"为政以德",孟子侧重于"民贵君轻",而荀子的侧重点则是"恩惠于民"。

孔子"为政以德"的思想。孔子完备地继承了周公的"德主刑辅"的思想,而且又有所发展和完善,将德与礼有机地结合起来,并在吸收了春秋时期德治思想的基础上,明确提出了"为政以德"的政治思想。他指出:"为政以德,譬如北辰,居其所而众星共之。""道之以政,齐之以刑,民免而无耻;道之以德,齐之以礼,有耻且格。"(《论语·为政》)从而形成了自己较为详备的德治思想体系。当然,孔子的德治思想是以"仁"为核心的,强调把礼的执行建立在仁的基础上,赋予礼以道德的品格,把外在的强制转化成内在的自我约束,这是孔子德治思想的实质和它的意义所在。孔子"为政以德"思想是建构在君主具有崇高道德修养的基础之上,然后延伸到"治人"的层面上的,具体说就是,"修己以敬,修己以安人,修己以安百姓"(《论语·宪问》)。这是统治者在实施德治过程中必须要解决的问题。孔子遵循"古之为政,爱人为大"的原则,把"爱人"放在为政之首位。孔子认为,要使社会维持和谐稳定的等级秩序,在处理君民之间的关系时,首先要以道德原则来对待庶民百姓,用自身的高尚道德泽惠于民,取信于民。在孔子看来,老百姓的信任对为政者至关重要,"为政以德"必先取信于民,取信于民必须诚实无欺,讲究信用。子贡曾问政于孔子:"子曰:'足食,足兵,民信之矣。'子贡曰:'必不得已而去,于斯三者何先?'曰:'去兵。'子贡曰:'必不得已而去,于斯二者何先?'曰:'去食。自古皆有死,民无信不立。'"(《论语·颜渊》)孔子把"民信"看得比"足食、足兵"更为重要,把取信于民看作是治理国家至关紧要的东西。"上好礼,则民莫敢不敬;上好义,则民莫敢不服;上好信,则民莫敢不用情。夫如是,则四方之民襁负其子而至矣,焉用稼!"(《论语·子路》)尽管孔子时代还没有提出民贵君轻的思想,但民在国家社稷中的重要地位和作用已不言而喻。因为民为国家之本,国家之财、君主之用皆源于民,一国之存在,不可须臾离民,无民则国将不存。因此,执政者为了维护自身政权之稳定,首先必须稳定好根基,满足百姓日常的生产生活需要,有了丰裕的生活资料,无论对百姓还是对君主来说都十分重要,也就是说,"百姓足,君孰与不足;百姓不足,君孰与足"(《论语·颜渊》)。从这一层面来说,民足是君足的先决条件,没有民足,就没有君足。这是维持君民关系的最基本底线,在这一底线范围内,君民之间可保持基本的和谐与平衡,超越或破坏了这一底线，社会将面临"上下失序"的混乱局面。孔子把富民置于为政十分重要的位置，他认为，施行"德治"如果不能给百姓带来实惠，那就失去了"德治"的意义。检验为政者"修德"的标准就是看国家是否兴盛，民众是否安居乐业，因为民富则国强，民足则国安。他认为只要做到"足食、足兵"，就可获得民众之信赖（《论语·颜渊》），并以使民"富之"作为人口众多后的首要选择（《论语·子路》）。为了实现其富民的政治理想，孔子要求统治者多予少取，要施惠于民。他认为，为政的首要任务是"足食""足民"，然后再"庶之""富之"（《论语·子路》），让百姓能够丰衣足食，安居乐业。在孔子看来，民富则安，民足则国安，民贫则乱，民乱则国危。作为统治者，要时刻关注民众的意愿和要求，要"施取其厚，事举其中，敛从其薄"（顾宝田等《左氏春秋译注·哀公十一年》），"薄赋敛则民富"（赵善诒《说苑疏证·政理》），切不可漠视民众之合理要求。孔子的这一结论，是通过对历史的深刻考察和总结得出的真理性认识。民之富固然重要，但孔子没有停留在此，而是把民之教作为管理的最终目的。孔子对民众毫不犹豫地以"教"作为"富之"之后的最重要环节，指出"既富，乃教之也"（赵善诒《说苑疏证·建本》）。孔子最早论述了富民与教民之间的辩证关系，可见，孔子主张先让百姓富裕起来，然后再进行教化，把富裕作为教化的先决条件，这可以说是人类政治思想史上的一条真理性的原则，强调在富民的基础上注重对民众的道德教化，民众就不会萌发犯上作乱之心、非分逾越之想，就会在各自的社会位置上各守其位、各尽其责，社会也就不会出现上下失序、贵贱失常的混乱局面。孔子"为政以德"的民本思想提出后不停地游说列国，事实上并没有得到当时各国诸侯的重视，也没有得到实际的贯彻实施，但是客观上产生了深远的影响，并得到了后来儒家思想家的发展和完善，形成了较完备的思想体系。

　　孟子"民贵君轻"的思想。孟子是孔子之后的又一位杰出的思想家，他吸收了孔子民本思想的精华，对以民为本的思想作了进一步的详细阐述。孟子认为，民众是国家、天子、诸侯存亡或变更的最根本的因素，因此民众的地位和作用比君主更为重要。他说："民为贵，社稷次之，君为轻。"（《孟子·尽心下》）因为民众比君主的地位和作用更重要，所以"得乎丘民而为天子，得乎天子为诸侯，得乎诸侯为大夫"（《孟子·尽心下》），"保民而王，莫之能御也"（《孟子·梁惠王上》）。因此，他主张"民为贵，社稷次之，君为轻"。齐宣王问汤武放伐之事，怀疑臣不可以弑君。孟子则直告以"贼仁者，谓之贼；贼义者，谓之残；残贼之人，谓之一夫。闻诛一夫纣矣，未闻弑君也"（《孟子·梁惠王下》）。这些话在当时看来，都是极其大胆的，有一定的进步意义。孟子不仅把孔子的"爱人"发展为"爱民"，而且把民放到了历史决定性因素的地位。认为君王可以变置，社稷可以变置，而民是不可变置的。孟子就是从历史中得出的结论："桀、纣之失天下也，失其民也；失其民者，失其心也。得天下有道，得其民斯得天下矣……"（《孟子·离娄上》）可见，孟子把民的地位提到了空前的高度，在今天看来，也很有现实意义。孟子要求君王"与民同乐"，并认为君臣之间有某种对等的关系："君之视臣如手足，则臣视君如腹心；君之视臣如犬马，则臣视君如国人；君之视臣如土芥，则臣视君如寇雠"（《孟子·离娄下》）。君权在孟子的眼里再也不那么威不可犯了，他经常通过委婉或直接的方式斥责君主，如"五十步笑百步"（《孟子·梁惠王上》），"四境之内不治则如之何"，"王顾左右而言他"（《孟子·梁惠王上》）。他以"居天下之广居，立天下之正位，行天下之大道。得志，与民由之。不得志，独行其道。富贵不能淫，贫贱不能移，威武不能屈"（《孟子·滕文公下》）之人为大丈夫。正因为如此，孟子呼唤的是仁者治国，呼唤"亲亲而仁民，仁民而爱物"（《孟子·尽心上》）的社会。

荀子"恩惠于民"的思想。荀子是孔子和孟子之后又一位著名民本思想学家，他的民本思想吸收了前两位的重要内容，并且又有了新的发展。他提出："庶人安政，然后君子安位。传曰：'君者，舟也；庶人者，水也。水则载舟，水则覆舟。'……故君人者，欲安，则莫若平政爱民矣。"（《荀子·王制》）他以"恩惠于民"的思想对孔子、孟子的民本思想加以补充和完善，从而在春秋战国时期形成了民本思想的初步体系。一方面是"平政爱民"。"平政"的目的是要使百姓"安政",要使"庶人安政",绝不能滥用刑罚,暴虐人民,而应该是爱民,施恩惠于民,养民富民。荀子认为,要"平政爱民",就要"选贤良,举笃敬,兴孝弟,收孤寡,补贫穷,如是,则庶人安政矣。庶人安政,然后君子安位。故君人者,欲安,则莫若平政爱民矣"。百姓安政,国君才能安位。民安君安,社会才能安宁和谐。所以,荀子认为:"平政爱民""隆礼致士""尚贤使能"是国君执政的三个"大节"。"三节者当,则其余莫不当矣;三节者不当,则其余虽曲当,犹将无益矣"(《荀子·王制》)。要"平政爱民",就要反对"上溢下漏""筐箧已富,府库已实,而百姓贫"的剥削行为。荀子认为,"王者之法",取于民要合理,要按等级收税,要办理好民众的事情,利用好万物。荀子说:"田野什一,关市几而不征,山林泽梁,以时禁发而不税。相地而衰政(根据土地的好坏收税),理道之远近而致贡,通流财物粟米,无有滞留,使相归移也。"(《荀子·王制》)这样的目的,是"养民",满足人民物质生活条件。这是"平政爱民"最重要的物质基础。要"平政爱民",就要反对滥用刑罚,施强暴于民。"重法",施刑罚于民,目的不是惩罚,而是民安、君安,达到社会的安定。荀子说:"凡节奏(礼法制度)欲陵,而生民放宽;节奏陵而文,生民宽而安。"(《荀子·致士》)"临事接民而以义变应,宽裕而多容,恭敬以先之,政之始也;然后中和察断以辅之,政之隆也;然后进退诛赏之,政之终也。"(《荀子·致士》)从荀子"平政爱民"的政治主张中,可以看出荀子虽然认为"人之性恶",但是仍然以"爱民"为出发点和归宿点,这也可以说,荀子把"人之性恶"作为政治立说和施政的"方便法门"而已。另一方面是"节裕富民"。荀子认为,"不富无以养民情",求富求贵求荣是人的情欲之一。为了满足人民求富的欲望,荀子提出了"富民""养民""裕民"这一治理目标。荀子说:"足国之道,节用裕民,而善藏其余。节用以礼,裕民以政。彼裕民故多余,裕民则民富,民富则田肥以易,田肥以易则出实百倍。上以法取焉,而下以礼节用之。余若丘山,不时焚烧,无所藏之。夫君子奚患乎无余？故知节用裕民，则必有仁义贤良之名，而且有富厚丘山之积矣。此无他故焉，生于节用裕民也。不知节用裕民则民贫，民贫则田瘠以秽，田瘠以秽则出实不半。上虽好取侵夺，犹将寡获也；而或以无礼节用之，则必有贪利纠矫之名，而且有空虚穷乏之实矣。此无他故焉，不知节用裕民也。"（《荀子·富国》）国家节约开支，实行富民政策，君主控制过度收税，教育百姓节约，实行这种"节用裕民"的政策，人民就有了生产的积极性，这样生产出来的粮食多如山丘，人民也就可以富足了，民富则国家也就富了，相反则民贫。民富就可以"养民情"，就可以满足人民的物质生活需求，也就可以达到"养人之欲，给人之求"的目的。民富了，满足了基本的生存需求之后，则可以进一步教之、化之，"性伪合而天下治"，就能达到"求治去乱"这个总目标。

民本思想的总结

民本思想在夏商周萌芽后，到了春秋战国时期得到了进一步的发展，特别是经过孔子、孟子和荀子的丰富和发展后，形成了初步的体系。到了西汉时期，政治家、思想家贾谊对先秦儒家的民本思想进行了系统的总结，形成了系统完整的民本思想理论。今天，拂去历史的尘埃，他的民本思想像明珠一样，闪耀着不可逼视的光芒。

贾谊首先对民本思想进行了系统的总结，提出了古代民本思想最为完备的概念和内涵："闻之于政也，民无不为本也。国以为本，君以为本，吏以为本。故国以民为安危，君以民为威侮，吏以民为贵贱，此之谓民无不为本也。闻之于政也，民无不为命也。国以为命，君以为命，吏以为命，故国以民为存亡，君以民为盲明，吏以民为贤不肖，此之谓民无不为命也。闻之于政也，民无不为功也。故国以为功，君以为功，吏以为功。故国以民为兴坏，君以民为强弱，吏以民为能不能，此之谓民无不为功也。闻之于政也，民无不为力也。故国以为力，君以为力，吏以为力。故夫战之胜也，民欲胜也；攻之得也，民欲得也；守之存也，民欲存也。故率民而守，而民不欲存，则莫能以存矣。故率民而攻，民不欲得，则莫能以得矣。故率民而战，民不欲胜，则莫能以胜矣。故其民之为其上也，接敌而喜，进而不能止，敌人必骇，战由此胜也。夫民之于其上也，接而惧，必走去，战由此败也。故夫灾与福也，非粹在天也，又在士民也。"(《新书·大政》)贾谊以"民无不为本""民无不为命""民无不为功"、"民无不为力"系统地阐述了人民是国家安危之基、存亡之本、兴坏之源，是君主之威侮、之盲明、之强弱的关键，进而总结出民是国家兴衰成败之本、君主威侮之本的科学结论，完备地形成了他的民本思想体系。贾谊民本思想体系博大而精深，内容深刻而全面。他的民本思想具体又可分为以下五个方面：

民无不为本的思想。这是其民本思想的根基和精华。他精辟地论述："闻之于政也，民无不为本也。国以为本，君以为本，吏以为本。故国以民为安危，君以民为威侮，吏以民为贵贱，此之谓民无不为本也"；"故夫民者，万世之本也，不可欺"；"故夫诸侯者，士民皆爱之，则其国必兴矣；士民皆苦之，则其国必亡矣。故夫士民者，国家之所树，而诸侯之本也，不可轻也"(《新书·大政》)。他认为人民是一切的根本，最有力量的是人民，提出了只有人民才是国家根本的重要论断。

施行仁政的思想。"仁心不施，而攻守之势异也。"(《过秦论》)这是贾谊深刻分析强秦为何迅速灭亡后得出的结论。贾谊在名篇《过秦论》中指出："秦王怀贪鄙之心，行自奋之智，不信功臣，不亲士民，废王道而立私爱，焚文书而酷刑法，先诈力而后仁义，以暴虐为天下始。夫兼并者，高诈力；安定者，贵顺权；此言取与守不同术也。秦离战国而王天下，其道不易，其政不改，是其所以取之守之者无异也。孤独而有之，故其亡可立而待也。"并假设秦二世施行仁政进行对比："向使二世有庸主之行而任忠贤，臣主一心而忧海内之患，缟素而正先帝之过；裂地分民以封功臣之后；建国立君以礼天下；虚囹圄而免刑戮，去收孥污秽之罪，使各反其乡里。发仓廪，散财币，以振孤独穷困之士；轻赋少事，以佐百姓之急，约法省刑，以持其后；使天下之人皆得自新，更节修行，各慎其身；塞万民之望，而以威德与天下，天下息矣。即四海之内皆欢然各自安乐其处，唯恐有变。虽有狡害之民，无离上之心，则不轨之臣无以饰其智，而暴乱之奸弭矣。"从而得出其"劳民之易为仁也"的科学结论。他认为，作为英明的君主，就要体察民情，忧其民苦，施行仁政，这是一个国家富强兴旺的根基。正是在他这种思想的影响下，西汉文帝时期出现了长达60余年的无为政治模式，让农民休养生息，从而使中国历史上出现了"文景之治"。他还进一步阐述："仁义者，明君之性也。故尧舜禹汤之治天下也，所谓明君也，士民乐之，皆即位百年然后崩，士民犹以为大数也。桀纣，所谓暴乱之君也，士民苦之，皆即位数十年而灭，士民犹以为大数也。"充分论述了只有施行仁政，一个社会才会长治久安，农民才会富足殷实，国家政权才会巩固。

政在爱民的思想。贾谊指出："见终始之变，知存亡之由，是以牧之以道，务在安之而已矣。下虽有逆行之臣，必无响应之助。故曰：'安民可与为义，而危民易与为非。'"(《过秦论》)他认为英明的君主应该常怀爱民之情，善于安抚民心，做到爱民如子。"故君以知贤为明，吏以爱民为忠"，"夫为人臣者，以富乐民为功，以贫苦民为罪"，"君子之贵也，士民贵之，故谓之贵也。故君子之富也，士民乐之，故谓之富也。故君子之贵也，与民以福，故士民贵之。故君子之富也，与民以财，故士民乐之。故君子富贵也，至于子孙而衰，则士民皆曰何君子之道衰也，数也"。他认为，作为官吏，要以使人民安居乐业、生活富足作为自己的功劳，以使百姓生活贫苦作为罪行和耻辱。官员的忠心，不是对任何个人或偶像，而是至高无上的人民。"夫忧民之忧，民必忧其忧；乐民之乐者，民亦乐其乐。"

教化安民的思想。在中国人看来，人们犯罪不过是在道德上犯了错误，法律就是要帮助人们改正错误，而不是要惩罚犯罪的人。中国人的法律观念将人理解为在道德上能够自觉且有待于自觉的人，贾谊民本思想之精髓正体现在对人的这种理解上。这方面贾谊作了大量的论述："夫民之为言也，暝也；萌之为言也，盲也。故惟上之所扶而以之，民无不化也。故曰：民萌。民萌哉，直言其意而为之名也。夫民者，贤、不肖之材也，贤、不肖皆具焉。故贤人得焉，不肖者伏焉；技能输焉，忠信饰焉。故民者，积愚也。"(《新书·大政》)他一方面认为百姓能够自觉，乃"贤、不肖之材"，可上可下；另一方面，百姓同时又是暝、萌、盲、愚，就是说，百姓尚有待于自觉，但凭自身是无法达到自觉的，因此，关键在于为政者的正确引导，"惟上之所扶而以之，民无不化也"。"夫民者，诸侯之本也；教者，政之本也；道者，教之本也。有道，然后教也；有教，然后政治也；政治，然后民劝之；民劝之，然后国丰富也。"(《新书·大政》)他认为民本观念的必然结论就是将政治理解为如何教化百姓，使其生活达到完美。那么，怎样教化百姓呢？即以道教化百姓，此种道术实际上就是儒家之仁义礼法，即所谓"人主仁而境内和矣，故其士民莫弗亲也；人主义而境内理矣，故其士民莫弗顺也；人主有礼而境内肃矣，故其士民莫弗敬也；人主有信而境内贞矣，故其士民莫弗信也；人主公而境内服矣，故其士民莫弗戴也；人主法而境内轨矣，故其士民莫弗辅也"(《新书·道术》)。"故夫民者虽愚也，明上选吏焉，必使民与焉。故士民誉之，则明上察之，见归而举之；故民苦之，则明上察之，见非而去之。故王者取吏不妄，必使民唱，然后和之。故夫民者，吏之程也，察吏于民，然后随之。夫民至卑也，使之取吏焉，必取其爱焉。故十爱之有归，则十人之吏也；百人爱之有归，则百人之吏也；千人爱之有归，则千人之吏也；万人爱之有归，则万人之吏，选卿相焉。"(《新书·大政》)他认为虽然民愚昧不觉，有待于教化，但同时为政者又要尊重民意，"君以民为盲明，吏以民为贤不肖"，因此，要以百姓之意见来选贤任能。

民必胜的思想。"故自古至于今，与民为雠者，有迟有速，而民必胜之"，"民者，万世之本也，不可欺。凡居于上位者，简士苦民者是谓愚，敬士爱民者是谓智。夫愚智者，士民命之也。故夫民者，大族也，民不可不畏也。故夫民者，多力而不可适也。呜呼，戒之哉，戒之哉！与民为敌者，民必胜之"（《新书·大政》）。他认为，得民心者得天下，失民心者失天下，与民为敌，民必胜。

民本思想是中国文化的精华，其中关于为政以德、民贵君轻、恩惠于民、平政爱民、节裕富民、教化安民的思想，体现了古代民本思想的概念化、具体化、系统化，这些思想对推动国家富强和社会繁荣发挥了巨大作用，在今天仍具有重要的借鉴价值。但这些思想由于历史条件的限制，具有明显的目的错位、内容空位、制度缺位的局限性。今天在我们坚持立党为公、执政为民的社会历史背景下，我们要充分借鉴这些珍贵的历史遗产，在批判继承的基础上，既做到古为今用，又坚持与时俱进。

古代民本思想的具体特点

※ 《南阳日报》2011年8月29日

古代民本思想是中国政治思想文化传统中一个很古老的观念,并在历代的明君贤臣、清官良吏宽政惠民、厚生利民、除暴安民、济世为民的施政行为中得到具体体现,其认识深刻,内涵丰富,具有广泛的借鉴价值。可以说,古代民本思想在古代的实践中得到了充分的细化,具体可分为十个方面。

畏　民

畏民者,敬畏民众也。就是对老百姓要尊重和敬畏。《大禹谟》:"可爱非君,可畏非民。"孔颖达《尚书正义》疏"可爱非君,可畏非民"时说道:"言民所爱者岂非人君乎?民以君为命,故爱君也;言君可畏者岂非民乎?君失道则民叛之,故畏民也。"孔子提出:"听讼,吾犹人也。必也使无讼乎,无情者不得尽其辞。大畏民志,此谓知本。"所谓修身,正在其心者,身有所忿,则不得其正;有所恐惧,则不得其正;有所好乐,则不得其正;有所忧患,则不得其正。心不在焉,视而不见,听而不闻,食而不知其味。此谓修身在正其心。同时,孔子更是把君民关系比为鱼与水的关系。他说:"鱼失水则死,水失鱼犹为水也。"民为水,政为舟。畏民者犹如行舟而畏水,焉足以为政?中国古代的帝王,在这一点上有较深刻认识的当数李世民,他在《民可畏论》中说:"天子有道,则人推而为主;无道,则人弃而不用。诚可畏也。"(《全唐文》卷十)他在分析过去朝代兴衰时也曾说:"可爱者君,可畏者民。"贞观二年,唐太宗对臣下说:"有人说,做天子的可自尊自崇,无所畏惧,我则以为应自守谦恭,常怀畏惧。我每出一言,行一事,都是上畏皇天,下惧群臣,生怕难称天意,不合民心。"唐太宗的这种畏民心理几乎存在于他当皇帝的全过程。魏徵则更形象深刻地指出:"怨不在大,可畏惟人,载舟覆舟,所宜深慎。"君,舟也;民,水也。水可载舟,亦可覆舟。风平浪静可载舟,惊涛骇浪能覆舟。民心不可违,民心不可欺,乃是千古不变的真理,是警世之钟。

重 民

历代开明的统治者和思想家都认识到"民"的重要性,从而对民众问题更加重视。《尚书·五子之歌》有言:"民惟邦本,本固邦宁。"这可以说是最早的重民思想,而且一语中的,非常精辟。但把重民思想推到了高峰的却是孟子。孟子曰:"民为贵,社稷次之,君为轻。"君主视民为贵,那么人民在地方诸侯那里应该占有怎样的分量呢?孟子说:"诸侯之宝三:土地,人民,政事。"得此三宝者安,失此三宝者危。诸侯之所以成为诸侯,是因有此三宝,如果丢失土地,背离人民,荒废政事,那么诸侯也就要失其位了。在当时的历史条件下,孟子能有这样的真知灼见,可以说是难能可贵。西汉著名思想家贾谊,进一步阐述了重民思想。他说:"闻之于政也,民无不为本也……闻之于政也,民无不为命……闻之于政也,民无不为功……闻之于政也,民无不为力……"他从上述四个方面论证了"民为国本"的道理,认为国家的安危、存亡、兴衰、功业,都取决于人民。他还反复告诫当时的统治者,必须重视历史教训,重视民心向背和人民的力量:"自古至于今,与民为雠者,有迟有速,而民必胜之。""民为政本,轻本不祥,实为身殃。"历史上一些统治者之所以有所作为,是和他们有不同程度的重民思想分不开的。唐太宗李世民经常对身边的大臣说:"朕每日坐朝,欲出一言,即思此一言于百姓有利益否,故不敢多言。"他还说:"为君之道,必先存百姓,若损百姓以奉其身,犹割股以啖腹,腹饱而身毙。"他能够想到老百姓,说话办事考虑到对老百姓是否有利,注意处理好与老百姓的关系,这是出现贞观之治的重要原因。明太祖朱元璋在君民关系问题上也有自己的见地。据《明太祖实录》记载，朱元璋曾说过这样一段话："善治者视民犹己，爱而勿伤；不善者征敛铢求惟日不足。殊不知君民一体，民既不能安其生，君亦岂能独安其位乎？"要想君主安其位，就得让民安其生。那种不停地勒紧马缰绳，又狠狠地抽打让马跑得快的驭者，没有不被颠覆的。清初思想家唐甄也十分强调重民。他认为，"民"是社会财富的创造者，是人类社会衣食住行的来源，是国家安全的保卫者，是上自皇帝、下至一般官吏的养育者，因此是国家的根本，只有百姓衣食无忧，做君主的才能安享尊位。

知　民

就是要体察民情，了解民意。"上之为政，得下之情则治，不得下之情则乱。"（《墨子·尚同下》）官以民为本，不知而欺之，则根基摇动，以为权谋，焉足以为民之官？只有知民，才能上下一心。作为当政者，要关心老百姓的冷暖，了解下情，才能保证施政有的放矢。如果只是坐在皇宫和衙门之中，高高在上，养尊处优，和百姓离心离德，欲成善政，岂可得乎？《尚书·无逸》中说，要想保住"小民"，统治者就必须体察民情，"知稼穑之艰难"，"知小民之依"。知道了老百姓生活不易和靠什么生存，从而为他们办事，才能受到他们的欢迎。明人王文禄在《求志编》中写道："守令之法必贵知，故曰知县、知府，通一县一府，周知之也。"只有"以沟通下情为急务"，"惟下情不通为可虑"，才能做到像徐元瑞在《史学指南·为政九要》中说的那样："民情欲寿，生之而不伤；民情欲富，厚之而不困；民情欲安，扶之而不危；民情欲逸，节力而不尽。"朱元璋是农民出身，他当皇帝之后，经常告诫官吏们说：你们知道农民的劳苦吗？他们一年四季，身不离土地，手不离工具，吃穿住都非常简单，而国家经费皆其所出，所以你们"凡一居处服用之间，必念农之劳，取之有制，用之有节，使他们不至于饥寒，方尽为上之道。若复加之横欲，则民不胜其苦矣。故为民上者，不可不体下情。"在上者只有体察下情,才能做到上下一心。明代著名哲学家王守仁,为官清正,体恤民情,每赴新任,均让衙役扛两块高脚牌作为引队的先导,木牌上书箴联一副:"求通民情,愿闻己过。"清代思想家魏源也曾模仿此联自题箴联一副:"安得民情常达,唯恐己过不闻。"一个是"求通",一个是"安得",达到如此程度,真可以说是一种高深的境界,一种良好的夙愿,一种崇高的职责,一种难得的匡世箴言。《国语》上曾记载这样一例反面教材:周厉王暴虐,遭到老百姓的咒骂。他派人去监视,只要一被告发,即被处死,于是百姓"莫敢言,道路以目"。周厉王扬扬自得,自以为能消除对他的"诽谤"。召公劝他说:"防民之口,甚于防川;川壅而溃,伤人必多,民亦如是。是故为川者,决之使导,为民者,宣之使言。"老百姓的口本来就是用来说话的,难道能堵得住吗?只有让老百姓说话,才能知道政事的好坏,从而行善备败,若堵其口,又能坚持多长时间呢?周厉王不听召公的劝谏,过了三年,人们起来造反,便把他推翻了。

得　民

就是要得民心。《左传》上有一则子产"不毁乡校"的故事。乡校是古代国人举行乡射、宴饮、聊天闲谈的场所。子产任郑国执政时,人们常在乡校中议论为政得失。有人劝子产毁掉乡校,子产不同意。这种广开言路、让人宣泄的雅量是难能可贵的,可以说子产是一个开明的当政者。所以他必然受到人们的拥护。民心向背,决定兴亡,这是历史留给我们的宝贵经验教训,也是中国传统民本思想的重要内容。曾辅佐齐桓公成为春秋时期第一个霸主的管仲认为:"政之所行,在顺民心;政之所废,在逆民心。"孟子也从夏桀、商纣丧权亡国的历史教训中得出结论:"桀纣失天下,失其民也。失其民者,失其心。得天下有道,得其民,斯得天下矣;得其民有道,得其心,斯得其民矣;得其心有道,所欲与之聚之,所恶勿施尔也。"(《孟子·离娄上》)他认为得民心者得天下,失民心者"一夫大呼天下土崩"。北宋的石介说:"天下虽乱,民心未离,不足忧也;天下虽治,民心离,可忧也。"(《宋文鉴·策》)苏轼在

《上神宗皇帝书》中主张："未论行事之是非，先观众心之向背。"（《苏轼文集》卷二十五）清末王韬指出："天下何以治?得民心而已。天下何以乱?失民心而已。"（《韬园文录外编·重民中》）这些论述都阐明一个道理：民心的得失向背，同国家的治乱盛衰息息相关。因为人民大众是国家的基石，民心归附，基石牢固，国家才会长治久安。

宽 民

就是要对人民群众体恤爱护，珍惜民力、民财。

孟子首先对宽民作了阐述："民之为道也，有恒产者有恒心，无恒产者无恒心。苟无恒心，放僻邪侈，无不为已，及陷入罪，然后从而刑之，是罔民也……贤君必恭俭礼下，取于民有制。"（《孟子·滕文公上》）他将充裕的物质生活视作提高道德境界的必要条件。他又说："明君制民之产，必使仰足以事父母，俯足以畜妻子，乐岁终身饱，凶年免于死亡；然后驱而之善，故民之从之也轻。今也制民之产，仰不足以事父母，俯不足以畜妻子，乐岁终身苦，凶年不免于死亡，此惟救死而恐不赡，奚暇治礼义哉?"（《孟子·梁惠王上》）要求统治者把满足人们的生存需要放在为政的首要位置。这实际体现了他对民众生存权利的关注，换言之，他是为维护民众最基本的生存权利而提出"仁政"之说的。据记载，贞观九年，唐太宗对大臣们说："圣人制法，莫不崇节俭，革奢侈。"土木营建要符合民意，若只是为了讲排场，摆阔气，"恣其骄奢，则危之可立待也"，并称赞春秋时期鲁国宰相公孙仪，性嗜鱼，而不受人鱼，其鱼长存。他得出结论说："为主贪，必丧其国；为臣贪，必亡其身。"一个官员，"若徇私贪污，非止坏公法，损百姓，纵事未发闻，心中岂不常惧?恐惧既多，亦有因而致死。大丈夫岂得苟贪财物，以害及身命，使子孙每怀愧耻耶"？宋朝大思想家朱熹精辟地论述："天下之务莫大于恤民，而恤民之本，在人君正心术以立纲纪。"（《宋史·朱熹传》）意思是治理国家的道理没有比爱护百姓更重要了，而爱护百姓的根本，在于统治百姓的君主能否端正心术，建立好法律制度。明代的王夫之提出："宽者，养民之纬也；并行不悖，而非以时为进退者也……故严以治吏，宽以养民，无择于时而并行焉，庶得之矣。"（《读通鉴论》卷八）"君以民为基……无民而君不立。"（《周易外传》卷二）他痛恨豪强兼并的弊政，非常同情农民之苦，曾在《黄书》中描述过"农夫汀耕""酸悲乡土"的景象，主张宽以养民、慈以爱民。惩贪吏是取得民心、国家长治久安之要务。清世宗胤禛在总结时弊时说："地方之害，莫大于贪官蠹役之削。"如果对那些贪官污吏不加铲除，无异于"养稂莠者害庄稼，惠奸宄者贼良民"。清高宗弘历也说过："减官吏一分之浮费，即留百姓一分之实惠。"百姓负担的加重，则源自吃皇粮人员的增多和官吏的奢侈靡费。

爱　民

就是要爱护民众。这在许多文献里都有大量的记述。早在西周时期，文王向姜太公求教"为国之大务"，姜太公明确回答："爱民而已……善为国者驭民，如父母之爱子，如兄之爱弟。"（《六韬·文韬·国务》）周武王也曾问姜太公："治国之道若何？"对曰："治国之道，爱民而已。"武王又问："爱民若何？"对曰："利之而勿害，成之勿败，生之勿杀，与之勿夺，乐之勿苦，喜之勿怒，此治国之道，使民之谊也，爱之而已矣。民失其所务，则害之也；农失其时，则败之也；有罪者重其罚，则杀之也；重赋敛者，则夺之也；多徭役以罢民力，则苦之也；劳而扰之，则怒之也。故善为国者驭民，如父母之爱子，如兄之爱弟，闻其饥寒为之哀，见其劳苦为之悲。"（汉刘向《说苑·政理》）《左传·襄公十四年》记载，师旷曾曰："天之爱民甚矣，岂其使人肆于民上，以纵其淫而弃天地之性？必不然矣。"孔子认为忠君是有条件的，那就是君要对民施仁政，要爱民，与民同乐，以民为本，主张"节用而爱民，使民以时"（《论语·学而》）；"因民之所利而利之"。孟子针对"民之憔悴于虐政，未有甚于此时"的情况，提出"省刑罚，薄税敛"；"保民而王，莫之能御也"(《孟子·梁惠王上》)。墨子曾说:"古者明王圣人,所以王天下、正诸侯者,彼其爱民谨忠,利民谨厚。"(《墨子·节用中》)荀子也说:"君人者,欲安,则莫若平政爱民矣。"(《荀子·王制》)"有社稷者而不能爱民,不能利民,而求民之亲爱己,不可得也。"(《荀子·君道》)晏子也曾论述:"意莫高于爱民,行莫厚于乐民。"(《晏子春秋·内篇》)意为任何意愿也没有比爱护百姓更崇高的了,任何行为也没比使百姓快乐更厚道的了。

教 民

就是要教化民众。孔子是极力提倡和推崇德治的,他认为压迫百姓的政治是"苛政猛于虎",是吃人的暴政,而行德治才是众望所归,对待老百姓应该"道之以德,齐之以礼",这样他们才能有耻辱感而安分守己。"德化"能防患于未然,而刑罚只能惩办于犯罪之后,好的政治是不搞"不教而诛"的。他曾认为"教之"应作为"富之"之后的重要治国方略,指出"既富,乃教之也"(赵善诒《说苑疏证·建本》)。孔子最早论述了富民与教民之间的辩证关系,主张先让百姓富裕起来,然后再进行教化。把富裕作为教化的先决条件,这可以说是人类政治思想史上的一条真理性的原则,强调在富民的基础上注重对民众的道德教化,民众就不会萌发犯上作乱之心、非分逾越之想,就会在各自的社会位置上各守其位,各尽其责,社会也就不会出现上下失序、贵贱失常的混乱局面。管仲在《管子·权修》中提出:"一年之计,莫若树谷;十年之计,莫若树木;终身之计,莫若树人。一树一获者,谷也;一树十获者,木也;一树百获者,人也。"孟子也十分重视"教民"的作用,他说:"不教民而用之,谓之殃民。"又说:"善政不如善教之得民也。善政,民畏之;善教,民爱之。善政得民财,善教得民心。"(《孟子·尽心章句上》)西汉贾谊把教民总结得极为详细:"夫民者,贤、不肖之材也,贤、不肖皆具焉。故贤人得焉,不肖者伏焉;技能输焉,忠信饰焉。故民者,积愚也。"(《新书·大政》)他认为百姓能够自觉,乃"贤、不肖之材",可上可下,另一方面,百姓同时又是瞑、萌、盲、愚，就是说，百姓尚有待于自觉，但凭自身是无法达到自觉的，因此，关键在于为政者的正确引导，"惟上之所扶而以之，民无不化也"；"夫民者，诸侯之本也；教者，政之本也；道者，教之本也。有道，然后教也；有教，然后政治也；政治，然后民劝之；民劝之，然后国丰富也"（《新书·大政》）。他认为民本观念的必然结论就是将政治理解为如何教化百姓，使其生活达到完美。那么，怎样教化百姓呢？即以道教化百姓，此种道术实际上就是儒家之仁义礼法，即所谓"人主仁而境内和矣，故其士民莫弗亲也；人主义而境内理矣，故其士民莫弗顺也；人主有礼而境内肃矣，故其士民莫弗敬也；人主有信而境内贞矣，故其士民莫弗信也；人主公而境内服矣，故其士民莫弗戴也；人主法而境内轨矣，故其士民莫弗辅也"（《新书·道术》）。

忧 民

就是要常忧民众疾苦。战国时期的孟子首先提出了忧民的思想："乐民之乐者，民亦乐其乐；忧民之忧者，民亦忧其忧。"（《孟子·梁惠王下》）只有当君主乐民、忧民，民众才会服从君主的意愿，和君主共忧乐、共患难。荀悦把忧民提高到了志向的层面，他在《申鉴·杂言上》中写道："为世忧乐者，君子之志也；不为世忧乐者，小人之志也。"他认为只有忧民者才是有大志向的人。更有许多志士仁人把忧民之情赋于诗篇，留下了千古绝唱，如："下有忧民，则上不尽乐；下有饥民，则上不备膳；下有寒民，则上不具服。徒跣而垂旒，非礼也。故足寒伤心，民寒伤国"（荀悦《申鉴·政体》）；"与天下共其民，故天下同其忧"（魏曹冏《六代论》）；"心中为念农桑苦，耳里如闻饥冻声"；"百姓多寒无可救，一身独暖亦何情"（白居易《新制绫袄成感而有咏》）；"安得万里裘，盖裹周四垠。稳暖皆如我，天下无寒人"（白居易《新制布裘》）；"不能救人患，不合食天粟"（元结《咏常吾直》）；"圣人不利己，忧济在元元"（陈子昂《感遇》十九）；"安得广厦千万间，大庇天下寒士俱欢颜，风雨不动安如山。呜呼，何时眼前突兀见此屋，吾庐独破受冻死亦足"(杜甫《茅屋为秋风所破歌》);"穷年忧黎元,叹息肠内热"(杜甫《自京赴奉先县咏怀五百字》);"先天下之忧而忧,后天下之乐而乐"(范仲淹《岳阳楼记》);"去民之患,如除心之疾"(苏辙《上皇帝书》);"宁为寒饿嗟,不同富贵讴"(王令《令既有高邸之行而束孝先兄弟索余诗云》);"忧民之溺,由己之溺;忧民之饥,由己之饥"(邓牧《见尧赋》);"不忧一家寒,所忧四海饥"(魏源《呈婺源董小槎先生为和师感兴诗而作》)。他们的诗歌唱词中无不洋溢着浓厚的忧国忧民之情,同时他们关于民本的思想深深地蕴藏其间,让人反思,让人回味。

利 民

就是施政定策要利于民众。据《左传·文公十三年》记载:邾文公曾曰:"天生民而树之君,以利之也。"民是天生的,君是树起来的,"君为轻"自属当然。君与民有利害冲突时以利民为要,亦属当然。《左传》还有记载:"利天下之民者,莫大于治;苟利于民,孤之利也。"意思是只有利于百姓,才能君位安稳、国家安定、社会繁荣。清代的钱泳、万斯大、魏源等人则把"利民"作为执政治国的价值标准,主张"天下事有利于民者则当厚其本,深其源;有害于民者则当拔其本,塞其源"(钱泳《履园丛话·水利》);"利民之事,丝发必兴;厉民之事,毫末必去"(万斯大《周官辨非》);"履不必同,期于适足;治不必同,期于利民"(魏源《默觚下·治篇五》)。清代黄宗羲更为精辟地阐述了他的利民思想:"不以一己之利为利,而使天下受其利;不以一己之害为害,而使天下释其害。"(《明夷待访录·原君》)

富 民

就是要使民众富裕。关于富民的言论,众多文献中都有记载:"百姓足,君孰与不足;百姓不足,君孰与足?"(《论语·颜渊》)"不富,无以养民性。"(《荀子》)"为国者以富民为本……"(王符《潜夫论·务本》)"治国之道，富民为始。"(《史记·平津侯主父列传》)"民富，则君不致独贫；民贫，则君不能独富。"(朱熹《四书章句集注·颜渊第十二》)"天下顺治在民富……"(王廷相《慎言·御民篇》)这些精辟的言论无不体现治国以富民为本的民本主义思想。更有些思想家、政治家把富民上升到了治国之道、立国之道、强国之道的高度进行阐释。战国时期政治家管仲在《管子·治国》中说："凡治国之道，必先富民，民富则易治也，民贫则难治也。"意思是老百姓富裕了就不愿意抛家别子，背井离乡；不愿意抛家别子背井离乡，也就是尊重上面的政策，害怕犯罪受罚；尊重上面的政策，害怕犯罪受罚，也就容易治理了。老百姓贫穷了，就不能安居，不重立家；不能安居，不重立家，也就敢顶撞上面的管束，铤而走险；顶撞管束，铤而走险，也就很难治理了。因此，达到大治的国家总是富裕的，动乱的国家总是贫穷的。所以"治国常富，乱国常贫。是以善为国者，必先富民，然后治之"。出身布衣的明太祖朱元璋，当上皇帝以后晓谕大臣："强国之道，教富于民。民富则亲，民贫则离。民之贫富，国家体威所系。"自古以来的昏君，都是因为肆意挥霍，奢侈无度，使老百姓又穷又乏，才导致民反国败的。只有富民才是强国之道。清代唐甄在其《潜书·存言》中说："立国之道无他，惟在于富。"意思是立国的办法没有别的，只有富裕一条路。从古至今，没有国家贫穷而能成其为国家的。不过，富裕应该在老百姓那里，如果老百姓钱袋空虚，虽然官府的金库充盈，也还只能算是贫穷，也还是不能立国的。

中国共产党执政为民的根本体现

※ 《南阳日报》2011年10月12日；2011年度河南省报纸优秀理论宣传文章一等奖

胡锦涛同志在十七届中央纪委六次全会上强调指出："以人为本、执政为民是我们党的性质和宗旨的集中体现，也是我们党一贯的政治主张和执政理念。"中国共产党作为我国各族人民利益的忠实代表，从执掌全国政权之日起，就把执政为民作为自己全部奋斗的鲜明主旨。

中国共产党的根本宗旨体现了执政为民

中国共产党的宗旨——全心全意为人民服务，是毛泽东同志根据马克思主义的基本原理，继承中华民族优秀传统文化，批判唯心史观，在革命实践中提出来的。马克思、恩格斯没有使用过"为人民服务"这一概念，但是他们创立了历史唯物主义学说，认为人民群众是历史的创造者，共产党人没有任何同整个无产阶级的利益不同的利益，无产阶级只有解放全人类才能最后解放自己。这些论述可以说是"为人民服务"的理论基础。列宁1905年写的《党的组织和党的出版物》一文，提出了社会主义者的写作是为千千万万劳动人民服务的。列宁从文化为谁服务的角度，提出了为人民服务的思想。毛泽东同志关于为人民服务的提法，最早见于1939年2月20日他就陈伯达所写《孔子的哲学思想》一文致张闻天的一封信。毛泽东同志在分析孔子道德思想的"知仁勇"时，批判旧道德之勇，认为那种勇只是"勇于压迫人民，勇于守卫封建制度，而不勇于为人民服务的"。可见，"为人民服务"最初是毛泽东同志根据马克思主义的基本原理，在批判唯心史观时使用的概念。1942年12月，毛泽东同志

《在延安文艺座谈会上的讲话》中，提出文艺应该为工农兵服务，并提出"为什么人的问题，是一个根本的问题、原则的问题"。1944年9月8日，毛泽东同志写了《为人民服务》一文，提出"我们的共产党和共产党所领导的八路军、新四军，是革命的队伍。我们这个队伍完全是为着解放人民的，是彻底地为人民的利益工作的"。这就把为人民服务提到了党和军队的宗旨的高度。1945年4月，毛泽东同志在党的七大报告《论联合政府》中，以人民军队迅速发展壮大为例，得出这样一个结论："这个军队之所以有力量，是因为所有参加这个军队的人，都具有自觉的纪律；他们不是为着少数人的或狭隘集团的私利，而是为着广大人民群众的利益，为着全民族的利益，而结合，而战斗的。紧紧地和中国人民站在一起，全心全意地为中国人民服务，就是这个军队的唯一的宗旨。"他接连列举了六次"在这个宗旨下面"，对军队精神、团结、政策、战略战术、政治工作、生产生活所产生的决定性作用，鲜明提出密切联系群众、全心全意为人民服务是共产党区别于其他政党的显著标志之一，强调"全心全意为人民服务，一刻也不脱离群众；一切从人民的利益出发，而不是从个人或小集团的利益出发；向人民负责和向党的领导机关负责的一致性，这些就是我们的出发点"。

党的七大通过的党章，第一次写进了"全心全意为人民服务"的思想，共有两处：一是总纲部分，写了"中国共产党人必须具有全心全意为中国人民服务的精神，必须与工人群众、农民群众及其他革命人民建立广泛的联系"；二是在"党员"一章的第二条第三款写了"为人民群众服务，巩固党与人民群众的联系，了解并及时反映人民群众的需要，向人民群众解释党的政策"。

综上所述，毛泽东同志关于"全心全意为人民服务"党的宗旨思想的形成，有一个过程，开始是作为一种工作方法，后来提高到作为文艺工作的方向，最后提高到党和军队的宗旨——立党和建军的主要目的和意图。

中华人民共和国的根本性质体现了执政为民

国家的阶级性质即国体，是指社会各阶级在国家中的地位。任何国家都有一定阶级的专政，不同阶级的专政形成不同的国体。中华人民共和国的国体是人民民主专政。毛泽东同志在《新民主主义论》中把国家性质称为"国体"。所谓国体，"它是指一个问题，就是社会各阶级在国家中的地位"。这里讲的国家性质是阶级性质，是指宪法对社会各个阶级、阶层的权利和义务作出最基本的规定，它表现在国家中哪些阶级居于统治地位，哪些阶级属于同盟者，哪些阶级处于被统治地位。简言之，就是指这个国家对哪些阶级实行民主和对哪些阶级实行专政。

我国的国家性质，或者说我国的国体是人民民主专政。所谓人民民主专政，即工人阶级领导的、以工农联盟为基础的，团结全体人民，在人民内部实行民主，对敌人实行专政的国家政权。人民民主专政是中国共产党领导中国人民在长期革命斗争中的一个伟大创造。抗日战争时期，抗日根据地的革命政权就是人民民主专政的雏形。1949年，在新中国即将取得胜利前夕，毛泽东同志在《在中国共产党第七届中央委员会第二次全体会议上的报告》和《论人民民主专政》中把人民民主专政作为中国共产党的历史经验加以总结并进行了深刻的阐述。中国革命的理论和实践，在中国共产党的领导之下，根本上变换了中国的面目，积累了宝贵的经验，其中主要的一条经验是，"在国内，唤起民众。这就是团结工人阶级、农民阶级、城市小资产阶级和民族资产阶级，在工人阶级领导之下，结成国内的统一战线，并由此发展到建立工人阶级领导的以工农联盟为基础的人民民主专政的国家"。何为人民，何为人民民主专政呢？毛泽东同志进一步解释道："人民是什么？在中国，在现阶段，是工人阶级、农民阶级、城市小资产阶级和民族资产阶级。这些阶级在工人阶级和共产党的领导之下，团结起来，组成自己的国家，选举自己的政府，向着帝国主义的走狗即地主阶级和官僚资产阶级以及代表这些阶级的国民党反动派及其帮凶们实行专政，实行独裁，压迫这些人，只许他们规规矩矩，不许他们乱说乱动。如要乱说乱动，立即取缔，予以制裁。对于人民内部，则实行民主制度，人民有言论、集会、结社等的自由权。选举权，只给人民，不给反动派。这两方面，对人民内部的民主方面和对反动派的专政方面，互相结合起来，就是人民民主专政。"同年9月召开的中国人民政治协商会议第一届全体会议通过的《中国人民政治协商会议共同纲领》，把人民民主专政作为中华人民共和国的国体，正式确定下来。与新中国成立前相比，不同的是新中国成立前革命根据地的人民民主专政，担负着完成新民主主义革命的任务，是在无产阶级领导下的以工农联盟为基础的几个革命阶级，对帝国主义走狗、官僚买办阶级、封建地主阶级的专政。中华人民共和国成立后，人民民主专政捍卫的是社会主义革命和建设的任务。因此1954年颁布的宪法规定："中华人民共和国是工人阶级领导的，以工农联盟为基础的人民民主国家。"

从1956年到1966年"文化大革命"前夕，"人民民主专政"与"无产阶级专政"两个概念混同使用；从"文化大革命"开始直到1979年，一律用"无产阶级专政"表明国家性质。在此期间(1975年、1978年)修改颁布的两部宪法都规定："中华人民共和国是工人阶级领导的以工农联盟为基础的无产阶级专政的社会主义国家。"1979年以后又恢复了"人民民主专政"的提法。在人民民主专政的国体中，中华人民共和国的一切权力属于人民，人民是国家的主人，依法享有和行使管理国家和社会事务、管理经济和文化事业的各项权力。工人阶级是领导阶级，工人阶级的领导是通过自己的先锋队共产党的执政来实现的。共产党的执政就是领导和支持人民掌握和行使管理国家的各项权利，实行民主选举、民主决策、民主管理和民主监督，保证人民依法享有广泛的权利和自由，尊重和保障人权。由此可见，共产党领导的本质、国体的核心就是让人民当家做主，即不仅能当自己的家，而且能做国家的主。

中华人民共和国的根本制度体现了执政为民

国家的根本政治制度是执政党对国家的基本领导方式,在我国体现这一执政方式的是人民代表大会制度。人民代表大会制度是我国的根本政治制度。政治制度是统治阶级实行统治的方式方法的总称,它包括国家选举制度、政党制度、政体、国家机构、行政管理等,其中政体是其核心内容。人民代表大会制度是由我国宪法所确立的政治制度,它是国家机构和国家政治生活的基础,是其他政治制度的核心。因此,是我国的根本政治制度。政体也叫政权组织形式,它是指一定的社会中,统治阶级为了行使国家权力,而确立国家机关的组织体系。政体统一着国家各个机构的组织和活动,并形成一种确定的制度。

我国实行的人民代表大会制度,是毛泽东同志在1940年1月提出的。他说:"中国现在可以采取全国人民代表大会、省人民代表大会、县人民代表大会、区人民代表大会,直到乡人民代表大会的系统,并由各级代表大会选举政府。"1949年《中国人民政治协商会议共同纲领》肯定了这一制度,1954年在普选的基础上召开了第一届全国人民代表大会,正式建立了这一制度。

我国的政体实行人民代表大会制度,关键就在于确立人民当家做主的权利。什么是人民代表大会制度的内涵?用一句话说,是指国家权力机关特别是最高国家权力机关的组织、职能和运作的原则和机制,同时也包括国家权力机关同国家行政机关、审判机关、检察机关关系的原则和机制。具体说,人民代表大会制度可具体化为四项制度:第一,权力属民制度。这就是宪法规定的"中华人民共和国的一切权力属于人民。人民行使国家权力的机关是全国人民代表大会和地方各级人民代表大会"。这是人民代表大会制度的根本原则和核心内容。第二,代表选举制度。它是人民选举国家权力机关组成人员的原则、方法、组织和程序的总和,是人民实现宪法规定的选举权、被选举权的制度保障。这是组成人民代表大会的前提和基础。第三,民主集中制度。它是人民代表大会制度的根本组织原则和运作原则。从组织原则看，它包括三个"关系"：一是人大和人民的关系，即全国人民代表大会和地方各级人民代表大会都由民主选举产生，对人民负责，受人民监督。二是"一府两院"和人大的关系，即国家行政机关、审判机关、检察机关都由人民代表大会产生，对它负责，受它监督。三是中央国家机关和地方国家机关的关系，即中央和地方的国家机构职权的划分，遵循在中央的统一领导下，充分发挥地方的主动性、积极性的原则。从运作原则看，我国国家机构实行广泛民主和高度集中相结合的原则。第四，人大工作制度。包括人大及其常委会依法履行职能的立法制度、监督制度、代表制度、会议制度、表决制度等。以上四个方面互相贯通、结合，就构成了我国人民代表大会制度的基本内容。从这些基本内容，我们可以看出，人民代表大会制度，是与我国国体相一致的政体，是我国的根本政治制度。

中国共产党的根本路线体现了执政为民

1981年6月27日，中国共产党第十一届中央委员会第六次全体会议一致通过的《中国共产党中央委员会关于建国以来党的若干历史问题的决议》指出："毛泽东思想的活的灵魂，是贯穿于上述各个组成部分的立场、观点和方法，它们有三个基本方面，即实事求是，群众路线，独立自主。""群众路线，就是一切为了群众，一切依靠群众，从群众中来，到群众中去。把马克思列宁主义关于人民群众是历史的创造者的原理系统地运用在党的全部活动中，形成党在一切工作中的群众路线，这是我们党长时期在敌我力量悬殊的艰难环境里进行革命活动的无比宝贵的历史经验的总结。毛泽东同志经常强调，只要我们依靠人民，坚决地相信人民的创造力是无穷无尽的，因而信任人民，和人民打成一片，那就任何困难都有可能克服，任何敌人最终都压不倒我们，而只能被我们所压倒。他还指出，领导群众进行一切实际工作时，要取得正确的领导意见，必须从群众中来、到群众中去，实行领导和群众相结合，一般号召和个别指导相结合。这就是说,把群众的意见集中起来,化为系统的意见,又到群众中坚持下去,在群众的行动中考验这些意见是否正确。如此循环往复,使领导的认识更正确、更生动、更丰富。这样,毛泽东同志就把马克思主义的认识论同党的群众路线统一起来了。党是无产阶级的先进部队,党是为人民的利益而存在和奋斗的,但是党永远只是人民的一小部分;离开人民,党的一切斗争和理想不但都会落空,而且都要变得毫无意义。我们党要坚持革命,把社会主义事业推向前进,就必须坚持群众路线。"

1990年3月12日,党的十三届六中全会通过的《中共中央关于加强党同人民群众联系的决定》指出:"党在长期斗争中创造和发展起来的一切为了群众,一切依靠群众,从群众中来,到群众中去的群众路线,是实现党的思想路线、政治路线、组织路线的根本工作路线,是中国共产党的优良传统和政治优势。历史经验反复证明,什么时候党的群众路线执行得好,党群关系密切,我们的事业就顺利发展;什么时候党的群众路线执行得不好,党群关系受到损害,我们的事业就遭受挫折。"

2001年9月26日,党的十五届六中全会通过的《中共中央关于加强和改进党的作风建设的决定》进一步明确指出:"密切联系群众是党的优良作风和政治优势。一切为了群众,一切依靠群众,从群众中来,到群众中去,集中起来,坚持下去,是党的根本工作路线。""当前,坚持党的群众路线,密切联系群众,必须坚决克服形式主义、官僚主义。形式主义的要害是,贪图虚名,不务实效,劳民伤财。官僚主义的要害是,脱离群众,脱离实际,做官当老爷。"

2002年11月14日,党的十六大修改通过的《中国共产党章程》在总纲中开宗明义再次明确提出:"党在自己的工作中实行群众路线,一切为了群众,一切依靠群众,从群众中来,到群众中去,把党的正确主张变为群众的自觉行动。我们党的最大政治优势是密切联系群众,党执政后最大的危险是脱离群众。党风问题、党同人民群众联系问题,是关系党生死存亡的问题。"

社会主义的根本任务体现了执政为民

在对我国社会主义初级阶段社会主要矛盾的认识上，我们党经历了一个曲折的过程。1956年9月15日至27日，中国共产党第八次全国人民代表大会在北京举行。会议分析了当时的阶级状况，肯定了我国工人阶级同资产阶级的主要矛盾已经基本上解决，社会主义制度在我国已经基本上建立起来。为此，党的八大政治报告指出："国内的主要矛盾，已经是人民对于经济文化迅速发展的需要同当前经济文化不能满足人民需要的状况之间的矛盾。这一矛盾实质，在我国社会主义制度已经建立的情况下，也就是先进的社会主义制度同落后的社会生产力之间的矛盾。"基于这一正确的认识，党的八大及时提出工作重点的转移，指出党和人民当前的主要任务，就是集中力量发展社会生产力，实现国家的社会主义工业化，逐步满足人民日益增长的物质生活和文化生活的需要。遗憾的是，党的八大所确定的路线没有得到很好的贯彻执行，直到1978年党的十一届三中全会召开之前，阶级斗争仍被视为我国社会的主要矛盾，执行了"以阶级斗争为纲"的错误路线。

党的十一届三中全会以后，我们党对社会主义社会主要矛盾问题进行重新认识，在总结我国社会主义建设正反两方面经验的基础上，真正明确了我国社会的主要矛盾是人民日益增长的物质文化需要同落后的社会生产力之间的矛盾，并提出了建设中国特色社会主义的伟大构想。20世纪70年代末，邓小平同志提出了作为中国社会主义现代化阶段性目标的小康社会。他认为，20世纪末，我们的目标是实现"中国式"的现代化，这样的现代化水平称为小康。1987年召开的党的十三大，把小康社会确定为"三步走"发展战略，并明确了第二步发展目标。到2000年，这一目标顺利实现，人民生活总体上达到了小康水平。在此基础上，党的十六大针对"现在达到的小康还是低水平的、不全面的、发展很不平衡的小康，人民日益增长的物质文化需要同落后的社会生产力之间的矛盾仍然是我国社会的主要矛盾"这一客观现实,明确地提出了"我们要在本世纪头二十年,集中力量,全面建设惠及十几亿人口的更高水平的小康社会,使经济更加发展、民主更加健全、科教更加进步、文化更加繁荣、社会更加和谐、人民生活更加殷实"。"经过这个阶段的建设,再继续奋斗几十年,到本世纪中叶基本实现现代化,把我国建成富强民主文明的社会主义国家。"

党的十六届四中全会于2004年9月19日通过的《中共中央关于加强党的执政能力建设的决定》,总结了55年来党执政的重要经验,其中一个重要方面就是"必须坚持抓好发展这个党执政兴国的第一要务,把发展作为解决中国一切问题的关键,党领导人民建设社会主义的根本任务是解放和发展生产力,增强综合国力,满足人民群众日益增长的物质文化需要"。当前,我国正处于社会主义社会初级阶段,这个阶段的社会主要矛盾是人民群众日益增长的物质文化需要同落后的社会生产力之间的矛盾。这个矛盾的解决是我们全党和全国工作的重心,也是我党的根本任务。

忠实代表人民的根本利益体现了执政为民

马克思主义的不朽著作《共产党宣言》曾明确指出:"过去的一切运动都是少数人的或者为少数人谋利益的运动。无产阶级运动是绝大多数人的,为绝大多数人谋利益的独立的运动。"以马克思主义为指导的中国共产党是一个坚持不懈地为人民利益而奋斗的政党。因为,对一个政党来说,政治立场问题本质就是根本利益问题,是否站在人民根本利益的立场上,是检验一个政党是真马克思主义还是假马克思主义政党的最高政治标准;是否以广大人民的根本利益为出发点,是判别真为人民服务还是假为人民服务的根本标志。早在党的一大通过的党纲中就表明我们党的最终目的是实现共产主义,是为整个人类的彻底解放而奋斗的,是代表着绝大多数人的根本利益的。

以江泽民同志为核心的中国共产党第三代领导集体,继承和发展了马克思主义、毛泽东思想,创造性地提出了"三个代表"重要思想,强调要始终代表人民群众的根本利益,并以此为立党之本、执政之基、力量之源。

2000年11月30日,中共中央办公厅下发了《关于在农村开展"三个代表"重要思想学习教育活动的意见》,即中办发(2000)24号文件。决定:"从今冬明春开始,用两年左右的时间,在全国县(市)部门、乡镇、村领导班子和基层干部中,有计划、有步骤地开展'三个代表'重要思想学习教育活动。"文件指出:"江泽民同志关于中国共产党始终代表中国先进生产力的发展要求、代表中国先进文化的前进方向、代表中国最广大人民群众的根本利益的重要思想,是新形势下加强党的建设的伟大纲领和推进各项工作的行动指南。""代表最广大人民的根本利益,不仅要靠正确的理论和路线方针政策,而且要靠广大党员干部以良好的思想作风和工作作风,真心实意地为群众谋利益……开展学习教育活动,使广大基层干部更加自觉地坚持全心全意为人民服务的宗旨和党的群众路线,必将进一步密切党群干群关系,巩固党的执政基础。"

中国共产党第十六次全国代表大会于2002年11月14日修改通过的《中国共产党章程》总纲指出:"中国共产党是中国工人阶级的先锋队,同时是中国人民和中华民族的先锋队,是中国特色社会主义事业的领导核心,代表中国先进生产力的发展要求,代表中国先进文化的前进方向,代表中国最广大人民的根本利益。""始终做到'三个代表',是我们党的立党之本、执政之基、力量之源。"

在中国共产党成立82周年的时候,中共中央为进一步兴起学习贯彻"三个代表"重要思想新高潮,专门召开理论研讨会,中共中央总书记胡锦涛发表了重要讲话,提出"三个代表"重要思想反映了我国最广大人民的共同志愿,体现了当今世界和中国发展的时代精神,显示了马克思主义科学理论的强大力量,是全党全国人民在新世纪新阶段继续团结奋斗的共同思想基础。他要求学习贯彻"三个代表"重要思想,必须密切联系党和国家事业发展的新要求,密切联系干部群众的思想实际和工作实际,坚持马克思主义的群众观点,不断实现最广大人民群众的根本利益。

科学发展观的重大战略思想体现了执政为民

科学发展观,是中共中央总书记胡锦涛在2003年7月28日的讲话中提出的一种重要方法论,就是"坚持以人为本,树立全面、协调、可持续的发展观,促进经济社会和人的全面发展",按照"统筹城乡发展、统筹区域发展、统筹经济社会发展、统筹人与自然和谐发展、统筹国内发展和对外开放"的要求推进各项事业的改革和发展,也是中国共产党的重大战略思想。在中国共产党第十七次全国代表大会上写入党章,成为中国共产党的指导思想之一。

科学发展观的核心是以人为本。坚持以人为本,与我们党全心全意为人民服务的根本宗旨和立党为公、执政为民的本质要求,在本质上是一致的。以人为本的"人"是指人民群众,坚持以人为本,说到底就是以人民群众的根本利益为本。立党为公的"公",是指公众利益;执政为民的"民"也是指人民群众。以人为本,不仅主张人是发展的根本目的,回答了为什么发展、发展"为了谁"的问题,而且主张人是发展的根本动力,回答了怎样发展、发展"依靠谁"的问题。"为了谁"和"依靠谁"是分不开的。人是发展的根本目的,也是发展的根本动力,一切为了人,一切依靠人,二者的统一构成以人为本的完整内容。只讲根本目的,不讲根本动力,或者只讲根本动力,不讲根本目的,都不符合唯物史观。

坚持发展为了人民,就是要把实现好、维护好、发展好最广大人民的根本利益,作为党和政府一切方针政策和各项工作的根本出发点和落脚点,把发展的目的真正落实到满足人民需要、实现人民利益、提高人民生活水平上。要在经济社会发展的各个环节、各项工作中体现和保障人民群众的利益。在经济建设的层面,要着眼于进一步解放和发展生产力,着眼于创造更丰富的社会物质财富,不断提高人民生活水平。在政治建设的层面,要着眼于不断发展社会主义民主、健全社会主义法制,建设社会主义政治文明,保障人民当家做主的权利和合法权益。在文化建设的层面,要放眼世界,尽力吸收人类文明发展的先进成果，牢牢把握先进文化的前进方向，要着眼于满足人民精神文化需求，提高人民精神生活质量，不断丰富人民的精神世界、增强人民的精神力量。在社会建设的层面，要统筹经济与社会的协调发展，着眼于协调好各方面的利益关系、增强全社会的创造活力，努力建设一个全体人民各尽其能、各得其所而又和谐相处的社会。

坚持发展依靠人民，就是要尊重人民的主体地位和首创精神，牢固树立人民群众是历史创造者的观点、虚心向人民群众学习的观点、竭诚为最广大人民谋利益的观点、干部的权力是人民赋予的观点、对党负责和对人民负责相一致的观点，最充分地调动人民群众的积极性、主动性、创造性，最大限度地集中全社会全民族的智慧和力量，最广泛地动员和组织亿万群众投身中国特色社会主义伟大事业。党和国家的事业，只有得到人民群众的真心支持和拥护才能取得成功；各项方针政策和工作部署，只有得到人民群众的真心支持和拥护才能切实贯彻执行。要坚持从群众中来，到群众中去的群众路线，要切实转变思想作风和工作作风，经常深入基层、深入群众、深入实际，认真做好调查研究，及时发现和总结人民群众创造的新鲜经验，坚决防止和克服形式主义、官僚主义。要切实改进领导方式和领导方法，坚持和完善联系群众的制度，坚持和完善各项办事制度，拓宽反映社情民意的渠道，保障人民当家做主的各项权利。要充分发挥人民群众中蕴藏着的巨大智慧和创造力，要激发和调动各方面的积极性，把全民族的意志、智慧和力量凝聚到党与国家的伟大事业中来。

坚持发展成果由人民共享，是坚持发展为了人民、发展依靠人民的具体体现和最终目的。如果发展的成果没有或很少被最广大人民享受到，发展为了人民就会落空，发展依靠人民就没有基础。坚持发展成果由人民共享，就是要把改革发展取得的各方面成果，体现在不断提高人民的生活质量和健康水平上，体现在不断提高人民的思想道德素质和科学文化素质上，体现在充分保障人民享有的经济、政治、文化、社会等各方面权益上，努力使工人、农民、知识分子和其他群众共同享受到经济社会发展的成果。

领导干部如何树立良好形象

※ 《南阳日报》2012年10月；2012年度河南省报纸优秀理论宣传文章二等奖

形象，原是文学上的一个术语，如形象思维、形象艺术等，形象思维最早是由俄国学者别林斯基正式提出来的，到20世纪30年代，这一术语在苏联文艺界逐渐流行起来。文学中的形象主要是用来描写人物的，通常有三种解释：能引起人的思想或感情活动的具体形状或姿态；文学作品中创造出来的生动具体的、激发人们思想情感的生活图景；形容描绘或表达得具体和生动。我们这里所说的形象，是指一个人的精神风貌、性格特征、一举一动、一言一行在他人头脑里留下的迹象。形象既是个人和单位的立身之本，又是构成地位和权威的基本要求；既是精神境界、思想作风人格化的外部表现，又是感召力、说服力、凝聚力和亲和力的内在反映。所以对领导干部来说，形象决定魅力、形象决定威信、形象决定效能、形象决定价值、形象决定人生。

靠良好素养树形象

"素养"一词最早出现在《汉书》中，汉朝已讲"素养"。素养包含素质与修养两方面，素质是指神经系统、感觉器官、运动器官、大脑方面的特性，修养是指政治思想、道德品质和知识技能等方面经过长期的学习和实践所达到的一定水平。为什么要加强素质修养？毛泽东同志早在1934年时就讲，我们干部队伍中有一种恐慌，这种恐慌不是经济恐慌，不是政治恐慌，而是本领恐慌。这里的"本领"也就是素养问题。按照革命化、年轻化、知识化、专业化的方针，建设一支能够担当重任、经得起风浪考验的高素质的领导干部队伍，应该具备哪些素养？我认为：一是政治素养。政治素养包括政治立场、政治原则、政治方向、政治纪律、政治鉴别力、政治敏锐性。政治素养从根本上体现一个人的政治观点。二是理论素养。理论是政权建设的奠基石，理论是鉴别真伪的参照系，理论是勇往直前的助推器，理论是实现目标的航灯。没有理论指导，实践很难成功。"十月革命一声炮响，给我们送来了马克思列宁主义。"坚持马克思列宁主义与中国实践相结合，建立了中国特色社会主义。若没有马列主义这个理论，没有中国实践，就不可能沿着这样一个道路走下去，所以理论是指路明灯，实践是前进过程。三是知识素养。知识是走向光明的灯塔，是抵御灾祸的盾牌，是无坚不摧的力量，是丰富人生的源泉。知识素养包括文化知识、历史知识、领导知识、社会知识、法律知识、管理知识、业务知识，等等。四是能力素养。能力也是一种素质，能力体现在组织能力、应变能力、鉴别能力、协调能力、用人能力、表达能力、创造能力等方面。创造能力是最高体现，领导的高水平、高素质，最终体现在创造能力的发挥上。五是道德素养。清代大学士刚毅在《居官镜》中这样认为："才与德相为表里，德蕴于中，才应于外，德为才之体，才为德之用。"道德可分为家庭美德、职业道德、社会公德、为政官德等，如孔子"六为"德政思想：正己为先、宽大为怀、忠恕为道、诚信为本、教化为重、思义为要。六是性格素养。人一降生就变为社会的人。他的性格、行为及个性的形成，取决于全部社会因素的总和。性格造就特点，性格胜过智慧，性格承载一切，性格决定人生。马克思说："一个人应该：活泼而守纪律，天真而不幼稚，勇敢而不鲁莽，倔强而有原则，热情而不冲动，乐观而不盲目。"七是心理素养。心理素养是指稳定的个性心理特征，个性、情绪、情趣、态度、风度等。我们干部的风格、气质往往都是个人心理的反映。现在领导学有很多是研究心理的，领导干部心理不健康的表现，如愤怒、忌妒、郁闷、烦躁、粗暴等，都属这一范畴。对心理健康的界定是执着坚韧的追求，坚强果断的品质，刚毅爽朗的性格，宽宏大量的气度，广阔博大的胸怀，强烈浓厚的兴趣，沉着稳健的风度。八是精神素养，我们说健康是最大的财富，身体是革命的本钱，它是一个最基础的素质。身体没有了，一切素质都无从谈起。周恩来同志在《我的修养要则》里面说，健全自己的身体，保持合理的规律生活，这是自我修养的物质基础。领导者要有健康的体魄、充沛的精力、清醒的头脑、良好的记忆、敏锐的思维，才能干好工作。

靠优良作风树形象

作风是干部世界观、人生观、价值观和权力观、地位观、利益观在具体行为中的集中体现。作风关乎党的形象，关乎国家安危，关乎民族兴衰，关乎人心向背。好的作风具有无形的号召力，产生无穷的创造力，形成巨大的凝聚力，造就坚强的战斗力。我党历来重视作风建设，在长期的革命、建设实践中，形成、总结、坚持和发扬了一系列优良作风，这些作风是由党的根本性质决定的，是全心全意为人民服务的集中体现，是中国共产党区别于其他任何政党的根本标志。早在1945年4月24日，毛泽东同志就提出了党的三大作风。毛泽东同志在中国共产党第七次全国代表大会上的政治报告《论联合政府》中提出："以马克思列宁主义的理论思想武装起来的中国共产党，在中国人民当中产生了新的工作作风，这主要的就是理论和实践相结合的作风，和人民群众紧密地联系在一起的作风以及自我批评的作风。"毛泽东同志于1949年3月5日在《中国共产党第七届中央委员会第二次全体会议上的报告》中提出"两个务必"。他指出："夺取全国胜利，这只是万里长征走完了第一步。如果这一步也值得骄傲，那是比较渺小的，更值得骄傲的还在后头。在过了几十年之后来看中国人民民主革命的胜利，就会使人们感觉那好像只是一出长剧的一个短小的序幕。剧是必须从序幕开始的，但序幕还不是高潮。中国的革命是伟大的，但革命以后的路程更长，工作更伟大，更艰苦。这一点现在就必须向党内讲明白，务必使同志们继续地保持谦虚、谨慎、不骄、不躁的作风，务必使同志们继续地保持艰苦奋斗的作风。"1991年，江泽民同志到西柏坡，作了"牢记两个务必"的题词。2002年12月，十六大刚闭幕，胡锦涛同志带领书记处的同志到西柏坡，再次提出要保持"两个务必"。胡锦涛同志对如何做到"两个务必"提出了"四个牢记、一个关键"：牢记基本国情和庄严使命、牢记党的宗旨、牢记基本路线及纲领、牢记历史责任，关键在于领导干部以身作则。2001年9月26日，中共十五届六中全会通过的《中共中央关于加强和改进党的作风建设的决定》提出了"八个坚持、八个反对"：坚持解放思想、实事求是，反对因循守旧、不思进取；坚持理论联系实际，反对照抄照搬、本本主义；坚持密切联系群众，反对形式主义、官僚主义；坚持民主集中制原则，反对独断专行、软弱涣散；坚持党的纪律，反对自由主义；坚持清正廉洁，反对以权谋私；坚持艰苦奋斗，反对享乐主义；坚持任人唯贤，反对用人上的不正之风。2004年1月12日，胡锦涛同志提出在全党大力弘扬求真务实精神，大兴求真务实之风，求真务实是辩证唯物主义和历史唯物主义一以贯之的科学精神，是我们党的思想路线的核心内容，也是党的优良传统和共产党人应该具备的政治品格。2007年1月9日，在中纪委七次全会上，胡锦涛同志提出在各级领导干部中大力倡导八个方面的良好风气。从毛泽东同志"党的三大作风"和"两个务必"的提出，到胡锦涛同志强调树立八个方面良好风气，坚持发扬光荣传统、结合革命实践、体现与时俱进、具有时代特色，最终归结到思想作风、学风、工作作风、领导作风和生活作风五个方面。怎样建设这五个方面的作风？关键是"五个加强""五个坚持""五个做到"：一是加强思想作风建设，坚持解放思想、实事求是、与时俱进，做到察实情、说实话、办实事、求实效；二是加强学风建设，坚持理论联系实际，做到学以增智、学以立德、学以陶情、学以致用；三是加强工作作风建设，坚持从群众中来，到群众中去，做到充分尊重群众、密切联系群众、热忱服务群众、一切为了群众；四是加强领导作风建设，坚持民主集中制，做到充分发扬民主、正确坚持集中、严格遵守纪律、积极开展批评；五是加强生活作风建设，坚持党性锻炼，做到品格优秀、行为高尚、艰苦朴素、情趣健康。

靠公道正派树形象

公道正派是干部的立身之本、形象之基、为人之道、处世之要。古代有很多种对公道正派内涵的形象认识,唐代有一个县令古之奇就如何做好县官写下了"八如"箴言,即"如山之重、如水之清、如石之坚、如松之贞、如剑之利、如镜之明、如弦之直、如秤之平"。这里的"如秤之平"就是公道的意思。诸葛亮同样认为:"吾心如秤,不可为人作轻重。"《吕氏春秋》中有《贵公》《去私》两篇文章,专讲公正无私:"智而用私,不若愚而用公";"甘露时雨,不私一物";"天无私覆也,地无私载也,日月无私烛也,四时无私行也"。自南宋高宗开始,朝廷还将北宋书法家黄庭坚所书"公生明"三字御制成"戒石铭",分立于州县。到清朝时期将铭石改为牌坊,这就是后人所见的"公生明"牌坊,在保定直隶总督府和南阳府衙均可见到。明代山西霍邱有一个学政叫曹端,他告诫即将赴任的学生:"吏不畏我严而畏我廉,民不服我能而服我公,公则民不敢慢,廉则吏不敢欺,公生明,廉生威。"这些都是古人对公正的理解,这些"公道正派"的历史渊源很值得我们干部学而思之、鉴而行之。为什么要公道正派?公正是凝聚人心的力量,公正是树立形象的灵魂,公正是高尚人格的体现,公正是奉献社会的责任。如何公道正派?关键是做到"四正",即心正、身正、眼正、胆正。体现在具体工作上,就是不可以义气代替纪律,不可以感情代替政策,不可以私利代替党性,不可以交情代替原则。体现在使用干部上,对千里马型干部不可亏待,让开拓者无忧;对老黄牛型干部不可忽视,让实干者无悔;对包青天型干部不可挑剔,让公正者无畏;对智囊团型干部不可妒忌,让谏言者无虑。树立领导干部良好形象,就是要恪守一个"公"字,做到明公理、处公心、讲公道、谋公利,力戒偏袒亲近者、疏远存偏见者、看问题偏激、听谗言偏信。

靠团结协作树形象

荀子在讲到人的特性和优势时,这样认为:"人,力不若牛,走不若马,而牛马为用,何也?曰:人能群,彼不能群也。"群,就是团结。所谓团结,是指一个群体在马克思主义原则基础上形成的思想上、政治上、组织上的统一以及由此而产生的行动上的一致。团结是哲学的范畴,团结是原则的体现,团结是和谐的象征,团结是力量的源泉。实践证明,团结出力量,团结出形象,团结出人才,团结出政绩。周恩来同志就团结讲过这样一段话:"团结是在矛盾中形成和发展的。人心不同,各有其面。人们的智慧、才能、性格各有不同,相互之间有时是有矛盾的。团结就是在共同点上把矛盾的各方统一起来。善于团结的人,就是善于在共同点上统一矛盾的人。钢铁和水泥是性质不同的物质,把他们结合起来,就变成钢筋水泥那样强有力的东西。科学家能把自然界不同的物质组合、统一起来,难道不能把有不同见解和脾气的人统一起来吗?"如何维护团结?一要做到"四个一",即维护一道令,唱好一个调,形成一股劲,走好一盘棋。要发扬团队精神,心往一处想,劲往一处使,没有杂音,不使横劲,要思想上同心,目标上同向,行动上同步,事业上同干。二要做到"四个多",即多沟通,多支持,多尊重,多谅解。只有经常沟通,相互支持,相互谅解,才能消除误会,化解矛盾,达到心心相印。三要做到"四之",即容人之过,念人之功,谅人之短,扬人之长。多看别人长处,常找自己缺点。四要做到"四个以",即以宽相待,以诚相见,以直相交,以信相处。只有"宽诚直信",才能没有顾虑,无所猜忌。五是坚持"四靠",靠爱岗敬业促进团结,靠党性修养维护团结,靠思想交流增进团结,靠组织制度保持团结。

靠举止风度树形象

　　风度是指具有个人特色的言谈、举止、仪容、姿态。就其概念可见，风度是决定一个人形象的重要方面，一言一行、一举一动无不影响到一个人的风度直至形象。风度类型：豪放强健型，潇洒自如型，沉稳持重型，文雅端庄型。风度构成：风度作为一个人气质、性格的外在表现，一般由自信的神态、文雅的举止、智慧的言词所构成。风度的体现：老练、深沉、威严、强悍、刚健。《基辛格回忆录》是这样描绘周恩来总理的风度的："他使举座瞩目的不是魁伟的身躯，而是他那外弛内张的风度和钢铁般的自制力，宛如一根收紧着的弹簧。"尼克松把周恩来的风度形象地比喻为"重冰覆盖下的一座火山"。基辛格1972年陪同尼克松访华，描述所见到的毛泽东："大多数国家都是用富丽堂皇的排场使领导人增添一定的威严，但他不是这样，而是靠着他身上散发出来的压倒一切的精神力量来胜过对方。""我从未见过一个人像他那样散发出粗犷而凝聚的意志力。"

靠诚实守信树形象

　　"人之所以为人者，言也。人而不能言，何以为人？言之所以为言者，信也。"（《穀梁传·僖公二十二年》）鲁迅说："伟大人格的素质，重要的是个诚字。"这是因为：诚实守信是处世行事的最好方法，人若失去了真诚，也就失去了活力；人若失去了信用，犹如行尸走肉；人若失去了诚信，也就失去了一切。诚信是什么？诚信是美德，诚信是形象，诚信是精神，诚信是力量。诚实就是不弄虚作假，诚实就是不阳奉阴违，诚实就是不欺上瞒下，诚实就是不言不由衷。为什么要诚信？人无信不立，家无信不和，业无信不兴，国无信不强。怎样讲诚信？就是要像孔子讲的那样以诚待人"三不以"：一是"不以辞尽人"。不言过其实，不口惠而实不至。二是"不以口誉人"。不口是心非，言不由衷,"巧言令色,鲜矣仁","巧言乱德"。三是"不以色亲人"。不面善心恶,表里不一,"人之生也直,罔之生也幸而免"。要做老实人:表里如一,言行一致,言而有信,求真务实。要光明磊落:外表内心一致,言论行为一致,对上对下一致,人前人后一致。

靠开拓创新树形象

大哲学家黑格尔有一句名言:个人的价值就在于他代表民族精神,参与创造。开拓创新就是闯前人未经之路,辟前人未历之境。清末康有为在《上清帝第六书》中对创新作了如下阐述:"物新则壮,旧则老;新则鲜,旧则腐;新则活,旧则板;新则通,旧则滞。物之理也。"创新是一种精神,是一种品质,是一种风尚,是一种能力。创新必须力戒四个字:一是戒满。谦者,众善之基。傲者,众恶之魁。满是胜之天敌,是骄之朋友。容易自满的人,就会没有压力,缺乏动力,失去活力,丧失能力;就会囿于己见,故步自封。因此要切忌以能自大,以功自为,以德自显,以贤自尊。二是戒懒。懒,懒惰。古人云:"天下事以难而废之者十之一二,以惰而废者十之八九。"世上十之八九的事都是因为懒惰,而不是因为困难而失败。三是戒怕。怕担风险、怕负责任、怕出差错。四是戒僵。思想僵化,封闭保守,墨守成规。创新要打破常规,跳出圈子,不怕风险,敢于开拓。要创新,就要打破框框,就要跳出圈子,就要开阔思路,就要超越常规。其一要大力倡导创新意识。所谓创新意识,从根本上说就是解放思想、实事求是的意识,就是敢闯难关、敢冒风险的意识,就是以创新的观念审时度势,以创新的勇气直面难题,以创新的精神拥抱未来。其二要不断提高创新能力。创新是马克思主义的一条认识路线,是一种思维方式,是一个历史过程,也是一种精神状态。只要实践在发展,只要社会在进步,解放思想,实事求是,与时俱进,开拓创新就永无止境。创新能力就是分析问题、解决问题的能力,就是突破前人、提出新见解的能力,就是认识和掌握客观规律的能力。其三要努力完善创新机制。邓小平同志曾经指出:"制度问题不解决，思想作风问题也解决不了。"事实证明，培育创新的作风，要有完善的体制和机制来保证。要有一种有利于创新的激励机制。要通过制度和体制约束，在全社会逐渐形成锐意创新光荣、保守僵化可耻的良好风气。其四要精心营造创新环境。创新是一项艰苦的劳动，是一个从量变到质变的飞跃过程，经常要付出失败的代价，所以必须要有一个良好的社会整体环境来保证。要根据事业发展的需要，逐步建立有利于创新的宽松环境和良好氛围，激发全社会的创新活力。

靠清正廉洁树形象

清廉是一种美德，是古往今来从政为官者追求的最高境界。清者，不浊也，清白而高洁；廉者，不贪也，寡欲清心。"廉为国之本，清为政之根。"从政为官，必须清廉：官从廉中举，名从廉中来，威从廉中树，德从廉中衡。古代为政清廉典范：见利思义拒贿赂的公孙仪。据史载：战国时期鲁国相国公孙仪嗜好吃鱼，人们争着送鱼给他，但均被拒之门外。手下人问他："喜欢吃鱼为何不受呢？"公孙仪深刻分析道："正因为喜欢吃鱼，才不肯接受鱼。如果接受了别人的鱼，就难免要迁就别人，迁就别人就要徇私枉法，徇私枉法就有可能被罢官。如果我的相国职务没有了，这些人也一定不会再送鱼给我了，到那时我又无薪俸自己买鱼，还能再吃到鱼吗？"真可谓"清节者不纳不义之谷帛焉"。"拒礼为开廉洁风"的包拯，曾在盛产名砚的端州做过知州，历任官员莫不攫取端砚"以遗权贵"，作攀附进身之资。而包拯只以朝廷规定的进贡数量制作，按实际数目征收，深受百姓欢迎。直到离任时，仍是"不持一砚归"。就是皇上为他做寿而送的礼品，也一概"完璧归赵"。他在诗中这样写道："铁面无私丹心忠，做官最怕叮念功，操劳本是分内事，拒礼为开廉洁风。"不畏人知畏己知的叶存仁。清朝雍正年间的叶存仁，把慎独看作第一自强之道、第一寻乐之方、守身之先务。先后在浙江、安徽、河南等地任教官，历时30多载，毫无苟取。有一次离任时，僚属相送，船却迟迟不发，待到月明星高时,方见划来一叶小舟,原来是送馈赠的。叶当即题诗婉拒:"月白风清夜半时,扁舟相送故迟迟。感君情重还君赠,不畏人知畏己知。"以史为鉴,我们的领导干部应从小事情中窥出大问题,悟出大道理,不仅眼里看得破,还要心里忍得过,勿使小节变大恶。一要常修廉洁之德。慎始,要严防第一次,不搞下不为例;慎独,要严于律己,不抱侥幸心理;慎微,要见微知著,不要堤溃蚁穴。小意思乃小恩小惠,虽不成敬意,但众少成多,积小致巨,终酿成大祸。二要勤务廉洁之政。"惟俭可以助廉","惟俭可以养廉"。"俭之一字,众妙之门,无求于人,寡求于己,可以养德;淡泊明志,清虚毓神,可以养志;刻苦自励,节用少求,可以养廉;忍不足于前,留有余于后,可以养福。"(清·沈峻《灶妪解》)条件不怕艰苦,生活不怕清苦,日子不怕困苦,工作不怕刻苦。三要常思贪欲之害。唐太宗李世民在缔造"贞观之治"宏伟大业中,善用通俗易懂、生动形象之比喻,阐释反腐倡廉之道理,很值得深思。据《贞观政要》记载:贞观初年,唐太宗对侍臣们说:"人拥有明珠,没人不觉得贵重,如果用来打鸟雀,岂不是太可惜了吗?何况人的性命比明珠还要贵重,见到金银财帛就不畏法网,马上接受,这就是不爱惜生命。明珠是身外之物,尚且不能用来打鸟雀,何况更加贵重的性命,竟然就拿去换财物呢?"四要扎紧反腐篱笆。把好关口,筑牢防线。把好"三关",即权力关、金钱关、色情关。权力、金钱、美色对于每一个领导干部来说,是必须把住的三个关口。领导干部的职务与职责相对应,都拥有一定的权力,权力用来做什么和为谁所用的问题,一直是一场严峻的考验。

靠执政为民树形象

执政为民是马克思主义政党的永恒政治理念,是巩固我党执政地位的唯一选择,是我国革命和建设取得胜利的根本法宝,是尊重社会发展规律的必然要求。我们党的根本宗旨、党的根本路线、国家根本性质、国家根本制度、社会主义根本任务、忠实代表人民的根本利益和科学发展观,都充分体现了执政为民。怎样执政为民？就是要坚持"三为"，即权为民所用，情为民所系，利为民所谋；要做到"三好"，即维护好、实现好、发展好人民群众的根本利益；牢记"三个一切"和"三个不能"，即一切为了人民、为了人民的一切、为了一切人民，与人民群众同呼吸共命运的立场不能变、全心全意为人民服务的宗旨不能忘、坚信群众是真正英雄的历史唯物主义观点不能丢。要把执政为民体现到工作中去，应具体落实好十个方面，即顺应民心，反映民意，了解民情，尊重民权，化解民怨，排除民忧，减轻民负，珍惜民力，维护民利，实现民富。每个领导干部都要把尊重民权放到重要位置，要充分尊重"四权"，即知情权、参与权、选举权、监督权；要切实落实"四个民主"，即民主选举、民主决策、民主管理、民主监督；要虚心做到"四当"，即让群众当主人，让群众当老师，让群众当考官，让群众当裁判。

靠爱岗敬业树形象

所谓"爱"是一种情感，"敬"是一种态度。"爱岗敬业"首先反映在心理特征上，然后体现在实际行动上。敬业就是尽心，敬业就是尽力，敬业就是尽职，敬业就是尽责。具体表现在"四心"上：一要忠心。忠于党、忠于人民、忠于事业、忠于职守。美国现代作家卡耐基定了三条座右铭：忠诚、勤奋和专心，他把忠诚放在第一。二要专心。古书上有两篇文章集中论述"专"，《孟子·告子上》中提到专和恒，"一曝十寒"是不行的，任何事物都要恒；荀子在《劝学》中提到"不积跬步无以至千里，不积小流无以成江河"，也是讲恒，讲专心。儒家思想集大成者朱熹说："敬业者，专心致志得也。"三要细心。细心主要是说精细、仔细、细致、周密、精心，我们平时讲精心组织、周密部署、严谨认真、一丝不苟就是讲细心。粗心是对事业的不敬，粗心最误事、最害事，粗心不可能敬业。四要尽心。做到尽心尽力，尽职尽责，竭尽全力，尽其全部，鞠躬尽瘁。当代作家李敖论述什么叫失职，什么叫伟大：一个人有十分力气用了九分，就是失职；能做一份工作，干了两份，就叫伟大。这就是尽心尽力，没有丝毫懈怠，竭尽全力干好自己的工作。唯尽心才可服人，尽心才能无愧。爱岗敬业从"岗"上讲，岗位作为一个载体，要视为"四台"，即把工作岗位作为强素质的讲台，把工作岗位作为尽职责的平台，把工作岗位作为显身手的舞台，把工作岗位作为比奉献的擂台。爱岗敬业的"业"作为行业、事业，应从两个方面去理解，作为"行业"，要敬业、爱业，要"干一行爱一行，爱一行学一行，学一行专一行，专一行成一行"。"业"作为事业，要体现在以下四个方面，一是真心实意想干事，二是勤奋学习能干事，三是义无反顾敢干事，四是脚踏实地干成事。总之，爱岗敬业就是要把时间花在学习上，把心思放在工作上，把精力用在事业上，把智慧投在创新上。

中国共产党作风建设的伟大里程碑

※ 《南阳日报》2013年8月14日；2013年度河南省报纸优秀理论宣传文章二等奖

作风是人们在思想、工作、生活中表现出来的态度和行为。作风建设是党的建设的重要组成部分，全面推进党的建设伟大工程必须切实加强作风建设。执政党的党风，关乎党的形象，关乎人心向背，关乎党和国家的生死存亡。我们党历来高度重视作风建设，在长期革命和建设的实践中，形成并坚持发扬了一系列优良作风。这些优良作风是党的工人阶级先锋队性质和全心全意为人民服务宗旨的体现，是中国共产党区别于其他政党的显著标志，也是党千锤百炼更坚强的重要法宝。党中央决定在全党开展群众路线教育实践活动，要求全党同志要居安思危，增强忧患意识，充分认识到加强和改进党的作风建设是全面贯彻党的基本理论、基本路线、基本纲领的迫切需要，是开创改革开放和现代化建设新局面的必然要求，是党永远立于不败之地的重要保证。

毛泽东：三大作风　两个务必

早在1945年4月24日，毛泽东同志就首次提出了党的三大作风。三大作风是毛泽东同志在中国共产党第七次全国代表大会上的政治报告《论联合政府》第五部分即《全党团结起来为实现党的任务而斗争》中提出的。"中国共产党自从一九二一年诞生以来，在其二十四年历史中，经历了三次的伟大斗争，这就是北伐战争、土地革命战争和现在还在进行中的抗日战争。我们的党从它一开始，就是一个以马克思列宁主义的理论为基础的党，这是因为这个主义是全世界无产阶级的最正确最革命的科学思想的结晶。马克思列宁主义的普遍真理一经和中国革命的具体实践相结合，就使中国革命的面目为之一新，产生了新民主主义的整个历史阶段。以马克思列宁主义的理论思想武装起来的中国共产党，在中国人民中产生了新的工作作风，这主要的就是理论和实践相结合的作风，和人民群众紧密联系在一起的作风，以及自我批评的作风。"

在报告中毛泽东同志还就三大作风进行了精辟阐释。首先指出，"理论和实践相结合是我们共产党人区别于其他任何政党的一个显著的标志"。"反映了全世界无产阶级实践斗争的马克思列宁主义的普遍真理，在它同中国无产阶级和广大人民群众的革命斗争的具体实践相结合的时候，就成为中国人民百战百胜的武器。中国共产党正是这样做的。我们党的发展和进步，是从同一切违反这个真理的教条主义和经验主义作坚决斗争的过程中发展和进步起来的。教条主义脱离具体的实践，经验主义把局部经验误认为普遍真理，这两种机会主义的思想都是违背马克思主义的。我们党在自己的二十四年奋斗中，克服了和正在克服着这些错误思想，使得我们的党在思想上极大地巩固了。我们党现在已有了一百二十一万名党员，其中绝大多数是在抗日时期入党的，在他们之中存在着各种不纯正的思想。在抗日以前入党的党员中，也有这种情形。几年来的整风工作收到了巨大的成效，使这些不纯正的思想得到了很多的纠正。今后应当继续这种工作，以'惩前毖后、治病救人'的精神，更大地展开党内的思想教育。必须使各级党的领导骨干都懂得，理论和实践这样密切地相结合，是我们共产党人区别于其他任何政党的显著标志之一。""我们共产党人区别于其他任何政党的又一个显著的标志，就是和最广大的人民群众取得最密切的联系。全心全意地为人民服务，一刻也不脱离群众，一切从人民的利益出发，而不是从个人或小集团的利益出发，向人民负责和向党的领导机关负责的一致性，这些就是我们的出发点。共产党人必须随时准备坚持真理，因为任何真理都是符合于人民利益的。共产党人必须随时准备修正错误，因为任何错误都是不符合于人民利益的。二十四年的经验告诉我们，凡属正确的任务、政策和工作作风，都是和当时当地的群众要求相适合，都是联系群众的。凡属错误的任务、政策和工作作风，都是和当时当地的群众要求不相适合，都是脱离群众的。""我们的代表大会应该号召全党提起警觉，注意每一个工作环节上的每一个同志，不要让他脱离群众。教育每一个同志热爱人民群众，细心地倾听群众的呼声，每到一地，就和那里的群众打成一片，不是高踞于群众之上，而是深入于群众之中，根据群众的觉悟程度，去启发和提高群众的觉悟。在群众出于内心自愿的原则之下，帮助群众逐步地组织起来，逐步地展开为当时当地内外环境所许可的一切必要的斗争。""总之，应该使每个同志明了，共产党人的一切言论行动，必须以合乎最广大人民群众的最大利益，为最广大人民群众所拥护为最高标准。应该使每一个同志懂得，只要我们依靠人民，坚决地相信人民群众的创造力是无穷无尽的，因而信任人民，和人民打成一片，那就任何困难也能克服，任何敌人也不能压倒我们，而只会被我们所压倒。""有无认真的自我批评，也是我们和其他政党互相区别的显著的标志之一。""我们曾经说过，房子是应该经常打扫的，不打扫就会积满了灰尘；脸是应该经常洗的，不洗也就会灰尘满面。我们同志的思想、我们党的工作也会沾染灰尘的，也应该打扫和洗涤。'流水不腐、户枢不蠹'是说它们在不停的运动中抵抗了微生物或其他生物的侵蚀。对于我们，经常地检讨工作，在检讨中推广民主作风，不惧怕批评和自我批评，实行'知无不言，言无不尽''言者无罪，闻者足戒''有则改之，无则加勉'。这些中国人民的有益的格言，正是抵抗各种政治灰尘和政治微生物侵蚀我们同志的思想和我们党的机体的唯一有效的方法。以'惩前毖后、治病救人'为宗旨的整风运动之所以发生了很大的效力，就是因为我们在这个运动中展开了正确的而不是歪曲的、认真的而不是敷衍的批评和自我批评。"

新中国成立前夕，1949年3月5日至13日，中国共产党第七届中央委员会第二次全体会议在河北省平山县西柏坡召开，毛泽东同志作了《在中国共产党第七届中央委员会第二次全体会议上的报告》。针对很快就要在全国夺取胜利这样一个客观现实，一针见血地指出：这个胜利将冲破帝国主义的东方战线，具有伟大的国际意义。夺取这个胜利已经是不要很久的时间和不要花费很大的气力了，巩固这个胜利则是需要很久的时间和要花费很大的气力的事情。资产阶级怀疑我们的建设能力，帝国主义者估计我们终究会向他们乞讨才能活下去。因为胜利，党内的骄傲情绪、以功臣自居的情绪、停顿起来不求进步的情绪、贪图享乐不愿再过艰苦生活的情绪可能生长；因为胜利，人民感谢我们，资产阶级也会出来捧场。敌人的武力是不能征服我们的，这点已经得到证明了。资产阶级的捧场则可能征服我们队伍中的意志薄弱者，可能有这样一些共产党人，他们是不曾被拿枪的敌人征服过的，他们在这些敌人面前不愧英雄的称号；但是经不起人们用糖衣裹着的炮弹的攻击，他们在糖弹面前要打败仗。我们必须预防这种情况。夺取全国胜利，这只是万里长征走完了第一步。中国的革命是伟大的，但革命以后的路程更长，工作更伟大、更艰苦。

如何巩固胜利，进行伟大的中国革命？毛泽东同志强调：必须向党内讲明白，务必使同志们继续地保持谦虚、谨慎、不骄、不躁的作风，务必使同志们继续地保持艰苦奋斗的作风。我们有批评和自我批评这个马克思列宁主义的武器。我们能够去掉不良作风，保持优良作风。我们能够学会我们原来不懂的东西。我们不但善于破坏一个旧世界，我们还将善于建设一个新世界。中国人民不但可以不要向帝国主义者讨乞也能活下去，而且还将活得比帝国主义国家要好些。

江泽民：八个坚持　八个反对

江泽民同志于2001年7月1日在庆祝中国共产党成立八十周年大会上的讲话中提出："党的作风关系党的形象，关系人心向背，关系党的生命。"他明确要求，要全面加强党的思想作风、学风、工作作风、领导作风和干部生活作风的建设。要结合新的实际，努力发扬党的理论联系实际、密切联系群众、批评和自我批评的优良作风，同时要总结新的实践经验，努力培育新的作风。一切不符合党的事业发展要求、不符合人民利益的不良风气，都应坚决克服。

2001年9月26日，中国共产党第十五届六中全会通过了《中共中央关于加强和改进党的作风建设的决定》。《决定》长达11个部分，一、二、十一部分分别指出了加强和改进党的作风建设的极端重要性和紧迫性、加强和改进党的作风建设的指导思想和主要任务、加强对作风建设的领导；其他八个部分分别对"八个坚持、八个反对"作了具体阐述。在"加强和改进党的作风建设的极端重要性和紧迫性"这一部分，明确指出了党的作风方面存在的一些亟待解决的问题，主要是：在一些地方、部门和领导干部中，教条主义、本本主义滋长，形式主义、官僚主义盛行，弄虚作假、虚报浮夸严重，独断专行、软弱涣散问题突出，以权谋私、贪图享乐现象蔓延。这些问题，归根到底都是脱离实际、脱离群众的，其消极影响和后果不可低估。在"加强和改进党的作风建设的指导思想和主要任务"这一部分，强调在新的发展阶段，加强和改进党的作风建设的指导思想和总体要求是：坚持马克思列宁主义、毛泽东思想、邓小平理论的指导，按照"三个代表"重要思想，紧紧围绕经济建设这个中心和改革发展稳定的大局，坚持党要管党、从严治党，以进一步密切党同人民群众的联系为核心，以保持党的先进性、纯洁性和增强党的创造力、凝聚力、战斗力为目标，发扬优良传统，加强思想教育，推进制度建设，解决突出问题，努力把党的作风建设提高到一个新的水平。全会指出，当前和今后一个时期，要抓住重点，集中解决党的思想作风、学风、工作作风、领导作风和干部生活作风方面的突出问题。主要任务是：坚持解放思想、实事求是，反对因循守旧、不思进取；坚持理论联系实际，反对照抄照搬、本本主义；坚持密切联系群众，反对形式主义、官僚主义；坚持民主集中制原则，反对独断专行、软弱涣散；坚持党的纪律，反对自由主义；坚持清正廉洁，反对以权谋私；坚持艰苦奋斗，反对享乐主义；坚持任人唯贤，反对用人上的不正之风。全党要进行卓有成效的工作，全面贯彻落实"八个坚持、八个反对"，使党的作风有新的明显进步，使党群关系和干群关系有新的明显改善，使广大群众看到实效，增强信心。

胡锦涛：大兴求真务实之风，大力倡导八个方面的良好风气

在2004年1月12日召开的中纪委三次全会上，胡锦涛同志把在全党大力弘扬求真务实精神、大兴求真务实之风，专门作为一个问题明确提了出来。他指出："求真务实是辩证唯物主义和历史唯物主义一以贯之的科学精神，是我们党的思想路线的核心内容，也是党的优良传统和共产党人应该具备的政治品格。我们党一贯倡导求真务实。早在民主革命时期，毛泽东同志就号召全党要把革命气概和实际精神结合起来，告诫全党同志要老老实实地办事。在世界上要办成几件事，没有老实态度是根本不行的。进入改革开放的新时期后，邓小平同志突出强调世界上的事情都是干出来的，不干半点马克思主义都没有。要坚决制止追求表面文章不讲实际效果、实际效率、实际速度、实际质量、实际成本的形式主义，杜绝说空话、说大话、说假话的恶习。十三届四中全会以来，江泽民同志再三强调形式主义、官僚主义是一大祸害，必须狠刹形式主义、官僚主义的歪风，时时处处坚持重实际、说实话、务实事、求实效，大力发扬脚踏实地、埋头苦干的工作作风。我们党八十多年的历程充分表明，求真务实是党的活力之所在，也是党和人民事业兴旺发达的关键之所在。什么时候求真务实坚持得好，党的组织和党员干部队伍就充满朝气和活力，党和人民的事业就能顺利发展；什么时候求真务实坚持得不好，党的组织和党员干部队伍就缺乏朝气和活力；党和人民的事业就受到挫折。我国改革和发展正处在一个关键时期，面对新形势新任务，进一步在全党大力弘扬求真务实精神、大兴求真务实之风十分重要和紧迫。"

胡锦涛同志要求全党同志必须清醒地认识到，面对复杂多变的国际环境，面对艰巨繁重的国内建设任务，面对我们党肩负的历史使命，要贯彻落实好"三个代表"重要思想和十六大精神，抓好发展这个党执政兴国的第一要务，落实全面、协调、可持续的发展观，实现经济持续、快速、协调、健康发展和

社会全面进步，必须大力弘扬求真务实精神、大兴求真务实之风，要坚持立党为公、执政为民，保持党同人民群众的血肉联系，切实把最广大人民的根本利益实现好、维护好、发展好，必须大力弘扬求真务实精神、大兴求真务实之风。要全面推进党的建设新的伟大工程，加强党员干部队伍建设，提高党的执政能力，也必须大力弘扬求真务实精神、大兴求真务实之风。同时提出：在全党大力弘扬求真务实精神、大兴求真务实之风，关键是要引导全党同志不断求我国社会主义初级阶段基本国情之真，务坚持长期艰苦奋斗之实；求社会主义建设规律和人类社会发展规律之真，务抓好发展这个党执政兴国的第一要务之实；求人民群众的历史地位和作用之真，务全面加强和改进党的建设之实。要采取综合措施，从加强思想教育、促进工作落实、推动制度建设等方面进行努力，使全党同志特别是各级领导干部都坚持做到求真务实、与时俱进、团结一心、踏实苦干。

2007年1月9日，胡锦涛同志在中纪委七次全会上发表重要讲话，提出在各级领导干部中大力倡导八个方面的良好风气。领导干部作风建设是党的建设的一项战略任务，必须常抓不懈。加强领导干部作风建设是全面贯彻落实科学发展观的必然要求，是构建社会主义和谐社会的必然要求，是提高党的执政能力、保持和发展党的先进性的必然要求，是做好新形势下的反腐倡廉工作的必然要求。只有坚持不懈地抓好领导干部作风建设，不断教育和引导各级领导干部按照科学发展观的要求切实转变作风，真正做到为民、务实、清廉，自觉发扬党的光荣传统和优良作风，自觉抵御各种腐朽落后思想观念的侵蚀，才能推动经济社会又好又快发展，才能形成共同构建社会主义和谐社会的强大力量，才能永葆先进性，才能切实把反腐倡廉工作引向深入。

胡锦涛强调，要坚持以邓小平理论和"三个代表"重要思想为指导，全面落实科学发展观，发扬党的光荣传统和优良作风，根据新形势、新任务的要求，全面加强思想作风、学风、工作作风、领导作风、干部生活作风建设，弘扬新风正气，抵制歪风邪气，着力解决突出问题，努力实现领导干部作风的进一步转变,为全面建设小康社会、构建社会主义和谐社会提供有力保障。在工作中,要在各级领导干部中大力倡导以下八个方面的良好风气:一是要勤奋好学、学以致用,牢固树立终身学习的思想,坚持理论联系实际的马克思主义学风,努力在建设学习型政党和学习型社会中走在前列,把学习的体会和成果转化为全面建设小康社会、构建社会主义和谐社会的能力,转化为推动党的执政能力建设和先进性建设的能力。二是要心系群众、服务人民,牢固树立马克思主义的群众观点,始终坚持党的群众路线,时刻摆正自己和人民群众的位置,在思想感情上贴近人民群众,下大气力解决好群众反映强烈的突出问题,下大气力做好关心困难群众生产生活的工作,多办顺应民意、化解民忧、为民谋利的实事。三是要真抓实干、务求实效,发扬求真务实精神、大兴求真务实之风,增强工作的责任感和紧迫感,一步一个脚印地把我们的事业推向前进,使各项政绩真正经得起实践、群众、历史检验。四是要艰苦奋斗、勤俭节约,牢记"两个务必",带头发扬艰苦奋斗、勤俭节约的精神,带头反对铺张浪费和大手大脚,带头抵制拜金主义、享乐主义和奢靡之风,在各项工作中都要贯彻勤俭节约原则,真正把有限的资金和资源用在刀刃上。五是要顾全大局、令行禁止,自觉维护中央权威和中央大政方针的统一性和严肃性,确保党的理论和路线方针政策的贯彻落实,确保党和国家工作部署的贯彻落实,同时善于把中央精神与地方和部门实际结合起来,创造性地开展工作。六是要发扬民主、团结共事,严格执行民主集中制的各项制度规定,自觉接受党组织、党员和群众的监督,共同推动形成心齐气顺、风正劲足的局面。七是要秉公用权、廉洁从政,自觉遵守党的纪律和国家的法律法规,严格执行领导干部廉洁从政的各项规定。八是要生活正派、情趣健康,讲操守,重品行,注重培养健康的生活情趣,保持高尚的精神追求。

习近平:关于改进工作作风、密切联系群众的八项规定

2012年12月4日,习近平同志主持召开中共中央政治局会议,审议通过了

中央政治局关于改进工作作风、密切联系群众的八项规定。内容主要包括：中央政治局全体同志要改进调查研究，到基层调研要深入了解真实情况，向群众学习、向实践学习，多到困难和矛盾集中、群众意见多的地方去，切忌走过场、搞形式主义；要轻车简从、减少陪同、简化接待，不张贴悬挂标语横幅，不安排群众迎送，不铺设迎宾地毯，不摆放花草，不安排宴请。要精简会议活动，切实改进会风，严格控制以中央名义召开的各类全国性会议和举行的重大活动，不开泛泛部署工作和提要求的会，未经中央批准一律不出席各类剪彩、奠基活动和庆祝会、纪念会、表彰会、博览会、研讨会及各类论坛；提高会议实效，开短会、讲短话，力戒空话、套话。要精简文件简报，切实改进文风，没有实质内容、可发可不发的文件、简报一律不发。要规范出访活动，从外交工作大局需要出发合理安排出访活动，严格控制出访随行人员，严格按照规定乘坐交通工具，一般不安排中资机构、华侨华人、留学生代表等到机场迎送。要改进警卫工作，坚持有利于联系群众的原则，减少交通管制，一般情况下不得封路、不清场闭馆。要改进新闻报道，中央政治局同志出席会议和活动应根据工作需要、新闻价值、社会效果决定是否报道，进一步压缩报道的数量、字数、时长。要严格文稿发表，除中央统一安排外，个人不公开出版著作、讲话单行本，不发贺信、贺电，不题词、题字。要厉行勤俭节约，严格遵守廉洁从政有关规定，严格执行住房、车辆配备等有关工作和生活待遇的规定。

"八项规定"是贯彻落实习近平同志"空谈误国，实干兴邦"讲话的具体体现。尤其是，着重提出了"抓作风建设，首先要从中央政治局做起，要求别人做到的自己先要做到，要求别人不做的自己坚决不做"。同时特别强调，制定这方面的规定，指导思想就是从严要求，体现从严治党。改进工作作风、密切联系群众，关系党和人民事业成败。各级党政机关和领导干部要坚持以人为本、执政为民，带头改进工作作风，带头深入基层调查研究，带头密切联系群众，带头解决实际问题。各地区各部门要严格按照本规定，结合实际情况，制定贯彻落实办法，狠抓落实，切实抓出成效。对于改进工作作风、密切联系群众，党的十八大有明确部署，要求"坚持以人为本、执政为民，始终保持党同人民群众的血肉联系"，强调"坚持艰苦奋斗、勤俭节约，下决心改进文风会风，着力整治庸懒散奢等不良风气，坚决克服形式主义、官僚主义，以优良党风凝聚党心民心、带动政风民风"。

综观以上不同时期我党优良作风提出和完善的过程，不难看出有两个共同特点，既一脉相承又与时俱进。其结果最终都归结到五个方面，即体现在思想作风、学风、工作作风、领导作风和生活作风上。这五种作风的内涵是什么？可以概括为"五个加强""五个坚持""五个做到"。一是加强思想作风建设，坚持解放思想、实事求是、与时俱进的思想路线，做到察实情、说实话、办实事、求实效。二是加强和改进学风建设，坚持理论联系实际，做到学以增智、学以立德、学以陶情、学以致用。三是加强工作作风建设，坚持"从群众中来，到群众中去"的群众路线，做到充分尊重群众、密切联系群众、热忱服务群众、一切为了群众。四是加强领导作风建设，坚持民主集中制，做到充分发扬民主、正确坚持集中、积极开展批评、严格遵守纪律。五是加强生活作风建设，坚持党性锻炼，做到品格优秀、行为高尚、形象良好、情趣健康。五个方面的有机统一，构成了党的作风建设的理论体系，成为中国共产党不断发展壮大及无往而不胜的强大动力和行动指南。

六、名人轶事篇

宋文帝元嘉九年（432年），范晔因为"左迁宣城太守，不得志，乃删众家《后汉书》为一家之作"，开始撰写《后汉书》，至元嘉二十二年（445年）以谋反罪被杀止，写成了十纪，八十列传。原计划作的十志，未及完成。今本《后汉书》中的八志三十卷，是南朝刘宋历史学家刘昭从司马彪的《续汉书》中抽出来补进去的。

杰出史学家——范晔

※ 《南阳日报》 2012年8月3日

范晔（398~445年），字蔚宗，顺阳（今南阳淅川县）人。南朝刘宋时期的杰出史学家，官至左卫将军、太子詹事。

出生士族家庭

范晔出生在一个著名的士族家庭。高祖范晷为西晋雍州刺史，加左将军。曾祖范汪入仕东晋，官至晋安北将军、徐兖二州刺史，晋爵武兴县侯。祖父范宁先后出任临淮太守、豫章太守。父范泰仕晋为中书侍郎，桓玄执政时被废黜，徙居丹徒。刘裕于京口起兵灭桓玄，控制东晋王朝实权后，范泰被重新起用，出任国子博士、南郡太守、御史中丞等职。他为东阳太守时，因开仓供粮和发兵千人助刘裕打败卢循有功，被加官为振武将军。从此，范泰受到刘裕的信任，屡屡升迁，先后担任侍中、尚书常侍兼司空等职。宋代晋后，拜为金紫光禄大夫、散骑常侍，少帝时加位特进。范晔也曾先后任秘书丞、新蔡太守和尚书吏部郎等职，最高官至左卫将军、太子詹事。

家学传统正宗

范晔的家庭有着正宗的家学传统。曾祖范汪"博学多通，善谈名理"，撰有《尚书大事》20卷、《范氏家传》1卷、《祭典》3卷以及属于医学棋艺的著作《范东阳方》105卷、《棋九品序录》1卷等。祖父范宁尝作《古文尚书舜典》1卷、《尚书注》10卷、《礼杂问》10卷、《文集》16卷，尤以《春秋·穀梁传集解》12卷,"其义精审,为世所重"。父范泰也有《古今善言》24卷及文集等多种著述。受家庭的影响,范晔尚未成年便负盛名。《宋书》本传称他:"博涉经史,善为文章,能隶书,晓音律。"

天资聪颖善对

范晔从小好学,天资聪颖。6岁那年,由父亲带着去见皇上。皇上看他两条小腿跨不过门槛,笑着逗他:"神童腿短。"他应声对道:"天子门高。"皇上见范晔个头敦实,又黑又胖,横着爬过门槛后,又逗他说:"螃蟹浑身甲胄。"范晔眨了眨眼睛,对道:"蜘蛛满腹经纶。"皇上及朝中文武大臣一阵惊喜,夸其日后必成大器。

撰名著《后汉书》

宋文帝元嘉九年(432年),范晔因为"左迁宣城太守,不得志,乃删众家《后汉书》为一家之作",开始撰写《后汉书》,至元嘉二十二年(445年)以谋反罪被杀止,写成了十纪,八十列传。原计划作的十志,未及完成。今本《后汉书》中的八志三十卷,是南朝刘宋时的历史学家刘昭从司马彪的《续汉书》中抽出来补进去的。范晔所写纪传,笔势纵放,词句绮丽凝练,颇具骈文句法,其中一些人物形象也刻画得真切感人,为我国史学名著。其中《强项令》《杨震暮夜却金》分别选入中小学教材。

刘秀"乐此不疲"光武中兴

※ 《南阳日报》2011年10月14日

汉光武帝刘秀平定天下后，深知百姓苦于战乱，亟须休养生息，于是他偃武修文，清静俭约，提倡儒术，尊崇节义，下功夫改革弊政，废除苛法，精简官吏，安定社会秩序，兴修水利，发展农业生产，终于使汉朝又强盛起来，人民的生活也得到了明显改善，奠定了日后东汉王朝近200年的基业。

刘秀，字文叔，南阳郡蔡阳县人。在位33年，"汉光武帝每旦视朝，日仄乃罢。数引公卿、郎、将讲论经理，夜分乃寐。皇太子见帝勤劳不怠，承闲谏曰：'陛下有禹汤之明，而失黄老养性之福，愿颐爱精神，优游自宁。'帝曰：'我自乐此，不为疲也。'"（《后汉书·光武帝纪下》）成语"乐此不疲"由此产生。

刘秀不仅自己"数引公卿、郎、将讲论经理，夜分乃寐"，他还继承了西汉时期独尊儒术的传统。东汉建立后，即兴建太学，设置博士，各以家法传授诸经。巡幸鲁地时，曾遣大司空祭祀孔子，后来又封孔子后裔孔志为褒成侯，用以表示尊孔崇儒。在提倡儒学神学的同时，刘秀鉴于西汉末年一些官僚、名士依附王莽，醉心利禄，乃力彰气节，对于王莽新朝时期隐居不仕的官僚、名士加以表彰、礼聘，表扬他们忠于汉室、不仕二姓的"高风亮节"，以倡导重名节操守的社会风气，为巩固东汉社稷服务。

刘秀在位期间，坚持以"柔道"治天下，采取一系列措施，恢复、发展社会生产，缓和西汉末年以来的社会危机。建武二年至十四年（26—38年）颁布六道释放奴婢诏令，规定战争期间被卖为奴婢者免为庶人，未释放的官私奴婢必须有基本的人身保障。建武十一年（35年），连下三次诏令，规定杀奴婢者不得减罪；炙灼奴婢者依法治罪；免被炙灼的奴婢为庶人；废除奴婢射伤人处极刑的法律。同时，他又恢复西汉较轻的田税制，实行三十税一。遣散地方军队，废除更役制度，组织军队屯垦。简政减吏，裁并400多县。放免刑徒为庶民，用于边郡屯田。建武十五年（39年），下令度田、检查户口，加强封建国家对土地和劳动力的控制。为了加强中央集权，他对功臣赐优厚的爵禄，但禁止他们干政；排斥三公，加重原在皇帝左右掌管文书的尚书之权，全国政务经尚书台总揽于皇帝，在地方上废除掌握军队的都尉。种种措施，使东汉初年出现了社会安定、经济恢复、人口增长的局面，因此刘秀统治时期，史称"光武中兴"。

《后汉书》作者范晔评说道："虽身济大业，竞如不及，故能明慎政体，总揽权纲，量时度力，举无过事……"这就是刘秀，一个靠人格魅力聚集起天下群雄、聚集起天下力量的一代名君，他连同自己与整个大汉王朝一起辉耀史册。王夫之称刘秀为："三代而下，取天下者，唯光武焉，夏商周后，唯光武允冠百王矣！"

饺子与医圣张仲景有关

※ 《南阳日报》2011年7月15日

饺子是我国历史悠久、南北通食的一种食品,至今已有一两千年的历史了。

古时候,人们一般在年三十晚上十二点以前将饺子包好,待到子时吃,因为这时正是正月初一的伊始,也是辞旧迎新之时,吃饺子取"更岁交子"之意。"子"为"子时","交"与"饺"谐音,有"喜庆团圆"和"吉祥如意"的意思。

饺子形如元宝,人们在春节吃饺子取"招财进宝"之意。另外,饺子有馅,便于人们把各种吉祥的东西包到馅里,以寄托人们对新的一年的祈望。

据说,饺子与我国古代医圣张仲景有关。他从长沙太守任上告老还乡后,在南阳白河岸边,看见很多穷苦百姓忍饥受寒,耳朵都冻烂了。当时伤寒肆虐,病死无数。他心里非常难受,决心继续悬壶济世。于是,他仿照在长沙的做法,叫弟子在南阳东关的一块空地上搭起医棚,架起大锅,在冬至那天开张,向穷人舍药治伤。

张仲景向穷人施舍的药名叫"祛寒娇耳汤",其做法是将羊肉、辣椒和一些祛寒药材放在锅里煮,煮好后再把它们捞出来切碎,用面皮包成耳朵状的"娇耳",下锅煮熟后分给乞药的病人。每人两只"娇耳"、一碗汤,人们吃下后浑身发热、血液通畅、两耳变暖,因此抵御了伤寒,治好了冻耳。

张仲景开棚舍药一直持续到除夕。人们为了庆祝新年,也为了庆祝烂耳康复,就仿"娇耳"的样子做过年的食物,并在初一早上吃。取"娇耳"的谐音，他们把这种食品称为"饺耳"、"饺子"，以纪念张仲景舍药治人的义举。后来，就慢慢变成了过年吃饺子的习俗。

如今，饺子这一佳肴在给人们带来欢乐的同时，已成为中国饮食文化大观园里的一朵奇葩。

张打油发明打油诗

※ 《南阳日报》2011年9月2日

唐诗中有一类诗叫做打油诗，又叫俗话诗、俳谐体诗。打油诗是一种以俚语俗话入诗、不讲究平仄对仗、特别活泼的文学形式。这种诗通俗易懂，或讽刺或调侃，生动风趣。但正是这种看似俗气的文学形式，却往往深刻地反映出作者对现实社会和生活的强烈感受。

打油诗的创作始于中唐时期，当时南阳秀才张打油写了一首别具一格的《咏雪》诗，引起了人们的关注。这首诗全文仅有四句二十字："江上一笼统，井口黑窟窿，黄狗身上白，白狗身上肿。"此诗形象地描绘了雪中景物的特点。首句是整体概括冰天雪地，江面上一片迷茫。次句突出迷茫世界中的异彩，由远而近，白中带黑，互相映衬，相得益彰，大有"万绿丛中一点红"之妙。第三句纯属白描，黄狗身上洒满雪花，变成白狗，从而引出末句"白狗身上肿"。这个"肿"字，言明白狗身上也披着厚厚的雪花，十分传神，令人叫绝。前三句都在颜色上做文章，而末句却写出神态，变静为动，更具活力。虽通篇写雪，却不见"雪"字，而雪的形态和雪中景物又跃然纸上，实属不易。诗中虽然采用的是百姓的俚语俗言，但凸现了诗文的拙朴、风格的别致，且情调诙谐，风趣幽默。

仅此一首《咏雪》，还不足以奠定打油诗的发展基础，张打油之所以闯出牌子，以至这类诗竟冠以他的名字称之为打油诗，还有一段逸事。有一年冬天，一位官员去祭奠宗祠，刚进大殿，便看见粉刷雪白的照壁上面写了一首诗："六出九天雪飘飘，恰似玉女下琼瑶，有朝一日天晴了，使扫帚的使扫帚，使锹的使锹。"官员大怒，立即命令左右，查清作者，重重治罪。师爷上前禀道："大人不用查了，作这类诗的不会是别人，一定是张打油。"官员立即下令把张打油抓来。张打油听了这位官员的呵斥，上前一揖，不紧不慢地说道："大人误会了，我张打油乃一介秀才，本事再不济，也不会写出这类诗来，小的情愿面试。"大人一听，口气不小，决定试张打油一下。正好那时安禄山兵困南阳郡，于是便以此为题，要张打油作诗。张打油也不谦让，脱口吟道："百万贼兵困南阳。"那位官员一听，连说："好气魄，起句便不平常！"张打油微微一笑，再吟："也无救兵也无粮。"这位大人摸了摸胡子说："差强人意，再念。"张打油马上一气呵成了后三句："有朝一日城破了，哭爹的哭爹，哭娘的哭娘！"这几句，与"使扫帚的使扫帚，使锹的使锹"如出一辙。大家听了，哄堂大笑，连这位官员也笑了，终于饶了张打油。张打油从此远近扬名，"打油诗"的称谓也不胫而走，流传至今。

身为秀才的张打油，并非不会作格律诗。但他标新立异，喜欢街头巷尾、乡村市井的俚歌，收集创作这一类作品非常投入，日积月累，自成一体，形成了一种新的诗歌体例——"打油诗"。作为通俗的文学样式，打油诗长期以来在文学史上没有地位，甚至被正统的文人视为旁门左道，难登大雅之堂，但在民间却有非常强盛的生命力。因为它贴近生活，深入群众，不作无病呻吟、矫揉造作之态，只是以最朴素、最原始的感觉为基础，直接命中要害，一吐为快，绝不隐晦拗口，而其内涵又十分丰富，触及现实，堪称唐代诗歌的一朵奇葩。

范仲淹趣闻轶事

※ 《南阳日报》2012年2月29日

范仲淹(989~1052年)，字希文，苏州（今属江苏）人，与包拯同朝，为北宋著名的政治家、思想家、军事家和文学家。他少小立志，发奋苦读，为政清廉，体恤民情，刚直不阿，力主改革，不仅在邓州知州任上留下了人们耳熟能详的名篇《岳阳楼记》，而且还留下许多脍炙人口的故事。

断齑划粥

范仲淹两岁丧父，贫苦无依的母亲带着他改嫁到长山朱家，更名换姓，生活过得十分清贫。7岁时，生母谢氏教他识字，买不起笔墨纸张，他只得在地上用树枝练习写字，10岁时才入私塾读书。但艰难的生活挡不住范仲淹对知识的渴望，他读书非常刻苦，15岁即被举为学究，并受到本县告老还乡的右谏议大夫姜遵的青睐，称"他日中不惟显官，当立盛名于世"。范仲淹曾在继父友人的引荐下在邹平醴泉寺读书。醴泉寺地处群山环抱之中，环境幽雅，是一处安心读书的理想之地。寺内住持慧通大师学问精深，对范仲淹疼爱有加，向他传授《易经》《左传》《战国策》《史记》及诗词歌赋，生活上也处处周济他。这引起一些小和尚的嫉妒，常常吵吵嚷嚷扰乱安静，又以"饭后钟"相戏弄。为避开寺内喧嚣，范仲淹找到寺南一僻静山洞读书，用家中送来的小米一次煮一锅，待凉后画上一个十字，每顿吃一块，再切上一点野菜，撒上盐末下饭，这就是"断齑划粥"典故的来历。据江少虞的《宋朝事实类苑》记载，范仲淹"惟煮粟米二合作粥一器，经宿遂凝，以刀为四块，早晚取二块，断薤十数茎，酢汁半盅，入少盐，而啜之，如此者三年"。

两次游学

范仲淹在醴泉寺苦读之际，感到独学无友，孤陋寡闻，于是两次外出游学。《范文正公文集》有一首诗《赠广宣大师》云："忆昔同游紫云阁，别来三十二回春。白头相见双林下，犹是清朝未退人。"写的是范仲淹18岁时与广宣大师交游的经历。两年后的大中祥符元年（1008年），他又由山东长山远赴长安（今西安）游学半年，寻师访友，增长见识。据范仲淹为王镐所写《郊友人王君墓表》云："时祥符记号之初载，某薄游至止，及公之门，因与君交执，复得二道士汝南周德宝、临海屈元应者，蚤暮过从。"他在关中结识了隐士王镐，在其别墅"倚高松，听长笛"，后来又认识了道士周德宝和屈元应，周精于篆刻，屈对《易》有研究，且都琴艺高超。范仲淹与他们一起读《易》抚琴，"相与啸傲于　、杜之间"。另据《续资治通鉴》记载："（大中祥符二年）二月，（真宗）令陕西发廪振（赈）粜，旱故也。"范仲淹两次游学的经历，不仅使他结识众多良师益友，汲取儒学与佛道教义，拓宽了视野，而且其在关中游学期间，正值陕西大旱，一路上目睹老百姓因灾情严重而饿死病死的惨状，使他深切感受到社会的黑暗与腐败、民间的苦难与不平，增强了他救民于水火之中的使命感和责任感。

婉言拒食

范仲淹在20岁时得知自己的身世，毅然离家出走，到应天府书院读书学习。应天府书院是宋代著名的四大书院之一，藏书甚多。范仲淹十分珍惜优越的学习环境，他昼夜苦学，五年未解衣就枕，寒冬腊月，读书困倦了，就用冷水洗脸，再继续读。当时他日常生活也非常艰苦，经常吃不上饭，就以喝粥充饥。一位官员的儿子和他是同学，非常同情他，便把他学习勤奋、生活艰苦的情况告诉了父亲。父亲便叫儿子把官府为自己准备的饭菜送一份给他，他竟一口未尝，任凭佳肴发霉，直到人家埋怨他才不得不说出心里话："我喝粥惯了，担心一享受美餐，就要以吃粥为苦了。"就这样他在南部应天府书院寒窗苦读五年。经过五年"人所不堪""自刻益苦"的生活，范仲淹于大中祥符八年（1015年）考中了进士，这年他二十六岁。

窖金捐僧

有一次，范仲淹在洞中读书时，两只老鼠跳进粥锅吱吱乱叫，他抬头一看，是一白一黄两只小老鼠。范仲淹忙将老鼠驱赶出去。两鼠慌忙逃出洞外，钻到荆树两侧。范仲淹追到树下，见一侧鼠洞闪着黄光，一侧鼠洞闪着白光，他很惊奇，取来铁锹挖开一侧鼠洞，下面竟然是一个大地窖，扒开土石，却是满满一窖黄金，他随手埋好。又挖开另一侧鼠洞，见是一窖白银，仍不动分文，埋好如初，复回洞中挑灯夜读。离开寺中三十年后，醴泉寺遭受火灾，慧通大师不忍寺庙毁在自己手中，便派人找到已赴延州戍边的范仲淹求援。范仲淹询问了寺庙的情况，热情款待来人，但只字不提援修寺庙的事情，临走时修书一封并赠送了两包上好的茶叶，让来人回复慧通大师。庙中和尚听说范仲淹闭口不提修庙一事，心中愤然。慧通大师展开范仲淹书信，原是一首五言诗："荆东一池金，荆西一池银，一半修寺院，一半济僧人。"众人恍然大悟，对范仲淹不贪财宝、密覆不取的高尚品格更添无限敬意，便用所掘金银修缮寺庙，醴泉寺得以复兴。这便是邹平妇孺皆知的"窖金捐僧"的故事。

物归原主

范仲淹小的时候常与一术士交往，术士病危时对范仲淹说："我能把水银炼为白金，我儿子幼小，不足以传授。现传给您。"说完，就将炼术处方与一些白金塞进范仲淹的怀里，范仲淹刚要推辞，术士已咽气。十多年后，范仲淹任谏官，术士之子已长大。范仲淹把他请过来，告诉他："你父亲有神术，他死时你还小，故我收下他的遗物，现你已长大，我当归还你。"于是拿出白金与处方给他，封识依然是老样子。

一字之师

东汉光武帝刘秀的好友严光，一直隐居不仕，耕钓于富春山。后人对严光的节操有不少褒扬之语。范仲淹在桐庐任职，也在钓鱼台建造了一座严先生祠堂，用以纪念严光。祠成后，范仲淹写了一篇二百多字的记，歌颂严光的道德风范，其中有一段这样写道："云山苍苍，江水泱泱，先生之德，山高水长。"稿子写好后，拿给南丰李泰伯看。李读后对范仲淹说："您的文章一旦传出，将闻名于世，我想改动其中一字，让这篇记更臻于完美，意下如何？"范仲淹问道："不知你要改的是何字？"李泰伯说："把'先生之德'改为'先生之风'，如何？"范仲淹一听击节称好，立即改了过来。用"风"字确实比用"德"字好得多。上文的云山、江水意境阔大，包蕴深远，下文仅继以"德"字，不免显得力薄气弱。改成"风"字，其含义除了有品德、德行的意思外，还有风采、情操和风度等意思，可与山、水并驾齐驱、相得益彰。

请人改志

范仲淹曾替人写墓志铭，当他写毕封好刚要寄送时，忽然想到："不能不让尹洙看一看。"尹洙，宋代散文家，字师鲁，今河南洛阳人，世称河南先生。历任河南府户曹参军等职，后充馆阁校勘，迁太子中允。时值范仲淹因指责丞相而贬饶州，尹洙上疏自言与仲淹义兼师友，当同获罪，于是被贬，最后为监均州酒税。第二天，范仲淹把铭文交给尹洙过目，尹洙看后说："你的文章已经很出名，后代人会以你的文章为典范，所以下笔不可不谨慎啊。现在你把转运使写作都刺史，把知州写成太守，诚然是属于清雅古隽的说法，但现在却没有这些官职名称，后代必然会产生疑惑，这正是引起庸俗文人争论不休的原因啊！"范仲淹听了，颇为感叹地说："多亏请你过目，我差一点就失误了。"尹洙的指正和范仲淹的感叹，表现了他们对写作认真负责、一丝不苟的态度。

罢宴救济

范仲淹治理 州时，闲暇的时候带领部属登上城楼准备酒宴，还没有举起酒杯，便看见几个穿着丧服的人在筹办装殓之物。他立即派人去询问，得知是寄居在外的读书人死在了 州，将要埋葬在邻近的郊外，但送葬之物都还没有备齐。范仲淹听罢神情黯然，立即撤掉了酒席，并给予丧家重金救济，让他们办好装殓这件事。在座的客人莫不为之动容，有的甚至感动得流下了眼泪。

苏东坡的养生术

※ 《南阳日报》2011年9月8日

苏东坡（1037~1101年）一生仕途坎坷，而他却处事达观，淡泊名利，寄情山水，修身养性，写下了许多脍炙人口的好诗。开朗豁达的心态和科学的养生之术，让他在晚年仍保持健康的体魄、敏捷的才思。

练"瑜伽"与重睡姿

中年以后的苏东坡除对宁静心情的追寻之外，也开始对长生之术十分着迷。特别心仪的是"气功"或称"瑜伽"。

林语堂指出，中国人的养生之道，与西洋不同。中国人认为人不应当浪费精力去打球追球，因其与中国人"保存精力"的养生之道不合。瑜伽的精义则是休息，有计划、有意识地让身体休息。所以规定在固定的时间停止呼吸，更要消灭静坐时脑内的自然活动。这种借着控制呼吸与杂念，而身心全部休息的"气功"，让身体保持得到氧气的状态，却不必像西洋有氧运动那样，因为激烈而消耗同等量的精力。

苏东坡的弟弟苏辙，有夏天消化不良、秋天咳嗽的慢性病，因为练瑜伽而痊愈。在弟弟亲身推介下，苏东坡也开始练习道家的绝食与气功。既然遵从"偃憩"的养生原则，苏东坡对于睡觉，也有很高的要求。

入睡之前，他要不厌其烦地把被褥塞好。他要翻来覆去把躯干四肢安排好，直到把自己摆放适当，又自在又舒服为止。身上倘有地方发僵发硬，他要轻轻推、轻轻揉。他要睡了，闭上眼，细听气血运行，待呼吸缓慢均匀，他会自言自语：现在我已安卧，即使身上还有发痒之处，我也丝毫不再移动，要以毅力精神克服之，这样，再过片刻，我浑身轻松安和直到足尖，睡意已至，吾入睡矣。苏东坡认为，睡觉跟灵魂有关，而灵魂的自在又跟身体的自在相连。人若不能控制身心，便不能控制灵魂。

赠人战国四味药

《东坡志林》载，有一次张鄂向他请教，求他给开一个药方，苏东坡说："吾闻战国中有一方，吾服之有效，故以奉传。其药四味而已。"于是就提笔写下来，张鄂接过来一看，那四味药是：无事以当贵，早寝以当富。安步以当车，晚食以当肉。

张鄂恍然大悟，这四味药确非寻常药物可比，第一味药，无事指没有那些杂七杂八的事，这样不至于费心劳神，岂不是可以抵得上世俗所认为的"贵"？第二是指早寝，人过中年，不宜熬夜，晚饭后早入梦乡，安享酣睡之乐，岂不是可以抵得上家财万贯的"富"？第三是指徐步而行，这对养生更是必要的。常言道："饭后百步走，能活九十九。"步行可使血脉通畅，心气和平，有利于消化系统的锻炼，又利于神经系统的充分休息，岂不是可以抵得上驷马高车？第四味药晚食是指到了真有饿感的时候再进食，未饥而食于养生不利。东坡对前三条都未加解释，而对这第四条作了说明：夫已饥而食，蔬食有过于八珍，虽刍豢满前，唯恐其不持去也。这和俗语所说"饿了香，饱了臭"的道理相同。饭吃得晚一些，这时饿感强烈，虽是粗食淡饭，也美香如肉。上述四句话中后两句出自《战国策》："安步，缓行也；晚食，晏食也。"

苏东坡的养生四药实际上是强调了情志、睡眠、运动、饮食四个方面对养生长寿的重要性，这种观点即使在今天仍然值得借鉴。

养生四大经验

外轻内顺。才华横溢，好仗义执言，不善迎奉，因此得罪权贵。他自中年后，遭遇了人生的最大挫折，被流放。四起四落，坎坷一生。但他始终热爱生活，对人生抱着积极的态度，并善于在困难挫折之际乐观自处。据记载，在苏东坡身处逆境、遭受坎坷的时候，有一位姓吴的老人传授给他一个养生秘诀，其意为：一个人处在任何环境下，都要保持心境安适、头脑冷静，这样才能适应外界环境的变化，化解生活中的不幸，求得身体安康。因为"安则物之感我者轻，和则我之应物者顺，外轻内顺则生理备矣"。苏东坡正是以此精神来对待人生和安排生活的。因此，他在中年之后虽遭遇挫折，但依然身体健康、精神快乐。

动静结合。苏东坡非常重视养生，又非常善于养生。他认为只有动静结合，才能养生长寿。所谓"动"，就是"能逸而能劳"。苏东坡认为，为什么达官贵人容易生病，而平民百姓却很健壮呢？那是因为贵人深居简出，行则坐轿，寒则厚衣，养之太过，所以易受寒暑；农夫小民，不管严寒酷暑，劳作于田间，劳动的锻炼使他们得以祛病强身。正是由于苏东坡对"动"很重视，所以他经常登山，这才有了"横看成岭侧成峰，远近高低各不同。不识庐山真面目，只缘身在此山中"的传世佳句。苏东坡一生勤于劳作，在63岁被贬至琼州后，他还亲自开荒种地，并留下了"门前流水尚能西，休将白发唱黄鸡"的著名诗句，对后人启迪颇大。

在重视"动"的同时，苏东坡还非常推崇"静"。他认为"静"首先是心静，就是心平气和。人只要不胡思乱想，自然就能"静"下来，就能心平气和。在《东坡养生集》中有这样的记载：他每天天刚亮就起床，盘腿而坐，练我国传统的保健功。先叩齿数十下，随后吐故纳新，待气满腹，再徐徐吐出。然后按摩涌泉穴、眼面及耳项，直至发热，最后梳发百余次。他认为："此法甚效，初不甚觉，但积累百余日，功用不可量，胜之服药百倍。"苏东坡推崇静坐养生法，有诗为证："无事此静坐，一日似二日。若活七十年，便是百四十。"他的静坐养生法要求坐姿端正、头颈正直、下颏微收、含胸拔背、眼垂帘，全身放松，排除杂气，自然呼吸，守神静志，意守下丹田。这和现代的静坐要求一致，是一种很好的休息养生方法。

适量饮酒。苏东坡对中国传统医学颇有研究，对酒的养生作用也有一定认识。他说："予饮酒终日，不过五合，天下之不能饮，无在予下者。"苏东坡除了喜饮名酒之外，还自己酿制、饮用药酒，以祛病健体。在惠州，他用木桂、菌桂、牡桂之类药材浸泡成桂酒，并在《桂酒颂》中博引历代本草和医学家关于"桂"药药用功能的论述，来证明桂酒具有"御瘴"的功能。正是因为他广饮各种名酒，对以酒养生情有独钟，所以他在"食无肉、病无药、居无室、出无友、冬无炭、夏无泉"的艰苦环境中，能免时疫、拒瘴伤。可见，酒确有通经络、温脾胃、润肌肤的养生功效。

注重细节。苏东坡非常重视从生活细节入手进行养生，对衣食住行等都颇有研究，并且总结出了一些有效的养生方法：

1．宁可食无肉，不可居无竹。苏东坡主张少吃肉，说"甘腻肥浓"是"腐肠之药"，并使人肥胖；认为用少量的肉与蔬菜同炒，吃了会使人不胖不瘦，保持体形健美。同时，他还认为环境优美、空气清新比吃肉更重要，主张在住所周围广植竹木。他的一首长寿诗曾在民间广为流传，其中写道："宁可食无肉，不可居无竹；无肉令人瘦，无竹令人俗。"可见，苏东坡对居住环境是非常重视的。

2．服姜可延年，麦田求荠菜。苏东坡喜欢收集民间的延年益寿药方，其中有一个偏方：取生姜汁贮于器皿中，去掉上面的清黄液，将沉积在下面的白而浓的部分阴干为"姜乳"。用此姜乳同蒸饼或米饭相合，做成梧桐样丸药，每天用白酒或米汤送服十粒。同时，他还推崇吃荠菜。一次，他在给友人的信中说："今日食荠极美，天然之珍……君若知此味，则陆海八珍皆可厌也。"并且介绍了具体做法：采新鲜荠菜二三斤，洗净，加入淘米三升、水三升、生姜一芽头捶碎，同入锅中，浇上麻油一贝壳(30毫升左右)，煮熟后不放盐食用。苏轼认为，以上两个药方若能长期服用，必会养生延年，达到童颜而高寿的效果。

3．浓茶漱口，除烦去腻。苏东坡发明了一种饮茶去腻固齿法，用茶叶泡酽茶，每次饭后用此酽茶来漱口，这样残留在齿缝中的饭菜肉屑就会被漱掉。苏东坡除了上述养生法外，还编创了一套完整的养生功法，名为"香泉功"，包括步息功、卧息功、爬行功和桥功四部分。比如步息功，也叫行息功，即行路和调息合用的功法，通常缓步行，配合细微呼吸，达到吐故纳新的作用。再比如桥功，则是利用上翘十指、提肛抬臀来锻炼腰、腹、胯、肛等，可以防治背痛、腰肌劳损等。

创办"安乐坊"

苏东坡更难能可贵的还不止这些，他还创办了"安乐坊"，相当于今天的医院住院部，制作稀粥药剂供给贫困百姓疗疾，真正为群众疗疾祛病作出了贡献。公元1089年，苏东坡被派任杭州太守，当时遇到了疫病大流行，街头巷尾一片呻吟，荒郊更是尸横遍野。苏东坡没有慌张，他一面及时向朝廷奏明状况请求援助，一面紧急自救。先是开仓赈济让百姓吃上饭，接着又筹集款项开设病坊诊治病人。由于这种病坊的精心疗治，三年间共有千余人康复，且无一例医疗事故，当地百姓便把这种病坊称为"安乐坊"。据史料记载，苏东坡还爱好医药研究，并与许多中医药学者结友探讨。他研制的用车前子、白头翁等中药煎制的稀粥药剂可治腹泻，还有至今沿用的"苏合香丸"等据说也是苏东坡研制的，于是，我们也就读到了"开心暖胃问冬饮，知是东坡手自煎"的诗句。

苏东坡在医学上的成就可以从一本后人编的《苏沈良方》中反映出来。所谓"苏"即东坡，"沈"为沈括。这本集子收有170余条药剂，是一部较为科学实用的古籍医书。

综观苏东坡的养生观还是非常科学的，他对求仙访道、服石炼丹很反感，他用这样的诗来讽刺当时士大夫阶层盛行寻求仙丹妙药的愚昧行为："金丹不可成，安期渺云海。尸解竟不传，化去空余悔。"而他则重道自守，养气志坚，如他笔下的这样一些诗句："云散月明谁点缀，天容海色本澄清""浮云世事改，孤月此心明"等，诗中可见苏东坡练功时清朗飘然的精神境界，以及他超然物外摒弃一切浮名浮利的淡然愉悦心态。

"一代文宗"元好问

※ 《南阳日报》2012年3月9日

元好问（1190~1257），字裕之，号遗山，世称遗山先生，山西秀容人，曾在南阳为官多年。他出身于士大夫家庭，七岁能诗，是我国金末元初最有成就的作家和历史学家、文坛盟主，是宋金对峙时期北方文学的主要代表，又是金元之际在文学上承前启后的桥梁，被尊为"北方文雄""一代文宗"。其诗、文、词、曲，各体皆工。诗作成就最高，"丧乱诗"尤为有名；其诗为金代一朝之冠，可与两宋名家媲美；其散曲虽传世不多，但在当时影响很大，有倡导之功。

诗人元好问

元好问的诗文，在金元之际颇负重望。其诗奇崛而绝雕琢，巧缛而不绮丽，形成河汾诗派。晚年致力于收集金君臣遗言往事，多为后人纂修金史所本。著有《杜诗学》《东坡诗雅》《锦畿》《诗文自警》《壬辰杂编》《遗山先生文集》《续夷坚志》《遗山先生新乐府》等，传世有《遗山先生文集》，编有《中州集》，现有清光绪读书山房重刊本《元遗山先生全集》。

元好问的作品，最主要的特点就是内容实在，感情真挚，语言优美而不尚浮华。他的同时代人和后世都对他的诗文有极高的评价。他的朋友徐世隆说他："作为诗文，皆有法度可观，文体粹然为之一变。大较遗山诗祖李、杜，律切精深，而有豪放迈往之气；文宗韩、欧，正大明达，而无奇纤晦涩之语；乐府则清新顿挫，闲宛浏亮，体制最备。又能用俗为雅，变故作新，得前辈不传之妙，东坡、稼轩而下不论也。"他的另一位朋友李冶更誉其为"二李（李白、李邕）后身"。《四库全书总目·遗山集》评元好问称："好问才雄学赡，金元之际屹然为文章大宗，所撰《中州集》，意在以诗存史，去取尚不尽精。至所自作，则兴象深邃，风格遒上，无宋南渡江湖诸人之习，亦无江西派生拗粗犷之失，至古文，绳尺严密，众体悉备，而碑版志铭诸作尤为具有法度。"元代名人郝经在为元好问所撰的《墓志铭》中评价他的诗词"上薄风雅，中规李、杜，粹然一出于正，直配苏（轼）、黄（庭坚）氏"。

史家元好问

元好问亲历金朝的衰亡和蒙古灭金的全过程，又从政多年，强烈的忧国忧民的社会责任感，使他时刻关注着金国的命运和金国史迹的保存。当金败亡前夕，他就向当政者建议用女真文小字写一部金史，但未能如愿，于是他就私下编撰了一部《壬辰杂编》。金灭亡后，他抱着"国亡史兴，己所当任"的爱国信念，决心以自己一人之力修一部金史，并为此付出了艰苦的努力和沉重的代价。他拒不应聘作蒙古国的臣僚，以表明自己的遗民身份和对故国的忠贞。但为了写金史，又不得不与出仕蒙古国的中上层官员相周旋，以便取得他们的协助和必要的资料。也正因如此，而引起许多人对他的不谅解，"百谤百骂，嬉笑姗侮，上累祖祢，下辱子孙"。为了完成自己修金史的宏愿，元好问忍辱负重20多年，直到去世，并为修金史，在自己家的院子里建了一座"野史亭"，作为存放有关资料和编辑写作的地方。多年的奔波，使他积累了金朝君臣遗言往行的资料上百万字，后称"金源君臣言行录"。他又抱着"以诗存史"的目的，编辑成了《中州集》。这是一部金代诗歌总集，里面不仅收录了他所知道的金朝一代已故或未仕于蒙古国的诗人词客，包括金朝两位皇帝及诸大臣以至布衣百姓的诗词2116首（其中诗2001首，词115首），而且为每位作者共250余人写了小传，给中国文学史填补了空白。《金史·艺文传》就是以它为蓝本写成的，后来的《全金诗》自然也是在它的基础上增补而成的。同时，《中州集》也为金代历史提供了丰富的资料。可惜，正当他满怀信心地说只需破费三数月工夫，查阅抄录了《金实录》上的有关内容，即可着手《金史》的著述时，他的一个朋友却从中作梗，使其未能在蒙古万户、汉军首领张柔处见到《金实录》，以致功亏一篑，使他抱恨以殁。

元好问生前虽然未能实现自己修成金史的愿望，但他所收集的这些资料，却为元代修宋、辽、金史，以至明朝修元史，提供了大量的第一手资料，特别是为修金史奠定了基础。元好问尊重史实，不阿时俗，秉笔直书，所以后代学者一致认为，《金史》与元好问关系密切，《四库全书总目》称"多本其所著"。元好问这种国亡修史的做法，也为后人所仿效。如明朝遗老万斯同拒绝清政府博学宏词科的征召，也坚决不要清朝给的七品俸的纂修官官衔，却以"布衣"参与修《明史》。民国3年（1914年）创清史馆，也有不少清朝遗老为报故主来参与《清史稿》的编撰。

才子元好问

元好问多才多艺，除了长于诗文、从政之外，还深于历算、医药、书画鉴赏、书法、佛道哲理等学问，他的朋友遍及当时的三教九流，既有名公巨卿、藩王权臣，也有一般的画师、隐士、医师、僧道、士人、农民等。据考证，其有文字可据者达500余人，例如李杲（东垣）、张从正（子和），都被尊为金元四大医学家（另两人为金代刘完素、元代朱震亨）之一，所以他也可以被看作是一位社会活动家。

元好问是一位才华横溢、多才多艺的文学家。当时所有的文学形式除金院本之类的戏曲作品未见流传至今的实证或记载传说之外，他几乎都有，如诗、词、歌、曲、赋、小说，传统的论、记、表、疏、碑、铭、赞、志、碣、序、引、颂、书、说、跋、状、青词，以及官府公文诏、制、诰、露布等，均掌握熟练、运用自如。

元好问学问深邃，著述宏富，援引后进，为官清正，尤其在金元文坛上居首屈一指的地位，即使至明清，堪与他伯仲者也难得一二，被他的学生、师友及后人尊称为"一代宗工""一代宗匠"。迄今流传下来的作品除诗1380余首外，还有词380余首、散曲6首、散文250余篇、小说《续夷坚志》4卷202篇、《中州集》10卷、《唐诗鼓吹》10卷。元好问还著有《遗山乐府》以及游记等书籍。

官员元好问

元好问当过中央和地方官，历任镇平县令、内乡令、南阳令、尚书省掾、左司都事、行尚书省左司员外郎。为官十余年，他都尽心竭诚，兢兢业业，关心国家兴亡，关心民生疾苦，所以政治声誉非常高。当他罢职首任镇平县令，时元宵佳节，百姓老老少少对他恋恋不舍，敬酒惜别。在内乡县令任上时，他"劳抚流亡，边境宁谧"，所以当他因母亲去世，按照传统礼制须为其母亲罢官守孝3年"丁内艰"时，"吏民怀之"赞许他："元好问劳抚流亡，循吏也，不当徒以诗人自之。"据《内乡县志》记载："好问在内乡任职五年，有善政，清正廉明，体察民情，去任后吏民怀之。"他任南阳县令时，为当地人民争得减3年赋税，发展生产，使人民有休养复苏之望。所以河南志书称他"知南阳县，善政尤著"。《南阳县志》记载："南阳大县，兵民十余万，（元好问）帅府令镇抚，其存威惠。"

元好问十分重视并努力保护人才，喜欢奖掖后进。金哀宗天兴二年（1233年）四月，蒙古兵攻破汴京初，元好问即向当时任蒙古国中书令的耶律楚材推荐了54个中原名士如王若虚、王鹗、杨奂、张德辉、高鸣、李冶、刘祁、杜仁杰、张仲经、商挺等，请耶律楚材予以保护和任用。而经他教育或指授出来的文坛名手有郝经、王恽、许楫、王思廉、孟琪、徐琰、郝继先、阎复等人。尤其是他保护和教育白朴的故事一直被传为文坛佳话。白朴之所以后来能成为与关汉卿、马致远、郑光祖齐名的元曲四大家之一，为白朴《天籁集》作序的王博文认为，这与元好问的教导分不开："遗山之后，乐府名家者何人？残元曲四大家膏剩馥，化为神奇，亦于太素（白朴字）集中见之矣。然则继遗山者，不属太素而奚属哉！"

毛泽东最爱读史书

※《南阳日报》2011年7月22日

大家都知道，毛泽东是一位很爱读书的伟人，每天手不释卷、不分昼夜地读，也没有固定的地方，会议室里、办公桌旁、会客的沙发上、卧室的床上、游泳池旁、吃饭桌旁、浴室间、卫生间……到处都有书，可随手翻阅。他看书也没有固定的姿势，有时坐着，有时站着，有时躺着，有时半坐半躺着。毛泽东睡觉的木板床上，总是大半边放满了书，只留下一个人睡觉的地方。可是，毛泽东究竟爱读什么书，这是广大读者都很感兴趣的事情。

毛泽东最爱读的是史书，首先是《二十四史》《资治通鉴》。至生命走到终点时，他几乎通读过，重点史册、篇章还读了很多遍。在毛泽东存书中有一部清乾隆武英殿版的大字线装本《二十四史》，这部纪传体史书他整整读了24年。全书800多册，4000万字左右。传记部分是老人家最爱读的，许多传记，他在阅读中还十分用心地作了标点、断句，画了着重线和作了多种不同的标记，许多地方都写有批注文字。其中的《史记》《汉书》《后汉书》《三国志》《旧唐书》《新唐书》《晋书》《明史》等都读过多遍。直到他老人家生命的最后两年，在病中还坚持读《晋书》，用颤抖的手在好几册的封面上用红铅笔写上："一九七五年，八月再阅"，"一九七五，九月再阅"。他老人家还常常把有意义的人物传记，批送给刘少奇、周恩来、邓小平、彭真、彭德怀等中央领导同志阅读。毛泽东晚年曾对人讲，他将《资治通鉴》这部300多万字的史书读过"一十七遍"。

毛泽东不仅爱读《二十四史》，历朝纪事本末、中国历朝历史演义和历史小说，他老人家都很感兴趣。毛泽东把《红楼梦》这样一部文学作品"开始当故事读，后来当历史读"。他说："《红楼梦》我至少读了五遍……我是把它当历史读的。"毛泽东最爱读的历史小说，应算是《三国演义》。他说：读《三国演义》，不但要看战争，看外交，而且要看组织。在文章和讲话中，他多次引用《三国演义》中的历史故事，并赋予新意，借古喻今，使人深受启迪和教益。还有《红楼梦》《水浒传》《西游记》《聊斋志异》等著名的历史小说，他老人家都读过多遍。1961年12月20日，毛泽东在中共中央政治局常委和中央局第一书记会议上的讲话中说："中国小说写社会历史的只有三部：《红楼梦》《聊斋志异》《金瓶梅》。你们看过《金瓶梅》没有？我推荐你们都看一看，这部书写了宋朝的真正社会历史，暴露了封建统治，揭露统治和被压迫的矛盾，也有一部分写得很细致。《金瓶梅》是《红楼梦》的祖宗，没有《金瓶梅》就写不出《红楼梦》。但是，《金瓶梅》的作者不尊重女性，《红楼梦》《聊斋志异》是尊重的。"

早在1958年1月28日的最高国务会议上，毛泽东就讲道："读历史的人不一定是守旧的人。"他重视学习、研究历史，目的是批判地继承和发展历史优秀的遗产，从中汲取有益的东西，为现实服务，而不是信而好古，迷恋过去，更不主张食古不化，回到历史的后院。他非常注重学以致用，从历史文化中学习工作方法。如读《旧唐书》，毛泽东很注意李世民执政治世之道。毛泽东在《旧唐书·李百药传》这段话旁批注："李世民的工作方法有四。"在读《新唐书·裴度传》时，他曾写下这样的批语："调查研究，出以亲身。"

名人读书趣闻（一）

※ 《南阳日报》 2012年9月7日

苏轼抄书

人们都说宋朝著名文学家苏轼天赋好，能"过目成诵"。其实并不是如此，而是另有其奥秘。一天，有位朋友去看他，等了好久，苏轼才出来会见，客人很不高兴，苏轼解释道："我正在抄《汉书》。"客人听了很不理解。凭苏轼的天赋和"过目成诵"的才能，还用得着抄书吗？苏轼说："我读《汉书》到现在已经抄上三遍了。第一遍每段抄三个字，第二遍每段抄两个字，现在只要抄一个字了。"客人半信半疑地挑了几个字一试，苏轼果然应声就能背出有关段落，一字不差。苏轼的"过目成诵"原来是勤学苦练的结果啊。

张广厚吃书

数学家张广厚有一次看到一篇关于亏值的论文，觉得对自己的研究工作有用处，就一遍又一遍地反复阅读。这篇论文共20多页，他反反复复地念了半年多。因为经常反复翻摸，洁白的书页上，留下一条明显的黑印。他的妻子对他开玩笑说："这哪叫念书啊，简直是吃书。"

雨果写书

有一个时期，大作家雨果为了赶写一部作品，简直到了废寝忘食的地步。但是由于社交的需要，他又不得不经常到外面去出席宴会。烦恼之余，他想出一个绝妙的办法：把自己半边的头发和胡须统统剪去。这样，他就可以不失礼貌地谢绝一切亲友的邀约，直到头发、胡子长齐为止。当然，等头发和胡子长齐后，这位作家又将一部辉煌的巨著奉献给人类了。

名人读书趣闻（二）

※ 《南阳日报》2012年8月31日

华罗庚猜书

著名数学家华罗庚读书的方法与众不同。他拿到一本书，不是翻开从头至尾地读，而是对着书思考一会儿，然后闭目静思。他猜想书的谋篇布局，斟酌完毕再打开书，如果作者的思路与自己猜想的一致，他就不再读了。华罗庚这种猜读法不仅节省了读书时间，而且培养了自己的思维和想象能力，不至于使自己沦为书奴。

罗南抢书

美国纽约有个专门展览古旧珍本书籍的地方，展品不仅供展览，而且还出售。谁先得到就卖给谁。藏书迷们为了把珍贵的图书抢到手，经常展开激烈的争夺。有个叫罗南的书迷，在一次书展中发现了第一版的《福尔摩斯探案全集》。他一见此书，心中大喜，立即想买一本。就在此时，另一个书迷也发现了这本书，追过来抢着要买。罗南急了，纵身越过两张桌子，冲到售书处，虽然跌了一跤，还是抢先交了钱。这部书标价仅20美元，可他却总共花了220美元。因为他那一跌，跌崩了两颗门牙，补牙用去了200美元。

王亚南读书

我国著名的马克思主义经济学家、《资本论》最早的中文翻译者王亚南，小时候胸有大志，酷爱读书。他在读中学时，为了争取更多的时间读书，特意把自己睡的木板床的一条腿锯短半尺，成为三脚床。每天读到深夜，疲劳时上床去睡一觉，迷糊中一翻身，床向短脚方向倾斜过去，他一下子被惊醒过来，便立刻下床，伏案夜读。天天如此，从未间断。他1933年乘船去欧洲。客轮行至红海，突然巨浪滔天，船摇晃得使人无法站稳。这时，戴着眼镜的王亚南，手中拿着一本书，走进餐厅，恳求服务员说："请你把我绑在这根柱子上吧！"服务员以为他是怕自己被浪头甩到海里去，就照他的话，将王亚南牢牢地绑在柱子上。绑好后，王亚南翻开书，聚精会神地读起来。船上的外国人看见了，无不向他投来惊异的目光，连声赞叹说："啊！中国人，真了不起！"

赵朴初宽心养生

※ 《南阳日报》2011年8月30日

赵朴初(1907~2000年)，安徽太湖人。卓越的佛教领袖、杰出的书法家、著名的社会活动家与伟大的爱国主义者。生前为中国佛教协会会长，中国佛学院院长，中国宗教和平委员会主席，中国书法协会副主席，全国政协第六、七、八、九届副主席。他为人平和，德高望重，曾写过一首打油诗《宽心谣》，告诫老年人要宽以待己，宽以待人，宽以待事，保持开朗乐观，心情舒畅。正是有着这样一种性格，他能够享年93岁高寿。

《宽心谣》全文如下：

日出东海落西山，愁也一天，喜也一天；遇事不钻牛角尖，人也舒坦，心也舒坦；每月领取养老钱，多也喜欢，少也喜欢；少荤多素日三餐，粗也香甜，细也香甜；新旧衣服不挑拣，好也御寒，丑也御寒；常与知己聊聊天，古也谈谈，今也谈谈；内孙外孙同样看，儿也心欢，女也心欢；全家老少互慰勉，贫也相安，富也相安；早晚操劳勤锻炼，忙也乐观，闲也乐观；心宽体健养天年，不是神仙，胜似神仙。

此诗通俗易懂，生动有趣，内容丰富，蕴含深刻，告诫老年人应乐观知足，心宽体健，才能快活地颐养天年。遇事不当真，遇钱不计较，遇穿不挑衣，遇聊不争论，年老年少互相慰勉，内孙外孙不分彼此，才能让晚年生活更加开心、幸福。曾有多少人因为心胸狭窄，焦虑不堪，造成伤害和折寿，所以一定要宽宏大量，知足常乐。

中外名人苦读健忘趣闻（一）

※ 《南阳日报》2011年5月20日

牛顿忘客

有人曾问牛顿："您用什么方法做出那么多发明和发现？"牛顿简捷地回答："我没有什么方法，只不过对于一件事情总是花很长时间，很热心地去考虑罢了。"

有一次，一位久不见面的朋友来拜访，牛顿便邀他一同吃饭。客人刚入席，牛顿忽然想起自己还收藏着一瓶上等的葡萄酒，他请客人稍等，他去拿酒。而他的小实验室正设在客厅与厨房的中间。那位客人等得饥肠辘辘，便跑过去看——嘿！原来这位科学家正在专心致志地做实验，早把葡萄酒和客人忘了！

巴尔扎克忘食

法国杰出的作家巴尔扎克一生中有许多耐人寻味的趣闻。有一天，一位朋友来拜访巴尔扎克，看到他正在专心致志地写作，不忍心惊动他，就坐在书房耐心地等着。中午时分佣人给巴尔扎克送来可口的饭菜，放在小茶桌上就退了出去。由于正专心写作，巴尔扎克根本就没有看到，这位朋友误认为这份饭菜是佣人送来招待他的，于是就毫不客气地把饭菜吃光了。他实在等得不耐烦了，只好打算改日再来拜访，于是悄悄地离开了巴尔扎克的书房。

又过了一段时间，巴尔扎克突然感到肚子饿得很，他转过身正要喊佣人送饭来,一眼看见了旁边的小茶桌上放着的杯盘餐具,他以为自己已经吃过午饭了,便自言自语道:"巴尔扎克,巴尔扎克,你真是个饭桶,刚吃完了饭还想再吃!"说完又写了起来。

左思忘筷

左思是西晋著名文学家,出身贫寒不喜郊游,他非常善于作诗,整天苦苦吟诗自得其乐。

有一次,正当他全神贯注地构思着一首好诗的时候,妻子给他送来饭并关切地催他趁热吃。左思边想诗边接过饭碗就往嘴里送,他刚吃了一口就觉得饭的味道不大对,抬头正想问妻子原因的时候,妻子看见他嘴上已抹了很多墨,禁不住大笑起来。左思更是莫名其妙,妻子急忙从他的手中把笔夺下,他这才发现是自己把笔当筷子用了,夫妻二人一时笑得难以自禁。

陈音忘宴

元顺帝天顺年间有一名进士叫陈音,他倾心经术不问世事,终于学有所成。他专心致志的故事流传至今。

一天陈音整理书籍发现一张宴帖就如期赴宴。到朋友家久坐不走,朋友问他有什么事,陈音说前来赴宴。那朋友莫名其妙又不便详问只得备酒款待。事后那朋友才想起去年的今天曾宴请过他。

刘源忘死

我国清朝道光年间有个名叫刘源的书痴,"生平无他嗜,唯专一于书"。他家藏书数万卷。有一次强盗犯境,全城的人都被吓跑了,而他却端坐书房之中决心与书共存亡。强盗进入了书房斥责他说:"全城的人都跑光了,你为何不跑而坐在这里等死?"刘源说:"书就是我的命,书若没了要这命干什么?"强盗听了肃然而退。

闻一多忘婚

闻一多读书成瘾,一看到书就"醉"。就在他结婚的那天,洞房里张灯结彩热闹非凡。大清早亲朋好友均来贺喜,直到迎亲的花轿快到家时人们还到处找不到新郎,急得大家东寻西找,结果在书房里找到了他。他仍穿着旧袍,手里捧着一本书入了迷。怪不得人家说他不能看书,一看就要"醉"。

中外名人苦读健忘趣闻（二）

※ 《南阳日报》2011年5月27日

柳青忘醋

现代作家柳青从1952年起一面在陕西省长安县任县委副书记，同时继续从事他所喜爱的文学创作。为了深入农村生活，他把全家迁到终南山下的皇甫村，这里能够随时收集创作素材。

一次柳青在皇甫村一个小商店里排队买醋。排队的人们随便闲谈着有说有笑，但柳青听起来都很新鲜，这些闲谈无拘无束，议论到的许多实际而又真实的事情都是他在会议上、采访中听不到的。柳青听得入了神，轮到他买东西的时候竟不知自己要买什么，一下子愣了起来。售货员笑着说："刘书记轮到您了，买点什么呢？"柳青这才恍然大悟，忙对身后的人说："噢噢你们忙，你们先买吧！"边说边退了出来，又重新排在队伍后面继续听人们闲谈。这些朴素的语言和原始的细节对柳青来说作用真是太大了，是他创作中最宝贵的素材。1959年柳青发表了反映农村生活的《创业史》第一部，《创业史》第二部也于1977年完成。

巴尔扎克忘家

有一次，天刚蒙蒙亮，法国杰出作家巴尔扎克就起床准备去散散步轻松轻松。为了使来访者不至于久等，巴尔扎克拿起笔在门上写道：巴尔扎克先生不在家，请来访者下午再来。

巴尔扎克多日没出门了，一出门就感到浑身轻松舒展。走着走着他又陷入了沉思，正在创作的一部小说中的人物和故事情节不时在他头脑中闪现。他苦苦思索着又转回到了自己的家门口，一看门上的字自言自语地说道："真不凑巧，原来巴尔扎克先生不在家啊，那就改日再来吧。"说完转身走了。

沈有鼎忘未婚妻

中国科学院哲学所逻辑专家沈有鼎因沉醉学业误了个人婚事。年岁渐长方找到一个在工厂工作的对象，于是两人商定结婚。

彼时结婚登记要开介绍信，这位沈大专家兴致勃勃地来到单位开介绍信。"你未婚妻叫什么名字？"工作人员问。沈有鼎竟想不起来。于是他拎起电话找到爱人所在单位。

"请问你们厂一个女同志最近要和中科院哲学所的沈有鼎结婚，你们知道吗？"沈大专家问。

"知道啊！"对方答。"请问她叫什么名字？""你是谁？""我就是沈有鼎，来开结婚登记证明，想不起她名字了……"

结婚忘了未婚妻的名字这在全世界恐怕绝无仅有！

金岳霖忘名

金岳霖是"中国哲学第一人"，是一个泰斗级的人物。

泰斗也是个书呆子。他不爱做官，有一名言为证："与其做官不如开剃头店，与其在部里拍马不如在水果摊上唱歌。"20世纪50年代初，周培源要他出任清华大学哲学系主任，金泰斗不想干，但周坚持，无奈他只好到系主任办公室办公。可是他却不知道"公"是怎么办的，就恭恭敬敬地在办公室里待着，见没人找，也没事，待了半天又跑回家看书去了。

一次金泰斗乘人力车外出办事，一路上满脑子思考着一个哲学问题，突然有所悟，于是马上想到要与好友陶孟如交流，遂急令车夫停车跑到路旁的电话亭打电话。

"我找陶孟如。"

"您是哪位？"陶孟如的女佣在电话里问。"我是哪位？"金岳霖摸摸脑袋一时竟想不起来："我是陶孟如的朋友,请他说话。"

"您贵姓？"佣人是个较真的人。可金泰斗还是想不起自己"贵姓",无奈只好央求女佣高抬贵手让他与老朋友通话,女佣恪守职责不给通融。无奈中金岳霖转而向自己的车夫求教。"我是谁,你知道吗？"车夫刚给他拉车也叫不出这位大名鼎鼎的学者的名字,但他依稀记得别人都叫他金博士。金岳霖一拍脑门念了声："阿弥陀佛！原来我姓金哪！"这下终于想起来了。

此事终被好友陶孟如披露传遍学界,成为他的那些好事朋友茶余饭后的谈资。

古今中外文坛趣闻轶事

※ 《躬耕》2013年第1期

王安石错改"明月"与"黄犬"

王安石因为苏轼不知道世界上确实有会落的菊花,便笑他少见多怪,还为此惩治了苏轼。其实他自己也闹过笑话。当时一个南方人写了两句诗:"明月当空叫,黄犬卧花心。"王安石看到后,心想:明月怎么会叫呢?黄犬也不能睡在花心里呀!就提笔改成了:"明月当空照,黄犬卧花荫。"他自以为改得不错,其实犯了和苏轼一样想当然的错误,诗里的"明月"不是指天空中的月亮,而是南方的一种鸟,在空中飞来飞去,鸣叫的声音很动听;"黄犬"则是一种昆虫,它一到晚上就卧在花心里,也不是可以看家的黄狗。

此事说明,要想写出好的作品,必须对客观事物进行全面了解,决不能犯主观臆断的毛病。

苏轼巧用七言诗做广告

宋代文学家苏轼,晚年移居于当时海南岛的儋州。在他居处附近,有一老妪以炸馓子为生。虽然她的手艺好,炸出的馓子质量高,但因店处偏僻,所以门庭不免有些冷落。当她得知自己的街坊是大名鼎鼎的文豪苏轼时,便求苏轼代写广告。苏轼见老人生活孤苦,便欣然应诺,深思少许,一则广告挥笔而就:"纤手搓来玉色匀,碧油煎出嫩黄深。夜来春睡知轻重,压匾佳人缠臂金。"

这则广告，巧妙地运用七言诗的形式，以传神之笔，介绍了油炸馓子根条均匀光洁，色泽嫩黄适中，造型犹如金丝缠裹的美人玉臂。老妪得到此诗，如获至宝，请人装裱后高高地挂于店堂。从此，这里顾客络绎不绝，生意一天天兴隆起来。

施耐庵进山观虎

施耐庵在《水浒传》里三次写到老虎，尤其是武松打虎一回写得最为形象、生动、脍炙人口。施耐庵为了写好老虎是下了很大功夫的，他为了熟悉虎的习性，掌握虎的细微特征，不仅跋山涉水、翻山越岭访问猎户，了解老虎吃人的情况，还亲自跑到深山密林里，蹲在大树上，观察老虎的外貌、颜色和动作。他根据老虎的特征，又亲手扎了一只老虎放在书案上，并且在家里养了一只猫，写作时就照着样子来写。由于他掌握了老虎的外貌、习性和形态，所以写出来才显得那么逼真。

欧阳修巧讽"不知羞"

据说在北宋时期，有一个年轻人平时爱编些粗俗的顺口溜，于是他就自命不凡，以诗人自诩，都不把乡下的文人墨客放在眼里。后来他听说朝中有一位叫欧阳修的大诗人，是当代文坛领袖，能诗善文。这位年轻人有些不服气，认为：天下诗人非我莫属，欧阳修还会比我高明？他决心要与欧阳修比个高低，于是就去找欧阳修。途中，这个年轻人忽然产生了作诗的雅兴。吟咏什么呢？年轻人看到一家门前有一棵很大的死树，于是就作起诗来："门前一枯树，两股大枝丫。"但他怎么也想不出下边的两句来，只好反复吟咏着这两句"诗"。说来也巧，这时欧阳修从他旁边走过，就替他续上了两句："春至苔为叶，冬来雪是花。"这个年轻人不认识欧阳修，他回头傲慢地说："想不到你也会作诗！你认识欧阳修吗？"欧阳修摇了摇头，说："不认识。"年轻人又问道："你一定是去找欧阳修的吧？"欧阳修点了点头，没有说话。于是他们两个一起赶路了。来到一处河堤上,一群正在打盹的白鸭子突然受惊,嘎嘎地跳下河去,清清河水上像浮起了朵朵浪花,年轻人触景生情,又作起诗来:"一群好鸭婆,一同跳下河。"欧阳修听了以后,便引了骆宾王《咏鹅》诗中"白毛浮绿水,红掌拨清波"两句诗续上。之后,两个人一起渡河。年轻人想,如今有了同伴,又会作诗,这次去找欧阳修较量,无疑胜券在握了。于是,年轻人在船舱里又作起诗来:"两人同登舟,去访欧阳修。"这时欧阳修真的有些忍耐不住了,就用谐音双关的办法,续了两句讽刺他:"修已知道你,你还不知修(羞)。"年轻人听了之后,高兴得大笑起来,说:"他已经知道我了,这说明我的诗写得好,有名气,我看那欧阳修还不如你我兄弟二人呢!"欧阳修听了之后,哈哈大笑起来。

茹太素繁文挨打

明代朱元璋当皇帝时,有一个刑部主事叫茹太素,他写文章总是拐弯抹角,空话连篇。

有一次,他给皇帝写了一份长达17000字的意见书。皇帝不愿看,又想知道其中的内容,于是就叫人读出来给他听。读了16000字,还听不出究竟说的是什么,尽是空话。皇帝一怒之下,就把茹太素传来,叫人打了他一顿。

晚上,朱元璋气消了,就又叫人继续读茹太素的意见书。读到16500字时,才听出是谈到了正题。后来,朱元璋对臣下们说:"茹太素那篇意见书,如果开门见山地写,只要五百字就行了。我打他,是因为空话太多。"

毛泽东做校对

在延安的时候,毛泽东主持编辑了《六大以来——党内秘密文件》《六大以前——党的历史材料》《两条路线》等党的文献。他从1941年2月初开始校对六大以来文件的清样,直到年底,《六大以来》这部280多万字的书才出版。1941年2月胡乔木被调到毛泽东身边当秘书时,毛泽东正在校对《六大以来》

的清样。二十多岁的胡乔木不无惊诧,一时不知如何是好,以至落座了好一阵,才要求毛主席让他干。毛泽东答应了胡乔木的请求,放下手中的笔,对他说:校对很难,也很费劲。校对也称校雠,雠者,仇也。就是要像对待仇人那样把文章中的错误校出来,毫不留情。

毛泽东校对,脑、手、眼并用,一字一字,仔细小心,不允许出现一个小小的纰漏。他在校阅《为争取千百万群众进入抗日民族统一战线而斗争》一文时,发现有两个铅字磨损,字体比其他字瘦小,便批道:换一个铅字。还有一处字号不对,几乎看不出来,他在此处画出,并批曰:改老五号。

毛泽东校对还有一个特点,就是非常看重原稿,主张凡校对都要有原稿,原稿、校样相对校。《实践论》一文,他本来已经校改了好几遍,在最后的清样上还批道:此件改正后,连同原稿,再送我看。

鲁迅写信求改"笔误"

鲁迅先生的短篇小说《风波》,最初发表在1920年9月出版的《新青年》杂志上。小说中有一处写小孙女六斤打破一只碗,第二天六斤的父亲七斤把这只碗拿到城里去锔时,由于缺口太大,被锔了十六个铜钉,但到了小说的结尾处却写成六斤"捧着十八个铜钉的饭碗,在土场上一瘸一拐的往来"。一个"十六",一个"十八",前后不一致了。

后来,鲁迅先生发现了这个笔误后,于1926年11月23日给李霁野专门写了一封信,要求改正。鲁迅先生在信中写道:"六斤家只有这一个钉过的碗,钉是十六或十八个,我也记不清了。总之两数之一是错的,请改成一律。"

赵树理深入生活

我国已故著名作家赵树理的小说作品,语言质朴简洁,人物形象生动,洋溢着泥土的芬芳,深受广大读者的喜爱。赵树理的创作成就是和他注重深入生活分不开的。他曾经说过:"在群众中工作和在群众中生活,是两个取得材料的简易办法。"他常常以普通农民的身份,到群众中去体验生活。为了跟群众打成一片,对群众的疾苦了解得更深入、更真切,他常是一身农民的装束,跟老百姓一样扎着一根破烂的缠腰带。跟农民一起扬场、翻地、锄禾、灌溉,一起端着粗瓷大碗吃饭,讲着一样的方言,共同议论着天气、农活和过日子的琐碎事情。农民的苦他一样吃,农民的欢乐他也一起品尝。他把农民当朋友、当老师,农民把他当兄弟,什么心里话都对他说。

1944年的一天,山西太行山抗日根据地召开群英大会,他还是一身农民的装束到会上去采访,保安值勤的民兵把他当做"来路不明""不务正业"的人抓了起来,还把他扣留了两三天。后来还是他所在的单位出示了证明,大家才知道他是著名作家赵树理。

老舍的童趣童心与解围救"赵"

老舍是我国现代著名小说家、剧作家,代表作有《骆驼祥子》《四世同堂》《龙须沟》《茶馆》等。他的作品取材贴近普通百姓生活,通俗易懂,语言风格诙谐轻松,有"语言艺术大师""人民艺术家"之称。更重要的是老舍还具备一颗永不泯灭的纯真的童心,他说过:"哲人的智慧,加上孩子的天真,或许就能成个好作家。"

老舍曾为吴组缃先生的儿子小江写过一首打油诗,由此可以看出他的童趣:"小江脚短泥三尺,初试新鞋来去忙;迎客门前叱小犬,学农室内种高粱;偷尝糖果佯观壁,偶发文思乱画墙。可惜阶苔着雨滑,仰天掼倒满身浆。"此诗生动地描绘出小江的天真、好奇、俏皮、幼稚、聪明、活泼、滑稽、可爱,让人读后心生无限怜爱。全诗画面感强,趣味横生。

还有一则很风趣的故事:20世纪30年代初,中国戏曲史研究专家赵景深在上海编《青年界》杂志时,曾经写信给山东济南齐鲁大学文学院的老舍先生,向他约稿。他先在纸上写一个大"赵"字,然后用墨把"赵"圈了起来,并在旁边写了一行小字:"老赵被围,速发救兵!"不久,老舍便寄去了2000多字的短篇小说《马裤先生》,并附有一封幽默的回信:"元帅发来紧急令,内无粮草外无兵!小将提枪上了马,《青年界》上走一程。"

冰心坐以待"币"

著名女作家冰心,性格开朗,言谈笑语间颇具幽默感,让人听后捧腹大笑不止。

一天,冰心留学时的母校——威尔斯利大学的几位美籍华人学者,到冰心寓所拜访。老朋友见了面十分激动,又是合影又是签名,来客还带来一头精致的玻璃牛。冰心说:"你们给我牵来一头这么漂亮的洋牛,我很喜欢。"客人问她最近写什么大作,冰心笑着打趣道:"写什么大作?我只是写写回忆的文章或有感而发的文章,主要是在家里坐以待'币'哟!"客人为之一愣,不解。冰心嘿嘿一笑,解释说:"你们是否听误会了?中国有句成语叫'坐以待毙',我说的是坐以待'币',人民币的币。我是说我坐在家里写稿等待人家寄稿费,寄人民币来呢!"一时间惹得满堂人大笑不止。

富兰克林学写作

大科学家富兰克林只上过两年小学,语文水平较低,他为了提高写作能力,经常阅读一些刊物。他看到《旁观者报》上的文章写得较好,就下决心模仿。他先对文章做一个大意摘要,放到一边,几天后,试着不看原文,用自己想到的词语,根据摘要重新写成文章,然后,再跟原文比较对照,发现写错的地方,便修正过来。发现词汇缺乏,立即用心记诵。就这样,久而久之,富兰克林由模仿飞跃到创作,能挥笔写出称心如意的文章。

巴尔扎克写《高老头》

巴尔扎克写作时总是把整个身心都投入到作品中去。有一天,他正在聚精会神地构思《欧也妮·葛朗台》的情节，突然有位朋友来访，他怒目而视地对这位朋友吼道："你使这不幸的少女自杀了！"朋友莫名其妙地连连后退，还以为他得了什么魔症。又一天，他在创作《高老头》时，正写到高老头的死，他显得十分悲哀，神情慌乱不安。这时刚好有位好友来探望他，他眼含热泪，心情极为沉痛地说："你来迟了，高老头刚才死了！"好友知道他正在写《高老头》，便搀扶起他十分疲惫的身躯，安慰说："他已升入天堂。"

王尔德改一标点

英国著名作家王尔德的一件轶事，说明了标点符号的不可忽视。一次，王尔德举行宴会，招待亲朋好友，而客人均已落座，唯独王尔德迟迟未到。在大家等得不耐烦时，王尔德才匆匆走进餐厅，忙深表歉意解释道："实在对不起，我在修改诗稿。"客人问他，改动很大吧，他回答说："其实改动并不大，但很有意义。我删去了一个逗号，后来思考一下，又觉得不妥，便把它重新加了进去。"

文人拆字趣闻四则

※ 《躬耕》2013年第5期

江淹拆"鸿"

南朝时的江淹,是文学史上十分著名的人物,与他有关的妇孺皆知的成语就有两个:"梦笔生花"与"江郎才尽"。江淹年轻时就才思敏捷,一次,一群文友在江边漫游,遇一蚕妇,当时有一颇负盛名的文人即兴出联曰:"蚕为天下虫",将"蚕"拆为"天"和"虫",别出心裁,一时难倒众多才子。正巧一群鸿雁飞落江边,江淹灵感触发,对曰:"鸿是江边鸟。"将"鸿"拆为"江"和"鸟",与将"蚕"拆为"天"和"虫"有异曲同工之妙,不仅反应奇快,而且贴切工巧,众人自然为之叹服。

佛印拆"来"

苏东坡与佛印和尚是至交。一次,苏东坡去找佛印,见他正与三个木匠一起为庙顶设计一只木质的小狗。四人围在一起,对着木狗品头论足。苏东坡灵机一动,上前对佛印说:"我有一上联在此,佛兄可对否?"随即出口吟道:"四口围犬终成器,口多犬少。"佛印一听,心想这是一副拆字联,四张口围住一只犬,正是一个"器"字。四口对一犬,可不是口多犬少吗?佛印正皱眉挠头时,忽然看见两个人抬着一根木头走了过来,他眼前一亮,联从口出:"二人抬木迈步来,人短木长。"苏东坡听罢,连声称妙。原来,繁体"来"是"木"字腰窝两个小"人",木头挺长,人却极短。佛印同样用拆字法对出了下联,可谓天衣无缝。

吕蒙正拆"闭"和"卡"

宋朝太宗时期的宰相吕蒙正,幼时家境贫寒,缺衣少食,但他学习刻苦,天赋颇高。一日,私塾先生带领几个学童上山游览,吕蒙正因未吃早饭,腹中饥饿,看到有一山泉,忙跑过去俯下身子饮水充饥。先生见此,即景出联曰:"欠食饮泉,白水岂能度日?"吕蒙正知道这是一副拆字联,"欠""食"是一个"饮"(飲)字,"白""水"是一个"泉"字。此联触到他的痛处,他当即对出下联:"才门闭卡,上下无处逃生。"他将"才"与"门"组成"闭"字,"卡"拆为"上""下"二字,既说出了自己的家境,又与上联相对甚妙。先生见他可怜,又深爱其才,当下把他领到自己家中,让他和自己的儿子一起读书,并免除了一切费用。后来,吕蒙正终于在大考中被钦点为状元并三次拜相。

蒋焘拆"切"与"分"

明人蒋焘,少时即能诗善对。一天,家中来了客人。此时窗外正下着小雨,客人想考考他,便出联曰:"冻雨洒窗,东两点,西三点。""冻"字拆开是"东两点","洒"字拆开是"西三点",对起来有一定难度。这时,只见蒋焘从屋里抱出一个大西瓜,切成两半,其中一半切了七刀,另一半切了八刀,对客人说:"请各位指教,我的下联对出来了。"他见客人纳闷,补充说,刚才对的是:"切瓜分客,上七刀,下八刀。"客人赞不绝口。"切"字拆开正好是"七""刀",而"分"字拆开是"八""刀"。

七、知识天地篇

在我国，早在殷商时代，甲骨文产生之后，就有了史料典籍及其掌管人员，但当时没有图书馆。关于图书的起源，《易·系辞上》说："河出图，洛出书。"可见在周代以前早已有藏书之举了，并且设有专门的藏书机构"藏室"，还有专人掌管。《史记》说，老子曾任周朝的"守藏室之史"。

中国古代的"图书馆"

※ 《南阳日报》2011年6月3日

在我国,早在殷商时代,甲骨文产生之后,就有了史料典籍及其掌管人员,但当时没有图书馆。关于图书的起源,《易·系辞上》说:"河出图,洛出书。"可见在周代以前早已有藏书之举了,并且设有专门的藏书机构"藏室",还有专人掌管。《史记》说,老子曾任周朝的"守藏室之史"。这一职位相当于国家图书馆的馆长。

春秋战国时期,诸子百家著述很多,因而也多有藏书之处,当时称为"府"或"藏"。秦统一中国后,在阿房宫设有藏书机构,置御史掌管。

西汉时期,政府重视图书事业。汉武帝时第一次由政府下令在全国征集图书,在宫内建立了颇具规模的收藏图书的馆舍,并取名叫石渠阁。有人认为这是我国历史上的第一个国家图书馆。后来又建立了天禄阁,收藏各地文献藏书,并拟定了藏书规则。

随后,由刘向父子领头,开始了我国历史上第一次政府图书馆的校书编目工作。但以上所说恐多系国家典藏,非普通人所能借阅。那么我国公共图书馆是从何时开始的呢?

公共"图书馆"可以追溯到宋代,当时有人设立了可供公众阅览的藏书楼。据《广信府志》记载:"绍熙、庆元间(1190—1200年),直敷文阁赵不迂建书楼于江西铅山县以供众览。谓邑人旧无藏书。士病于所求,乃储书数万卷,经、史、子、集分四部,使一人司钥掌之。来者导之登楼,楼中设几席,俾能纵览。"由此看来,我国公开的图书馆距今已有800多年的历史了。

1904年，我国第一所正式的图书馆——湖北省图书馆诞生。1905年湖南图书馆创建。1910年，清政府颁布了《京师图书馆及各省图书馆章程》，并正式宣布成立京师图书馆(今北京图书馆)，1912年正式开放。此后，各省或大城市的公共图书馆也相继建立起来。这些近代图书馆都是以"图书馆"为名的。

我国医学常见知识探源

※ 《南阳日报》2013年7月20日

中国医学被世人称为中国的三大国粹之一，已有数千年的历史，具有鲜明的民族风格，显示了中华民族独特的渊源和发展轨迹。作为"药都"的南阳，普及医学知识，繁荣中医事业，理应加深对医学常见知识的探源和理解。

"中药"一词源于西医的传入

我国医药学具有悠久的历史，但在现存的传统医药典籍中却没有"中药"一词，而只有"本草"或"药"。"中药"一词的出现还要从西医的传入说起。

从明末清初开始，西方近代医学逐渐传入我国。尤其是鸦片战争后，西药开始流入我国。传统中药和西药都是取材于自然界的天然物质。不同的是，传统中药在制法上落后于西药，基本上停留在生药阶段，因而在某些方面逊色于西药。

为了振兴祖国医药，许多有识之士漂洋过海，叩问西医药的殿堂。与此同时，我国也开始了西药教育。辛亥革命后，西药学教育在我国逐渐推广。

到20世纪20年代，一些大城市已形成中西药并立的局面。人们为了同西医、西药相区别，便将我国传统医药分别称为中医或汉医、中药或汉药。正是由于西药的传入，才出现了与之相应的"中药"一词。

古代医生望、闻、问、切四诊法

中医大夫给人看病的时候常常通过望、闻、问、切这四种方式来诊断疾病，这是因为望、闻、问、切这四种方式是中医传统的诊断疾病的基本方法，又称为"四诊"法。

医生用这种手段来收集疾病显现在各个方面的症状体征，通过归纳分析，就可以了解发病的原因、病变的部位、疾病的性质及它们内在的联系，从而为确定治疗原则和采取治疗措施提供依据。

迄今为止，"四诊"法至少已有两千年以上的历史了，而最早全面运用该法来诊断疾病的医生是谁呢？是扁鹊。

扁鹊在他的行医生涯中，把古代劳动人民长期同疾病斗争的许多经验加以总结，从而归纳出"四诊"法。《史记·扁鹊列传》记载，扁鹊诊断齐桓侯的病，运用的就是"四诊"法中的"望"诊法。初时，齐桓侯疾在腠理，继而逐渐移入血脉，再进入肠胃，最后深入骨髓，病入膏肓。扁鹊的"望"诊是符合"由表入里、由浅入深、不断发展"的科学病理的。

虽然"四诊"法是扁鹊首创，但以后历代从医者又在实践中不断丰富其内容。《素问·脉要精微论》说："诊法何如？切脉动静而视精明，察五色，观五脏有余不足，六腑强弱，形之盛衰，以此参伍，决死生之分。"由此可见，"四诊"法就是对人体进行全面诊察，借以判断人的健康状况的方法。《六十一难》将"四诊"法概括为："望而知之谓之神，闻而知之谓之圣，问而知之谓之工，切脉而知之谓之巧。"

"望"就是看病人的面色舌苔，也就是运用视觉，对病人的全身和局部的情况及其排出物等进行有目的的观察，以了解疾病的状况。其中，重点是观察人的神、色、形，综合舌相的异常变化。这是因为，中医认为神是人体生命活动的主体和外在表现，因此神的盛衰是机体健康与否的重要标志。

"闻"包括听声音和嗅气味两方面：听声音是指诊察病人的声音、语音、呼吸、咳嗽、呕吐、叹息、肠鸣等各种声响；嗅气味是指嗅病人体内发出的各种气味及其分泌物、排泄物的气味。

"问"就是问病情，它在"四诊"法中占有重要地位。很多在诊断上极为重要的线索，诸如发病时间、致病原因、既往病史和主要症状等各种情况，都必须通过对病人的询问才能知道。

"切"就是把脉，也就是医生用手指对病人体表进行触、摸、按、压，从而获得重要信息的一种方法，分为脉诊和按诊两种。中医医理认为，经脉是人体气血活动的通道，而气血的流通与机体健康状况有关。

我国古代中医认为，疾病的发生、发展过程就是邪正、盛衰、消长相互转化的过程。"四诊"法要求医生仔细观察这一过程中所表现出的各种征象，然后加以分析、归纳，明确诊断，之后采取相应的治疗措施。后来，"四诊"法发展成为一套完整的中医理论体系。

"四诊"法的基本原理是建立在系统观和运动观的基础上的，是阴阳五行、藏象经络、病因病机等基础理论的具体运用。物质世界的统一性和普遍联系性是"四诊"法原理的理论基础。

"四诊"法符合科学道理，具有直观性和朴素性的特点。运用此法，在感官所及的范围内，医生可以直接获取病人的信息，并进行分析、综合，及时作出准确的诊断。正因为如此，"四诊"法成了我国古代中医诊断疾病的基本方法。

行医缘何被称为"悬壶"

病人送给医生的锦旗上常常写着"悬壶济世"几个大字，以赞扬医生医术高明、医德高尚。其中的"悬壶"就是行医的代名词。

"悬壶"一词源于《后汉书·方术列传下·费长房》，该书记载了下面的故事。

东汉时，有一个名叫费长房的人，汝南（今河南上蔡附近）人士，曾经是管理市场的小官吏。有一天，他在酒楼喝酒解闷，偶见街上有一卖药老翁，悬挂着一个药葫芦兜售丸散膏丹。卖了一阵，街上行人渐渐散去，老翁就悄悄钻入了葫芦之中。

这一神奇的景象把费长房镇住了。他断定这位老翁绝非等闲之辈，于是便带着酒肉等礼物，恭恭敬敬地去拜见老翁。明白了他的来意后，老翁领他一同钻入葫芦中。他睁眼一看，只见里面雕梁画栋，富丽堂皇，繁花似锦，宛若仙山琼阁。

老翁对费长房说："我本是天上的神仙，因为犯了过错受到责罚，下到凡间。现在，对我的责罚期已满，我将要离开此地，你愿意跟我一起走吗？"费长房于是追随老翁学道。在历尽艰辛之后，他终于学到了过硬的医术。

在学成之后，费长房返回自己的家乡。他能医百病，甚至可令人起死回生，由此成为一代名医。从此，"悬壶"成为对中医行医的雅称。如今，中医"悬壶"已很少见到了，但"悬壶"这一说法一直流传至今。

伟大的民主革命先行者孙中山先生早年也曾习医。他在《革命原始》中自述："卒业之后，悬壶于澳门、羊城两地。"我们知道，其中的"悬壶"一词本是对中医行医的雅称，而孙中山先生早年学的是西医，为什么他也用了"悬壶"一词呢？

这是因为，"悬壶"一词后来逐渐发展成为所有医生行医的雅称，而不论是中医还是西医了。"悬壶济世"也就被用来形容医生医术高明，医德高尚。

称医生为"郎中"的由来

郎中是古代的官名，始于战国。汉代沿置，隶属光禄勋，管理车、骑、门户，并内充侍卫，外从作战，分为车郎、户郎、骑郎三类，长官设有车、户、骑三将，其后类别逐渐泯除。

自隋唐至清，各部皆沿置郎中，分掌各司事务，为尚书、侍郎、丞以下之高级部员。称医生为郎中，乃南方人的方言，始于宋代，从此沿用至今。

相传，南宋有位郎中(官名)叫陈亚，为人诙谐，又爱好文字游戏，曾以中药名写诗百首。有一年大旱，陈亚和友人蔡襄在路上看到一个和尚求雨，赤膊自晒，殊为可笑，陈亚随口念道："不雨若令过半夏，应定晒作葫芦巴。"半夏、葫芦巴都是药名。

蔡襄见他讽刺过分，便道："陈亚有心终归恶。"

陈亚应声道："蔡君除口便成衰（'便成衰'为中医学'泄泻'的别名）。"

此事传到民间后，陈亚名声大振，人们认为他不但熟谙药名，也通医术。后来，常有学医者以读陈亚"药诗"为乐事，郎中也渐渐成为中医师的代称了。

称颂良医为"杏林圣手"

成语"杏林圣手"的来历，其实与一位隐居在庐山的高士有关，这在《神仙传》和《太平广记》里都有记载。

据记载，三国时的吴国有位民间医生，姓董名奉，字君异，侯官县（今福州市）人，后来他行医到庐山，见庐山风景秀美，就定居了下来。

他很有道术，同时也精通医术，常年隐居在山里而不种田，只是每天为周围的群众治病，却分文不取。但他立了一个规矩：如果患重病的人被治好了，必须在他开辟的园子里栽五棵杏树；如果是轻病患者被治好了，必须栽一棵。

就这样持续了好几年，董奉杏园里的杏树已经达到十万余棵，蔚然成林。春天，杏花满枝漫舞；夏天，杏树郁郁葱葱；秋天，果实累累压满枝头。因此，山中的各种飞禽走兽都喜欢在杏林中游玩嬉闹。说来奇怪，杏林中从不生杂草，像是专门有人把草锄尽了一样。

董奉就在杏林里盖一间仓房，每当杏子成熟的时候，他就告诉大家，想要买杏的人不用找他，只要拿一罐粮食倒进仓房，就可以装一罐杏带走。董奉把每年卖杏得来的粮食都用来救济贫困的人和在外赶路缺少路费的人。一年散发出去的粮食有两万斛之多。

董奉让患者种植杏树，不要诊费的高尚医德和情操，给中医药传统文化留下了光彩夺目的一页。后来，人们便以"杏林"作为医者为民谋益的典实，并用"杏林圣手"来称颂医术高超、医德高尚的医生。

古代最早的医学校

南北朝刘宋元嘉年间，设立了太医博士、太医助教等医官。隋朝创立了太医署，太医署主要是太医们集中办公的地方，相当于现在的医学教育行政机构，同时负担一定的医疗任务。

隋朝的太医署有主药2人，医师200人，药园师2人，医博士2人，助教2人，按摩博士2人，咒禁博士2人。其规模不大，设置不全，所以只能算是医学校的初级阶段，并不能算正规的医学校。

唐高祖武德七年，在长安建立了唐太医署。唐太医署由行政、教学、医疗、药工四大部分组成，与现在医学院校的教育行政机构设置相类似。

唐太医署由皇家直属，设太医令2人，是太医署的最高行政官员，相当于现在医学院校的校长职务；还设立太医丞2人，他们是太医令的助手。太医丞手下则有医监4人，医正8人。以上都是太医署的行政长官。

太医署分医学部和药学部，医学又分四大科：医科、针科、按摩科（包括伤科）和咒禁科。四科之中，医科最大，总共有164人。其中医师20人，医工100人，医生40人，典药2人，医博士1人，医助教1人。学生入学后，必须先学《素问》《神农本草经》《脉经》《甲乙经》等基础课程，然后再分专业学习。学生都由太医署中的博士、助教教课。

针科共有师生员工62人，其中博士1人，助教1人，针师10人，针工30人，学生20人。针科学生先学医学基础理论，然后重点学习针灸专科。

按摩科共有师生员工36人，其中博士1人，按摩师4人，按摩工16人，学生15人，以学习按摩专门技术为主。

咒禁科共有师生员工21人，其中博士1人，咒禁师2人，咒禁工8人，学生10人，主要学习道禁和佛教中的五禁。但该专业人数最少，影响最小。

太医署规定学生除了入学考试以外，月、季、年都有考试。对于学习9年仍不及格者，即令退学；考试成绩优良的，予以奖励，以保证学生的质量，并且可以及时发现人才。

太医署中，"凡医师、医正、医工，疗人疾病，以其痊多少而书之以为考课"。对于教师和教辅人员的考核制度，保证了师资队伍的质量，也保证了整个医学校的教育质量。

药学部虽然没有医学部大，但也有一定规模。药学部包括府2人，史4人，主药8人，药童24人，药园师2人，药园生8人。药学部还设有药园，所以当时不仅从理论上，还通过实践培养药学专门人才。

唐太医署为当时培养了不少医学人才，以后历代都设立类似唐太医署的医学校。宋代，把医学校划归国子监管理。国子监是当时主管教育的高级领导机构。宋代医学校的规模也有了扩大。元、明、清几个朝代的医学校都与唐太医署相类似，改变不大。

我国第一部中药学专著

我国漫长的历史中，中药书为数众多，但流传至今的要数《神农本草经》为最早。《神农本草经》大约在1~2世纪编成，是汉代以前我国人民用药经验的总结。

《神农本草经》又称《本草经》，作者的姓名早已失传，但因古代"神农尝百草"的传说影响很深，所以自古人们将《本草经》托名"神农"所著，称为《神农本草经》。

1972年，甘肃省武威地区发掘的东汉墓葬中，挖出一批有关医药的木简，这些木简中所提到的药物约有100种，其中多数在《神农本草经》里已有所记载。

公元2世纪以后的许多中药学著作，有不少内容是取材于《神农本草经》。《神农本草经》在我国医学史上有着重要的价值，它奠定了中药发展的基础，被后世列为古代著名的四部中医经典著作之一。

《本草经》上所记载的药物总数为365种，植物类有252种，动物类有67种，矿物类有46种。对药物的产地、别名、形态、药性和治疗功能等，《本草经》做了简要的记述。

　　对于用药的剂量，《本草经》也做了说明，尤其是某些有毒药物，提出应从小剂量开始，根据用药后的反应，再逐渐适当地增加剂量。在序录中，初步概括了用药的一些基本理论，如单味药的使用，复方中主药与辅助药的配合应用以及药物的配伍禁忌等。

　　《本草经》中所载的药物，有很多直到现在还经常在应用，并为现代科学研究所证实。如麻黄治疗哮喘，黄连治疗痢疾，常山、蜀漆治疗疟疾，海藻治疗甲状腺肿等。

中国传统节日饮食习俗探源

※ 《南阳日报》2013年7月2日

元宵节：汤圆

吃"汤圆"是元宵节的一项重要习俗。吃汤圆的风俗最早记载见于宋代，当时的汤圆称"浮圆子"，亦称"汤圆子""乳糖圆子""汤丸""汤团"，生意人则美其名曰"元宝"。宋元时，汤圆已成为元宵节的应节食品，所以人们又称它为"元宵"。如今，北方叫元宵，南方称汤圆。元宵分有馅和无馅两种，有馅元宵又有咸、甜、荤、素之分；按制作方法分，有手工搓制和竹匾水滚等诸种；按粉制区别，则有糯米面、高粱面等。

端午节：粽子

端午节吃粽子，这是中华民族的又一传统习俗。粽子，又叫"角黍""筒粽"。其由来已久，花样繁多。

据记载，早在春秋时期，用菰叶（茭白叶）包黍米成牛角状，称"角黍"；用竹筒装米密封烤熟，称"筒粽"。东汉末年，以草木灰水浸泡黍米，因水中含碱，用菰叶包黍米成四角形，煮熟，称为广东碱水粽。

晋代，粽子被正式定为端午节食品。这时，包粽子的原料除糯米外，还添加中药益智仁，煮熟的粽子称"益智粽"。时人周处《岳阳风土记》记载："俗以菰叶裹黍米……煮之，合烂熟，于五月五日至夏至啖之，一名粽，一名黍。"南北朝时期，出现杂粽。米中掺杂禽兽肉、板栗、红枣、赤豆等，品种增多。此时，粽子还用作人们交往的礼品。

到了唐代，粽子的用米，已"白莹如玉"，其形状出现锥形、菱形。日本文献中就记载有"大唐粽子"。宋朝时，已有"蜜饯粽"，即果品入粽。诗人苏东坡有"时于粽里见杨梅"的诗句。这时还出现用粽子堆成楼台亭阁、木车牛马作的广告，说明宋代吃粽子已很流行。元、明时期，粽子的包裹料已从菰叶改为箬叶，后来又出现用芦苇叶包的粽子，附加料已出现豆沙、猪肉、松子仁、枣子、胡桃等，品种更加丰富多彩。

一直到今天，每年农历五月初五，中国百姓家家都要浸糯米、洗粽叶、包粽子，其花色品种更为繁多。从馅料看，北方多包小枣，如北京枣粽；南方则有豆沙、鲜肉、火腿、蛋黄等多种馅料，其中以浙江嘉兴粽子为代表。吃粽子的风俗，千百年来，在中国盛行不衰，而且流传到朝鲜、日本、韩国及东南亚诸国。

中秋节：月饼

吃月饼赏月的风俗起于上古初民对月的崇拜。古人围绕着月亮想象出了许多神话，如嫦娥奔月、吴刚伐桂、玉兔杵药等，把月亮视为神物。

我国古代帝王早就有秋天祭月的例行公事，民间亦有中秋祭月之俗。《燕京岁时记·月饼》载："至供月饼，到处皆有，大者尺余，上绘月亮蟾兔之形。有祭毕而食之者。"据史料记载，月饼作为一种食品名称，最早出现在南宋人编写的《武林旧事》一书中。两宋之时，南北对峙，战事连连，社会动荡。后又有元人对中原的入侵和占领，百姓颠沛流离，因而这时出现并形成的中秋吃月饼风俗，正是劳苦民众希望太平康乐、全家团圆的美好愿望在民俗上的反映。中秋节，秋高气爽，月亮最圆，全家团聚，吃月饼赏月，取"人月共圆"之意。正是人们这种希望合家团聚的愿望与古代崇拜相结合，因而形成了吃月饼赏月的风俗。

唐朝时，太宗李世民为平定北方突厥，令手下大将李靖亲自率部出征，转战边塞,结果屡建奇功,八月十五这天凯旋。为了庆祝胜利,长安城内外鸣炮奏乐,军民狂欢通宵。当时有个到长安通商的吐蕃人,特地向皇上献圆饼祝捷。太宗大喜,取出彩色圆饼,指着悬挂天空的明月说道:"应将胡饼邀蟾蜍(即月亮)。"随后,将圆饼分给了文武百官。从此,中秋节吃月饼的习俗便流传了下来。

也有人认为中秋节吃月饼始于元代。当时,中原广大人民不堪忍受元朝统治阶级的残酷统治,纷纷起义抗元。朱元璋联合各路反抗力量准备起义。但朝廷官兵搜查得十分严密,传递消息十分困难。军师刘伯温便想出一计谋,令属下把藏有"八月十五夜起义"的纸条藏入饼内,再派人分头传送到各地起义军中,通知他们在八月十五晚上举事。到了起义的那天,各路义军一齐响应,势如星火燎原。

后来,徐达就攻下元大都,起义成功了。消息传来,朱元璋高兴地连忙传下口谕,中秋节让全体将士与民同乐,并将当年起兵时秘密传递信息的月饼,作为节令糕点赏赐群臣。

此后,月饼制作越发精细,品种更多,大者如圆盘,成为馈赠的佳品。自此中秋节吃月饼的习俗便在民间流传开来。

冬至:饺子

每年冬至这天,不论贫富,饺子是必不可少的节日饭。谚云:"十月一,冬至到,家家户户吃水饺。"其实这种习俗,是因纪念"医圣"张仲景冬至舍药留下的。

张仲景是南阳穰东人,他著的《伤寒杂病论》,集医家之大成,被历代医者奉为经典。张仲景有句名言:"进则救世,退则救民;不能为良相,亦当为良医。"东汉时他曾任长沙太守,访病施药,大堂行医。后毅然辞官回乡,为乡邻治病。其返乡之时,正是冬季。他看到白河两岸乡亲面黄肌瘦,饥寒交迫,不少人的耳朵都冻烂了,便让其弟子在南阳东关搭起医棚,支起大锅,在冬至那天舍"祛寒娇耳汤"医治冻疮。他把羊肉、辣椒和一些驱寒药材放在锅里熬煮，然后将羊肉、药物捞出来切碎，用面包成耳朵样的"娇耳"，煮熟后，分给来求药的人，每人两只"娇耳"，一大碗肉汤。人们吃了"娇耳"，喝了"祛寒汤"，浑身暖和，两耳发热，冻伤的耳朵都治好了。后人学着"娇耳"的样子，包成食物，也叫"饺子"或"扁食"。

冬至吃饺子，是不忘"医圣"张仲景"祛寒娇耳汤"之恩。至今南阳仍有"冬至不端饺子碗，冻掉耳朵没人管"的民谣。

腊八：八宝粥

农历十二月初八为中国腊八节，民间有食腊八粥的习惯。腊八粥也叫八宝粥，相传腊月初八被佛教界奉为佛祖成道日，寺中僧尼常以糯米、芝麻、薏仁、桂圆、红枣、葡萄干、香菇、莲子等8种食物合煮"八宝粥"，邀请周围山民共进圣餐，并施舍给民家老幼分食，以示对佛祖的敬奉。因其制法简单，营养丰富，味道香甜，到了宋代，民间争相效仿，广为流传，以致成为一道深受人们喜爱的美食。

腊八粥名义上要凑满八样原料，但也不拘泥，少者四五样，多者十几样均可。有些地方的腊八粥，是糯米、红糖和18种干果、豆子掺在一起熬煮的，十分隆重。用莲子、银杏果、花生、红枣、松子加上姜桂等调料掺入大米煮成腊八粥，取其有温暖手足、滋补身体的功效。也有用豇豆、金针、木耳、豆腐等煮成的腊八粥，这些是"细腊八"。普通人家吃的腊八粥，在米中掺入青菜、黄豆、蚕豆、豆腐、胡萝卜、荸荠煮成，是所谓"粗腊八"。我国北方一些不产或少产大米的地方，人们不吃腊八粥，而是吃腊八面。隔天用各种果、蔬做成臊子，把面条擀好，到腊月初八早晨全家吃腊八面。有些产玉米的山区，逢到腊八，以玉米代替稻米，做成"腊八麦仁儿"吃。所谓腊八粥，也就是尽家中所有，凡是好吃、能吃的东西，都可适量地放一点在锅里，黄豆、绿豆、豇豆、豌豆、鸡蛋、山芋、胡萝卜及小麦粉、玉米粉、高粱粉、大麦粉等，杂七杂八煮成一锅粥。常说吃得全,长得全。

腊月,就是年末了,一年到头一定要把五谷杂粮、各种蔬菜吃全了,这样才能有全面的营养。这是祈求人体安康、合家兴旺之意。其次是吃得全,收得全,过了腊月,就到了新的一年,吃腊八粥时,把当年地里长出来的五谷杂粮、各种蔬菜都吃到,什么都不嫌弃,表明农家对土地上收获到的一切都是爱惜的,希望在新的一年里,什么庄稼都能长得好,都能获得丰收。

春节:年夜饭

吃年夜饭的时候,家家户户都要把大门关起来,不能大声说话,不能敲击碗筷。吃完年夜饭后,就要将桌子上的碗筷收拾干净,再打开大门,这叫做闭门生财,开门大吉。

这些规矩、习俗据说是为了哄骗"钦差"铁拐李而传下来的。原来玉皇大帝想了解民间疾苦,派铁拐李下凡察看。铁拐李是个跛脚叫花仙,他趁人间吃年夜饭的时候,提着篮子沿街乞讨,然后把讨来的食物呈给玉皇大帝看,谁家穷,谁家富,一目了然。据此,富的,玉皇大帝便命令有关神仙让他一年遭几次灾,不要太富;穷的,则让他发几次财,不要太穷。

这事儿慢慢传到了人间,有一户很有计谋的人家,很快想到了应对之策。吃年夜饭时,把大门关得紧紧的,家人谁也不准大声说话,等铁拐李来讨饭时,他家年夜饭已经吃过,打开大门时,桌上空空荡荡的,无以施舍给铁拐李。铁拐李一看,这家够穷了,连年夜饭都吃不上,于是在他家门口放上几个元宝就走了。但没有不透风的墙,别家也看出了这户人家发财的原因,便都跟着学了起来。谁知铁拐李见家家都关着门吃年夜饭,便明白了人们已经知道了他的目的,就不再到人间讨饭察贫富了。可是关着大门吃年夜饭的习俗,却从此沿袭了下来。

旅游、导游与旅游业的由来

※ 《南阳日报》2013年7月2日

"旅游"一词源于法国

在丹麦、英国，人们常去法国旅游，且总是使用一本名叫《忠诚的导游》的旅游指南书籍。该书中提到了两条英语，旅游一词拼为tourism。这个词虽是英文，可是起源却在法国。

17世纪，欧洲许多国家的人去比利时、德国、波兰旅游，线路：一条以法国首都巴黎和西南部为主，叫做"Petit tour"（意为转一小圈）；另一条则周游几乎整个法国，称为"Grand tour"（意为转一大圈）。tour在法语中本义是旋转、兜圈、环行的意思。

"导游"由"向导"演化而来

"向导"这一称谓，在我国古代是军队中的一个专门名词。《孙子兵法》中，就有"不知山林险阻沮泽之形者，不能行军；不用'向导'者，不能得地利"之语。春秋时期，大政治家管仲从齐桓公北伐孤竹，春往冬返，由于没有熟悉地理的向导带路，在回来的路上，迷惑失道，不知所措。后来，管仲想出一个办法，曰："老马之智可用也。"乃纵老马于军前，任其所至，随而从之，竟得道而归。实际上，这老马就是起了向导的作用，因此后来留下一句"老马识途"的成语，流传至今。

三国时，诸葛亮五月渡泸，深入不毛。他知道"向导"的重要性，就使用了熟悉云南地理的永昌人吕凯为行军教授兼向导官,并按照吕凯所绘"平蛮指掌图"进军入滇,从而获得七擒七纵的胜利,使南方少数民族的首领孟获心服口服,声称"丞相天威,南人不复反矣"。这应该说是与向导官吕凯的贡献有关。在我国旅游行业中,20世纪80年代以前,还是沿用"向导"这一称谓,也有把它称为"旅行干事"的;还有一个带点官气的名字,叫做"领队"。近几年来,由于旅游业突飞猛进,方才确定了"导游"这一专用名称。

旅游业的始创者

我国古代旅游业的始创者当属我国北宋名臣范仲淹。据古籍记载,宋仁宗皇 二年(1050年)江苏南部一带发生灾荒,当时,范仲淹任杭州太守。范仲淹为了赈济灾民,便利用那里的湖山秀丽、古庙名寺众多之长,命各庙主持修葺庙宇,并在西湖举办划船比赛,然后号召各方官民出游,他自己带头游览。自春至夏持续数月之久,收入一大笔钱,范仲淹便用来救济灾民。这样一来灾民衣食有着,居守家园,免受逃荒颠沛流离之苦,实是一桩美事,从而也为把旅游业作为一种经济事业来办开创了先例。

"一"字成语之最

※ 《南阳日报》2013年1月11日

最片面的解释——一孔之见

最昂贵的文章——一字千金

最贫困的乞丐——一丝不挂

最快速的阅读——一目十行

最合算的生意——一本万利

最昂贵的时光——一刻千金

最廉洁的官员——一尘不染

最敏感的地雷——一触即发

最宽阔的视野——一览无余

字里人生

※ 《南阳日报》2013年1月18日

信：一个人的语言与他本人一样高，不夸张，不缩小，堂堂正正，这个人便是可以依赖的。

刁：把刀的锋利匿藏于里，伺机而动，居心叵测。

坏：世间万物，源于土地，归于土地，此乃自然法则。倘若一个人连土地都对他说"不"，这人便谓"死无葬身之地"，足见其劣之甚了。

仿："方"正的"人"，值得效法和学习。

指：有的人一旦"手"持"旨"谕，就到处命令他人。

惫：时刻防"备"他人，身"心"疲惫的只能是自己。

谊："言"谈适"宜"才能增进彼此的友情。

忌："心"里只有自"己"，当然容不下别人。

功："工"作努"力"，必有建树。

恋：最为强悍，取"变"字的上半部分和"态"字的下半部分。

赢：亡口、月贝、凡。就是闭上嘴巴、月月有钱花、平凡地生活。

烂：如果和"灿"结合，那是一种辉煌，由此可见朋友和伴侣的重要。

路：由"足"与"各"组成，所以人各有路；因为人各有路，所以人各有成。

道：由"首"和"走"组成，意即第一次走，称其为道；跟人家走，就不是道。

超:"召"示你不停地"走",你才能超越别人。

女:如果和"卑、又、干、表"等字凑到一起,不是让人鄙夷,就是叫人恶心。可见,找一个好的配偶和朋友多么重要。

成语之最

※ 《南阳日报》2013年1月25日

最怪的动物——虎头蛇尾

最深的呼吸——气吞山河

最小的邮筒——难以置信

最强的心脏——万众一心

最大的被子——铺天盖地

最大的手术——脱胎换骨

最大的影集——包罗万象

最远的分离——天壤之别

最可靠的保险——万无一失

最糟糕的围棋——混淆黑白

最响亮的鞭炮——暴跳如雷

最彻底的美容——面目全非

最繁忙的航空港——日理万机

趣味造句

※ 《南阳日报》2013年2月1日

难过

学生：我家门前有条水沟很难过。老师批语：我更难过。

天真

学生：夏天真热。老师批语：我一头汗。

一小学教师以"死、活"二字让学生造句，孩子们的答案是：

美容师的孩子答：死要面子活受罪。

兽医的孩子答：死马当活马医。

火化工的孩子答：活着不享受，死了带不走。

医生的孩子答：当死神降临时，才知道活着多么宝贵。

警察的孩子答：把死的可能留给自己，把活的希望献给民众。

追星族的"造句"

※ 《南阳日报》2013年2月1日

明星——黎明星运高照，十年不衰。

儿歌——容祖儿歌唱得越来越好。

锋利——凌锋（峰）利用明星优势猛做广告。

杰出——李连杰出场费一直很高。

旭日——罗中旭日前在广州办演唱会。

文学——姜文学啥像啥。

微妙——赵薇（微）妙不可言，一部戏便走红。

如果——林心如果然不负众望，一举成名。

朋友——苏有朋友善的面孔很可爱。

格言——电视广告上施瓦辛格言辞不多。

汉字的低碳生活

※ 《南阳日报》2013年2月8日

能对熊说：多走走路不仅对身体有好处，而且还可以节能减排。所以，我将自己那辆小四轮给卖了。

囗对回说：你一个人租一间房也太浪费了点吧！你应该多学学我，五口人住在一起，既节省了宝贵的空间，又其乐融融，这样做哪里不好呀？

哭对器说：大兄弟，别一天到晚把家里的那四盏灯开着。两盏灯已经很亮了，少点一盏灯就能多节约一度电，节约的同时又为低碳作贡献，何乐而不为呢？

花对化说：为了子孙后代，还是多种点植物吧！如果有一天植被都没有了，这个世界就化为乌有了。

彐对归说：朋友，你边上的筷子不是一次性的吧？如果是那样的话，我发誓我会严重鄙视你。

冼对洗说：水资源珍贵了，能节省一"点"就应该节省一"点"。

日对晶说：老大，我真佩服你。同样都是搞太阳能的，你挖掘出来的能量竟然是我的三倍，真是不服不行。

呆对困说：我知道你推崇绿色环保，可种树也得讲究科学，哪能将树种在屋里呢？听我的，准没错，将树种在外面，让它多晒晒太阳，这样才能长得高、长得快。

昙对层说：环保很重要，空气质量好了，太阳和云彩相映成趣。空气质量一差,太阳没了,云也会被遮住。

力对历说:现在办实体对环境的污染实在是太大了,所以我经过深思熟虑,就把自家的厂子给关掉了。

低调的高境界

※《南阳日报》2013年3月29日

▲金对全说:"怎样才算低调的高境界?"

全回答:"去掉自己的一点一撇,不炫耀自己是金子。"

▲二对一说:"怎样才算低调的高境界?"

一回答:"减少自己的一横,少显摆'二'。"

▲讲对井说:"怎样才算低调的高境界?"

井回答:"不说话,保持沉默就行。"

▲凸对凹说:"怎样才算低调的高境界?"

凹回答:"让突出的部分低下去。"

▲夸对亏说:"怎样才算低调的高境界?"

亏回答:"不要自大,宁愿吃亏。"

▲材对木说:"怎样才算低调的高境界?"

木回答:"有才不显露,甘愿为木头。"

▲尖对小说:"怎样才算低调的高境界?"

小回答:"丢掉大,保持小。"

▲功对力说:"怎样才算低调的高境界?"

力回答:"光出力气,不要工钱。"

食说人生哲理

※ 《南阳日报》2013年5月10日

烧　饼：人生处处是烤场
啤　酒：总有冒泡的时候
豆　腐：成功须有人点化
拉　面：需要有人拉一把
鱿　鱼：炒作也会不愉快
窝　头：做人要留个心眼
豆　酱：走霉运也有作为
麻　花：虽缠绵但也别扭
馄　饨：心眼太小蹚浑水
香　肠：好心肠容亲骨肉
咖啡豆：心操碎异样芬芳
五香蛋：品五味更有品位
八宝粥：真君子和而不同
芝麻糊：难能可贵是糊涂
方便面：献热心方便别人
糖醋鱼：有醋意也很甜蜜

文字趣话

※ 《南阳日报》2013年7月12日

巾对币说：儿啊，戴上博士帽你就身价百倍了。

臣对巨说：和你一样的面积，我却有三室两厅。

旦对但说：胆小的，还请保镖了？

由对甲说：这样练一指禅挺累吧？

哭对器说：我哪里说得过你，你上面有两张嘴，下面还有两张呢！

人对丛说：谈恋爱的那俩人，别踏草地！

品对吕说：还是多一张嘴好！才能舌战群儒。

问对口说：我终于有房子住了。

茜对晒说：太阳那么大，还是戴顶草帽吧。

月对朋说：什么时候又交了一个朋友？

冤对兔说：我找到保护伞了。

酒对洒说：怎么不多一个心眼儿？

逃对兆说：要跑得快，就要加一个滑板。

熊对能说：哥们，穷成这样啦，四个熊掌全卖啦？

掰对分说：咋的？当官有架子了，小手还背上了！

兵对丘说：兄弟，踩上地雷了吧，两条腿咋都没了？

王对皇说：哥们，当皇上有啥好处呀？你看，头发都白了！

丑对妞说：好好和她过吧，咱这模样的，找个老婆可不容易呀！

占对点说：买小轿车了？

土对丑说：别以为披肩发就好看，其实骨子里还是老土！

白对泊说：你的水白流啦！

米对粥说：哥们，练双刀、双锤的我见过，但是左右开弓的，我还真是头一回见，佩服，佩服！

记者和记者节的由来

※ 《南阳日报》2013年8月30日

记者作为一种职业是在威尼斯诞生的。16世纪的威尼斯是欧洲的经济中心，各国商人、银行家以及达官贵人等纷纷来到这里，进行商务活动。他们迫切需要了解和掌握来自世界各地的消息。有些人投其所好，专门采集有关政治事务、物价行情、船只抵达起航等方面的消息，或手抄成单卷，或刊刻成册，然后公开出售。人们根据这种工作的特点，分别称他们为报告记者、手书新闻记者、报纸记者。这些专以采集和出卖新闻为生的人，就是世界上最早的职业记者。我国19世纪70年代开始有专职的采访记者，起初叫访员、访事、报事人，19世纪90年代开始采用记者这种称谓。

"记者"以前叫什么呢？1905年以前，中国的新闻记者有过许多别的称呼，但不叫"记者"。中国近现代历史最长的报纸《申报》，从1872年创刊到1905年30余年间，登了不少"新闻"，却从无"新闻记者"的称谓出现。在应该称"记者"的地方，却称之为"友人""访事""采访""访员"等名称。1875年7月7日，《申报》首次刊登招聘访事的告白，应聘担任访事的条件是："必须学识兼长，通达事务，并人品端方，实事求是者。"这里，"访事"就是当时对记者的称呼。

以"记者"一词代替其他的称呼，是报刊大改革的成果。1905年《申报》进行了一次大改革，向国外报纸学习，把日本报纸上习用的"记者""新闻记者"的汉字语汇移植到中国来，从此中国的新闻工作者才有了一个统一的专称。这是《申报》史上的大事，也是中国报史上的大事。第一次出现"记者"

一词的日期仍是1905年3月10日,当天《申报》所刊一篇题为《论今日各国对中国之大势》的论文中,有这么一句话:"记者又何必再烦笔墨以渎吾同胞之听哉!"

"记者"称谓确立后,那么记者节又是怎么来的呢?又为什么定在11月8日呢?

新中国成立前就有记者节。从1933年到1949年,每年的9月1日,新闻从业人员都举行各种仪式纪念这一节日。1946年9月1日,为了打破国民党统治者对新闻舆论的封锁,解放区的新闻工作者在记者节的纪念仪式上号召新闻界"更好地反映人民辉煌业绩,更有效地粉碎反动派的一切歪曲宣传"。

1949年12月23日,新成立的中华人民共和国政务院颁布的《全国年节纪念日放假办法》中明确规定了"记者节"。但因为当时没有确定具体日期,长期以来我国新闻从业人员一直未过记者节。

1999年9月18日,国务院总理朱镕基签发了新的《全国年节及纪念日放假办法》,再一次明确列入了记者节,体现了党和国家对广大新闻工作者的关怀和重视。中国记协于2000年1月25日正式向国务院提出《关于确定"记者节"具体日期的请示》,国务院于2000年8月1日正式批复中国记协,同意11月8日为中国的"记者节"。从此,新中国的新闻工作者有了自己的节日。

11月8日是中国记协的成立日。1937年11月8日,以范长江为首的左翼新闻工作者在上海成立中国青年记者协会,这是中国记协的前身。70多年来,特别是新中国成立以来,中国记协为团结我国广大新闻工作者,推动我国新闻事业的发展,以及在开展国际新闻界友好往来等方面做出了显著成绩。确定中国记协的成立日为记者节,对于全国新闻工作者来说具有广泛的代表性。

八、哲思箴言篇

▲人生：人生是个谜，人生是道题，人生是场梦，人生是本书。

▲人生：人生是无尽的追求，人生是无休的矛盾，人生是无歇的付出，人生是无息的奋斗。

人生·读书·修养（一）

※ 《现代领导》2005年第5期

▲人生：人生是个谜，人生是道题，人生是场梦，人生是本书。

▲人生：人生是无尽的追求，人生是无休的矛盾，人生是无歇的付出，人生是无息的奋斗。

▲人生：人生是一条崎岖的路，人生是一朵多变的云，人生是一首奇巧的歌，人生是一本永远读不完的书。

▲人生：人生是一面镜子，时刻自我观照；人生是一本日记，不断记录功过；人生是一把火炬，永远照亮别人；人生是一个时钟，分秒珍惜生命。

▲书籍：书籍是人生前进的灯塔，书籍是人类进步的阶梯，书籍是开启智慧的钥匙，书籍是终身相随的伴侣。

▲知识：知识是青年人最佳的荣誉，知识是老年人最大的慰藉，知识是穷人最宝贵的财富，知识是富人最珍贵的修饰。

▲知识：知识是走向光明的灯塔，知识是抵御灾难的盾牌，知识是无坚不摧的力量，知识是丰富人生的源泉。

▲志：志是气之帅，志是人之命，志是水之源，志是木之根。

▲自立：自立是靠自己决定自己，自立是靠自己改造自己，自立是靠自己提高自己，自立是靠自己完善自己。

▲自尊：自尊就是尊重自己的人格，自尊就是培养自己的品格，自尊就是完善自己的性格，自尊就是形成自己的风格。

▲自信：自信是攀登高峰的阶梯，自信是驶向彼岸的航船，自信是建筑大

厦的基石，自信是开启成功的钥匙。

▲理想：理想是一种希望，理想是一股动力，理想是一座灯塔，理想是一颗太阳。

▲时间：时间是知识，时间是金钱，时间是效率，时间是生命。

▲勤奋：勤奋就是以刻苦为乐，勤奋就是以虚心为本，勤奋就是以忙乱为戒，勤奋就是以懒惰为敌。

▲调研：调研是谋事之基，调研是求是之本，调研是成事之道，调研是为政之要。

▲领导：领导就是一面旗帜，领导就是一根标杆，领导就是一面镜子，领导就是一个向导。

▲从政：从政是一种牺牲，从政是一种责任，从政是一种耕耘，从政是一种使命。

▲友谊：友谊是水，可灌溉干枯之禾；友谊是风，可吹掉心灵之尘；友谊是雨，可滋润心田之花。

▲忍耐：忍耐是应付麻烦的良策，忍耐是征服困难的途径，忍耐是抵抗侮辱的盾牌，忍耐是走向成功的根本。

▲诚信：诚信是立身之本，诚信是治家之道，诚信是兴业之宝，诚信是为政之要。

▲豁达：豁达是一种乐观，豁达是一种豪爽，豁达是一种诚信，豁达是一种坦荡。

▲宽容：宽容是一种胸怀，宽容是一种修养，宽容是一种交流，宽容是一种力量。

人生·读书·修养（二）

※ 《现代领导》2005年第6期

▲微笑：微笑是最大的财富，微笑是最高的奖赏，微笑是真诚的坦露，微笑是文明的象征。

▲狂妄：狂妄是野心的暴露，狂妄是胆怯的掩饰，狂妄是病态的发作，狂妄是无知的证实。

▲谈心：谈心是心与心的接触，谈心是心与心的碰撞，谈心是心与心的交流，谈心是心与心的沟通。

▲放得下：放得下是理智，放得下是清醒，放得下是智慧，放得下是成熟。

▲知足：知足是最灵的慰藉，知足是最大的财富，知足是最高的境界，知足是最美的享受。

▲团结：团结就是沟通，团结就是体谅，团结就是力量，团结就是形象。

▲谦虚：谦虚就是学一点知识不骄傲自满，谦虚就是出一点成绩不沾沾自喜，谦虚就是得一点荣誉不得意忘形，谦虚就是有一点进步不盲目陶醉。

▲求是：求是就是重实情，求是就是说实话，求是就是办实事，求是就是见实效。

▲冷静：冷静就是冷眼观人，冷静就是冷耳听语，冷静就是冷情当感，冷静就是冷心思理。

▲主见：主见就是目不随人视，主见就是耳不随人听，主见就是口不随人语，主见就是鼻不随人气。

▲坚持：坚持是决心的继续，坚持是恒心的体现，坚持是毅力的考验，坚

持是成功的伙伴。

▲创新：创新就是开阔思路，创新就是打破框框，创新就是超越常规，创新就是有所作为。

▲奋斗：奋斗是人生锋利的剑，奋斗是人生高扬的帆，奋斗是人生攀登的梯，奋斗是人生书写的笔。

▲目标：目标对于干劲是召唤，目标对于勇敢是激励，目标对于坚韧是追求，目标对于气魄是成熟。

修身箴言·养性篇

※ 《现代领导》2007年第2期

▲谦虚而不自卑，谨慎而不拘束，实在而不愚笨，沉着而不寡断。

▲乐观而不飘然，随和而不失度，开朗而不放纵，精明而不油滑。

▲坚定而不固执，沉稳而不僵化，勇敢而不盲干，机智而不诡诈。

▲幽默而不庸俗，风趣而不失态，善言而不饶舌，敏行而不逾矩。

▲真实而不教条，认真而不苛刻，严肃而不呆板，活泼而不轻浮。

修身箴言·读书篇

※ 《现代领导》2007年第3期

▲书是人生前进的灯塔，书是人类进步的阶梯，书是开启智慧的钥匙，书是终身难离的伴侣。

▲读书是一种需要，读书是一种乐趣，读书是一种嗜好，读书是一种享受。

▲读书目的要明确，读书兴趣要浓厚，读书效率要提高，读书方法要讲究。

▲读书要像蜜蜂采蜜那样勤奋，读书要像蚯蚓觅食那样专注，读书要像老牛反刍那样精细，读书要像巨鲸吞食那样博大。

▲读书似渴，购书成癖，藏书有瘾，嗜书如命。

修身箴言·意志篇

※ 《现代领导》2007年第4期

▲有险峰才会有攀登,有风浪才会有拼搏,有压力才会有动力,有难关才会有突破。

▲苦难面前须坚定,苦难降临须镇静,苦难威胁须抗争,苦难折磨须坚韧。

▲受挫一次,对生活的理解加深一次;失误一次,对人生的醒悟增添一分;不幸一次,对世间的认识深化一等;磨难一次,对成功的内涵透彻一遍。

▲坎坷使人脚步更坚定,教训使人头脑更清醒,考验使人意志更顽强,苦难使人思维更灵敏。

▲意志顽强就是坚持不懈,意志顽强就是坚定不移,意志顽强就是坚韧不拔,意志顽强就是坚强不屈。

修身箴言·廉洁篇

※ 《现代领导》2007年第5期

▲自律就是严格要求自己，自律就是严格约束自己，自律就是严格控制自己，自律就是严格把握自己。

▲不为权力所蚀，不为名誉所累，不为金钱所动，不为色情所惑。

▲不仁之事不为，不义之财不取，不正之风不染，不法之事不干。

▲耐得住清贫，经得住诱惑，顶得住歪风，管得住小节。

▲常修为官之德，常除非分之念，常怀律己之心，常鸣廉洁之钟。

修身箴言·务实篇

※ 《现代领导》2007年第6期

▲深入实际是谋事之基,深入实际是求是之本,深入实际是成事之道,深入实际是为政之要。

▲实则不行架空之事,实则不刮浮夸之风,实则不谈过高之理,实则不容虚伪之言。

▲求实忌言过其实,求实忌有名无实,求实忌华而不实,求实忌虚假失实。

▲摆脱事务下得去,扑下身子蹲得住,注重方法摸得透,潜心研究理得清。

▲朴实是立身之美德,诚实是做人之要义,求实是追求之真理,踏实是成功之根基。

修身箴言·团结篇

※ 《现代领导》2007年第8期

▲团结离不开互相关心，团结离不开互相爱护，团结离不开互相支持，团结离不开互相帮助。

▲以鼓励代替责备，以宽容代替挑剔，以关怀代替放纵，以沟通代替隔阂。

▲多协作而不推诿，多支持而不旁观，多沟通而不设防，多理解而不埋怨。

▲靠爱岗敬业促进团结，靠党性修养维护团结，靠思想交流增进团结，靠组织制度保持团结。

修身箴言·批评篇

※ 《现代领导》2007年第9期

▲勇于自我亮短,欢迎群众揭短,客观公正析短,积极主动补短。

▲上级有失误敢于谏言,下级有过失敢于直言,同级有缺点敢于诤言,自己有错误敢于坦言。

▲以尊重人为前提开展批评,以关心人为动机开展批评,以启发人为目的开展批评,以理解人为氛围开展批评。

▲批评要注意合理性,不冤枉一个人;批评要注意特定性,不牵连其他人;批评要注意适度性,不恶意攻击人;批评要注意时效性,不秋后算计人。

戒骄四句箴

※《读者箴言》2007年第7/8期

（一）

骄傲是内心的自负，骄傲是行为的粗俗，骄傲是虚荣的掩饰，骄傲是狂妄的外露。

骄傲是无知的产物，骄傲是愚人的特征，骄傲是智能的尽头，骄傲是浅薄的别名。

骄傲是拦路的老虎，骄傲是难医的顽症，骄傲是沉船的暗礁，骄傲是跌跤的陷阱。

骄傲是狂妄的向导，骄傲是毁灭的火星，骄傲是成功的流沙，骄傲是进步的敌人。

（二）

骄傲必定狂妄，狂妄必定众恶，众恶必定孤独，孤独必栽跟头。

骄傲必定自大，自大必定自满，自满必定无求，无求必定落后。

骄傲自大必满不在乎，满不在乎必忘乎所以，忘乎所以必目空一切，目空一切必众叛亲离。

（三）

谦虚就是不自是，谦虚就是不自大，谦虚就是不自满，谦虚就是不自夸。

谦虚的人诚实无欺,谦虚的人正确待己,谦虚的人形象高大,谦虚的人最有出息。

谦虚的人,因看得透所以不躁;谦虚的人,因想得远所以不妄;谦虚的人,因站得高所以不傲;谦虚的人,因行得正所以不惧。

干部吃亏歌

※ 《领导科学报》2007年6月15日

干部只有先吃亏，说话才能有权威。

干部只有能吃亏，工作才能往前推。

干部只有愿吃亏，群众才能紧跟随。

干部只有肯吃亏，事业才能有作为。

干部只有乐吃亏，人前才能扬起眉。

干部只有多吃亏，众心才能有所归。

干部只有常吃亏，人格才能闪光辉。

干部只有都吃亏，班子才能成堡垒。

工作感言"八个四"

※ 河南手机报"学习实践科学发展观" 2009年12月28日

1. 贯彻会议四个好：领会好，研究好，宣传好，落实好。
2. 坚定目标四个不：不能慢，不能变，不能软，不能乱。
3. 工作方法四个动：宣传发动，示范带动，服务推动，政策驱动。
4. 强化责任四个责：守土有责，在岗知责，履职尽责，跟踪问责。
5. 宣传工作四个势：紧跟形势，宣传优势，大造声势，把握态势。
6. 执政为民四个心：让群众安心，让群众放心，让群众省心，让群众顺心。
7. 发挥作用四个要：要发挥参谋作用，要发挥协调作用，要发挥互补作用，要发挥能动作用。
8. 加强领导四个抓：主要领导亲自抓，分管领导具体抓，建立班子经常抓，社会参与共同抓。

人生之最

※ 《南阳日报》2011年8月12日

人生最大的兴趣是学习，
人生最大的成功是自立。
人生最大的动力是理想，
人生最大的价值是进取。
人生最大的快乐是知足，
人生最大的幸福是感悟。
人生最大的享受是成功，
人生最大的礼物是宽恕。
人生最大的缺陷是无智，
人生最大的无知是自欺。
人生最大的可怜是自卑，
人生最大的悲哀是嫉妒。
人生最大的敌人是自己，
人生最大的包袱是虚荣。
人生最大的破产是绝望，
人生最大的债务是人情。
人生最大的罪过是欺骗，
人生最大的危险是奉承。
人生最大的错误是盲从，

人生最大的损失是失信。

人生最大的拥有是感恩，

人生最大的本钱是尊严。

人生最大的修养是宽容，

人生最大的希望是平安。

人生最大的寂寞是孤独，

人生最大的障碍是恐惧。

人生最大的忧虑是生死，

人生最大的痛苦是痴迷。

人生最大的羞辱是献媚，

人生最大的危险是贪婪。

人生最大的痛苦是欲望，

人生最大的烦恼是名利。

司马光的《我箴》与《他箴》

※《南阳日报》2011年8月12日

我　箴

诚实以启人之信我，

乐易以使人之亲我。

虚己以听人之教我，

恭己以取人之敬我。

自检以杜人之议我，

自反以免人之罪我。

容忍以受人之欺我，

勤俭以补人之侵我。

警戒以脱人之陷我，

奋发以破人之量我。

逊言以息人之詈我，

危行以销人之鄙我。

定静以处人之扰我，

从容以待人之迫我。

游艺以备人之弃我，

励操以去人之污我。

直道以伸人之屈我，

洞彻以解人之疑我。

量力以济人之求我，

尽心以报人之任我。

弊端切勿创始于我，

凡事不可袒私于我。

圣贤每存心于无我，

天下之事尽其在我。

他　箴

读书知礼之人，不可慢他。

高年有德之人，不可轻他。

有恩有义之人，不可忘他。

无父无君之人，不可饶他。

忠言逆耳之人，不可恼他。

反而无情之人，不可交他。

平生耿直之人，不可疑他。

过后反复之人，不可托他。

富贵爆发之人，不可羡他。

时运未来之人，不可欺他。

不识高低之人，不可睬他。

不达时务之人，不可依他。

轻诺寡信之人，不可准他。

花言巧语之人，不可听他。

好奸阴私之人，不可近他。

恃刁撒泼之人，不可惹他。

饮酒不正之人，不可请他。

来历不明之人，不可留他。

贫穷性急之人，须要慰他。

颠危落难之人，须要扶他。

为人处世三十忌

※ 《南阳日报》2011年8月12日

交谈面孔忌死板，说话切忌吐脏言；
听话之时忌摇头，待客之时忌冷淡；
举止切忌失风度，为人切忌耍手腕；
议事切忌抬死杠，求事切忌强人难；
涉外切忌出洋相，玩笑切忌揭人短；
聚谈切忌自吹嘘，访友切忌传闲言；
诤友忠告忌积怨，批评他人忌简单；
交友切忌互利用，朋友切忌轻断弦；
社交往来忌虚伪，同事遇难忌旁观；
合作切忌互猜疑，待人接物忌偏见；
承诺之事忌失信，言行一致忌空谈；
公益活动忌迟到，赴约切忌延时间；
做事切忌失原则，办事切忌太呆板；
未定之事忌许愿，已定之事忌拖延；
做人切忌失人格，行走切忌往后看。

作风建设四句箴

※ 《南阳日报》2011年8月12日

作风关乎党的形象,
作风关乎国家安危,
作风关乎民族兴衰,
作风关乎人心向背。

好的作风具有无形的号召力,
好的作风产生无穷的创造力,
好的作风形成巨大的凝聚力,
好的作风造就坚强的战斗力。

从发展的角度讲,好的作风是竞争力;
从目标的角度讲,好的作风是执行力;
从和谐的角度讲,好的作风是亲和力;
从廉洁的角度讲,好的作风是免疫力。

好的生活作风体现在优秀的品质上,
好的生活作风体现在健康的情趣上,
好的生活作风体现在良好的形象上,
好的生活作风体现在高尚的行为上。

发扬艰苦奋斗作风是历史的借鉴，

发扬艰苦奋斗作风是传统的继承，

发扬艰苦奋斗作风是国情的需要，

发扬艰苦奋斗作风是宗旨的体现。

工作大兴调研风，

生活大刹吃喝风，

说话力戒浮夸风，

批评不当耳旁风。

克服官僚主义，戒摆威风；

克服虚荣主义，戒抖威风；

克服命令主义，戒耍威风；

克服个人主义，戒显威风。

倡导立说立行作风，

倡导求精求好作风，

倡导尚实尚简作风，

倡导亲力亲为作风。

大兴真抓实干、求真务实之风，反对形式主义、短期行为；

大兴艰苦奋斗、勤俭节约之风，反对骄奢淫逸、贪图享受；

大兴遵纪守法、令行禁止之风，反对目无国法、我行我素；

大兴清正廉洁、公道正派之风，反对以权谋私、贪占跑要。

国外名人箴言录

※ 《南阳日报》2011年8月12日

奥斯特洛夫斯基"生命"箴:"人最宝贵的是生命。生命属于人只有一次。一个人的生命应当这样度过:当他回忆往事的时候,他不致因虚度年华而悔恨,也不致因碌碌无为而羞愧。在临死的时候,他能够说:'我的整个生命和全部精力,都已献给世界上最壮丽的事业——为人类的解放而斗争。'"

罗曼·罗兰"信仰"箴:"人,不能没有信仰。居于一切力量之首的成为所有一切的源泉的是信仰,而要生活下去就必须有信仰。""整个人生是一幕信仰之剧,没有信仰,生命顿时就毁灭了。坚强的灵魂在驱使时间的大地上前进,就像石头在湖上漂流一样,没有信仰的人就会下沉。""没有信仰的人活着是没有思想的。"

松下幸之助"理想"箴:"现在我们要特别强调一句,我们的理想非常高,使命也非常远大。因此,我向各位提出的要求,有时也许非常严格,但是我们必须知道:这会使得下一代更好,我们的牺牲是至高无上的,不但能使自己充分享受人生的幸福,使我们的人生美好,又能使下一代蒙受福祉,这就是我们的理想。"

伏尔泰"希望"箴:"人类最可宝贵的财富是希望。希望减轻了我们的苦恼,为我们在享受当前的乐趣中描绘出来日乐趣的远景。如果人类不幸到目光只限于考虑当前,那么人就会不再去播种,不再去建筑,不再去种植。人对什么也不准备了,从而在这尘世的享受中,人就会缺少一切。"

巴斯德"立志"箴:"立志是一件很重要的事情。工作随着志向走,成功随着工作来，这是一定的规律。立志、工作、成功，是人类活动的三大要素。立志是事业的大门，工作是登堂入室的旅程。这旅程的尽头就有个成功在等待着，来庆祝你的努力结果。"

勃特勒"自信"篇："不相信自己比世上别人都出色的人是个可怜虫。不管我们的情况多么糟糕，或是沉沦在多么低下的地位，我们决不同任何人对换身份。我们的自信从而得到维护并必须一直维护着我们，直至死亡把我们连带自信一道带走，那时我们不再需要任何维护。"

雨果"生活"篇："人有了物质才能生存，人有了理想才谈得上生活。你要了解生存与生活的不同吗？动物生存而人则生活。""生活就是理解。生活，就是面对现实微笑，就是越过障碍注视将来。生活，就是自己身上有一架天平，在那上面衡量善与恶。生活，就是有正义感，有真理，有理智，就是忠贞不渝、诚实不欺、表里如一、心智纯正，并且对权利与义务同等重视。生活，就是知道自己的价值、自己所能做到的与自己所应该做到的。生活，就是理智。"

车尔尼雪夫斯基"教养"篇："要使人成为真正有教养的人，必须具备三个品质：渊博的知识、思维的习惯和高尚的情操。知识不多就是愚昧，不习惯思维就是粗鲁和蠢笨，没有高尚的情操就是卑俗。"

约翰逊"耐性"篇："伟大的工作，并不是用力量而是用耐性去完成的。每天走三个钟头的人，七年内所走的道路已等于地球的圆周。"

哲思箴言

※ 《南阳日报》2013年5月17日

为者常成，行者常至，容者常和，诚者常静。

金以刚折，水以柔全，山以高移，谷以卑安。

智者不锐，慧者不傲，谋者不露，强者不暴。

大悲无泪，大悟无言，大喜无声，大爱无疆。

精心谋事，潜心干事，诚心处事，小心行事。

以修心为富，以明志为贵，以坚忍为荣，以勤敬为华。

观天下以虚心，精读书以洗心，制贪欲以定心，广随缘以诚心。

放下必看于淡，沉潜必定于神，进益必勤于学，务实必重于行。

揽苍天之深邃，积大地之厚重，拥百树之根脉，扬贤人之从容。

多论不如多行，多惑不如多思，多事不如多学，多心不如多知。

虚怀足以容人，立信足以做人，朴拙足以敬人，思慧足以益人。

论人则察其行，论画则悟其境，论书则明其道，论禅则空其心。

天之妙在星辰，地之妙在无垠，树之妙在根深，人之妙在胸襟。

淡中知味是真悟，量宏识高是真人，澡身浴德是真修，物我两忘是真性。

少骄少妄少傲心，少私少欲少贪心，少浮少慌少躁心，少杂心留凡心。

无事时不教心空，有事时不教心乱，大事时不教心畏，小事时不教心慢。

深识见以明时势，阔胸襟以化人我，大气度以了纷扰，广境界以定格局。

一舍一得之谓境界，一静一动之谓修炼，一进一退之谓心态，一沉一浮之谓沧桑。

贪得者身富而心贫，知足者身贫而心富；居高者形逸而神劳，处下者形劳而神逸。

人生三句箴（一）

※ 《南阳日报》2012年6月10日

▲人幽如兰，其品也幽；人清如竹，其品也清；人逸如菊，其品也逸。

▲一个人的涵养，不在心平气和时，而是心浮气躁时；一个人的理性，不在风平浪静时，而是众声喧哗时；一个人的慈悲，不在居高临下时，而是人微言轻时。

▲一个人能走多远，要看他与谁同行；一个人有多优秀，要看他有谁指点；一个人有多成功，要看他同谁相伴。

▲友不在多，得一人，可胜百人；友不论久，得一日，可喻千古；友不择时，得一缘，可益一世。

人生三句箴（二）

※ 《南阳日报》2012年7月6日

▲德薄而位尊，德不能载物必沉；智小而谋大，智不能养谋必乱；力小而任重，力不能负任必垮。

▲过去事，丢得一节是一节；现在事，了得一节是一节；未来事，省得一节是一节。

▲莫为婴儿之态而有大人之器，莫为一身之谋而有天下之志，莫为终身之计而有后世之虑。

▲薄奉养，廉之本也；远声色，勤之本也；去谗私，明之本也。

▲心欲小而志欲大，知欲圆而行欲方，能欲多而事欲鲜。

▲苦味，让你饱经磨难，承受痛苦；酸味，让你思考人生，展望未来；甜味，让你品尝成功，体会快乐。

人生三句箴（三）

※ 《南阳日报》2012年7月13日

▲少之时，血气未定，戒之在色；及其壮也，血气方刚，戒之在斗；及其老也，血气既衰，戒之在得。

▲欲胜人者，必先自胜；欲论人者，必先自论；欲知人者，必先自知。

▲有道德者，不可多言；有信义者，必不多言；有才谋者，不必多言。

▲人之少也，当佩乎父兄之教；人之壮也，当达乎朋友之箴；人之老也，当警乎少壮之说。

▲进德修业在少年，道明德立在中年，义精人熟在晚年。

▲要含蓄，忌太尽；要委婉，忌太直；要疑似，忌太真。

人生三句箴（四）

※ 《南阳日报》2012年7月20日

▲韵味，可以表明一个人的内涵；谈吐，可以显示一个人的修养；格调，可以说明一个人的情操。

▲静而后能安，安而后能虑，虑而后能得。

▲毋矜清而傲浊，毋慎大而忽小，毋勤始而怠终。

▲做人之道，道德为本；处世之道，公正为先；从政之道，事业为重。

▲言语之恶，莫大于造诬；行事之恶，莫大于苛刻；心术之恶，莫大于深险。

人生三句箴（五）

※ 《南阳日报》2012年7月27日

▲力胜者，可以举大器；智胜者，可以断大事；志胜者，可以适大愿。

▲凡举步，觉无益就莫行；凡启口，觉无益就莫言；凡起念，觉无益就莫思。

▲以父母之心为心，天下无不友之兄弟；以祖宗之心为心，天下无不合之族人；以天地之心为心，天下无不爱之民物。

▲大怒不怒，大喜不喜，可以养心；靡俗不交，恶党不入，可以立身；小利不争，小愤不发，可以和众。

人生三句箴（六）

※ 《南阳日报》2012年8月3日

▲少年读书如隙中窥月，中年读书如庭中望月，老年读书如台上玩月。

▲读哲学书，可以养大气；读专业书，可以养才气；读休闲书，可以养灵气。

▲闲时多读书，博览聚才气；众前慎言行，低调养清气；交友重情义，慷慨增人气。

▲交有道之人不结无义之友；饮清静之茶不近世俗之酒；开心境之门莫张是非之口。

▲消沉者，为失落而悲哀；空望者，寄希望于未来；开拓者，重现实而奋进。

人生三句箴（七）

※ 《南阳日报》2012年8月17日

▲听苦难之言，可以磨砺意志；听幽默之言，可以磨砺情志；听褒贬之言，可以磨砺心志。

▲用钱交朋友，钱尽则友散；用权交朋友，权落则友疏；用心交朋友，心诚则谊长。

▲风和日丽不出游，有负天时；窗明几净不读书，有负地利；高朋满座不饮酒，有负人和。

▲用自己的逆境与别人的顺境对比，是糊涂；用自己现在的逆境同自己以往的顺境对比，是愚蠢；用自己的逆境和他人的逆境相比，是卑微。

▲人生如歌，岁月如流，青年时奋斗不休；寂寞如初，朋友如酒，中年时务实多忧；思想如炬，心绪如秋，老年时从容静修。

人生三句箴（八）

※ 《南阳日报》2012年8月24日

▲承受磨难，是一种灵魂的升华；承受磨难，是一种道德的修炼；承受磨难，是一种能量的集聚。

▲忙碌是一种幸福，让我们没时间体会痛苦；奔波是一种快乐，让我们真实体验生活；疲惫是一种享受，让我们无暇感受烦恼。

▲砺操行以修德业，当自重；甘淡泊以守清贫，当自省；谋善举以泽众生，当自励。

▲凡事不宜刻，若读书则不可不刻；凡事不宜贪，若买书则不可不贪；凡事不宜痴，若行善则不可不痴。

▲机遇，有志者的熟客；灵感，善思者的密友；想象，创新者的花环。

人生三句箴(九)

※ 《南阳日报》 2012年8月31日

▲以谨慎之心对待权力,以淡泊之心对待名利,以警惕之心对待诱惑。

▲是非面前要有辨别能力,诱惑面前要有自控能力,警示面前要有悔过能力。

▲好学近乎智,知耻近乎勇;清廉近乎威,公平近乎明;勤勉近乎才,为民近乎忠。

▲看得透想得开,拿得起放得下,立得正行得直。

▲不可放纵自己的行为,不可迁就犯下的过错,不可失去做人的准则。

人生三句箴（十）

※ 《南阳日报》2012年9月7日

▲山不争高入云来，水不拒细汇大海，人不自大成俊才。

▲不做劳而无趣之事，不做劳而无益之事，不做劳而无功之事。

▲宽容能解开胸中的心结，宽容能融化眉宇的忧伤，宽容能集纳人言的荆棘。

▲怠惰是今天的安逸，怠惰是明天的叹息，怠惰是后天的耻辱。

▲开拓者前方是宽广大地，耕耘者面前是肥沃土壤，后退者身后是悬崖万丈。

人生三句箴（十一）

※ 《南阳日报》2012年9月14日

▲用最少的后悔面对过去，用最小的浪费面对现在，用最大的梦想面对未来。

▲路，不可以不看就走；话，不可以不想就说；事，不可以不明就做。

▲多一分快乐，少一分忧伤；多一分真实，少一分虚伪；多一分悠闲，少一分忙乱。

▲小时候幸福是一件东西，拥有就幸福；长大后幸福是一个目标，达到就幸福；成熟后发现幸福原来是一种心态，领悟就幸福。

▲昨天过去了，不必烦；今天正在过，不用烦；明天还没到，不需烦。

人生三句箴（十二）

※ 《南阳日报》2012年9月28日

▲行旅游之路，可以扩大眼界；行探索之路，可以扩大世界；行助人之路，可以扩大胸界。

▲不要企图无所不有，否则将一无所有；不要企图无所不知，否则将一无所知；不要企图无所不能，否则将一无所能。

▲运动使人充满生机活力，音乐使人充满浪漫快乐，思考使人充满智慧理智。

▲知道事物应该是怎么样，说明是个聪明的人；知道事物实际是怎么样，说明是有经验的人；知道怎样使事物变得更好，说明是有才能的人。

▲人生最大错误是用健康换取身外之物，人生最大悲哀是用生命换取个人烦恼，人生最大浪费是用时间自己制造麻烦。

人生三句箴（十三）

※ 《南阳日报》2012年10月12日

▲有气魄而又有气量，才会气壮山河；有气量而又有气度，才会气宇轩昂；有气度而又有气节，才会气贯长虹。

▲人可以有德，而不可满其德；人可以有才，而不可恃其才；人可以有富，而不可骄其富。

▲没有经济上的独立，就缺少自尊；没有思考上的独立，就缺少自主；没有人格上的独立，就缺少自信。

▲小事业的成功靠机遇，中事业的成功靠能力，大事业的成功靠品行。

▲不懈地追求目标是一种境界，竭力地挑战极限是一种快乐，微笑着超越苦难是一种幸福。

人生三句箴（十四）

※ 《南阳日报》2012年10月19日

▲有贤豪之士，不须限于下位；有智略之人，不必试以弓马；有山林之杰，不可薄其贫贱。

▲因为生活所迫而工作，永远工作在压力之中；因为追求成就而工作，永远工作在快乐之中；因为人生使命而工作，永远工作在激情之中。

▲该说的要说该哑的要哑是一种聪明，该干的要干该退的要退是一种睿智，该显的要显该藏的要藏是一种境界。

人生三句箴（十五）

※ 《南阳日报》 2012年10月26日

▲人有一分器量，便多一分气质；人有一分气质，便多一分人缘；人有一分人缘，便多一分事业。

▲一个境界低的人讲不出高远的话，一个没有使命感的人讲不出有责任感的话，一个格局小的人讲不出大气的话。

▲用宽容的心对待世界、对待生活；用快乐的心对待世界、对待生活；用感恩的心对待世界、对待生活。

▲闲中不放过，忙中有受用；静中不落空，动中有受用；暗中不散隐，明中有受用。

▲用别人的智慧充实自己，不用别人的智慧贬低自己；用别人的成功激励自己，不用别人的成功折磨自己；用别人的错误提醒自己，不用别人的错误娱乐自己。

人生三句箴（十六）

※ 《南阳日报》2012年11月2日

▲昨天，是已经逝去不可改变的历史；明天，是即将到来却又未知的历史；今天，是能够把握可以创造的历史。

▲善待自己，幸福无比；善待别人，快乐无比；善待生命，健康无比。

▲钱多钱少，常有就好；人老人少，健康就好；家贫家富，和睦就好。

▲动中品静方能品出静的清幽，忙中悟闲方能悟出闲的恬适，苦中嚼乐方能嚼出乐的情趣。

▲自负，是一道滑坡；欺骗，是一个陷阱；贪婪，是一座悬崖。

▲玩乐少一点，努力多一点，成功就近一点；懒惰少一点，勤奋多一点，生活就丰富一点；浪费时间少一点，珍惜时光多一点，人生就精彩一点。

人生三句箴(十七)

※ 《南阳日报》2012年11月23日

▲有深谋者不轻言,有远志者不轻干,有奇勇者不轻斗。

▲恩德相结者,谓之知己;腹心相照者,谓之知心;声气相投者,谓之知音。

▲迷于酒者,不知其伐吾性也;迷于色者,不知其伐吾命也;迷于利者,不知其伐吾志也。

▲多情者不以生死易心,豪饮者不以寒暑改量,喜书者不以忙闲辍学。

▲多苦少乐是人生的必然,能苦会乐是心胸的坦然,化苦为乐是智者的超然。

人生三句箴（十八）

※ 《南阳日报》2012年11月30日

▲心理上要有慈爱心，生活上要有平常心，事业上要有进取心。

▲该执著的，永不怨悔；该舍去的，永不牵挂；该珍惜的，永不舍去。

▲学会调节，心情不再忧伤；学会宽容，生活没有烦恼；学会奉献，人生充满希望。

▲有先见之明是一种智慧，有自知之明是一种成熟，有知人之明是一种素养。

▲在必须做好的事情上，应力求团结；在尚有疑问的事情上，应允许自由；在所有应做的事情上，应仁爱宽厚。

人生三句箴（十九）

※《南阳日报》 2012年12月7日

▲一个好的心态，可以使人乐观豁达；一个好的心态，可以使人战胜苦难；一个好的心态，可以使人快乐生活。

▲人心多激动，要求平静；世事总纷繁，要求清闲；生活多恩怨，要求淡泊。

▲智慧做人，聪明做事，明白处世；清白做人，老实做事，规矩处世；正直做人，诚信做事，圆通处世。

▲智高，源自心静，智高者俯瞰世界、深入浅出；智博，源于心和，智博者包容万象、根深叶茂；智深，源于心仁，智深者从容淡定、笑看天下。

人生三句箴（二十）

※ 《南阳日报》2012年12月21日

▲人可以不美丽，但要有健康；人可以不伟大，但要有快乐；人可以不完善，但要有追求。

▲立德传仁义，道德人生；立言传思想，明哲人生；立功传楷模，创业人生。

▲亲情是一种深度，它给人温暖；友情是一种广度，它给人欣慰；爱情是一种纯度，它给人甜蜜。

▲福在保健中，祸在无知中；乐在健康中，苦在疾病中；笑在生活中，悲在忧虑中。

人生三句箴（二十一）

※《南阳日报》2012年12月28日

▲以圣贤之道教人易，以圣贤之道治己难；以圣贤之道出口易，以圣贤之道躬行难；以圣贤之道奋始易，以圣贤之道克终难。

▲装不尽者，天下之事；读不尽者，天下之书；参不尽者，天下之理。

▲有人在问题中找机会，有人在机会中找问题；有人遇到困难找方法突破，有人遇到困难找借口抱怨；有人在问题中总结出方法，有人在方法中制造出问题。

▲提得起，放不下，心门狭窄窄；提不起，放不下，心中常戚戚；提得起，放得下，心胸坦荡荡。

▲调适心态，养成知恩感恩的习惯；知荣明耻，养成为人表率的习惯；恪尽职守，养成有所作为的习惯。

▲世路风霜，吾人炼心之境也；世情冷暖，吾人忍性之地也；世事颠倒，吾人修行之资也。

人生三句箴（二十二）

※ 《南阳日报》2013年1月4日

▲非识无以断其义，非才无以善其文，非学无以练其事。

▲与智者言依于博，与博者言依于辨，与辨者言依于要。

▲接人要和中有介，处事要精中有果，认理要正中有道。

▲不交两面三刀者，不交口是心非者，不交落井下石者。

▲知恩图报是君子，知恩不报是小人，恩将仇报不是人。

人生三文化 （一）

※《南阳日报》2013年3月1日

三学：学而无厌，学无止境，学以致用。
三万：读万卷书，行万里路，听万人言。
三好：身做好事，言说好语，心存好念。
三善：善待他人，善解人意，善始善终。
三乐：助人为乐，知足常乐，自得其乐。
三福：平安是福，健康是福，吃亏是福。
三处：发现长处，理解难处，不忘好处。
三敢：敢于承认，敢于面对，敢于担当。
三能：勤能补拙，俭能养廉，静能生悟。
三自：自知者真，自制者善，自胜者美。
三凭：小胜凭力，中胜凭智，大胜凭德。
三不：仁者不忧，知者不惑，勇者不惧。
三宜：酒宜节饮，愤宜速惩，欲宜力制。
三大：大气谋事，大胆管事，大力成事。

人生三文化（二）

※ 《南阳日报》2013年3月15日

三奋：振奋于心，勤奋于能，发奋于志。

三养：下士养身，中士养气，上士养心。

三无：至人无己，神人无功，圣人无名。

三理：遵循常理，明晰道理，追求真理。

三知：知责思为，知德守正，知止慎独。

三宽：宽容待人，宽厚涉世，宽处谋事。

三忌：物忌全胜，事忌全美，人忌全盛。

三争：见利争让，闻义争为，有过争改。

三择：择圣以德，择贤以道，择智以谋。

三用：用心想事，用智谋事，用力干事。

三为：正己为先，诚信为本，宽厚为怀。

四季读书歌

※ 《南阳日报》2011年7月15日

民国初年，湖北崇阳有位医生叫熊伯伊。他博学多才，酷爱读书。熊医生曾作《四季读书歌》一首，作为自己的座右铭。歌曰：

春读书，兴味长，磨其砚，笔花香。
读书求学不宜懒，天地日月比人忙。
燕语莺歌希领悟，桃红李白写文章。
寸阳分阴须爱惜，休负春色与时光。
夏读书，日正长，打开书，喜洋洋。
田野勤耕桑麻秀，灯下苦读声琅琅。
荷花池畔风光好，芭蕉树下气候凉。
农村四月闲人少，勤学苦攻把名扬。
秋读书，玉露凉，钻科研，学文章。
晨钟暮鼓催人急，燕去雁来促我忙。
菊灿疏篱情寂寞，枫红曲岸事彷徨。
千金一刻莫空度，老大无成空自伤。
冬读书，年去忙，翻古典，细思量。
挂角负薪称李密，囊萤映雪有孙康。
围炉向火好勤读，踏雪寻梅莫乱逛。
丈夫欲遂平生志，十载寒窗一举场。

修身处世"四个一"(一)

※ 《南阳日报》2013年1月18日

不求完美,就多一些轻松;面对现实,就多一些自在;欣赏自己,就多一些自信;做好选择,就多一些从容。

朋友不一定合情合理,但一定知心知意;朋友不一定形影不离,但一定惺惺相惜;朋友不一定锦上添花,但一定雪中送炭;朋友不一定常常联系,但一定放在心里。

一切皆可变,唯有理想不能变;一切皆可长,唯有傲气不能长;一切皆可老,唯有心灵不能老;一切皆可退,唯有步伐不能退。

口袋里没钱,心里没钱,快乐一辈子;口袋里没钱,心里有钱,痛苦一辈子;口袋里有钱,心里有钱,烦恼一辈子;口袋里有钱,心里没钱,幸福一辈子。

多一些舒畅,就会少一些焦虑;多一些真实,就会少一些虚假;多一些友情,就会少一些寂寞;多一些快乐,就会少一些悲苦。

少一点自我封闭,多一点人际交流;少一点担心疑虑,多一点坚定自信;少一点闲散懒惰,多一点学习钻研;少一点龌龊迷惑,多一点潇洒明白。

一个好的心态,可以使人乐观豁达;一个好的心态,可以使人战胜苦难;一个好的心态,可以使人淡泊名利;一个好的心态,可以使人快乐生活。

每一时间都是黄金,要争分夺秒;每一挑战都是机遇,要不失时机;每一逆境都是考验,要乘势而上;每一顺境都是鼓励,要谨言慎行。

修身处世"四个一"（二）

※ 《南阳日报》2013年10月18日

　　放下一粒种子，收获一棵大树；放下一处烦恼，收获一个惊喜；放下一种偏见，收获一种幸福；放下一种固执，收获一种自在。

　　委屈的时候能坦然一笑，是一种大度；吃亏的时候能开心一笑，是一种豁达；无奈的时候能达观一笑，是一种境界；危难的时候能泰然一笑，是一种大气。

　　一个人的涵养不在心平气和时，而在心浮气躁时；一个人的理性不在风平浪静时，而在众声喧哗时；一个人的慈悲不在居高临下时，而在人微言轻时；一个人的尊重不在闲情逸致时，而在观点相左时。

修身处世"四个一"（三）

※ 《南阳日报》2013年11月15日

无病是第一利，美誉是第一富，友善是第一亲，知足是第一乐。

太阳不语是一种光辉，高山不语是一种巍峨，蓝天不语是一种高远，大地不语是一种广博。

成绩淡忘一点，升迁淡泊一点，钱财淡漠一点，交友淡雅一点。

每一分钟都是黎明，每一挑战都是机会，每一逆境都是考验，每一善行都是创造。

学习人是一种智慧，帮助人是一种快乐，团结人是一种能力，借鉴人是一种收获。

有智商不一定有智慧，有知识不一定有思想，有文化不一定有教养，有见解不一定有见识。

给心灵留一方净土，给生活留一梦想，给未来留一丝微笑，给岁月留一份厚礼。

学会养心（一）

※ 《南阳日报》2013年11月22日

心缺自尊，言行必卑贱；

心缺知识，言行必愚钝；

心缺敬畏，言行必随便；

心缺诚实，言行必虚妄；

心缺涵养，言行必粗陋；

心缺教化，言行必无礼；

心缺良善，言行必恶毒；

心缺美德，言行必下流。

心存希望，幸福就会降临；

心存梦想，机遇就会笼罩；

心存坚持，快乐就会常伴；

心存真诚，平安就会跟随；

心存善念，阳光就会照耀；

心存美丽，温暖就会围绕；

心存大爱，崇高就会追随；

心存他人，真情就会回报；

心存感恩，贵人就会青睐；

有一颗随缘心，人会更洒脱；

有一颗平常心，人会更从容；

有一颗慈悲心，人会更善良；

有一颗感恩心，人会更幸福；

有一颗因果心，人会更明理；

有一颗忍让心，人会更快乐；

有一颗超脱心，人会更淡然；

有一颗修行心，人会更智慧；

有一颗质朴心，人会更纯粹；

有一颗自知心，人会更清醒。

学会养心（二）

※ 《南阳日报》2013年12月6日

人的心房可以充实，
但切莫叫世欲挤满；
人的心舟可以多载，
但切莫叫贪婪压翻；
人的心术可以端耸，
但切莫叫邪佞踞盘；
人的心灵可以包容，
但切莫叫嗔恨作乱；
人的心灵可以光灿，
但切莫叫无明蔽暗；
人的心扉可以敞开，
但切莫叫浊尘污染。

摆脱消极心态，奋发向上；
摆脱忧虑心态，学会乐观；
摆脱浮躁心态，保持沉稳；
摆脱悲观心态，看到希望；
摆脱虚荣心态，回归真实；

摆脱嫉妒心态，扫除阴暗；
摆脱自卑心态，避免压抑；
摆脱偏执心态，懂得兼听。

心中有根才能开花结果，
心中有愿才能成就事业，
心中有理才能走遍天下，
心中有主才能立处皆真，
心中有德才能涵容万物，
心中有道才能拥有一切。

名人读书"三字诀"

※ 《南阳日报》 2011年6月10日； 中直党建网

三如：西汉经学家刘向说："少而好学，如日出之阳；壮而好学，如日中之光；老而好学，如秉烛之明。"清代文学家张潮则认为："少年读书如隙中窥月，中年读书如庭中望月，老年读书如台上玩月，皆以阅历之浅深为所得之浅深耳。"

三余：三国时教育家董遇善于利用"冬者岁之余，夜者日之余，阴雨者时之余"读书。

三同：宋代黄　不顾达官贵人非议，将自己的读书心得编撰成书，坦言："生而不知学，与不生同；学而不知道，与不学同；知而不能行，与不知同。"

三到：南宋著名理学家朱熹认为读书有三到，谓心到，眼到，口到。心不在此，则眼看不仔细，心眼既不专一，却只盲目诵读，决不能记，久也不能久也。三到之中，心到最急，心既到矣，眼口岂不到乎？

三读：明末清初著名理学家、文学家陆世仪主张精读、细读、熟读。清末民初梁启超看书，一般的粗读，有价值的细读，格言类的精读。

三贵：晚清"四大名臣"之一的张之洞主张读书要贵博、贵精、贵通。

三破：清代以注释学著称的仇兆鳌在《杜诗详注》中把读书概括为突破、磨破、识破。

三法：鲁迅先生酷爱读书，并且讲究读书三法，即背书法、抄书法、设问法。

三回：著名科学家高士其谈读书体会时说："一回见生，二回见熟，三回就成为朋友。"

三肯：著名历史学家顾颉刚读书主张肯思、肯写、肯翻，这样便可以养成自己的创造力。

三视：《文心雕龙》研究专家牟世金把书视为朋友、大敌、老师。

三不：北京大学俞平伯教授读书倡导不苟同、不固执、不苛求。

三式：现代历史学家钱穆先生把读书法分为直闯式、跳跃式、闲逛式。

三性：国家一级编剧魏明伦谈读书讲到韧性、记性、悟性。有韧性没记性，读了白读。有记性没悟性，书是死书。悟性至关重要，一举满盘皆活。然而，单凭悟性，没记性就没库存，是皮包公司；没韧性就建不成大仓，是短途小贩。三性具备，堪称知识富翁。

古今读书两句箴（一）

※《南阳日报》2011年6月24日

读书愈少，对环境愈不满意；
读书愈多，对自己愈不满意。

博学笃志，切问近思，此八字是收放心的功夫；
神闲气静，智深勇沉，此八字是干大事的本领。

成功之路永远为勤于攀登者铺，
知识之窗永远为善于探索者开。

读好书是我一生的追求，
珍藏书是我一生的荣耀。

读有益身心书日读日新，
做无害人民事常做常安。

书能益智，催自己多看几页；
酒会伤身，劝别人少喝两杯。

读书是修身养性之道，

守廉乃为官从政之德。

多读好书静品世间喜怒哀乐,
少发牢骚笑迎人生成败得失。

虚心是学问的向导,
恒心是学问的保管。

广交益友常鉴省,正己正人;
博览群书明世事,知古知今。

人贵有志,学贵有恒;
造烛求明,读书求理。

读书,读好书,论什么古今中外;
做事,做善事,何必分南北东西!

读书读报读社会凡读欲得唯有用心,
做人做事做学问每做要成全靠踏实。

寂寞时读书,会使人远离痛苦;
自省中读书,会使人更加高尚。

读书增长智慧,
交谈训练思维。

博学多才谦逊谨慎，
不学无术目中无人。

为学宜早，蹉跎岁月误前程；
做事应缓，三思而行有成果。

掌握已知谓之学习，
攻克未知谓之创造。

古今读书两句箴 （二）

※ 《南阳日报》2011年7月8日

平坦的道路好走，磨炼不了意志；
浅显的知识易学，创造不了奇迹。

勤学的人总感到时间不够，
偷懒的人总埋怨时间太慢。

勤能补拙，青山不老人不闲；
贫莫过愚，生命不停学不止。

莫在追忆深井中打捞冰凉的遗憾，
快去知识海洋里挖掘人生的热源。

学海茫茫，精卫衔石能填海；
书山巍巍，愚公立志可移山。

严谨乃治学之态度，
勤奋是渐进的根本。

求实乃学有所获之前提，
创新是学有所成的途径。

在时间的河边叹息，天天会增添早衰的皱纹；
在知识的海洋撒网，日日能捞回童年的欢乐。

学是为了获得知识，唯习不学，知识不丰富；
习是为了巩固知识，唯学不习，知识不牢固。

求知无厌知无尽，
治学有恒学有成。

登龙门毋畏栈道崎岖，知难而上；
步学海莫怕险滩湍急，发愤图强。

烦恼时，我把书视为良师益友，陪我消忧解愁；
欢愉时，我把书当作鲜花美酒，自我陶醉不休。

走路求其稳健，
读书取其精华。

事业上的强者与书籍难解难分，
生活中的强者与书友灵犀相通。

美食，吃得越多越索然无味；
好书，读得越多越津津有味。

把书从厚读到薄，这是刻苦；
把书从薄读到厚，这是艺术。

读书感言（一）

※ 《南阳日报》2012年2月10日

▲好仁不好学，其蔽也愚；好知不好学，其蔽也荡；好信不好学，其蔽也贼；好直不好学，其蔽也绞；好勇不好学，其蔽也乱；好刚不好学，其蔽也狂。

——《论语》

▲读书，所以开茅塞，除鄙见，得新知，增学问，广识见，养性灵。

——林语堂

▲读书奉行九个字，就是"读书好，好读书，读好书"。

——冰心

▲读书能令人快乐、优雅，从而培养自己的能力——当我们独处或隐居时，我们最能体会到读书的乐趣；当我们与人交谈时，读书会使我们气质高贵、谈吐优雅；而当我们在进行判断及处理事情的时候，我们就可以发挥自己从书上习得的智能。

——[英] 培根

▲若是没有书，上帝就会哑口无言，正义就起不了作用，自然科学就会停滞不前，哲学也只能跛行，文学将变得麻木，一切的一切都会陷入永恒的黑暗之中。

——[丹麦] 巴托林《稗史外传》

▲读书可以看成败，读书可以论英雄，读书可以鉴是非，读书可以知兴衰。

▲读书让人有一个宁静的心态，读书让人有一个从容的心情，读书让人有一个理智的头脑，读书让人有一个开阔的胸襟。

▲心求净莫如寡欲，人求智莫如多读。

　读书可以知今古，从此心不再局促。

　读书可以懂坚强，从此心不再匍匐。

　读书可以晓立志，从此心不再踟蹰。

　读书可以明事理，从此心不再庸碌。

　读书可以学美德，从此心不再泣孤。

读书感言（二）

※ 《南阳日报》2012年2月17日

▲天生人也，而使其可以闻，不学，其闻不若聋；使其目可以见，不学，其见不若盲；使其口可以言，不学，其言不若爽；使其心可以知，不学，其知不若狂。

——《吕氏春秋》

▲能好读书必有读书的好，譬如能识天地之大，能晓人生之难，有自知之明，有预料之先，不为苦而悲，不受宠而欢。寂寞时不寂寞，孤单时不孤单，所以绝权欲，弃浮华，潇洒达观，于嚣烦尘世而自尊自重自强自立不卑不畏不俗不谄。

——贾平凹《好读书》

▲有多少孩子因为读了一本书，而一改过往的懒散习性，进而发愤图强。有多少原本自暴自弃的人，因为一本书的启示，而获得了新的希望、新的勇气，终获成功……更有许多生活艰苦的人，因为从小养成了阅读的习惯，于是能够借着自修，而拥有大学程度，甚至较之更为高深的常识。

——［爱尔兰］欧康诺

▲书是历史优秀遗产，书是民族宝贵财富，书是精神劳动结晶，书是人类思想宝库。

▲书的崇高在于能够培养人的优良品格，书的崇高在于能够增长人的知识见地，书的崇高在于能够开阔人的胸襟气度，书的崇高在于能够改变人的生活境遇。

▲书像一只帆船，带我来到知识的海洋；

书像一把金钥匙，打开了知识的闸门；

书像一位严师诤友，教我怎样做一个真正的人；

书——是我永远的朋友。

读书感言（三）

※ 《南阳日报》 2012年2月24日

▲愿尔一祝后，读书日日忙。一日读十纸，一月读一箱。

——（唐）杜牧

▲饥读之以当肉，寒读之以当裘，孤寂读之以当友，幽忧读之以当金石琴瑟。

——（南宋）尤袤

▲天下事恒利害相半；唯读书，则有全利而无少害。读书一卷，则有一卷之益；读书一日，则有一日之益。

——（明）陈继儒

▲一个爱书的人，他必定不致缺少一个忠实的朋友、一个良好的导师、一个可爱的伴侣、一个委婉的安慰者。

——[英]伊萨克·巴罗

▲若没有书，我们现在就无法生活，无法奋斗；没有书，我们就不能经受痛苦的磨炼和享受胜利的喜悦，就无法满怀信心地走向理想、美好的未来……

——[俄]巴乌斯托夫斯基

▲不读书，思想就缺少灵气；不读书，讲话就缺少底气；不读书，行动就缺少朝气；不读书，工作就缺少锐气。

▲书是文静而又始终不渝的朋友；它们是最聪明、最好相处的顾问，又是最诲人不倦的老师。

▲乐学歌：

人心本自乐，自将私欲缚。

私欲一萌时，良知还自觉。

一觉便消除，人心依旧乐。

乐是乐此学，学是学此乐。

不乐不是学，不学不是乐。

乐便然后学，学便然后乐。

乐是学，学是乐。

呜呼！

天下之乐，何如此学？

天下之学，何如此乐？

——（明）王艮

读书感言（四）

※ 《南阳日报》2012年3月2日

▲饭可以一日不吃，觉可以一日不睡，书不可以一日不读。

——毛泽东

▲学贵时习，须是心心念念在上。又曰：无一事而不学，无一时而不学，无一处而不学。

——（宋）朱熹

▲书籍能在人们的心中激发和培养最高尚的情操和最美好的理想。每当我们读到喜爱的书籍时，就会感觉到作家曾经感受过的那些东西……难道你不觉得，在读完一本好书之后，我们变得更加美好、更加踏实、更加聪明和更加高尚了吗？

——［苏联］革拉特珂夫

▲不去读书就没有真正的教养，同时也不可能有什么鉴别力。

——［俄］赫尔岑

▲人离开了书，如同离开空气一样不能生活。

——［苏联］科洛廖夫

▲博览群书使人脱俗，博览群书使人明理，博览群书使人充实，博览群书使人聪颖。

▲读书需有坚毅的心态，读书需有渴求的心愿，读书需有安静的心绪，读书需有专一的心力。

▲学子的学问:

胸中无学问如贫穷,

脑里无智慧如木俑。

学问使人美丽,

学问使人拨迷。

学问的含义是又学又问。

学与问结合是求知根本。

学而不倦应学在纲领处,

问则解疑当问到心无误。

在书海中可发现世界,

在躬行中可见证不懈。

能做学问是一种伟愿,

会做学问是一种灵感。

读书感言（五）

※ 《南阳日报》2012年3月9日

▲为学读书，须是耐心，细意去理会，切不可粗心。为数重物，包囊在里面，无缘得见。必是今日去一重，又见得一重。明日又去一重，又见一重。去尽皮，方见肉。去尽肉，方见骨。去尽骨，方见髓。

—— （宋）朱熹

▲力学如力耕，勤惰尔自知。但使书种多，会有岁稔时。

—— （宋）刘过

▲问之不切，则其听之不专；思之不深，则其取之不固。

—— （宋）王安石

▲读书务在循序渐进；一书已熟，方读一书，勿得鲁莽躐等，虽多无益。

—— （明）胡居仁

▲君子之学必好问。问与学，相辅而行者也；非学无以致疑，非问无以广识。好学而不勤问，非真能好学者也。

—— （清）刘开

▲对于书本知识，无论古人今人或某个权威的学说，要深入钻研，过细咀嚼，独立思考，切忌囫囵吞枣，人云亦云，随波逐流，粗枝大叶，浅尝辄止。

▲读两次书：一次是在学生时代，另一次是在成年时代。生活的阅历、经验、实践、忧患和感受，使人对青年时代读过的书，更加深了理解，因此，这对读书颇有温故而知新之感。

—— [苏联] 格拉西莫夫

▲读书有三种方法：第一种，读了书但不理解它；第二种，读了书并能理解它；第三种，读了书还能领悟书中没说出来的道理。

——[俄]克尼亚日宁

▲我们不应该像蚂蚁，单只收集；也不可像蜘蛛，只从自己肚中抽丝；而应像蜜蜂既采集又整理，这样才能酿出香甜的蜂蜜来。

——[英]培根

▲读书要读做一个人，读明一点理，读悟一点缘，读懂一颗心。略读以览要义，精读以掘真义，细读以释疑义，深读以解歧义，常读以习理义，多读以明正义，苦读以参大义。

▲明汤宾尹《睡庵稿文集》云："凡为文者，必有文章之骨，意象崚嶒孤来脊往，宁为一世人违其好恶，而倔强垒块之气，时时凸出于襟项间，此谓文骨也。"今之悟：凡读书者应有向道之心，夜读晨耕，矢志持恒，怀远致近意树心灯千古余韵流风，洞明幻世浮生读书向道修心在诚。

读书感言（六）

※ 《南阳日报》2012年3月16日

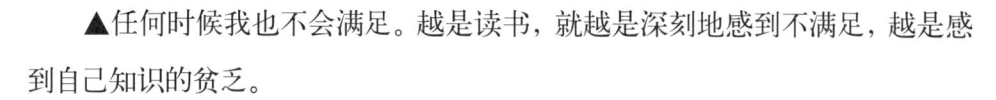

▲任何时候我也不会满足。越是读书，就越是深刻地感到不满足，越是感到自己知识的贫乏。

—— [德] 马克思

▲君子之学也，其可一日而息乎。

——（宋）欧阳修

▲人不博览者，不闻古今，不见事类，不知然否，犹目盲、耳聋、鼻痈者也。

——（汉）王充

▲读书如树木，不可求骤长。植诸空山中，日来而月往。路叶既畅茂，烟条渐苍莽。此理木不知，木乃遂其养。

——（清）法式善

▲读书好似爬山，爬得越高，望得越远；读书好似耕耘，汗水流得多，收获更丰满。

——臧克家

▲浓厚的智力、兴趣、气氛促使他们去阅读，而阅读是使他们学习得好的最重要的补救手段。

—— [苏联] 苏霍姆林斯基

▲读书做事，皆当有恒。若此书未了又读他书，此事未成又做他事，心劳而无功。

▲读书的姿势：

有要求人跪着读的书——神圣经典。句句真理，在真理面前只有低头。

有必须站着读的书——权威讲话。这是训话，没有讨论余地。受教育的人只有肃立恭听。

有需要坐着读的书——为某种目的而读的书。这样读书不由自主，是苦是乐，各人感觉不同，只有坐冷板凳是一样。

有可以躺着读的书——大多是文艺之类的。这样读书，古名消遣，今名娱乐。这是以读者为主，可拿起，可放下，可一字一句读，也可翻着跳着读。

还有可以走着读的书——可以一边走一边和书谈话。书对读者说话，读者也对书说话。乍一看是一次性的，书只会说，不回答。其实不然。书会随着读者的意思变换，走到哪里是哪里。先看是一个样子，想想再看，又是另一个样子。

读书感言（七）

※ 《南阳日报》2012年3月23日

▲学者展卷，当屏弃外虑，收心于方策间，熟复玩味，义理自明，所谓习矣而知察也。

——（宋）何坦

▲学以治之，思以精之，朋友以磨之，名誉以崇之，不倦以终之，可谓好学也已矣。

——（汉）扬雄

▲读前句如无后句，读此书如无他书，心乃有大得。

——（明）薛薇

▲精神专一，奋苦数十年，神将相之，鬼将告之，人将启之，物将发之。

——（清）郑燮

▲我一生的嗜好，除了革命之外，就是读书。我一天不读书，就不能够生活。

——孙中山

▲我有八位好朋友，肯把万事指导我。你若想问真名姓，名字不同都姓何：何事、何故、何人、何时、何地、何去、何如，好像弟弟与哥哥。还有一个西洋派，姓名颠倒叫几何。若向八贤常请教，虽是笨人不会错。

——陶行知

▲我爱书。我常常站在书架前，这时我觉得我面前展开一个广阔的世界，一个浩瀚的海洋，一个苍茫的宇宙。

——刘白羽

▲只有读书而不知加以思考,绝对不会有心得;即使对自己所读稍有印象,也只是浅薄的概念,无法在心中生根。

——[德]叔本华

▲读书要尽量聚精会神,沉思冥想,如同亲临一场美妙的音乐会,一次神圣的礼仪。凡是一目十行、断断续续、心不在焉者都不能算是读书。

——[法]莫洛亚

▲谁不专心致志地熟读,谁就没有坚定的信念,于是就会摇摆不定;即使他埋进书堆里,也仅仅是在它的表面滑行。

——[英]密尔顿

▲没有一个不爱读书的人,能够拥有有趣的想法,更没有一个不读好书的人,能够拥有广博的知识。

——[爱尔兰]欧康诺

▲学所以开人之蔽,而致其知。学而不知其方,则反以滋蔽。学所以立人之志,而励其行。学而不知其理,则反以失志。学所以进人之德,而涤其心。学而不知其道,则反以损德。除其蔽,立其志,进其德,悟其道,学而有成矣。

——宋·陆九洲

读书感言（八）

※ 《南阳日报》2012年3月30日

▲书富如入海，百货皆有之，人之精力，不能兼收尽取，但得其所欲求者尔。故愿学者，每次作一意求之。如欲求古今兴亡治乱圣贤作用，但作此意求之，勿生余念。

——（宋）苏轼

▲我的书是什么？是朋友，是爱情，是教堂，是酒店，是我唯一的财富；书又是我的花园，我的花朵，我的蜜蜂，我的鸽子，我的健康和我唯一的医生。

——李加林

▲读书的嗜好，会随着年代的推移而增强。读书为幸福开辟了广阔的前景……那是一种不仅使自身受益，而且使他人受益的崇高的幸福。

——[英] 勒基

▲要热爱书，它会使你的生活轻松；它会友爱地帮助你了解纷繁复杂的思想、感情和时间；它会教导你尊重别人和你自己；它以热爱世界、热爱人类的情感来鼓舞智慧和心灵。

——[苏联] 高尔基

▲若是有人提出，只要我放弃读书，愿将世上的全部财宝赏赐给我，那么我宁愿一贫如洗身居寒舍，而不愿放弃读书。

——[英] 麦考莱

▲书是我最亲密的伙伴，对我来说，我的藏书处是个辉煌的宫殿，我每时每刻都在里面与古代的圣贤和哲人攀谈。

——[英] 博蒙特·弗莱彻

▲读书如药:

明陈眉公云"万事皆易满足,唯读书终身无尽;人何不以不知足一念加之书"。又云"读书如服药,药多力自行"。读书如药。精读可以医浅,厚读可以医薄;诚读可以医欺,谦读可以医傲;清读可以医浊,静读可以医躁。书为药辨真伪行其道。慎读以明其真,心读以悟其妙。

读书感言（九）

※ 《南阳日报》2012年4月6日

▲圣贤之学，非造次可成，须在积累。积累之要，在专与勤。屏绝他好，始可谓之专；久而不倦，始可谓之勤，四字是积学之要。

——（宋）朱熹

▲善学者穷于一物，不善学者穷于物物。穷之于一物者，如破竹，一节破而百节皆开；穷之于物物者，如索珠，千处索而一处不获。

——（明）庄元臣

▲学问之道，其得之不难者，失之必易；惟艰难以得之者，斯能兢业以守之。

——（清）魏源

▲学习与思考二者必须结合起来，不可偏废。单思不学，会变成空想妄想；单学不思，又会变成书呆子。

——蔡尚思

▲作为伴侣，书是最好的朋友。在彷徨中，它是顾问；在消沉中，它是慰藉。书是时代的见证，是旅人返乡的航船和骏骑；书是忙碌者最好的娱乐，是解除疲乏的安神丸；它是心灵最好的主教，也是大自然永恒的花园和苗圃。

——[意]惠特洛克

▲读书取正读易，取变读骚，取幽读庄，取达读汉文，取坚最有味。卷中岁月与菊同野，与梅同疏，与莲同洁，与兰同芳，与海棠同韵，定自称花里神仙。

——（清）陆润庠

读书感言（十）

※ 《南阳日报》2012年4月13日

▲勤学如春起之苗，不见其增，日有所长；辍学如磨刀之石，不见其损，日有所亏。

—— （唐）颜真卿

▲学贵时习，须是心心念念在上。又曰：无一事而不学，无一时而不学，无一处而不学。

—— （宋）朱熹

▲读书不寻思，如迅风飞鸟之过前，响绝影灭，亦不知圣贤所言为何事，要作何用。 惟精心寻思，体贴向身心事物上来，反更考验其理，则知圣贤之书，一字一句皆有用矣。

—— （明）薛宣

▲一位哲学家说过："没有书籍的人家，如同没有主人。"精读一本书如同一本万利，使你立于不败之地。

—— [日] 池田大作

▲清石涛题跋云："不读万卷书，如何作画？不行万里路，又何以言诗？"为践行而读谓之真读，不践行而读谓之闲读。真读为一生之志，深思敏行；闲读为一己之事，聊以自娱。

读书感言（十一）

※ 《南阳日报》2012年5月25日

▲精读，好像牛吃东西似的。吃了以后再吐出来，慢慢反刍、消化。泛读，就好像鲸鱼张开大口似的，把小鱼小虾都吃下去，漏一些也没关系。

——秦牧

▲为学最重要的是"通"，"通"才能不拘泥，不迂腐，不酸，不八股；"通"才能培养气节、胸襟、目光。"通"才能成为"大"，不大不博，便有坐井观天的危险。

——傅雷

▲学和行本来是有联系的，学了必须要想，想通了就要行，要在行的当中才能看出自己是否真正学到了手。否则读书虽多，只是成为一座死书库。

——谢觉哉

▲读书要尽量聚精会神，沉思冥想，如同亲临一场美妙的音乐会，一次神圣的礼仪。凡是一目十行、断断续续、心不在焉者都不能算是读书。

——[法] 莫洛亚

▲读书有三种方法：第一种，读了书但不理解它；第二种，读了书并能理解它；第三种，读了书还能领悟书中没说出来的道理。

——[俄] 克尼亚日宁

▲当你读书时，只要发现让你感到刺激，或令你的灵魂感觉欣喜的绝妙字句，不要只想凭恃你的智能之力，一定要强迫自己，以背诵牢牢记住它们，并以思考来熟悉它们，以便一旦苦恼之事突然发生，你随时都有药可治疗，好像

它早已铭刻在你心底那样。

——［意］佩托拉克

▲南宋著名理学家朱熹《读书之要》云："循序而渐进，熟读而精思。"循序渐进方可入深，熟读精思方可入境，博见善择方可入识，钩玄提要方可入道。

读书感言（十二）

※ 《南阳日报》2012年6月8日

▲读书好问，一问不得，不妨再三问，问一人不得，不妨问数十人，要使疑窦释然，精理迸露。顾其落笔晶明洞彻，如观火观水也。

——（清）郑燮

▲人是活的，书是死的。活人读死书，可以把书读活。死人读活书，可以把书读死。

——郭沫若

▲凡人读书，必须专心致志，不出户庭，如此痛下工夫三五年，便可立些根本。如或作或辍，一曝十寒，虽读书百年，吾未见其可也。

——吴与弼

▲书本上的知识，与事实上的经验，二者不可偏废。无知识的经验，不能进步；无经验的知识，不能应用。

——胡朴安

▲能够摄取必要营养的人要比吃得很多的人更健康，同样地，真正的学者往往不是读了很多书的人，而是读了有用的书的人。

——［古希腊］亚里斯提卜

▲一个人不能骑两匹马，骑上这匹，就要丢掉那匹。聪明人会把凡是分散精力的要求置之度外，只专心致志地去学一门。学一门就要把它学好。

——［德］歌德

读书感言（十三）

※ 《南阳日报》2012年6月29日

▲为学读书，须是耐烦细心去体会，切不可粗心。若曰何必读书，自有个捷径法，便是误人的深坑也。

—— （宋）朱熹

▲学者展卷，当屏弃外虑，收心于方策间，熟复玩味，义理自明，所谓习矣而知察也。

—— （宋）何坦

▲看别的书也一样，仍要自己思索，自己观察。倘只看书，便变成书橱，即使自己觉得有趣，而那趣味其实是已在逐渐硬化，逐渐死去了。

——鲁迅

▲任何一个人的学问成就，都是出于自学。学校教育不过给学生一个开端，使他更容易自学而已。青年于此，不可不勉。

——梁漱溟

▲古人言："书生留得一分狂。"读书人总须有一点个性、一点性情、一点棱角、一点风骨，如果一味地"乖巧""温顺""圆滑""中庸"，那只能是精神的侏儒。

——史飞翔

▲要力求博览，但必须先熟读一两部最主要的典籍，作为自己的"看家本领"。这恰如攻占堡垒，取得了据点，然后可以进攻退守，发展自如，也达到

博与约相结合。

——刘起

▲思而不学，流于空洞；学而不思，必然深入不下去，不能发现问题，理解问题，也就谈不上解决问题……思重于学，如不深思熟虑，对于自己的所学是不会达到融会贯通的目的的。

——张维华

▲读书贵心有所寄。凡读一书，古今有体察，人物有洞见，学有所为，方为读通文眼。读书在心：静心则清，躁心则浊；潜心则明，浮心则惑。

读书感言（十四）

※《南阳日报》2013年5月17日

▲读书三妙：味也，行也，悟也。非三者不能得洒脱豁然之妙，故必于苦中求乐。古今相证，知行相成，理自书卷中得来，趣从个性中展现，味自苦读中咀嚼，悟从知行中相参。

▲读书求淡然，窒欲息机；读书求豁然，义理贯通；读书求诚然，躬行正道；读书求了然，人生一乐。书为良道，读为佳境。师有授道之言，人有学道之行。读书求道，万事无嗔。书卷多情似故人，晨昏忧乐每相亲。读书何其乐，薄书读厚，厚书读薄。

▲与书结人缘，鉴古知今，其心达也；与书结天缘，月朗云飞，其心清也；与书结尘缘，山高水远，其心平也；与书结善缘，视人如己，其心和也；与书结情缘，漏夜残灯，其心静也；与书结机缘，物我两忘，其心旷也。与人结缘，人生有味；与书结缘，人生无限。

读书感言（十五）

※ 《南阳日报》2013年5月24日

▲张伯行《朱子语类辑略》云："以我观书，则处处得益；以书博我，则释卷而茫然。"今悟：读书以我为主，则精义入心；读书博观约取，则钩玄解惑；读书内修外用，则励行进德。以心读书，其妙自在；有了全新视野，才有全新景色。

▲书之乐，吾爱其思悠悠，静悄悄，可以夜阑孤灯，惊人之妙。画之美，吾爱其江浩浩，路迢迢，可以山巅水涯，令人情豪。读书是福。唯静坐是小自在，唯读书是大自在。张英曰："故读书可增长道心，为颐养第一事也。"芥航法师云诗一首：连朝风雨故人疏，独自烹茶掩草庐。漫道禅心无著处，半床诗画半床书。

▲凡读一书，古今有体察，人物有洞见，学有所为，方为读通文眼。读书在心：静心则清，躁心则浊；潜心则明，浮心则惑。博古通今，实为不易。不积跬步，无以至千里；不潜心于书，无以至其深远。每日读书一刻，凡用心者，假以时日，定当有成。善读书者，曰攻曰扫。攻则直透重围，扫则了无一物。

▲读书一境红袖添香读闲书。此为分别境，主客两分，人书相扰。读书二境雪夜闭门读禁书。此为契合境，人境合一，清心归静。读书三境秉烛执酒读奇书。此为明妙境，烛照心间，妙不可言。读闲书，其心淡然；读禁书，其心了然；读奇书，其心超然。读书如竹外溪流，洒然而往；酌酒如江上横槊，浩然而兴。

▲读史知兴亡，学史明因果。读书以明道入心为贵，读史以明鉴存真为贵。读史之心通识求真。人之气质由于天生本难改变，唯读书则可变化气质。古之精相法者并言，读书可以变换骨相。

读书感言（十六）

※ 《南阳日报》2013年8月30日

读书三阶段

年轻时读书为了发展明天，中年时读书为了干好今天，老年时读书为了弥补昨天。

年轻时读书重在于记，中年时读书重在于用，老年时读书重在于品。

年轻时读书旨在长知识，中年时读书旨在长才干，老年时读书旨在长识见。

年轻时读书在备用，中年时读书在实用，老年时读书在享用。

年轻时读书要抓紧时光，中年时读书要利用时光，老年时读书要珍惜时光。

年轻时读书如隙中窥月，中年时读书如庭中赏月，老年时读书如楼榭玩月。

读书感言（十七）

※ 《南阳日报》2013年9月27日

◆有道之书尽读，明事之书多读，闲杂之书少读，邪妄之书不读。

◆读书求淡然，窒欲息机；读书求豁然，义理贯通；读书求诚然，躬行正道；读书求了然，人生一乐。

◆感性读书，能品尝生活的滋味；理性读书，能咀嚼人生的韵味。

◆有时间读书，是一件休闲的事；有心情读书，是一件轻松的事；随意读书，是一件幸福的事；诗意读书，是一件惬意的事。

◆当眼被文字吸引并被篇章笼罩，当心被情节感动且被诗意围绕，读书就是一种动情享受，就是一种睿智思考，就是一种人生积累。

◆读书有两种收获：一是通过读书知道了自己原来不知道而且也没有的东西，这样收获到的东西叫知识。二是通过读书知道了自己原来已经有但没有意识到的东西，这些东西是自己感悟到的，但好像一直沉睡着，现在被唤醒了、被激活了，并且因此获得了扎根、生长、开花、结果的机会，这叫智慧。

读书感言（十八）

※《南阳日报》2013年10月11日

　　读书有两种收获：一是通过读书知道了自己原来不知道而且也没有的东西，这样收获到的东西叫知识。二是通过读书知道了自己原来已经有但没有意识到的东西，这些东西是自己感悟到的，但好像一直沉睡着，现在被唤醒了，激活了，并且因此获得了扎根、生长、开花、结果的机会，这叫智慧。

　　有时间读书，是件休闲的事；有心情读书，是件轻松的事；随意地读书，是件幸福的事；诗意地读书，是件惬意的事。

　　感性地读书，能品尝生活的滋味；理性地读书，能咀嚼人生的韵味。

　　当眼被文字吸引并被篇章笼罩，当心被情节感动且被诗意围绕，读书就是一种动情享受，就是一种睿智思考，就是一种人生积累。

图书在版编目（CIP）数据

述作集：报刊发表文章选编 /关玉国著. — 郑州：
大象出版社，2014.1
ISBN 978-7-5347-7969-5

Ⅰ．①述… Ⅱ．①关…Ⅲ．①社会科学－文集
Ⅳ．①C53

中国版本图书馆CIP数据核字(2014)第007201号

述作集——报刊发表文章选编
_____

出 版 人：王刘纯
责任编辑：郑强胜
书籍设计：王　敏
责任校对：钟　骄
_____

出版发行：大象出版社（郑州市开元路16号　邮政编码：450044）
　　　　　发行科　0371-63863552　总编室　0371-63863572
网址：www.daxiang.cn
经销：各地新华书店
印刷：郑州新海岸电脑彩色制印有限公司
版次：2014年9月第1版　　　2014年9月第1次印刷
开本：787×1092　　1/16
印张：32.5
字数：430 千字
定价：75.00 元

若发现印、装质量问题，影响阅读，请与承印厂联系调换。
印厂地址：郑州市文化路56号金国商厦七楼
邮政编码：450002　　　　电话：0371-63944233